賃貸不動産経営管理士試験によく出題される重要ポイント100……る。受験前の最終確認用として活用していただきたい（なお、各項目末尾の「LOO」は対応するレッスン番号である）。

Chapter 1 賃貸住宅の賃貸借

1 ☐ 賃貸人は、賃貸物が不可抗力によって破損した場合でも修繕義務を負う。(L08)

2 ☐ 賃借人は、賃貸人による保存行為を拒むことはできないが、賃借人の意思に反する保存行為のために賃借をした目的を達することができなくなるときは、契約を解除することができる。(L08)

3 ☐ 必要費については直ちに償還請求できるが、有益費については賃貸借終了時に価格の増加が現存する場合に限り、償還請求請求できる。(L09)

4 ☐ 必要費及び有益費の償還については、留置権の行使が認められる。ただし、有益費の償還について裁判所が相当の期限を許与したときは、留置権の行使は認められない。(L09)

5 ☐ 賃借物の一部滅失により使用収益ができなくなった場合、賃借人の責めに帰すべき事由による場合を除き、使用収益ができなくなった部分の割合に応じて賃料が減額される。(L10)

6 ☐ 共同相続に係る遺産である賃貸不動産について生じた賃料債権は、各共同相続人がその相続分に応じて分割単独債権として確定的に取得する。(L10)

7 ☐ 指定充当の際、元本、利息及び費用を支払うべき場合に、債務の全部を消滅させるのに足りない給付をしたときは、費用、利息、元本の順に充当しなければならない (L12)

8 ☐ 供託原因は、①受領拒絶、②受領不能、③債権者不確知の3つ。(L12)

9 ☐ 賃料自動改定特約は、その内容が合理的なものであれば有効と解されている。(L13)

10 ☐ 賃料の増額請求があった場合、賃借人は、増額を正当とする裁判が確定するまでは、相当と認める額の建物の借賃を支払えば足りる。(L13)

11 ☐ 少額訴訟は、訴訟の目的の価額が60万円以下の金銭の支払の請求を目的とする訴えに限り、利用することができる。(L15)

12 ☐ 個人根保証契約は、書面（又は電磁的記録）によって極度額を定めなければ効力を生じない。(L16)

13 ☐ 敷金によって担保される範囲は、賃貸借終了後、家屋明渡義務履行までに生ずる賃料相当額の損害金債権その他賃貸借契約により賃貸人が賃借人に対して取得する一切の債権である。(L17)

14 ☐ 敷金返還請求権は、賃貸借終了後、家屋明渡完了の時に発生し、敷金の返還と明渡義務は、明渡義務が先履行の関係にある。(L17)

15 ☐ 賃貸借契約期間中に賃借人に賃料の未払いがあった場合、賃貸人は、敷金を未払賃料の弁済に充てることができるが、賃借人は、賃貸人に対し、敷金を未払賃料の弁済に充てることを請求することができない。(L17)

16 ☐ 賃借権の無断譲渡・賃借物の無断転貸があった場合でも、賃借人の行為が賃貸人に対する背信的行為と認めるに足りない特段の事情があるときは、解除することできない。(L19)

17 ☐ 適法な転貸借において、転借人は、賃貸人に対し直接に義務を負うが、賃貸人に対し権利を行使することはできない。(L19)

18 ☐ 賃貸人たる地位が譲受人（新所有者）に移転した場合でも、譲受人（新所有者）が賃借人に賃料を請求するためには、賃貸物である不動産について所有権移転登記をしなければならない。(L20)

19 ☐ 競売手続の開始前から抵当権者に対抗することができない賃貸借により抵当権の目的である建物を使用収益する者（抵当建物使用者）は、買受人の買受けの時から6か月を経過するまでは、建物の引渡しを猶予される。(L21)

20 ☐ 期間の定めがある建物賃貸借において、通知期間（期間満了の1年前から6か月前までの期間）内に更新拒絶の通知をしなかった場合、又は通知期間内に更新拒絶の通知をした場合でも、期間満了後に賃借人が使用継続し、賃貸人が遅滞なく異議を述べなかったときには、法定更新される。(L22)

21 ☐ 建物の賃貸人が更新拒絶の通知又は解約の申入れをする場合には、「正当事由」が必要であり、正当事由の有無は、①賃貸人及び賃借人の建物の使用を必要とする事情、②建物の賃貸借に関する従前の経過、③建物の利用状況、④建物の現況、⑤立退料の申出を総合的に考慮して判断される。(L22)

22 ☐ 定期建物賃貸借契約を締結しようとする場合、書面によって契約するだけでなく、あらかじめ、契約の更新がなく、期間の満了により賃貸借が終了することについて、書面を交付して説明する必要がある。(L23)

23 ☐ 定期建物賃貸借において、賃料改定特約がある場合には、その特約に従い、普通建物賃貸借における借賃増減請求権に関する規定は適用されない。(L23)

24 ☐ 居住用の建物賃貸借で床面積（建物の一部分を賃貸借の目的とする場合にあっては、当該一部分の床面積）が200m²未満の建物において、賃借人が転勤、療養、親族の介護その他のやむを得ない事情により、建物を自己の生活の本拠として使用することが困難となったときは、賃借人は、賃貸借の解約の申入れをすることができる。この場合、賃貸借は、解約の申入れの日から1ヵ月を経過することによって終了する。(L23)

25 ☐ 賃借権を共同相続した場合の賃料支払債務は、不可分債務となる。(L27)

Chapter 2 賃貸住宅管理業法

1 ☐ 管理業務とは、賃貸住宅の賃貸人から委託を受けて行う次の①②の業務をいう。①委託に係る賃貸住宅の維持保全（住宅の居室及びその他の部分について、点検、清掃その他の維持を行い、及び必要な修繕を行うことをいう。）を行う業務（賃貸住宅の賃貸人のために当該維持保全に係る契約の締結の媒介、取次ぎ又は代理を行う業務を含む。）、②当該賃貸住宅に係る家賃、敷金、共益費その他の金銭の管理を行う業務（①に掲げる業務と併せて行うものに限る。）。(L37)

2 ☐ 賃貸住宅管理業者とは、登録を受けて「賃貸住宅管理業を営む者」をいい、「賃貸住宅管理業を営む」とは、営利の意思を持って反復継続的に賃貸住宅管理業を行うことをいい、営利の意思の有無については、客観的に判断される。(L38)

3 ☐ 賃貸住宅管理業を営もうとする者は、国土交通大臣の登録を受けなければならないが、その事業の規模が、賃貸住宅管理事業に係る賃貸住宅の戸数が200戸未満であるときは、登録を受ける必要はない。(L39)

4 ☐ 賃貸住宅管理業の登録の有効期間は5年とされ、5年ごとに更新を受けなければ登録は効力を失う。(L39)

5 ☐ 懲役・禁錮の刑に処せられ、又は、賃貸住宅管理業法の規定により罰金の刑に処せられ、その執行を終わり、又は執行を受けることがなくなった日から起算して5年を経過しない者は、賃貸住宅管理業の登録を受けることができない。(L41)

6 ☐ 賃貸住宅管理業者は、その営業所又は事務所ごとに、1人以上の業務管理者を選任して、当該営業所又は事務所における業務に関し、管理受託契約（管理業務の委託を受けることを内容とする契約をいう）の内容の明確性、管理業務として行う賃貸住宅の維持保全の実施方法の妥当性その他の賃貸住宅の入居者の居住の安定及び賃貸住宅の賃貸に係る事業の円滑な実施を確保するため必要な国土交通省令で定める事項についての管理及び監督に関する事務を行わせなければならない。(L43)

7 ☐ 業務管理者が管理・監督すべき事項は、①管理受託契約の締結前の書面の交付及び説明に関する事項、②管理受託契約の締結時の書面の交付に関する事項、③管理業務として行う賃貸住宅の維持保全の実施に関する事項及び賃貸住宅に係る家賃、敷金、共益費その他の金銭の管理に関する事項、④帳簿の備付け等に関する事項、⑤委託者への定期報告に関する事項、⑥秘密の保持に関する事項、⑦賃貸住宅の入居者からの苦情の処理に関する事項等である。(L43)

8 ☐ 賃貸住宅管理業者である個人が死亡した場合、その相続人が事実を知った日から30日以内に廃業等の届出をする。(L44)

9 ☐ 賃貸住宅管理業者である法人が破産手続開始の決定により解散した場合破産管財人が、その日から30日以内廃業等の届出をする。(L44)

10 ☐ 管理受託契約重要事項説明は、業務管理者によって行われることは必ずしも必要ないが、業務管理者の管理及び監督の下に行われる必要があり、また、業務管理者又は一定の実務経験を有する者など専門的な知識及び経験を有する者によって行われることが望ましい。(L45)

11 ☐ 管理受託契約重要事項説明については、賃貸人が契約内容を十分に理解した上で契約を締結できるよう、説明から契約締結までに1週間程度の期間をおくことが望ましい。(L45)

12 ☐ 管理受託契約重要事項説明事項として、①賃貸住宅管理業者の商号、名称又は氏名並びに登録年月日及び登録番号、②管理業務の対象となる賃貸住宅、③管理業務の内容及び実施方法、④契約期間に関する事項、⑤管理受託契約の更新及び解除に関する事項、⑥報酬の額並びにその支払の時期及び方法、⑦⑥に掲げる報酬に含まれていない管理業務に関する費用であって、賃貸住宅管理業者が通常必要とするもの（水道光熱費や空室管理費

等)、⑧管理業務の一部の再委託に関する事項、⑨責任及び免責に関する事項、⑩委託者への報告に関する事項、⑪賃貸住宅の入居者に対する③「管理業務の内容および実施方法」の周知に関する事項がある。(L46)

13 □ 管理受託契約変更契約を締結する場合には、変更のあった事項について、賃貸人に対して書面を交付すれば足りる。ただし、賃貸住宅管理業法施行前に締結された管理受託契約で、同法施行後に賃貸住宅管理業法に規定する記載事項の全ての事項について、管理受託契約締結時書面の交付を行っていない場合は、管理受託契約変更契約を締結したときに、当該全ての事項について、管理受託契約締結時書面の交付を行う必要がある。(L47)

14 □ 賃貸住宅管理業者は、管理受託契約を締結したときは、管理業務を委託する委託者に対し、遅滞なく、賃貸住宅管理業法に規定された一定の事項を記載した管理受託契約締結時書面を交付しなければならない。(L48)

15 □ 管理受託契約に管理業務の一部の再委託に関する定めがあるときは、自らで再委託先の指導監督を行うことにより、一部の再委託を行うことができるが、管理業務の全てについて他者に再委託（管理業務を複数の者に分割して再委託することを含む。）して自ら管理業務を一切行わないことは、賃貸住宅管理業法に違反する。(L49)

16 □ 賃貸住宅管理業者は、①管理受託契約に基づく管理業務において受領する家賃等金銭を管理するための口座を自己の固有財産を管理するための口座と明確に区分し（口座の分別管理）、②当該金銭がいずれの管理受託契約に基づく管理業務に係るものであるかが自己の帳簿により直ちに判別できる状態で管理する方法（帳簿・会計ソフト上での分別管理）により、財産の分別管理をしなければならない。(L49)

17 □ 特定転貸事業者に対する賃貸住宅管理業法上の規制は、①誇大広告等の禁止、②不当な勧誘等の禁止、③特定賃貸借契約の締結前の書面の交付及び説明義務、④特定賃貸借契約の締結時の書面の交付義務、⑤書類の閲覧の5つである。(L59)

18 □ 勧誘者に対する賃貸住宅管理業法上の規制は、①誇大広告等の禁止、②不当な勧誘等の禁止の2つである。(L59)

19 □ 勧誘者とは、特定転貸事業者が特定賃貸借契約の締結についての勧誘を行わせる者をいい、特定の特定転貸事業者と特定の関係性を有する者であって、当該特定転貸事業者の特定賃貸借契約の締結に向けた勧誘を行う者をいう。(L59)

20 □ 「誇大広告等」とは、実際よりも優良であると見せかけて相手を誤認させる誇大広告に加え、虚偽の表示により相手を欺く虚偽広告も含まれ、広告の媒体は、新聞、雑誌、テレビ、インターネット等種類を問わない。(L60)

21 □ 誇大広告等として規制対象となる事項は、①特定賃貸借契約の相手方に支払う家賃の額、支払期日及び支払方法等の賃貸の条件並びにその変更に関する事項、②賃貸住宅の維持保全の実施方法、③賃貸住宅の維持保全に要する費用の分担に関する事項、④特定賃貸借契約の解除に関する事項、である。(L60)

22 □ 不当な勧誘等の禁止の対象となるものとして、①特定賃貸借契約の相手方又は相手方となろうとする者の判断に影響を及ぼすこととなる重要なものにつき、故意に事実を告げ

す（事実不告知）、又は不実のことを告げる（不実告知）行為、②相手方等の保護に欠ける禁止行為 (a) 威迫する行為、b) 迷惑を覚えさせるような時間に電話又は訪問により勧誘する行為、c) 私生活又は業務の平穏を害するような方法により困惑させる行為、d) 執ように勧誘する行為（再勧誘））がある。(L62)

23 ☐ 賃貸住宅の管理業務に関し、専門的な知識を有する、①賃貸住宅管理業者、②特定転貸事業者、③宅地建物取引業者などについては、管理受託契約重要事項説明をする必要はない。(L63)

24 ☐ 特定転貸事業者は、特定賃貸借契約を締結したときは、当該特定賃貸借契約の相手方に対し、遅滞なく、一定事項を記載した書面（電磁的方法よる提供も可能）を交付しなければならない。(L65)

25 ☐ 国土交通大臣は、特定転貸事業者が、17の①〜⑤の規定に違反した場合、又は勧誘者が18①②の規定に違反した場合において特定賃貸借契約の適正化を図るため必要があると認めるときは、その特定転貸事業者に対し、当該違反の是正のための措置その他の必要な措置をとるべきことを指示することができる。(L68)

Chapter 3 　賃貸住宅の管理実務

1 ☐ 管理受託方式において、宅建業者でもある管理業者が賃貸人から代理又は媒介の依頼を受けて入居者の募集を行う場合には宅建業法の適用がある。(L75)

2 ☐ 居住用建物について、宅建業者が依頼者のそれぞれから受領することができる報酬額は、依頼者の承諾を得ている場合を除き、1か月分の0.55倍（消費税を含む）以内となる。(L76)

3 ☐ 宅建業法では、契約の締結について勧誘をするに際し、又はその契約の申込みの撤回若しくは解除若しくは宅地建物取引業に関する取引により生じた債権の行使を妨げるため、重要な事項について、故意に事実を告げず、又は不実のことを告げる行為を禁止している。(L77)

4 ☐ 不動産の表示に関する公正競争規約では、「新築」とは、建築工事完了後1年未満であって、居住の用に供されたことがないものをいう、とする。(L77)

5 ☐ 不動産の表示に関する公正競争規約では、徒歩による所要時間は、道路距離80mにつき1分間を要するものとして算出した数値を表示し、1分未満の端数が生じたときは、1分として算出すること、とする。(L77)

6 ☐ 不動産の表示に関する公正競争規約では、おとり広告には、3つの種類を規定する（①存在しないため実際には取引することができない、②存在するが実際には取引の対象となり得ない、③存在するが実際には取引する意思がない）。(L78)

7 ☐ 管理受託方式において、入居審査の結果、最終的に入居者を決定するのは、賃貸人である。(L79)

8 ☐ 「共同住宅に係る防犯上の留意事項」等では、共同住宅の部位ごとの確保すべき照明設備の床面の平均水面照度を、50ルクス、20ルクス、3ルクスの3つに分類している。(L82)

9 ☐ 鍵交換の費用は、賃貸人が負担すべきである。ただし、賃借人が鍵を紛失したため鍵交

換する場合や、賃借人がピッキングが困難な構造を有する錠等への交換を依頼するなど特別の依頼に基づき交換する場合には、賃借人に費用負担を求めることができる。(L83)

10 ☐ 鍵交換の時期は、前賃借人の退去後、退去後のリフォームが終了し、新たな入居者が決定した後が望ましい。(L83)

11 ☐ 強制執行は、債務名義により行う。債務名義には、確定判決、仮執行宣言付き判決、仮執行宣言付き支払督促、和解調書、調停調書、強制執行認諾文言付き公正証書などがある。(L84)

12 ☐ 「原状回復をめぐるトラブルとガイドライン」は、原状回復を「賃借人の居住、使用により発生した建物価値の減少のうち、賃借人の故意・過失、善管注意義務違反、その他通常の使用を超えるような使用による損耗・毀損を復旧すること」と定義する。(L85)

13 ☐ 「原状回復をめぐるトラブルとガイドライン」は、B「賃借人の住まい方、使い方次第で発生したり、しなかったりすると考えられるもの(明らかに通常の使用等による結果とは言えないもの)」及びA(＋B)「基本的には賃借人が通常の住まい方、使い方をしていても、発生すると考えられるものであるが、その後の手入れ等賃借人の管理が悪く、損耗等が発生または拡大したと考えられるもの」について、賃借人に原状回復義務があるとする。(L85)

14 ☐ 「原状回復をめぐるトラブルとガイドライン」は、フローリング等の部分補修や襖紙や障子紙、畳表の張替え等の費用については、経過年数(入居年数)を考慮しない。(L86)

15 ☐ 「原状回復をめぐるトラブルとガイドライン」は、原状回復において賃借人の負担となる壁(クロス)については、m²単位が望ましいが、賃借人が毀損した箇所を含む一面分までは張替え費用を賃借人負担としてもやむをえないとする。経過年数については、6年で残存価値1円となるような負担割合を算定する。(L87)

Chapter 4 　賃貸住宅の維持保全

1 ☐ 維持保全には、建物や設備に不具合等の問題が生じてから、事後的に修繕等の処置を行う事後保全と不具合等の問題が生じないよう、あらかじめ適切な処置を施す予防保全がある。賃貸住宅に求められる適切な維持保全は、予防保全である。(L88)

2 ☐ 基礎の種類は、直接基礎(フーチング基礎・べた基礎)と杭基礎(支持杭・摩擦杭)に分けられる。(L89)

3 ☐ 構造耐力上主要な部分の地震に対する安全性の評価は、地震の震動及び衝撃に対して、①「倒壊し、又は崩壊する危険性が高い」、②「倒壊し、又は崩壊する危険性がある」、③「倒壊し、又は崩壊する危険性が低い」の3段階に区分される。(L90)

4 ☐ 建物の地震対策の構造は、耐震構造・制振構造・免震構造の3つに分類される。(L91)

5 ☐ 建築基準法は、建築物の所有者、管理者又は占有者は、その建築物の敷地、構造及び建築設備を常時適法な状態にするように努めなければならないと規定する。(L92)

6 ☐ 建築基準法に規定する定期報告制度は、①特定建築物等定期調査(1級建築士・2級建築士・特定建築物調査員が調査)、②昇降機等定期検査(1級建築士・2級建築士・昇降機等検査員が検査)、③

防火設備定期検査（1級建築士・2級建築士・防火設備検査員が検査）、④建築設備定期検査（1級建築士・2級建築士・建築設備検査員が検査）がある。(L92)

7 ☐ 住宅の居室の採光に有効な部分の面積は、その居室の床面積に対して、7分の1以上、一定の換気設備を設けた場合を除き換気に有効な部分の面積は、その居室の床面積に対して、20分の1以上としなければならない。(L93)

8 ☐ 機械換気は、第1種換気（給気機で給気・排気機で排気）、第2種換気（給気機で給気・排気口で自然排気）、第3種換気（給気口で自然給気・排気機で排気）に分類される。(L93)

9 ☐ 石綿等をあらかじめ添加した建築材料の使用は、原則として禁止されるが、吹付けロックウールで石綿の含有量が重量の0.1%以下のものは、例外的に使用することができる。(L94)

10 ☐ 共同住宅で住戸の床面積の合計が100m²を超える階において、廊下の幅は、片側廊下の場合には1.2m以上、両側廊下の場合には1.6m以上としなければならない。(L95)

11 ☐ 居室の天井の高さは、2.1m以上でなければならず、この天井の高さは、室の床面から測り、一室で天井の高さの異なる部分がある場合においては、その平均の高さによらなければならない。(L96)

12 ☐ 給水方式は、水道直結方式（直結直圧方式・直結増圧方式）と受水槽方式（高置（高架）水槽方式（重力方式）・圧力タンク方式・加圧給水方式（ポンプ直送方式・タンクレスブースター方式））に分類される。(L97)

13 ☐ 給湯方式は、大別すると、局所給湯式（ヒートポンプ給湯機（エコキュート）、家庭用燃料電池（エネファーム））、飲用給湯式、中央給湯式（セントラル給湯式）に分類される。(L98)

14 ☐ 電気の供給を受ける場合、低圧引込みで契約電力が50kW以上の場合や高圧電圧引込み・特別高圧電圧引込みは、変圧器室（借室電気室）等の設置が必要となる。(L100)

15 ☐ 一般住宅への配線方式には、単相2線式（100Vのみ対応）、単相3線式（100Vと200Vに対応）がある。単相3線式では、上又は下の電圧線と、真ん中の中性線を使用すれば100V、上下の電圧線のみを使用すれば200Vを利用できる。(L100)

16 ☐ エレベーターの保守契約の方式には、フルメンテナンス契約とPOG契約がある。(L101)

17 ☐ 消防用設備等は、①消防の用に供する設備、②消防用水、③消火活動上必要な施設の3つに分類される。(L102)

18 ☐ 消火器は、火災の種類（燃焼物質の種類）ごとの、適応火災表示（A火災（普通火災）は白、B火災（油火災）は黄、C火災（電気火災）は青）である。(L102)

19 ☐ 防火管理者は、防火対象物について、①消防計画の作成、②当該消防計画に基づく消火、通報及び避難の訓練の実施、③消防の用に供する設備、消防用水又は消火活動上必要な施設の点検及び整備、火気の使用又は取扱いに関する監督、④避難又は防火上必要な構造及び設備の維持管理並びに収容人員の管理。⑤その他防火管理上必要な業務、を行う。(L103)

20 ☐ 長期修繕計画の対象期間は、最も修繕周期の長いものを念頭に置き、一般的には、30年程度とされるが、数年に一度、修繕計画の内容を見直すことで適切な修繕時期を確定する必要がある。(L104)

1 ☐ 死者に関する情報は、個人情報保護法に規定する個人情報ではない。一方、運転免許証やマイナンバーのような符号は、個人識別符号として、個人情報に該当する。(L105)

2 ☐ 自社で個人情報データベース等を構築していなくても、指定流通機構（レインズ）にアクセスできる事業者は、個人情報保護法に規定する個人情報取扱事業者に該当する。(L105)

3 ☐ 個人情報取扱事業者は、要配慮個人情報や個人データに係る本人の数が1,000人を超える漏えい等が生じたときは当該事態が生じた旨を個人情報保護委員会に報告しなければならない。(L106)

4 ☐ 消費者契約法に規定する消費者とは、個人（事業として又は事業のために契約の当事者となる場合におけるものを除く。）をいう。一方、事業者とは、法人その他の団体及び事業として又は事業のために契約の当事者となる場合における個人をいう（アパートの賃貸人や投資向けのマンションの賃貸人も事業者である）。(L107)

5 ☐ 住宅宿泊事業者は、届出住宅の居室の数が5を超えるときは、届出住宅に係る住宅宿泊管理業務をひとつの住宅宿泊管理業者に委託しなければならない。(L108)

6 ☐ 住宅確保要配慮者円滑入居賃貸住宅事業を行う者は、住宅確保要配慮者円滑入居賃貸住宅を構成する建築物ごとに、都道府県知事の登録を受けることができる。(L109)

7 ☐ 不動産の登記記録は、表題部（表示に関する登記）と権利部（権利に関する登記）に分かれ、権利部はさらに「甲区（所有権の登記）」と「乙区（所有権以外の登記）」に分かれる。(L110)

8 ☐ 毎年1月1日時点の価格が公表されるのが「公示価格」「路線価」。毎年7月1日時点の価格が公表されるのが「標準（基準地価格）」。(L110)

9 ☐ プロパティマネジメントが実際の賃貸管理・運営を行うことであるのに対して、アセットマネジメントは、資金運用の計画・実施を行うことである。(L111)

10 ☐ 保険商品は、保険業法上「第一分野」「第二分野」「第三分野」に分類され、賃貸不動産経営において最も活用される損害保険は、「第二分野」である。(L116)

11 ☐ 地震保険は、特定の損害保険契約（火災保険）に附帯して契約するものであり、単独の加入はできない。(L116)

12 ☐ 不動産所得の金額の計算上、必要経費として消費税（税込で経理処理をしている場合）・事業税は認められるが、所得税と住民税は認められない。(L117)

13 ☐ 個人所得税では、取得価額が10万円未満の減価償却資産については、全額をその業務の用に供した年分の必要経費とする。(L117)

14 ☐ 建物の購入代金は消費税が課されるが、土地の購入代金には課されない。(L118)

15 ☐ 小規模宅地等についての相続税の課税価格の特例は、特定「居住用」宅地等及び特定「事業用」宅地等は、一定の対象面積まで80％を減額可能。「貸付事業用」宅地等は、一定の対象面積まで50％を減額可能。(L120)

EXAMPRESS®
賃貸不動産経営管理士学習書

不動産
教科書 ®

2か月で合格！

1回25分

賃貸経営管理士 不動産

著者
竹原健

監修
スタディング

SE
SHOEISHA

本書内容に関するお問い合わせについて

このたびは翔泳社の書籍をお買い上げいただき、誠にありがとうございます。弊社では、読者の皆様からのお問い合わせに適切に対応させていただくため、以下のガイドラインへのご協力をお願い致しております。下記項目をお読みいただき、手順に従ってお問い合わせください。

●ご質問される前に
弊社Webサイトの「正誤表」をご参照ください。これまでに判明した正誤や追加情報を掲載しています。

正誤表　https://www.shoeisha.co.jp/book/errata/

●ご質問方法
弊社Webサイトの「書籍に関するお問い合わせ」をご利用ください。

書籍に関するお問い合わせ　https://www.shoeisha.co.jp/book/qa/

インターネットをご利用でない場合は、FAXまたは郵便にて、下記"翔泳社 愛読者サービスセンター"までお問い合わせください。
電話でのご質問は、お受けしておりません。

●回答について
回答は、ご質問いただいた手段によってご返事申し上げます。ご質問の内容によっては、回答に数日ないしはそれ以上の期間を要する場合があります。

●ご質問に際してのご注意
本書の対象を越えるもの、記述個所を特定されないもの、また読者固有の環境に起因するご質問等にはお答えできませんので、予めご了承ください。

●郵便物送付先およびFAX番号
送付先住所　〒160-0006　東京都新宿区舟町5
FAX番号　03-5362-3818
宛先（株）翔泳社 愛読者サービスセンター

※著者および出版社は、本書の使用による賃貸不動産経営管理士試験の合格を保証するものではりません。
※本書に記載されたURL等は予告なく変更される場合があります。
※本書の出版にあたっては正確な記述につとめましたが、著者や出版社などのいずれも、本書の内容に対してなんらかの保証をするものではなく、内容やサンプルに基づくいかなる運用結果に関してもいっさいの責任を負いません。
※本書に記載されている会社名、製品名はそれぞれ各社の商標および登録商標です。
※本書では、TM、®、©は割愛させていただいております。

はじめに

　本書は、無理なく賃貸不動産経営管理士試験に合格できるレベルまでの知識を習得する情報を詰め込んだテキストである。

　賃貸不動産経営管理士試験は、賃貸住宅の管理業務の適正化等に関する法律に基づく登録試験（国家資格）に位置づけられ、令和3年度及び令和4年度の2回実施されたが、その出題内容は急激に難化しており、とても短時間の学習では合格できない試験となっている。

　そこで、本書は、難化傾向を踏また上で、ズバリ！合格するための120LESSONを明示し、各LESSONでは、「全体を知る」→「要点をつかむ」→「問題に挑戦」という3ステップ制を採用した上で、試験合格の道筋を付けられるよう新規に作成したものである。

　本書を活用し、賃貸不動産経営管理士試験の合格を勝ち取っていただきたい。

スタディング／賃貸不動産経営管理士
講師　竹原　健

本書の使い方

　本書では、試験で問われる5つの事項について5章展開、120LESSONで解説しています。各レッスンでは「全体を知る」→「要点をつかむ」→「問題に挑戦」の3ステップ制を取ることで学習と記憶の定着がスムーズに進むことをねらっています。

テキスト部分

何日目の何回目の項目か

Day1-1の場合、「1日目の1回目に学習するレッスン」という意味になります。

STEP3 問題に挑戦

学んだことの理解度を確かめることができます。

STEP1 全体を知る

LESSONで学ぶべきことをスッキリとまとめてます。

STEP2 要点をつかむ

必ず押さえるべきポイントをまとめました。その日の学習の振り返りや、学習日の翌日・数日後の記憶定着などにも使えます。

合格のモト

合格力を高めるために知っておきたい事柄を説明しています。

重要な箇所はすべて赤い文字で記していますので、付属の赤シートをかけて学習すると効率的です。

また、巻頭のチェックシートは切り取って持ち歩きやすいようにしていますので、ちょっとしたスキマ時間を勉強時間に早変わりさせることができます。

1回25分の理由

25分とは、イタリアのフランチェスコ・シリロが提唱したポモドーロ・テクニックを参考とした時間です。「ポモドーロ・テクニック」の名は、テクニックが発明されたときに使われていたタイマーがトマトの形をしていたためと言われています。そのため、本書ではトマトをモチーフとしました。

25分の作業と短い休息のセットで集中力を持続して作業ができると言われていますので、普段の生活にこのテクニックと本書での学習をぜひ組み込んでみてください。1日2回の学習を維持すると、2か月でテキストを1周できるようになっています。また、25分で確実にじっくり・しっかりと読み込めるよう、1回あたりのページ数を4ページとしました。難しい条文でも無理なく読み進められる分量を心がけました。

翔泳社からの読者特典Webアプリ

本書の読者特典として、一問一答の演習問題を収録したWebアプリをご利用いただけます。試験前の腕試しに是非ご活用ください。お持ちのスマートフォン、タブレット、パソコンなどから下記のURLにアクセスし、ご利用できます。

https://www.shoeisha.co.jp/book/exam/9784798177373

ご利用にあたっては、SHOEISHAiDへの登録と、アクセスキーの入力が必要になります。アクセスキーの入力は、画面の指示に従って進めてください。

この読者特典は予告なく変更になることがあります。あらかじめご了承ください。

試験情報

1. 賃貸不動産経営管理士とは？

　賃貸不動産経営管理士は、一般社団法人賃貸不動産経営管理士協議会が実施する試験です。「賃貸住宅の管理業務等の適正化に関する法律」において、賃貸住宅管理業務を行ううえで設置が義務付けられている「業務管理者」の要件とされた国家資格です。

　消費者ニーズの変化・人口減少・世帯構成の変化等により賃貸住宅の割合が増えたことや空き家の増加が問題となっていることから、賃貸不動産管理の重要性が一層高まっています。それによって、この資格の重要性が重みを増しています。

2. 試験の概要

試験日	11月の第3日曜日
試験時間	13:00〜15:00（120分間）
受験料	13,200円［税込］
出題形式	四肢択一、50問 ※免除講習修了者（令和4年度の例）は45問です。
受験要件	年齢、性別、学歴等に制約はありません。
受験案内資料請求期間と 申込受付期間	8月中旬〜9月下旬
合格発表	12月下旬

3. 問い合わせ先

　以上の情報は、本書刊行時点のものです。変更される可能性もあるので、下記の試験運営団体に最新情報を確認するようにしてください。

　一般社団法人賃貸不動産経営管理士協議会 受付センター

　https://www.chintaikanrishi.jp/　　TEL:0476-33-6660　FAX:050-3153-0865

　（電話受付：平日10:00〜17:00、FAX受付：24時間）

スタディングからの読者特典のお知らせ

スマートフォンやパソコンでスタディング 賃貸不動産経営管理士講座の「賃貸借契約」1〜5回を受講できます！（無料）

　本書をご購入いただきました読者様に、特典をご案内します。

　本書の著者である竹原 健 講師が担当する「スタディング 賃貸不動産経営管理士講座」の「賃貸借契約」1〜5回と、短期間で合格できる勉強方法をわかりやすく解説した「忙しくても失敗しない！ 合格法5つのルール」を無料でご利用いただけます。

　スマートフォンやパソコン、タブレットでご受講いただけますので、通勤時間やスキマ時間にぴったりです！　効率的に試験合格を目指す方は、ぜひこちらもご活用ください。

■賃貸借契約1〜5回（ビデオ講義／一問一答問題集）
　契約の成立・分類／委任・請負・賃貸借／賃貸人・賃借人の義務
　賃料の改定・回収／保証・敷金　など
■短期合格セミナー 忙しくても失敗しない！ 合格法5つのルール

特典講座のご利用方法：

1. 右のQRコード、または以下のホームページにアクセスします。

   https://studying.jp/book.html

2. 当書籍の「読者特典のお申し込みはこちら」をクリックし、次の画面からパスワードとメールアドレス等を入力します。

   パスワード：499ページに掲載

3. 入力されたメールアドレスに、特典講座へのリンクが含まれたメールが届きます。リンク先から特典講座を受講いただけます。

STU▶Ying

※特典講座は、KIYO ラーニング株式会社が提供いたします。
※写真はイメージです。
※特典内容は予告なく変更する場合がございます。

🍅 CONTENTS

Chapter 3 賃貸住宅の管理実務 ·· 301

Chapter

1

賃貸住宅の
賃貸借

本章では、賃貸住宅のオーナーである賃貸人と入居者（賃借人）との間で締結される賃貸借契約に関連して、必要となる民法、借地借家法などの法律や裁判所の判例について学習する。

賃貸住宅管理の動向と賃貸住宅経営の方法

STEP 1　全体を知る

1. 賃貸住宅管理の動向

　賃貸住宅管理の伝統的なスタイルは、賃貸住宅の所有者が自ら物件を賃貸し、管理する（自主管理）というものであった。しかし、賃貸物件が飽和状態になったり、不動産不況になったりすると、より入居希望者のニーズに合った物件やサービスの提供が求められるようになった。

　さらに、少子高齢化や外国人居住者の増加、グローバリゼーションなどの社会環境の変化により、賃貸不動産をめぐるサービスも、単に物件を貸すというものから、不動産の権利を証券に結びつける**不動産証券化**も広く行われるようになり、高度な専門知識も必要となった。

　このような不動産をめぐる環境の変化は、それまでの**自主管理**から**委託管理**（管理の専門業者に管理を委託する）へ切り替えるオーナーが増加している要因となっている。

2. 賃貸住宅経営の方法

　賃貸住宅経営の方法とは、賃貸住宅経営のノウハウというより、主に賃貸住宅の管理の方法を意味する。そして、賃貸住宅の管理の方法としては、①賃貸住宅の所有者が賃貸住宅管理業者に管理を委託する場合（管理受託方式）と②第三者に転貸する事業を営むサブリース業者が管理する場合（サブリース方式）の2つの方法がある。

3. 管理受託方式

管理受託方式とは、賃貸住宅管理業者（以下、「管理業者」という）が賃貸住宅の所有者との間で締結した管理受託契約に基づき、賃貸住宅を管理する方式である。

管理受託方式では、賃借人の募集は、通常、管理業者が賃貸住宅の所有者を代理または媒介をすることにより関与するが、これらの行為は**宅地建物取引業**に該当するため、管理業者は**宅地建物取引業**の免許が必要となる。

管理業者の業務としては、以下のものがあるが、これらは管理業者の一般的な業務を意味し、賃貸住宅の管理業務等の適正化に関する法律（以下、「賃貸住宅管理業法」という）に規定されている「管理業務」（詳細は、「賃貸住宅管理業法」で説明する）とは異なるので、注意が必要である。

図1　管理受託方式

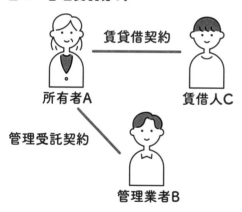

＜管理業者の業務＞
・募集の提案、審査への協力、引渡し準備等
・賃料等の収納と送金、内装設備の点検、修理、クレーム対応等
・契約更新・再契約に関する業務
・明渡し、原状回復、敷金の精算等
・賃貸人の委託による共用部分等の維持保全

4. サブリース方式

サブリース方式とは、サブリース業者が賃貸住宅の所有者（原賃貸人）との間で賃貸借契約を締結し、自らが転貸人として第三者（転借人・入居者）と転貸借契約を締結し、賃貸住宅を管理する方式である。

サブリース方式では、サブリース業者は、転貸借の当事者（転貸人）となるの

で、賃借人の募集を行っても宅地建物取引業には該当せず、宅地建物取引業の免許は不要である。

図2　サブリース方式

所有者A
（原賃貸人）

賃貸借契約

サブリース
業者B（転貸人）

＜サブリース業者の業務＞
・自ら賃貸人として第三者に
　転貸する。
・サブリース業者は、賃貸借
　契約に基づき、自ら所有者
　（原賃貸人）に賃料を支払う。

転貸借契約

転借人C
（入居者）

STEP 2 **要点をつかむ**

①不動産をめぐる環境の変化により、賃貸住宅管理を自主管理から委託管理へ切り替えるオーナーが増加している。

②賃貸住宅経営の方法には、**管理受託方式**と**サブリース方式**の2つがある。

③**管理受託方式**では、管理業者が管理受託契約に基づき、賃貸住宅の管理を行い、**サブリース方式**では、サブリース業者が所有者（原賃貸人）から借り受けた賃貸住宅の管理を行う。

④**管理受託方式**では、管理業者が賃借人の募集を行う場合には宅地建物取引業の免許が**必要**となるが、**サブリース方式**では、サブリース業者が自ら賃借人の募集を行う場合でも、宅地建物取引業の免許は**不要**である。

STEP 3　問題に挑戦

- □ **1** 管理受託方式では、管理業者は自ら賃借人との間で賃貸借契約を締結する。
- □ **2** 管理受託方式では、管理業者は、賃貸人の委託を受けて共用部分の維持保全を行う。
- □ **3** サブリース業者は、賃借人の募集を行う場合には宅地建物取引業の免許が必要である。

答え

1 ✕　**管理受託方式**では、管理業者が、賃貸住宅の所有者との間で管理受託契約を締結し、賃貸借契約は、賃貸住宅の所有者と賃借人（入居者）との間で締結される。

2 〇　**管理受託方式**では、共用部分の維持保全は、管理業者が賃貸人の委託を受けて行う。

3 ✕　サブリース業者は、転貸借の当事者（転貸人）となるので、賃借人の募集を行っても宅地建物取引業には該当しないため、宅地建物取引業の免許は**不要**である。

合格のモト1

　第2章で学習する賃貸住宅管理業法は、LESSON01で解説した管理受託方式とサブリース方式により業務を行う際の規制について規定している。賃貸住宅管理業法は、賃貸不動産経営管理士試験における出題の約4割占める最重要分野である。

契約とは

STEP 1 全体を知る

1. 契約の意味

契約とは、「この賃貸住宅を貸してください」という**申込み**の意思表示に対し、「この賃貸住宅を貸しましょう」という**承諾**の意思表示が合致（合意）することによって成立する法律行為をいう。

2. 諾成契約・要式契約・不要式契約

賃貸借契約は、意思表示の合致（合意）だけで成立し、物（賃貸住宅）の引渡しを要しない（民法601条）。このような契約を「**諾成契約**」という。これに対し、契約が成立するためには、意思表示の合致（合意）だけでは足りず、物の引渡しを要する契約を「**要物契約**」という。

また、契約が成立あるいは効力を生ずるためには、書面によるなど一定の方式を必要とする契約を「**要式契約**」、不要とするものを「**不要式契約**」という。

賃貸借契約をはじめ、民法上の多くの契約は、契約の成立に書面の作成等を必要としない「**不要式契約**」である。もっとも、契約当事者が契約内容を確認しておく必要があること、後日紛争が生じた場合に備えるため証拠として残しておく必要があること、契約内容を第三者に対して説明しなければならない場合があること、法律によって契約に書面等の方式が要求されているものがあること、などの理由から、契約書が作成される場合がほとんどである。

3. 契約の成立

　契約は、**申込み**に対し相手方が**承諾**することによって成立する。したがって、どんなに契約交渉が進展しても、最終的に申込みに対して相手方が承諾しなければ契約は成立しないということになる。

　ただし、相手方の承諾は、必ずしも明示的な**承諾**の意思表示である必要はなく、**承諾**の意思表示と認められるような事実があれば契約が成立する場合がある（民法527条）。これを「**意思実現による契約の成立**」という。例えば、商品の**申込み**に対して、明示的な**承諾**の意思表示がなくても、相手方が商品を発送した場合には承諾の意思表示と認められる事実があったものということができる。

4. 契約自由の原則

　契約自由の原則は、私的自治の原則（私法上の法律関係は個人の自由意思に基づいて形成される）から導かれるものであり、以下の内容が含まれる。

表1　私的自治の原則

①契約締結の自由	契約を締結するか否かについて、誰からも強制されず、自分の自由な意思によって決定できるということ（民法521条1項）
②相手方選択の自由	契約の相手方を自由に選択できるということ
③内容決定の自由	契約内容を自由に定めることができるということ（民法521条2項）
④方式の自由	契約は合意だけで成立し、特別の方式を必要としないということ（民法522条2項）

　契約自由の原則を徹底すると、社会的な弱者が保護されないなどの不都合が生じるため、契約自由の原則は、法令等によって制約を受ける場合がある。

　①の契約締結の自由については、終身建物賃貸借の賃借人が死亡した場合、同居配偶者等が、その死亡を知った日から**1か月**を経過する日までの間に引き続き居住する旨の申出を行ったときは、賃貸人は、当該同居配偶者等と**終身建**

物賃貸借の契約をしなければならないとされている（高齢者住まい法62条1項本文）。

②の相手方選択の自由については、**外国人であること**や**障害者であること**を理由に、入居を拒否する問題があるが、**外国人であること**を理由に入居を拒否することは許されず（大阪地判平5・6・18、京都地判平19・10・2）、**障害者であること**を理由に入居を拒否することは、不当な差別的取扱いとして**違法**とされる（障害者差別解消法8条1項）。

③の内容決定の自由については、公序良俗や強行規定に反する内容の契約は許されない。

④の方式の自由については、法律上、書面等の方式が要求されているものがある。

表2　書面等の方式を要求されるもの

- 保証契約は書面又は電磁的記録でしなければ効力を生じない（民法446条2項、3項）。
- 定期借地権を設定する場合、契約の更新、期間の延長、買取請求がない旨の特約は書面による必要がある（借地借家法22条1項後段）。
- 定期建物賃貸借（借地借家法38条1項）、取壊し予定の建物賃貸借における取壊し時に賃貸借が終了する旨の特約（借地借家法39条2項）、終身建物賃貸借における賃借人の死亡時に賃貸借が終了する旨の特約（高齢者住まい法52条1項）は、書面による必要がある。
- 事業用定期借地権の設定は、公正証書による必要がある（借地借家法23条3項）。

上記の「書面」（公正証書を除く）は、電磁的記録によることも可能であり、電磁的記録によってされたときは、書面によってされたものとみなされる（借地借家法22条2項、38条2項、39条3項、高齢者住まい法52条2項）。

STEP 2　要点をつかむ

①賃貸借契約をはじめ、民法上の多くの契約は、**諸成・不要式契約**である。

②契約は、**申込みの意思表示**と**承諾の意思表示**の合致（合意）によって成立する法律行為である。

③契約自由の原則を徹底すると不都合が生じるため、契約自由の原則は制約を受ける場合がある。

STEP 3 問題に挑戦

- ☐ **1** 建物賃貸借契約は、貸主と借主との間で合意するだけでは足りず、貸主が借主に建物を引き渡すことによって成立する。
- ☐ **2** 通常の建物賃貸借契約は、書面によらなければ効力を生じない。
- ☐ **3** 終身建物賃貸借において、賃借人が死亡し、同居配偶者等が、その死亡を知った日から1か月を経過する日までの間に引き続き居住する旨の申出を行ったときは、賃貸人は、当該同居配偶者等と終身建物賃貸借の契約をしなければならない。
- ☐ **4** 契約自由の原則として、相手方選択の自由が認められるので、外国人であることを理由として入居を拒否することができる。

答え

1 × 賃貸借契約は、合意だけで成立する「**諾成契約**」であり、契約の成立に目的物の引渡しを必要としない。

2 × 通常の建物賃貸借契約は、書面によらなくても効力を生じる（不要式契約）。

3 ○ **終身建物賃貸借**は賃借人の死亡した時に終了する賃貸借である（高齢者住まい法54条2号）が、同居配偶者等が、賃借人の死亡を知った日から1か月を経過する日までの間に引き続き居住する旨の申出を行ったときは、賃貸人は、当該同居配偶者等と**終身建物賃貸借**の契約をしなければならない（高齢者住まい法62条1項本文）。

4 × 契約自由の原則も制約を受ける場合があり、**外国人であることを理由**として入居を拒否することは許されないとされている（大阪地判平5・6・18、京都地判平19・10・2）。

意思表示

STEP 1　全体を知る

1. 意思表示の制度

　契約とは、申込みの意思表示と承諾の意思表示の合致（合意）によって成立する法律行為であるということについては、LESSON02でみたとおりである。ここでは、この意思表示に問題（欠陥）がある場合についてみていく。

　なお、意思表示の制度では、「善意」「悪意」「無過失」「有過失」「重大な過失（重過失）」という言葉がしばしば登場するが、「善意」とは「**知らないこと**」、「悪意」とは「**知っていること**」、「無過失」とは「**知らないことについて過失がなかったこと**」、「有過失」とは「**知ることができたにもかかわらず不注意により知らなかったこと**」、「重大な過失（重過失）」とは「**著しく注意義務を欠いたため知らなかったこと**」を意味する。

　意思表示に限らず、民法では、「取り消すことができる（取消し）」や「無効」という言葉もよく登場するが、「取り消すことができる（取消し）」とは、取り消されるまでは**一応有効**であるが、取り消されると「**はじめから無効**」となる（はじめから無かったことになる）ということであり、「無効」とは、**はじめから無かったものとして扱われる**ので、両者の違いに注意が必要である。

2. 意思表示の種類

　意思表示に問題があるケースとしては、心裡留保（民法93条）、虚偽表示（民法94条）、錯誤（民法95条）、詐欺又は強迫（民法96条）があるが、賃貸住宅をめぐる

意思表示として主に問題となるのは、錯誤・詐欺・強迫であるので、これらを順にみていく。

3. 錯誤

錯誤とは、表示行為から通常推測される意思（外形的な意思）と表意者の真実の意思にくい違い（齟齬）があり、表意者がそのくい違いに気が付いていない場合をいう。

錯誤の態様としては、①意思表示に対応する意思を欠く錯誤（表示の錯誤）と、②表意者が法律行為の基礎とした事情についてのその認識が真実に反する錯誤（動機の錯誤）の2つがあり、錯誤が法律行為の目的及び取引上の社会通念に照らして重要なものであるときは、取り消すことができる（民法95条1項1号）。

①の例としては、物件広告を見たAが、甲建物に入居するつもりで、「乙建物に入居したい。」と意思表示してしまったような場合を挙げることができる。②の例として、マンションのモデルルーム（販売センター）として使用する目的で物件を賃借した事例で、建築基準法上の規制により地下は駐車場以外の用途として使用することができず、地下部分がその床面積の大半を占めている当該物件を目的どおりに使用することができないことから、錯誤による無効が認められたもの（法改正により、現行法では「取消し」が認められるケース）がある（東京地判平22・12・1）。

なお、錯誤が表意者の重大な過失によるものであった場合には、錯誤による取消しができない。ただし、ア）相手方が表意者に錯誤があることを知り（悪意）、又は重大な過失（重過失）によって知らなかったとき、又はイ）相手方が表意者と同一の錯誤に陥っていたときは、錯誤による取消しができる（民法95条3項）。

4. 詐欺・強迫

詐欺とは、人を欺して、錯誤に陥らせることをいう。強迫とは、人に恐怖心を生じさせることをいう。詐欺又は強迫による意思表示は、取り消すことができる（民法96条1項）。

また、第三者が表意者に対して詐欺又は強迫を行った場合を「第三者による詐欺」又は「第三者による強迫」という。

図1　第三者による詐欺・強迫

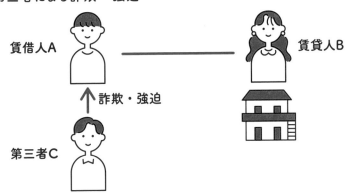

　「第三者による詐欺」は、意思表示の相手方がその事実を**知り**（悪意）、又は**知ることができたとき**（有過失）に限り、その意思表示を取り消すことができる（民法96条2項）。例えば、CがAに対し、賃料の一部を負担するからと欺し、AがB所有の建物についてBと賃貸借契約を締結した場合、Aは、Bが詐欺の事実について、悪意又は有過失のときに限り、契約を取り消すことができる（条文上は、「意思表示の取消し」となっているが、「契約の取消し」と厳格に区別する必要はない）。

　これに対し、「第三者による強迫」は、意思表示の相手方が善意・無過失である場合でも取り消すことができる（民法96条2項の反対解釈）。善意・無過失の相手よりも強迫を受けた者の保護を優先すべきとされるからである。

　上記の詐欺による意思表示の取消しは、**善意でかつ過失がない**（善意・無過失）第三者に対抗することができない（民法96条3項）。これに対し、強迫による意思表示の取消しは、善意・無過失の第三者に対抗することができる（民法96条3項反対解釈）。

STEP 2 　要点をつかむ

①意思表示の種類には、心裡留保、虚偽表示、錯誤、詐欺又は強迫があるが、賃貸不動産経営管理士の試験では、錯誤、詐欺又は強迫が重要である。

②錯誤の態様には、**表示の錯誤**と**動機の錯誤**がある。

③第三者による詐欺の場合、表意者は相手方が**悪意**又は**有過失**のときに限り取り消すことができるが、第三者による強迫の場合、表意者は相手が**善意・無過失**でも取り消すことができる。

STEP 3 　問題に挑戦

- □ **1** 物件広告を見たAが、甲建物に入居するつもりで、「乙建物に入居したい」と意思表示をした場合、Aは、その錯誤がAの重大な過失によるときは、原則として、取り消すことができない。

- □ **2** Aが第三者Cの詐欺によりBとの間でB所有の建物について賃貸借契約を締結した場合において、Aは、Bが詐欺の事実を知らないことに過失があるときは、契約を取り消すことができる。

- □ **3** Aが第三者Cの強迫によりBとの間でB所有の建物について賃貸借契約を締結した場合において、Aは、Bが強迫の事実を知らないことについて過失がないときは、契約を取り消すことができない。

（答え）

1 〇　錯誤が表意者の重大な過失によるものであった場合には、原則として、取り消すことができない（民法95条3項）。

2 〇　第三者による詐欺は、意思表示の相手方がその事実を知り（悪意）、又は知ることができたとき（有過失）に限り、取り消すことができる（民法96条2項）。

3 ×　第三者による強迫の場合、表意者は、相手方が善意・無過失でも取り消すことができる。

意思無能力・制限行為能力

STEP 1　全体を知る

1. 意思無能力者とは

　正常な判断能力（法的意味や結果を弁識する能力）を有しない者がした契約は、個人の自由意思に基づくものとはいえず、契約の不履行があった場合でも責任を問うことはできない。そこで、法律行為の当事者が意思表示をした時に意思能力を有しなかったとき（意思無能力）は、その法律行為は、**無効**とされている（民法3条の2）。

　意思能力の有無は、個々の事例で具体的に判断されるが、一般には**7歳～10歳**程度の判断能力があれば意思能力があると解されている。

2. 制限行為能力者制度とは

　意思無能力者が自らの行為について免責されるためには、行為の当時、意思能力を有しなかったことを証明する必要があるが、実際上、行為の時に意思無能力を有しなかったことを証明することは困難である。そこで、判断能力の低い者を画一的に保護しようとするのが制限行為能力者制度である。制限行為能力者は未成年者、成年被後見人、被保佐人、被補助人に分類される。

3. 未成年者

　未成年者（18歳未満の者）が法律行為をするには、その親権者などの法定代理人の同意を得なければならない（民法5条1項本文）。未成年者が法定代理人の同

意を得ないでした行為は、**未成年者本人**も**法定代理人**も取り消すことができる（民法5条2項、120条1項）。

　以上のように、未成年者が法律行為をするには法定代理人の同意が必要であるが、これには以下の例外がある。

表1　法定代理人の同意が不要なもの

①単に権利を得、又は義務を免れる法律行為については、法定代理人の同意を得ることなく単独で行うことができる（民法5条1項ただし書）。
②法定代理人が目的を定めて処分を許した財産は、その目的の範囲内において、未成年者が自由に処分することができる（民法5条3項前段）。目的を定めないで処分を許した財産を処分するときも、同様である（同後段）。
③一種又は数種の営業を許された未成年者は、その営業に関しては、成年者と同一の行為能力を有する（民法6条1項）。ただし、未成年者がその営業に堪えることができない事由があるときは、その法定代理人は、その許可を取り消し、又はこれを制限することができる（民法6条2項）。

4. 成年被後見人

　成年被後見人とは、精神上の障害により事理を弁識する能力を**欠く常況**にある者であって、一定の者による請求により、家庭裁判所から**後見開始の審判**を受けた者をいい、成年被後見人には成年後見人（法定代理人）が付される（民法7条、8条）。

　成年被後見人の法律行為は、日用品の購入その他**日常生活に関する行為**を除き、**本人**も**成年後見人**（法定代理人）も取り消すことができる（民法9条）。

5. 被保佐人

　被保佐人とは、精神上の障害により事理を弁識する能力が**著しく不十分**である者であって、家庭裁判所から**保佐開始の審判**を受けた者をいい、被保佐人には保佐人が付される（民法11条本文、12条）。

　被保佐人は、保佐人の同意が必要な一定の行為を除き、自ら法律行為をすることができる（民法13条1項）。

保佐人の同意が必要な一定の行為は、以下のとおりである。

表2　保佐人の同意が必要な行為

①元本を領収し、又は利用すること。
②借財又は保証をすること。
③**不動産**その他重要な財産に関する権利の得喪（とくそう）を目的とする行為をすること。
④訴訟行為をすること。
⑤贈与、和解又は仲裁合意をすること。
⑥相続の承認若しくは放棄又は遺産の分割をすること。
⑦贈与の申込みを拒絶し、遺贈を放棄し、負担付贈与の申込みを承諾し、又は負担付遺贈を承認すること。
⑧新築、改築、増築又は大修繕をすること。
⑨樹木の栽植又は伐採を目的とする山林の賃貸借は10年、前記の賃貸借以外の土地の賃貸借は**5年**、建物の賃貸借は**3年**、動産の賃貸借は6か月を超える賃貸借をすること。
⑩上記①～⑨に掲げる行為を制限行為能力者（未成年者、成年被後見人、被保佐人及び被補助人）の法定代理人としてすること。

　保佐人の**同意**を得なければならない行為であって、その**同意**又はこれに代わる許可を得ないでしたものは、取り消すことができる（民法13条4項）。
　なお、保佐人は、原則として**代理権**を有しないが、家庭裁判所は、本人、配偶者等の請求によって、被保佐人のために特定の法律行為について保佐人に**代理権**を付与する旨の審判をすることができる（876条の4第1項）。

6. 被補助人

　被補助人とは、精神上の障害により事理を弁識する能力が**不十分**である者であって、家庭裁判所から**補助開始の審判**を受けた者をいい、被補助人には補助人が付される（民法15条1項、16条）。本人以外の者の請求により補助開始の審判をするには、**本人の同意**がなければならない（民法15条2項）。
　被補助人は、原則として、自ら法律行為をすることができるが、家庭裁判所は、本人、配偶者等の請求により、被補助人が**特定の法律行為**（表2の被保佐人が保佐人の同意が必要な一定の行為の一部に限る）をするにはその補助人の**同意**を得なければならない旨の審判をすることができる（民法17条1項）。

STEP 2　要点をつかむ

①意思無能力者の法律行為は、**無効**である。

②民法は、制限行為能力者としては、未成年者、成年被後見人、被保佐人、被補助人を定めている。

③成年被後見人は、**日用品の購入その他日常生活に関する行為**を除き、自ら法律行為をすることができない。

STEP 3　問題に挑戦

□ **1** 未成年者が法定代理人の同意を得ないで、建物賃貸借契約を締結したときは、賃貸借の期間にかかわらず、契約を取り消すことができる。

□ **2** 成年被後見人が、精神上の障害により事理を弁識する能力を回復している間に法律行為を行ったときは、その法律行為を取り消すことができない。

□ **3** 被保佐人が保佐人の同意を得ないで期間3年の建物賃貸借契約を締結した場合、これを取り消すことができる。

(答え)

1 ○　賃貸借契約の締結については、期間にかかわらず法定代理人から営業を許可されていない限り、未成年者が単独で行うことはできず、取り消すことができる。

2 ×　成年被後見人は、後見開始の審判を取り消されない限り、成年被後見人であるので、取り消すことができる。

3 ×　**3年を超える**建物賃貸借契約は保佐人の同意がなければ取り消すことができるが、**3年以内**の建物賃貸借契約は、取り消すことができない。

委任契約

STEP 1　全体を知る

1. 委任契約とは

　委任契約とは、当事者の一方（委任者）が法律行為をすることを相手方（受任者）に**委託**し、受任者がこれを承諾することによって成立する契約（諾成契約）をいう（民法643条）。また、法律行為でない事務（事実行為）の委託を**準委任**といい、**準委任**には、委任に関する規定が準用される（民法656条）。

　民法上、委任契約は、書面等によることは必要とされていない（不要式契約）。

　なお、委任契約に類似する民法上の契約として、請負・雇用があるが、それぞれを簡単に比較すると次のようになる。

表1　委任契約と請負・雇用の比較

委任	請負	雇用
①委任事務（法律行為又は事実行為）の処理が目的	①仕事の完成が目的	①労務が目的
②受任者は委任者に従属しない	②請負人は注文者に従属しない	②使用者に従属する
③無償が原則	③報酬支払義務あり	③報酬支払義務あり

2. 受任者の義務

　受任者は、次の義務を負う。

表2　受任者の義務

> ①受任者は、無報酬の場合でも、委任の本旨に従い、善良な管理者の注意をもって、委任事務を処理する義務を負う（善管注意義務。民法644条）。
> ②受任者は、委任者の請求があった時、及び委任終了時に委任事務に関して報告しなければならない（報告義務。民法645条）。
> ③受任者は、事務処理のために受領した金銭・果実を委任者に引き渡さなければならない（受取物の引渡義務。民法646条1項）。
> ④受任者は、委任者のために自分の名で取得した権利を委任者に移転しなければならない（権利移転義務。民法646条2項）。
> ⑤受任者は、原則として自ら事務を処理しなければならない（自己執行義務。民法644条の2第1項）。

　①の「善管注意義務」とは、職業や社会的地位によって、一般に要求される注意義務を意味する。これに対し、善管注意義務より注意義務が軽減されたものが「自己の財産に対するのと同一の注意をもって管理する義務」といわれる。

　⑤の自己執行義務については、例外的に、受任者は、委任者の許諾を得たとき、又はやむを得ない事由があるときは、復受任者を選任することができる（民法644条の2第1項）。そして、受任者が代理権を有する復受任者を選任したときは、復受任者は、委任者に対して、その権限の範囲内において、受任者と同一の権利を有し、義務を負う（民法644条の2第2項）。

3. 報酬

　受任者の報酬については、以下のように定められている。

表3　受任者の報酬

> ①受任者は、特約がなければ、委任者に対して報酬を請求することができない（民法上は無償が原則）。
> ②受任者は、報酬を受けるべき場合には、委任事務を履行した後でなければ、これを請求することができない（後払いの原則。648条2項本文）。
> ③期間によって報酬を定めたときは、その期間を経過した後に、請求することができる（民法648条2項ただし書、624条2項）。
> ④受任者は、次の場合には、既にした履行の割合に応じて報酬を請求することができる（民法648条3項）。

> ・委任者の責めに帰することができない事由によって委任事務の履行をすることができなくなったとき。
> ・委任が履行の中途で終了したとき。
> ⑤委任者の責めに帰すべき事由によって委任事務を履行することができなくなったときは、受任者は、報酬の全額を請求することができる（民法536条2項前段）。

　①については、次の例外がある。管理受託契約においては、商人である管理業者には商法が適用され、特約がなくても商人がその営業の範囲内において他人のために行為をしたときは、相当な報酬を請求することができる（商法4条1項、512条）。

4. 委任の解除

　委任は、委任者と受任者の信頼関係に基づいているので、解除については、以下のように定められている。

表4　委任の解除

> ①当事者は、いつでも自由に委任契約を解除することができる（民法651条1項）。
> ②委任契約を解除したときは、次に掲げる場合には、相手方の損害を賠償しなければならない（民法651条2項本文）。ただし、やむを得ない事由があったときは、賠償の必要はない（同ただし書）。
> ・相手方に不利な時期に委任を解除したとき。
> ・委任者が受任者の利益（専ら報酬を得ることによるものを除く。）をも目的とする委任を解除したとき。
> ③委任契約の解除は、将来に向かって効力が生ずるにすぎない（遡及効なし。民法652条、620条）。

5. 委任の終了

　委任は以下の事由によって終了する（民法653条）。

表5　委任の終了

> ①委任者又は受任者の死亡（1号）
> ②委任者又は受任者が破産手続開始の決定を受けたこと（2号）
> ③受任者が後見開始の審判を受けたこと（3号）

6. 委任終了後の処分

委任が終了した場合において、急迫の事情があるときは、受任者又はその相続人若しくは法定代理人は、委任者又はその相続人若しくは法定代理人が委任事務を処理することができるに至るまで、必要な処分をしなければならない（民法654条）。

STEP 2　要点をつかむ

①民法上の委任契約は、**諾成・不要式契約**である。
②受任者は、**無償の場合でも善管注意義務**を負う。
③委任契約の解除は、**将来に向かって効力が生ずる**にすぎない（遡及効なし）

STEP 3　問題に挑戦

□ **1**　受任者は、無報酬の場合には、自己の財産に対するのと同一の注意をもって、委任事務を処理する義務を負う。

□ **2**　受任者は、委任事務が終了したときは、委任者の請求がなくとも委任事務に関して報告しなければならない。

□ **3**　受任者が破産手続開始の決定を受けたときは、委任は終了する。

答え

1　×　無報酬の場合でも、委任の本旨に従い、善良な管理者の注意をもって、委任事務を処理する義務を負う（善管注意義務。民法644条）。

2　○　受任者は、委任者の**請求があった時**、及び**委任終了時**に委任事務に関して報告しなければならない（報告義務。民法645条）。

3　○　委任者又は受任者が**破産手続開始の決定を受けた**ことは、委任の終了事由である（民法653条3号）。

請負契約

1. 請負契約とは

　請負契約とは、当事者の一方がある仕事を完成することを約し、相手方がその仕事の結果に対してその報酬を支払うことを約することによって、効力を生ずる契約である（**諾成契約**。民法632条）。また、民法上、請負契約が、書面等によることは必要とされていない契約（**不要式契約**）であることは、委任契約と同様である。

2. 報酬の支払時期

　報酬は、仕事の目的物の**引渡し**と同時に、支払わなければならない（同時履行。民法633条本文）。物の引渡しを要しないときは、仕事の完成後でなければ報酬を請求することができない（同ただし書、624条1項）。

　なお、報酬の支払時期、支払額について、特約を定めたときは、その特約に従う。

3. 注文者が受ける利益の割合に応じた報酬

　請負は、仕事の内容によっては可分なものと不可分なものがあり、請負人が仕事のすべてを完成しなければ報酬の支払いを受けられなくなるとすれば請負人にとって酷であることから、以下のように定められている。

表1　注文者が受ける利益の割合に応じた報酬

次に掲げる場合において、請負人が既にした仕事の結果のうち**可分**な部分の給付に♪って注文者が利益を受けるときは、その部分を仕事の完成とみなし、請負人は、注文者が受ける利益の割合に応じて報酬を請求することができる（民法634条）。
①**注文者の責めに帰することができない事由**によって仕事を完成することができなくなったとき（1号）。
②請負が仕事の**完成前に解除**されたとき（2号）。

　上記にかかわらず、**注文者の責めに帰すべき事由**によって仕事を完成することができなくなったときは、請負人は、未了の部分も含めて報酬の**全額**を請求することができる（民法536条2項前段）。

4. 請負人の担保責任

　請負人が契約の内容に適合しない仕事の目的物を引き渡したときは、以下の責任を負う。

表2　請負人の担保責任

担保責任の内容	請負人が**種類又は品質**に関して契約の内容に適合しない仕事の目的物を引き渡したときは、注文者に対して以下の担保責任を負う。①履行の追完請求、②報酬減額請求、③損害賠償請求（請負人に帰責事由がある場合に限る）、④契約の解除（民法559条、562条〜564条）
期間制限	請負人が**種類又は品質**に関して契約の内容に適合しない仕事の目的物を注文者に引き渡したときは、注文者は、不適合を知った時から1年以内にその旨を請負人に通知しないときは、注文者は、その不適合を理由として、上記①〜④を行使できない（民法637条1項）。ただし、目的物を注文者に引き渡した時において、請負人がその不適合を知り（悪意）、又は**重大な過失**によって知らなかったとき（**重過失**）は、上記の期間制限は適用されない（民法637条2項）。
請負人の担保責任の制限	請負人が**種類又は品質**に関して契約の内容に適合しない仕事の目的物を注文者に引き渡したときは、注文者は、注文者の供した**材料の性質**又は注文者の与えた**指図**によって生じた不適合を理由として、上記①〜④を行使できない。ただし、請負人がその材料又は指図が不適当であることを知りながら**告げなかった**ときは、上記①〜④を行使できる（民法636条）。

5. 請負契約の解除

　請負人が仕事を完成しない間は、**注文者**は、いつでも損害を賠償して請負契約を解除することができる（民法641条）。

　不要となったものを完成させることは注文者にとって酷であり、また、経済的利益にも反するからである。

　また、請負契約の報酬は、原則として後払いであるため、請負人にとって注文者の資力の有無は大きな問題である。

　そこで、**注文者が破産手続開始の決定**を受けたときは、請負人又は破産管財人は、請負契約を解除することができる（民法642条1項本文）。ただし、請負人による契約の解除については、**仕事を完成した後**は、できない（民法642条1項ただし書）。

STEP 2　要点をつかむ

❶請負契約は、**諾成・不要式契約**である。

❷報酬は、仕事の目的物の**引渡しと同時履行**とされるが、引渡しを要しないときは、仕事の完成後でなければ報酬を請求することができない。

❸請負人が種類又は品質に関して契約の内容に適合しない仕事の目的物を引き渡したときの担保責任の内容は、①履行の追完請求、②報酬減額請求、③損害賠償請求、④契約の解除の4つ。

❹**種類又は品質**に関する契約内容不適合については、注文者が不適合を**知った時から1年以内**に通知しなければならないという期間制限がある。

STEP 3 問題に挑戦

□ **1** 仕事の目的物の引渡しを要する場合、請負人は、注文者が報酬を支払うまで目的物の引渡しを拒むことができる。

□ **2** 注文者の責めに帰することができない事由によって仕事を完成することができなくなった場合において、請負人が既にした仕事の結果のうち可分な部分の給付によって注文者が利益を受けるときは、請負人は、注文者が受ける利益の割合に応じて報酬を請求することができる。

□ **3** 請負人が種類又は品質に関して契約の内容に適合しない仕事の目的物を注文者に引き渡した場合において、注文者は、不適合を知った時から1年以内にその旨を請負人に通知しないときは、請負人が引き渡した時にその不適合を重大な過失によって知らなかったとしても、請負人に対し、担保責任を追及することができない。

□ **4** 請負人の債務不履行が、契約その他の債務の発生原因及び取引上の社会通念に照らして請負人の責めに帰することができない事由によるものであるときは、注文者は、損害賠償請求権を行使することができない。

(答え)

1 ○ 仕事の目的物の引渡しを要する場合、報酬の支払いと目的物の引渡しは**同時履行**の関係にある（民法633条本文）ので、請負人は、注文者が報酬を支払うまで目的物の引渡しを拒むことができる。

2 ○ 記述のとおり（民法634条1号）。

3 × 請負人が引き渡した時に契約内容不適合を知り、又は「**重大な過失によって知らなかったとき**」は、期間制限は適用されず、注文者は担保責任を追及することができる（民法637条2項）。

4 ○ 注文者が請負人の債務不履行に基づく損害賠償請求権を行使するためには、**請負人の責めに帰すべき事由**が必要である（民法564条、415条1項ただし書、559条）。

07

Day 4-1

賃貸借契約の 成立と借地借家法

STEP 1 全体を知る

1. 賃貸借契約とは

賃貸借契約とは、当事者の一方（賃貸人）がある物の**使用及び収益**を相手方（賃借人）にさせることを約し、相手方（賃借人）がこれに対してその**賃料**を支払うこと及び引渡しを受けた物を契約が終了したときに返還することを約することによって、その効力を生ずる契約（諸成契約）をいう（民法601条）。また、民法上、賃貸借契約は、書面等によることは必要とされていない契約（不要式契約）である。

2. 賃貸借契約と借地借家法の適用関係

民法の賃貸借に関する規定は、契約当事者（賃貸人・賃借人）が対等な関係であることを前提にしているが、実際上、不動産（土地・建物）の賃貸借においては、所有者である賃貸人の立場が強いため、民法の規定だけでは、賃借人は不利な立場に置かれかねない。そこで、借地借家法は、土地の賃借人（建物の所有を目的とする場合に限る）や**建物の賃借人**を保護するための規定を置き、借地借家法が優先的に適用されることにしている。なお、借地借家法は、「**建物の所有を目的としない土地賃貸借**」や土地・建物などを無償で貸す「**使用貸借**」には適用がないことに注意を要する。

3. 契約締結上の過失

　契約交渉が進展しても最終的に契約を締結するかどうかは当事者の自由意思によるのであり（契約締結の自由）、その結果、契約締結に至らなければ当事者に権利義務は発生せず、当事者は責任を負わないのが原則である。

　しかし、一方で、契約交渉が進展し、契約締結に対する信頼が生じるに至った場合には、**信義誠実の原則**からその信頼は保護されるべきであり、信頼を裏切った者は相手方が当該契約を締結したことにより被った損害を賠償すべきであるという考えがある。この考えが「**契約締結上の過失**」といわれるものである。判例は、「**契約締結上の過失**」に基づく責任は、債務不履行による賠償責任ではなく、**不法行為**による賠償責任であるとしている（最判平23・4・22）。

　賃貸人側に**契約締結上の過失**が認められた事例として以下のものがある。

表1　事例

①美容院として賃貸借契約交渉が進展していた段階で、賃借希望者が**一方的に**契約締結を拒否された事案において賃貸人側の責任が認められた（神戸地判平10・6・22）。
②賃貸住宅の賃貸借契約交渉が進展していた段階で、**外国人であることを理由**に契約が拒否された事案において、合理的な理由がないとして賃貸人側の責任が認められた（大阪地判平5・6・18）。
③賃貸住宅の賃貸借契約交渉が進展していた段階で、入居予定者が**日本国籍ではなかった**ことを理由に契約が拒否された事案において、合理的理由がないとして賃貸人側の責任が認められた（京都地判平19・10・2）。

　賃借希望者に**契約締結上の過失**が認められた事例として以下のものがある。

表2　事例

①飲食店を営む賃借希望者と賃貸借契約交渉が進展し、契約条件についてほぼ合意に達した段階で賃借希望者が**契約交渉を破棄**した事案において、賃借希望者に責任が認められた（東京高判平30・10・31）。
②ドラッグストアとしての利用を予定している賃借希望者が、契約条件にほぼ合意したにもかかわらず、後日、賃借希望者側の**最終決済**が下りず契約締結に至らなかった事案において、賃借希望者側の責任が認められた（札幌高判令元9・3）。

4. 共有物の賃貸

　共有物の管理に関する事項は、各共有者の持分の価格に従い、その過半数で決する（民法252条1項）。令和5年4月1日施行の改正民法では、共有に属する建物について**3年**を超えない賃借権等の設定をすることは、共有物の「**管理**」に該当し、**持分の価格の過半数**で決するとされている（民法252条4項3号）。なお、共有物の賃貸借を解除することは、管理行為に該当し、各共有者の**持分の価格の過半数**で決するとするのが判例（最判昭39・2・25）である。

　共有物の保存・管理・変更についてまとめると以下のようになる。

表3　共有物の保存・管理・変更

	具　体　例	要　　　件
保存行為	①共有物の修繕 ②不法占拠者への妨害排除・返還請求	各共有者は**単独**でできる
管理行為（軽微変更を含む）^(注1)	①共有物の賃貸借契約の解除 ②共有物の利用者・期間・回数の決定^(注2) ③共有物の管理者の選任及び解任 ④短期賃借権等の設定^(注3)　など	共有者の**持分の価格の過半数**の賛成で行う^(注4)
変更行為（軽微変更を除く）^(注1)	①農地の宅地への変更 ②山林の伐採、家屋の増築・改築 ③共有物の全部売却 ④共有地の抵当権の設定	共有者**全員の同意**が必要

（注1）軽微変更とは、その形状又は効用の著しい変更を伴わないものをいう（以下同様）。
（注2）共有物を使用する共有者があるときも、それと異なる使用・管理方法を決定することができる。
（注3）短期賃借権等とは、①樹木の栽植又は伐採を目的とする山林の賃借権等（10年以内）、②①以外の土地の賃借権等（5年以内）、③建物の賃借権等（3年以内）、④動産の賃借権等（6か月以内）をいう。
（注4）共有者間の決定に基づいて共有物を使用する共有者に特別の影響を及ぼすべきときは、その承諾を得なければならない。

STEP 2 要点をつかむ

①賃貸借契約は、諾成・不要式の契約である。

②契約交渉が進展した段階で相手方の信頼を裏切り、契約を締結しないときは、**不法行為**による損害賠償責任を負う場合がある。

③共有物について短期賃借権等（建物については3年以内）を設定することは、共有物の管理に該当する。

STEP 3 問題に挑戦

☐ **1** 建物賃貸借契約は、書面によって契約を締結した場合でも、賃貸人が建物を賃借人に引き渡さない限り、効力を生じない。

☐ **2** 「契約締結上の過失」に基づく責任は、債務不履行による賠償責任であるとするのが判例である。

☐ **3** A・B・Cの共有（持分は平等とする）に属する建物について、期間3年の賃借権を設定するためには、A・B・Cのうち2人の賛成が必要である。

答え

1 × 賃貸借契約は、**合意のみ**によって成立し、効力が生じる諾成契約であり、建物を引き渡さなくても効力が生じる（民法601条）。また、当事者の合意があれば書面によらなくても契約が成立し、効力が生じる不要式の契約である。

2 × 判例は、「契約締結上の過失」に基づく責任は、債務不履行による賠償責任ではなく、**不法行為**による賠償責任であるとしている（最判平23・4・22）。

3 ○ 共有に属する建物について3年を超えない賃借権等の設定（短期賃貸借の設定）をすることは、共有物の「**管理**」に該当し、**持分の価格の過半数**で決するとされている（民法252条4項3号）。したがって、A・B・Cのうち2人の賛成が必要である。

修繕

STEP 1　全体を知る

1. 賃貸人の修繕義務

　建物の賃貸人は、賃貸物の使用及び収益に必要な修繕をする義務を負う（民法606条1項本文）。賃貸人の修繕義務についてまとめると以下のようになる。

表1　賃貸人の修繕義務

破損の原因等	**不可抗力**によるものでも賃貸人は修繕義務を負う。ただし、**賃借人の責めに帰すべき事由**によってその修繕が必要となったときは、賃貸人は修繕をする義務を負わない（民法606条1項ただし書）。
修繕の対象	賃貸住宅については、専用部分だけでなく建物の使用収益に必要な共用部分も含まれる（東京地判平22・3・5）。
修繕が不可能な場合	修繕が**物理的又は経済的に不可能**な場合には、賃貸人は修繕義務を負わない（東京地判平21・9・2、東京地判昭41・4・8）。
修繕義務の範囲	破損等が賃借人の**使用収益を妨げるものでない**場合には、修繕義務は生じない（東京地判平23・7・25）。

　賃借物の修繕費等の**必要費**は、賃貸人が負担するのが原則であるが、賃借人が修繕義務を負うとする特約は**有効**である。判例には、賃貸人が修繕義務を免れることと賃借人が修繕義務を負うことを区別した上で、賃借人が修繕義務を負う特約を**有効**とするものがある（最判昭43・1・25）。

　なお、賃借人が建物について必要費（修繕費など）を請求したにも関わらず、

賃貸人がそれを支払わない場合は、賃借人は必要費の償還請求権を被担保債権として**留置権**（他人の物の占有者が、その物に関して生じた債権について、その弁済を受けるまで、その物を留置することができる担保物権）を行使することができ、**賃貸人が修理費用を支払うまで賃貸物件の明渡しを拒絶**することができる（民法295条1項）。

2. 賃借人の修繕受忍義務等

賃貸人が賃貸物の保存に必要な行為をしようとするときは、賃借人は、これを拒むことができない（民法606条2項）。ただし、賃貸人が賃借人の意思に反して保存行為をしようとする場合において、そのために賃借人が賃借をした目的を達することができないときは、賃借人は、契約を解除することができる（民法607条）。

3. 賃借人による修繕

賃借物の修繕が必要である場合において、次に掲げるときは、賃借人は、その修繕をすることができる（民法607条の2）。

表2　賃借人による修繕

①賃借人が賃貸人に修繕が必要である旨を通知し、又は賃貸人がその旨を知ったにもかかわらず、賃貸人が相当の期間内に必要な修繕をしないとき（1号）。
②急迫の事情があるとき（2号）。

4. 修繕義務違反

賃貸人が修繕義務を履行しないことによって賃借人に損害が生じた場合には、賃借人は、賃貸人に対し、**債務不履行に基づく損害賠償**を請求することができる（民法415条）。

また、賃貸人が修繕義務を履行しないことによって賃借人が目的物をまったく使用できなかった場合には、賃借人は、その期間の賃料の支払いを拒絶することができる（大判大4・12・11）。

賃貸人が修繕義務を履行しない場合には、損害賠償請求の他、賃貸人の費用で修繕を実施するよう裁判所に**履行の強制**を請求することができる（民法414条）。

　また、賃借人自ら修繕を実施し、賃貸人に**必要費の償還**を請求することもできる（民法608条1項）。

STEP 2　要点をつかむ

①賃貸人は、賃貸物が**不可抗力**によって破損した場合でも修繕義務を負う。

②賃借人は、賃貸人による**保存行為**を拒むことはできないが、賃借人の意思に反する**保存行為**のために**賃借をした目的を達する**ことができないときは、契約を解除することができる。

③賃貸人が修繕義務を履行しない場合、賃借人は、賃貸人に対し、**債務不履行**に基づく損害賠償を請求することができる。

STEP 3　問題に挑戦

☐ **1**　建物賃貸借において、建物が地震によって破損した場合、賃貸人は修繕義務を負わない。

☐ **2**　賃貸人は、賃貸物の使用および収益に必要な修繕義務を負うが、修繕義務の対象は専用部分に限られ、共用部分は含まれない。

☐ **3**　賃貸人は、物理的に修繕が可能であれば、経済的に修繕が不可能な場合でも修繕義務を負う。

☐ **4**　賃貸人は、賃貸物の破損等が軽微であり、賃借人の使用収益を妨げるものでない場合でも修繕義務を負う。

☐ **5**　賃貸人が賃借人の意思に反して保存行為をしようとする場合には、賃借人は、契約を解除することができる。

☐ **6**　建物賃貸借において、賃借人が賃貸人に修繕が必要である旨を通知し、又は賃貸人がその旨を知ったにもかかわらず、賃貸人が相当の期間内

に必要な修繕をしないときは、賃借人自ら修繕をすることができる。

答え

1 × 賃貸物の破損等が**不可抗力**によるものでも賃貸人は修繕義務を負う。

2 × 修繕義務の対象には、専用部分だけでなく、共用部分も含まれる。

3 × 賃貸人は、修繕が物理的又は経済的に不可能な場合には修繕義務を負わない。

4 × 破損等が賃借人の使用収益を妨げるものでない場合には、修繕義務は生じない。

Day
4

5 × 賃貸人が賃借人の意思に反して**保存行為**をしようとする場合において、「**賃借人が賃借をした目的を達することができなくなるとき**」は、賃借人は、契約を解除することができる（民法607条）。賃借人の意思に反する保存行為というだけでは、解除できない。

6 ○ 賃借人が修繕するよう通知したにもかかわらず、賃貸人が相当の期間内に必要な修繕をしないときは、**賃借人自ら修繕をすることができる**（民法607条の2第1号）。その場合、賃借人は、直ちに**必要費の償還**を請求することができる（民法608条1項）。

費用の償還

STEP 1　全体を知る

1. 必要費・有益費の償還請求

　賃借人が雨漏り等の修繕費のために支出した費用（**必要費**）や汲取式トイレを水洗式トイレにするなど改良のために支出した費用（**有益費**）の償還については次のように定められている。

表1　必要費・有益費の償還

必要費	賃借人は、賃借物について賃貸人の負担に属する**必要費**を支出したときは、賃貸人に対し、**直ちに**その償還を請求することができる（民法608条1項）。
有益費	賃借人は、賃借人が賃借物について**有益費**を支出したときは、賃貸借の**終了の時**に、価格の増加が現存する場合に限り、**賃貸人の選択**に従い、賃借人の**支出した金額又は増価額**を償還しなければならない（民法608条2項）。

　必要費については、すでに解説しているが、**必要費及び有益費の償還**については、賃借人は、**必要費及び有益費**の費用償還請求権を被担保債権として留置権を行使することができ（民法295条1項）、その費用の償還を受けるまで、明渡しを拒むことができる。ただし、**有益費の償還**については、賃貸人の請求により裁判所が相当の期限を許与したとき（民法608条2項ただし書）は、留置権の行使は認められない。

2. 造作買取請求権とは

　前述した汲取式トイレを水洗式トイレにするなど改良した場合の有益費償還請求権は、もはや建物の構成部分となり、これを取り外すことができないため費用償還請求権が認められている。

　これに対して、建物の構成部分ではなく、畳、建具等の建物に付加されて建物の便益に供され、独立した所有権の対象となる物を**造作**という。

　借地借家法は、建物の**賃貸人の同意**を得て建物に付加した畳、建具その他の**造作**がある場合には、建物の賃借人は、建物の賃貸借が**期間の満了**又は**解約の申入れ**によって終了するときに、建物の賃貸人に対し、その**造作**を時価（買取請求時が基準）で買い取るべきことを請求することができると定めている（借地借家法33条1項前段）。建物の賃貸人から買い受けた**造作**についても同様である（同後段）。

Day 5

　また、造作買取請求権の規定は、建物の**転借人**と賃貸人との間について準用され、**転借人**が賃貸人（原賃貸人）と転借人の同意を得て建物に付加した**造作**について、**転借人**から賃貸人（原賃貸人）に対する造作買取請求が認められる（借地借家法33条2項）。

3. 造作買取請求権の成立要件

　造作買取請求権が成立するための要件をまとめると以下のようになる。

表2　造作買取請求権の成立要件

造作であること	①賃借人の所有に属すること（建物の構成部分ではない） ②建物の便益に供されること
賃貸人の同意	建物の**賃貸人の同意**を得て建物に付加した造作、又は賃貸人から買い受けた造作であること
賃貸借の終了	賃貸借が**期間の満了**又は**解約の申入れ**によって終了したこと（賃借人の債務不履行により賃貸借が解除されたときは、造作買取請求権は認められない。最判昭33・3・13）

4. 造作買取請求権の性質・行使方法

造作買取請求権は、賃借人の一方的意思表示により、法律効果を生ずる**形成権**であり、その行使によって、賃貸人との間に売買契約が成立したことになる（賃貸人の承諾は不要）。もっとも、造作買取請求権は**任意規定**であり、造作買取請求権を制限・排除する特約も有効である（借地借家法37条）。

造作買取請求権の行使時期や行使方法については制限がなく、賃貸借終了後、いつ行使してもよい。また、書面等による必要はない。

5. 留置権

造作買取請求権については、これを被担保債権とする留置権が認められる（民法295条1項本文）。ただし、造作買取請求権は**造作**に関して生じた債権であって、**建物**に関して生じた債権ではない。したがって、**造作の代金が支払われるまで造作を留置することはできるが、建物の明渡しを拒むことはできない**（最判昭29・1・14）。また、造作代金の支払いと建物の明渡しについて同時履行を主張することもできない。

STEP 2　要点をつかむ

①**必要費**については直ちに償還請求できるが、**有益費**については**賃貸借終了時**に価格の増加が現存する場合に限り、償還請求請求できる。

②必要費及び有益費の償還については、留置権の行使が認められる。ただし、**有益費の償還について裁判所が相当の期限を許与したときは、留置権の行使は認められない**。

③造作買取請求権は、賃借人の**債務不履行**により賃貸借が解除されたときは、認められない。

STEP 3　問題に挑戦

□ **1**　建物賃貸借において、賃借人が有益費を支出したときは、賃借人は、賃貸借の終了の時に、価格の増加が現存する限り、賃貸人に対し、賃借人の支出した金額又は増価額を選択して、その償還を請求することができる。

□ **2**　建物の賃貸借が解約によって終了したときは、造作買取請求は認められない。

□ **3**　賃借人が造作買取請求権を行使した場合でも、賃貸人が承諾しなければ、賃貸人と賃借人との間で売買契約は成立しない。

Day 5

□ **4**　建物賃貸借において、賃借人が建物について必要費を支出したときは、賃借人は、賃貸人がその必要費を償還するまで建物の明渡しを拒むことができる。

（答え）

1　×　賃借人が**有益費**を支出した場合に、賃借人の支出した金額又は増価額の償還を選択できるのは、「**賃貸人**」である（民法608条2項）。

2　×　造作買取請求が認められないのは、「賃借人の**債務不履行**により賃貸借が解除されたとき」である。賃貸借が解約の申入れによって終了したときは、造作買取請求が認められる。

3　×　造作買取請求権は**形成権**であり、賃借人が造作買取請求の意思表示をしたときは、賃貸人と賃借人との間で売買契約が成立する。

4　○　賃借人は、必要費の償還について留置権を行使することができるので、必要費が償還されるまで建物の明渡しを拒むことができる。

賃料支払義務

STEP 1 全体を知る

1. 賃借物の一部滅失等による賃料の減額等

　賃貸借契約の成立により、賃貸人には賃借物を使用収益させる債務が発生し、賃借人にはその対価として賃料支払義務（賃料債務）が発生する。賃料は目的物の使用収益の対価であることから、民法は、賃借物の一部滅失等により、その使用収益が制限される場合に、賃料の減額等を認めている。

表1　賃料の減額等

①賃借物の一部が滅失その他の事由により使用及び収益をすることができなくなった場合において、それが**賃借人の責めに帰することができない事由**によるものであるときは、賃料は、その使用及び収益をすることができなくなった部分の割合に応じて、**減額される**（民法611条1項）。
②賃借物の一部が滅失その他の事由により使用及び収益をすることができなくなった場合において、**残存する部分のみでは賃借人が賃借をした目的を達することができない**ときは、賃借人は、**契約の解除**をすることができる（同2項）。

2. 賃借物の使用収益が制限された場合の判例

　賃借物の使用収益が制限された場合に、賃料支払義務に影響を及ぼすかどうかについて判例を挙げると以下のようになる。

表2 賃借物の使用収益が制限された場合の判例

①賃借人に建物を使用させることができなかった場合、それが天災・不可抗力など賃貸人の責めに帰することができない事由による場合でも賃料は発生しない（東京地判平21・5・29）。
②賃借人の責めに帰すべき事由によって建物の一部が損傷し、建物の一部が使用できなかった場合でも、賃借人は賃料の全額を支払う義務がある（東京地判平24・7・20）。
③賃借人が賃貸借契約を締結し、目的物の引渡しを受けた場合には、自らが直接使用し占有しなくても賃料支払義務を負う（東京地判平19・3・15）。

3. 賃料の差押え

賃料の支払いについては、賃料債権の差押えの問題がある。賃料債権が差し押さえられ、差押え債権者から賃料の支払いを請求された場合、賃借人は、差押債権者に賃料を支払わなければならなくなるからである。賃料債権の差押え後に賃貸人に賃料を支払った場合も同様である。賃料債権の差押えに関する判例として以下のものがある。

表3 賃料債権の差押えに関する判例

①賃料債権が差し押さえられた後に、賃貸人が建物を第三者に譲渡した場合において、差押債権者が賃借人に賃料の支払いを請求したときは、賃借人は、差押債権者に支払わなければならない（東京高判平10・3・4）。
②賃貸人が賃借人に建物を譲渡し、混同（注）により賃貸借契約が終了したときは、その終了が賃料債権の差押えの効力発生後であっても、特段の事情がない限り、差押債権者は、第三債務者である賃借人から当該譲渡後に支払期の到来する賃料債権を取り立てることができない（最判平24・9・4）。

（注）債権及び債務が同一人に帰属することにより、債権が消滅することをいう（民法520条本文）。

4. 賃貸人が複数の場合の賃料債権

民法は、「数人の債権者又は債務者がある場合において、別段の意思表示がないときは、各債権者又は各債務者は、それぞれ等しい割合で権利を有し、又は義務を負う。」（民法427条）と定め、分割債権・分割債務の原則を定めている。

判例も、遺産は、相続人が数人あるときは、相続開始から遺産分割までの間、

共同相続人の共有に属するから、この間に遺産である賃貸不動産について生ずる賃料債権は、各共同相続人がその相続分に応じて**分割単独債権**として確定的に取得するとしている（最判平17・9・8）。なお、下級審の判例には、**不可分債権**とするものもある（東京地判平21・6・19、借地につき大阪高判平元8・29）。

5. 賃借人が複数の場合の賃料債務

判例は、賃借権を共同相続した場合、その賃料債務は、反対の事情がない限り、**不可分債務**であるとしている（大判大11・11・24）。したがって、共同賃借人は、各々が賃料の全額を支払う必要があり、賃貸人は、共同賃借人の各々に対して賃料の全額の支払いを請求することができる（民法430条）。もっとも、賃貸人は、共同賃借人の1人から賃料全額の支払いを受けた場合には、他の共同相続人に対し賃料の支払いを請求することはできない。賃料債権は弁済によって消滅するからである（民法473条）。

STEP 2　要点をつかむ

①賃借人は、賃借物の使用収益の対価として賃料を支払う義務を負う。

②賃借物の一部滅失により使用収益ができなくなった場合、**賃借人の責めに帰すべき事由**による場合を除き、使用収益ができなくなった部分の割合に応じて賃料が**減額される**。

③賃料債権が差し押さえられると、賃借人は賃貸人に賃料を支払うことを禁止される。

④共同相続に係る遺産である賃貸不動産について生じた賃料債権は、各共同相続人がその相続分に応じて**分割単独債権**として確定的に取得する。

STEP 3　問題に挑戦

- [ ] **1** 賃借物の一部滅失により使用収益ができなくなった場合、賃借人は、賃料の減額を請求することはできるが、契約を解除することはできない。

- [ ] **2** 賃貸人の責めに帰することができない事由によって賃借人に建物を使用させることができなかった場合には、賃借人は賃料を支払わなければならない。

- [ ] **3** 賃貸人が賃借人に建物を譲渡し、混同により賃貸借契約が終了したときは、その終了が賃料債権の差押えの効力発生後であっても、特段の事情がない限り、差押債権者は、第三債務者である賃借人から当該譲渡後に支払期の到来する賃料債権を取り立てることができない。

(答え)

1　×　一部滅失した場合において、残存する部分のみでは賃借人が賃借をした目的を達することができないときは、賃借人は、契約の解除をすることができる（民法611条2項）。

2　×　賃借人に建物を使用させることができなかったときは、それが天災・不可抗力など賃貸人の責めに帰することができない事由による場合でも賃料は発生しない（東京地判平21・5・29）。

3　○　賃貸人が賃借人に建物を譲渡し、混同により賃貸借契約が終了したときは、その終了が賃料債権の差押えの効力発生後であっても、特段の事情がない限り、差押債権者は、第三債務者である賃借人から当該譲渡後に支払期の到来する賃料債権を取り立てることができない（最判平24・9・4）。

賃借人の義務

STEP 1　全体を知る

1. 賃借人の用法遵守義務・保管義務（善管注意義務）違反

　賃借人は、契約又はその目的物の性質によって定まった用法に従い、その物の使用及び収益をしなければならない（用法遵守義務。民法616条、594条1項）。

　また、賃貸住宅の賃借人は、賃貸借が終了した場合に賃貸住宅の返還義務（特定物の引渡債務）を負うことから、その引渡しをするまで、善良な管理者の注意をもって、その物を保管しなければならない（善管注意義務。民法400条）。

　用法遵守義務違反や善管注意義務違反が問題となったケースとして以下のものがある。

表1　用法遵守義務違反・善管注意義務違反が問題となったケース

①用法遵守義務違反が問題となったケース ・使用目的が住居専用の賃貸借において、賃借人が会社の寮及び事務所として使用したため契約違反による損害賠償請求が認められた（東京地判平26・7・30）。 ・転貸可能な建物賃貸借において、住宅宿泊事業（民泊）としての利用が使用目的に反するとされた（東京地判平31・4・25）。 ②保管義務（善管注意義務）が問題となったケース ・賃借人の自殺は目的物の価値の下落を招くような心理的な損傷に当たり、賃借人は建物内で自殺しないようにする義務があるとされた（東京地判平19・8・10）。 ・強盗による放火事案で賃借人の保管義務違反が否定された（青森地判平16・2・26）。 ・増改築が保管義務違反に当たるとして契約の解除が認められた（東京地判昭46・5・25）。

2. 賃借人の債務不履行責任

賃借人が賃借物の使用収益について**用法遵守義務**に違反し、又は賃借物の保管について**善管注意義務**に違反し、賃借物に損傷を生じさせた場合、賃借人は、債務不履行責任を負う。

なお、賃貸人がこれらの義務違反による損害について、損害賠償請求をする場合、賃貸物の返還を受けた時から**1年以内**にしなければならない（民法622条、600条）。

3. 転借人の債務不履行責任

賃借人は、無断で賃借物を転貸し、転借人の帰責事由（故意・過失）によって賃借物に損害が生じた場合だけでなく、賃貸人の承諾ある転貸において、転借人の帰責事由（故意・過失）によって賃借物が損傷した場合でも、賃貸人に対し債務不履行責任を負う（大判昭4・6・19）。

例えば、サブリース業者は、賃貸住宅の所有者（原賃貸人）との間で、賃貸住宅を第三者に転貸する事業を営むことを目的として特定賃貸借契約（マスターリース契約）を締結し、この契約に基づき賃貸住宅を第三者に転貸（承諾ある転貸）するが、この場合、サブリース業者は、転借人（入居者）の帰責事由（故意・過失）による賃貸住宅の損傷について、賃貸住宅の所有者（原賃貸人）に債務不履行責任を負う。

4. 通知義務

賃借物が修繕を要し、又は賃借物について権利を主張する者があるときは、賃借人は、**遅滞なく**その旨を賃貸人に通知しなければならない（民法615条本文）。ただし、賃貸人が既にこれを**知っている**ときは、この限りでない（同ただし書）。

前述したように、賃借人は賃借物の保管について**善管注意義務**を負うが、その内容として、賃借物が修繕を要する場合や賃借物について権利を主張する者がある場合に通知義務を課したものである。

①賃借人は賃借物の使用収益について**用法遵守義務**を負い、保管について**善管注意義務**を負う。

②賃借人は、転貸について賃貸人の承諾ある場合でも、転借人の帰責事由（故意・過失）による賃借物の損傷について、債務不履行責任を負う。

③賃借人は、賃借物が修繕を要し、又は賃借物について権利を主張する者があるときは、**遅滞なく**その旨を賃貸人に通知しなければならない。

STEP 3　問題に挑戦

☐ **1** 賃借人は賃借物を物的に損傷させなければ、使用収益に関する用法遵守義務違反、又は保管に関する善管注意義務違反に当たることはない。

☐ **2** 賃借人が賃借物の用法遵守義務に違反し、賃借物に損傷を生じさせた場合に、賃貸人が損害賠償請求をするときは、その損傷を知った時から5年以内にしなければならない。

☐ **3** 賃貸人が賃貸住宅の転貸について承諾している場合には、賃借人は、転借人の帰責事由（故意又は過失）による賃貸住宅の損傷について責任を負わない。

☐ **4** 賃借人は、賃借物について権利を主張する者がいる場合でも、賃貸人がこれを知っているときは、賃貸人に通知する必要はない。

答え

1 ×　賃借物を物的に損傷させなくても、目的物の価値の下落を招くような**心理的な損傷**を生じさせれば保管義務違反に当たる場合がある（東京地判平19・8・10）。

2 ×　賃借人が賃借物の用法遵守義務に違反し、賃借物に損傷を生じさせた場合に、賃貸人が損害賠償請求をするときは、「**返還を受けた時から1年以内**」にしなければならない（民法622条、600条）。

3 ×　賃貸人の承諾ある転貸において、転借人の帰責事由（故意又は過失）によって賃貸住宅が損傷した場合でも、賃借人は、賃貸人に対し**債務不履行責任**を負う（大判昭4・6・19）。

4 ○　賃借人は、賃借物について権利を主張する者があるときは、**遅滞なく**その旨を賃貸人に通知しなければならないが、賃貸人が既にこれを**知っ**ているときは、通知する必要はない（民法615条）。

賃料の支払い（弁済・供託）

STEP 1 全体を知る

1. 弁済とは

弁済とは、債務の内容である給付を債務の本旨に従って実現することをいい、弁済によって債権は消滅する（民法473条）。なお、ここにいう「給付」とは、例えば、債権の内容が建物の引渡請求権であれば建物の**引渡し**、債権の内容が代金支払請求権であれば代金の**支払い**という債務者の行為を意味する。

2. 弁済の充当

弁済の充当とは、債務者が全部の債務を消滅させるに足りない給付の提供をした場合に、どの債務の弁済に充てるかという問題である。弁済の充当について、民法は次のように定めている。

表1　弁済の充当

①弁済をする者と弁済を受領する者との間に弁済の充当の順序に関する合意があるときは、その順序に従い、その弁済を充当する（合意による充当。民法490条）。
②合意がないときは、弁済者（賃借人）が指定でき、弁済者が指定しないときは、受領者（賃貸人）が指定できる（指定充当）。ただし、以下の④の順序に反する指定はできない（民法488条1項、2項、489条1項）。
③合意も指定もない場合には、以下の順序に従う（法定充当(注)。民法488条4項）。
a）債務の中に弁済期にあるものと弁済期にないものとがあるときは、**弁済期にあるもの**に先に充当する。
b）全ての債務が弁済期にあるとき、又は弁済期にないときは、債務者のために**弁済の利益が多いもの**に先に充当する。

c）債務者のために弁済の利益が相等しいときは、**弁済期が先に到来したもの又は先に到来すべきもの**に先に充当する。

d）上記b）c）に掲げる事項が相等しい債務の弁済は、**各債務の額**に応じて充当する。

④元本、利息及び費用を支払うべき場合に、債務の全部を消滅させるのに足りない給付をしたときは、**費用、利息、元本**の順に充当する（法定充当^{（注）}。民法489条1項）。

（注）一般には、上記③を法定充当と呼ぶ場合が多いが、④も法定充当の一種である。

3. 供託とは

　供託とは、金銭や一定の有価証券などを供託所に預けることをいうが、ここでは、民法で規定されている弁済のための供託についてみていくことにする。

　建物の賃貸借において、賃料の支払いとしては、持参払い、振込、自動引き落としの方法があるが、持参払いの場合、賃借人が期限までに賃料を持参しても、何かの理由で賃貸人が受領を拒み、又は賃貸人が不在のため受領することができないという場合が起こりうる。

　この場合、賃借人としては賃料の持参が弁済の提供に当たるため、以後、債務を履行しないことによって生ずべき責任を免れる（民法492条）。具体的には、債務不履行を理由とする損害賠償責任、遅延利息、違約金などの請求を受けないということである。

　しかし、賃貸人が受領していない以上、債務が消滅しているわけではないので、賃借人がいつまでも弁済の提供を継続しなければならないとすると賃借人にとって酷である。そこで、賃借人の賃料支払義務を免れさせる（債務を消滅させる）ための弁済のための供託という制度が設けられている（弁済供託。民法494条～498条）。

4. 供託原因・供託の効果

　供託は一定の原因（供託原因）がなければすることができない。民法は、どのような場合に供託ができるかについて、次のように定めている（民法494条1項1号・2号、2項）。

表2 供託ができる場合

①弁済の提供をした場合において、債権者がその受領を拒んだとき（受領拒絶）
②債権者が弁済を受領することができないとき（受領不能）
③弁済者が過失なく債権者を確知することができないとき（債権者不確知）

5. 弁済供託の効果

弁済供託の効果は、次のとおりである。

表3 弁済供託の効果

①弁済者が供託をした時に債権は消滅する（民法494条1項後段）
②債権者は、いつでも供託物の還付を請求することができる（民法498条1項）

債権者が供託物の還付を請求するには、供託所に備え付けられた供託金払渡請求書（還付請求書）に必要事項を記載して、所定の供託通知書等を添えて供託所に提出する。

6. 供託金の取戻し

債権者が供託を受諾せず、又は供託を有効と宣告した判決が確定しない間は、弁済者は、供託物を取り戻すことができる（民法496条1項前段）。この場合においては、供託をしなかったものとみなされる（同後段）。

STEP 2 　要点をつかむ

①弁済の充当については、弁済をする者と弁済を受領する者との**合意が優先**する。
②賃借人が賃料を持参して弁済の提供をしただけでは、債権は消滅しない。
③弁済者は、供託原因がなければ弁済のための供託をすることができない。

STEP 3　問題に挑戦

□ **1**　弁済者は、元本、利息及び費用を支払うべき場合に、債務の全部を消滅させるのに足りない給付をしたときは、給付の時に、元本、利息、費用の順に充当するよう指定することができる。

□ **2**　弁済の充当について合意も指定もない場合において、債務の中に弁済期にあるものと弁済期にないものとがあるときは、弁済期にあるものに先に充当する。

□ **3**　賃貸人が賃料の受領を拒んでいるときは、賃借人は、弁済の提供をすることなく、弁済のための供託をすることができる。

□ **4**　賃借人は、いったん弁済のための供託をしたときは、供託物を取り戻すことができない。

（答え）

1　×　元本、利息及び費用を支払うべき場合に、債務の全部を消滅させるのに足りない給付をしたときは、**費用、利息、元本**の順に充当しなければならず、これに反して指定することはできない（民法488条1項、2項、489条1項）。

2　○　弁済の充当について合意も指定もない場合において、債務の中に弁済期にあるものと弁済期にないものとがあるときは、**弁済期にあるものに先に充当する**（法定充当。民法488条4項1号）。

3　×　債権者（賃貸人）が賃料の受領を拒んでいるだけでは、弁済のための供託をすることはできず、弁済のための供託をするには、弁済者（賃借人）が**弁済の提供**をしたことが必要である。

4　×　債権者（賃貸人）が供託を受諾せず、又は供託を有効と宣告した判決が確定しない間は、弁済者（賃借人）は、供託物を取り戻すことができる（民法496条1項前段）。

賃料の改定

全体を知る

1. 賃料自動改定特約

　賃貸借契約を締結する際に、一定期間が経過したとき、あるいは物価が変動したときに、賃料が自動的に改定される旨の特約を付ける場合がある。このような特約を賃料自動改定特約（スライド条項）という。賃料自動改定特約には、以下のものがある。

表1　賃料自動改定特約

①消費者物価指数、卸売物価指数、GDPなどを利用して、**指数**に応じて賃料を増減する。
②一定期間経過後の賃料の額を**あらかじめ定めておく**（改定後の予測可能性は高いが、社会経済状況とリンクしないため公平性を欠く場合がある）。
③賃料支払い状況など**賃借人の履行状況**に応じて増減する。

　賃料自動改定特約は、その内容が**合理的**なものであれば有効と解されている。判例にも、賃料自動改定特約は、経済事情の変動等を示す**指標**に基づく相当なものである場合には、有効であるとしたものがある（最判平15・6・12）。もっとも、上記判例は、その基礎となっていた事情が失われることにより、特約が**不相当**なものとなった場合には、当事者は同特約に拘束されない旨判示している。

2. 賃料増減請求

　借地借家法は、建物の借賃が、土地若しくは建物に対する租税その他の負担の増減により、土地若しくは建物の価格の上昇若しくは低下その他の経済事情の変動により、又は近傍同種の建物の借賃に比較して不相当となったときは、契約の条件にかかわらず、**当事者**は、**将来に向かって**建物の借賃の額の増減を請求することができると定めている（借地借家法32条1項本文）。ただし、一定の期間建物の借賃を**増額**しない旨の特約がある場合には、その定めに従う（同ただし書）。

　この賃料増減請求権は、一方的な意思表示によって、将来に向かって効力が生ずる**形成権**とされている。

　賃料増減請求権を行使した結果、当事者間に争いがなければ、一方が請求した額で賃料が決まるが、争いがある場合には、賃料増減請求に係る裁判が確定するまでの当事者間の権利義務関係は、次のようになる（借地借家法32条2項、3項）。

表2　賃料増減請求に係る裁判が確定するまでの当事者間の権利義務関係

①建物の借賃の**増額**について当事者間に協議が調わないときは、その請求を受けた者（賃借人）は、**増額**を正当とする裁判が確定するまでは、相当と認める額の建物の借賃を支払うことをもって足りる。ただし、その裁判が確定した場合において、既に支払った額に**不足**があるときは、その不足額に**年1割**の割合による支払期後の利息を付してこれを支払わなければならない。
②建物の借賃の**減額**について当事者間に協議が調わないときは、その請求を受けた者（賃貸人）は、**減額**を正当とする裁判が確定するまでは、相当と認める額の建物の借賃の支払いを請求することができる。ただし、その裁判が確定した場合において、既に支払いを受けた額が正当とされた建物の借賃の額を**超える**ときは、その超過額に**年1割**の割合による受領の時からの利息を付してこれを返還しなければならない。

　借地借家法では、**増額**請求の場合に既に支払った額に**不足**があるときや**減額**請求の場合に既に支払いを受けた額が**超える**ときについてしか規定していない。

　上記以外の場合にはどのように処理されるかというと、次のようになる。

表3　借地借家法での規定外の場合の処理

①増額請求の場合に賃借人の既に支払った額が裁判で確定した額を**超える**（過払い）ときは、賃貸人は、過払額に支払時から返還時までの**法定利率による利息**を付して返還しなければならない（年1割ではない）。
②減額請求の場合に賃貸人の既に支払いを受けた額が裁判で確定した額に**不足**があるときは、賃借人は、既に支払った時から不足額を支払う時までの**法定利率による利息**を付して不足額を支払わなければならない（年1割ではない）。

3. 賃料増減請求に係る調停

　賃料の増額・減額について協議が調わないときは、最終的には裁判によることになるが、訴えを提起する前に、裁判所（簡易裁判所）に調停の申立てをする必要がある（調停前置主義。民事調停法24条の2第1項）。

　調停の申立てがあると、裁判官及び裁判所の指定した民事調停委員で構成される調停委員会が調停を行う（民事調停法6条、7条）。

　調停委員会は、当事者間に合意が成立する見込みがない場合又は成立した合意が相当でないと認める場合において、当事者間に調停委員会の定める調停条項に服する旨の書面による合意（当該調停事件に係る調停の申立ての後にされたものに限る。）があるときは、申立てにより、事件の解決のために適当な調停条項を定めることができる（民事調停法24条の3第1項）。

　そして、調停条項を調書に記載したときは、調停が成立したものとみなし、その記載は、**裁判上の和解と同一の効力**を有する（同2項）。

STEP 2　要点をつかむ

①賃料自動改定特約は、その内容が**合理的**なものであれば有効と解されている。
②賃料の**増額**請求があった場合、**賃借人**は、増額を正当とする裁判が確定するまでは、相当と認める額の建物の借賃を支払えば足りる。

STEP 3　問題に挑戦

☐ **1** 建物の賃貸借において、当事者の一方が賃料増減請求の意思表示をした場合、賃貸借契約締結時にさかのぼって効力が生じる。

☐ **2** 建物の借賃の増額について当事者間に協議が調わないときは、賃借人は、増額を正当とする裁判が確定するまでは、相当と認める額の建物の借賃を支払えば足りる。

☐ **3** 建物の借賃の減額について当事者間に協議が調わないときは、賃貸人は、減額を正当とする裁判が確定するまでは、相当と認める額の建物の借賃の支払を請求することができる。

☐ **4** 賃料の増額・減額について協議が調わないときは、裁判所に調停の申立てをすることなく訴えの提起をすることができる。

答え

1 ✕　賃料増減請求権は、一方的な意思表示によって、将来に向かって効力が生ずる**形成権**である。賃貸借契約締結時にさかのぼって効力が生じるのではない。

2 ◯　建物の借賃の**増額**について当事者間に協議が調わないときは、その請求を受けた者（賃借人）は、増額を正当とする裁判が確定するまでは、相当と認める額の建物の借賃を支払うことをもって足りる（借地借家法32条2項本文）。

3 ◯　建物の借賃の**減額**について当事者間に協議が調わないときは、その請求を受けた者（賃貸人）は、減額を正当とする裁判が確定するまでは、相当と認める額の建物の借賃の支払を請求することができる（借地借家法32条3項本文）。

4 ✕　賃料の増額・減額について協議が調わないときは、いきなり訴えを提起することはできず、訴えを提起する前に、裁判所（簡易裁判所）に調停の申立てをする必要がある（**調停前置主義**。民事調停法24条の2第1項）。

賃料の回収

STEP 1 全体を知る

1. 賃料回収と非弁行為

　弁護士でない者が法律事務を取り扱うこと又はその周旋をすることを業とすることを非弁行為（非弁活動）といい、非弁行為は弁護士法で禁止されている（弁護士法72条本文）。したがって、賃貸住宅の管理を受託している管理業者が賃貸人の**代理人**として、賃料を支払うよう内容証明郵便を送付したり、訴訟を提起したりすれば非弁行為に当たり、違法となる。

　これに対し、転貸人であるサブリース業者が、**自己の権利**（債権）に基づき、転借人に対し、賃料を支払うよう内容証明郵便を送付したり、訴訟を提起したりする行為は、非弁行為に当たらない。

2. 違法な回収行為（自力救済の禁止）

　賃借人が賃料の支払いを怠っている場合に、賃貸人が法律上の手続によることなく自ら実力を行使して賃料回収を行えば自力救済（自救行為ともいう）に当たり、原則として違法とされている。賃料回収のための次の行為は違法となる。

表1 違法な回収行為

①鍵の交換や鍵の部分をカバーで覆うこと
②室内から家具や賃借人の持ち物を持ち出すこと
③賃借人の勤務先等に賃料を支払うよう電話をすること（賃借人があらかじめ連絡先として指定していた場合を除く）
④賃借人の居宅を訪れ、退去要請を受けたにもかかわらず退去しないこと

　上記の行為については、民事上の責任だけでなく、刑事上の責任を問われる場合がある。

3. 自力救済が例外的に認められる場合

　以下のすべてを満たす場合には、違法性が阻却され、自力救済が例外的に認められる（最判昭40・12・7）。

表2　自力救済が例外的に認められる場合

①法律に定める手続によったのでは、権利に対する違法な侵害に対抗して現状を維持することが不可能又は著しく困難であること
②緊急やむを得ない特別の事情が存する場合であること
③私権の行使（自力救済）が、必要の限度を超えない範囲内であること

4. 賃料の回収が問題となったケース

　賃料の回収が問題となったケースとして以下のものがある。

表3　賃料の回収が問題となったケース

①賃借人の勤務先の社長を通じ、賃貸物件の明渡しを要求することは許されない（横浜地判平2・5・29）。
②管理業者が鍵の部分をカバーで覆った行為について、管理業者の不法行為及び賃貸人の使用者責任（不法行為）が認められた（姫路簡判平21・12・22）。

　上記②は、賃貸人が管理業者に家賃の取立等を委任しており、両者の間に指

揮監督の関係が認められたことから、賃貸人の使用者責任が肯定された。

5. 賃料回収の相手方と回収方法

　賃料請求の相手方は、賃料支払義務を負う賃借人であるが、**保証人**に対して請求することができるほか、賃借人と同居している**配偶者**に対し、日常家事連帯債務として請求することもできる（民法761条、札幌地判昭32・9・18）。また、賃借人が死亡している場合には、賃借人の**相続人**に請求することができる（相続の放棄をした場合を除く）。

　賃料を支払うよう催告をする場合、口頭によることもできるが、催告を証拠として残すためには、配達証明付き内容証明郵便を利用する。

STEP 2 　要点をつかむ

①弁護士でない者が法律事務を取り扱うこと又はその周旋をすることを業とすることは、非弁行為として禁止される。

②自力救済は原則として禁止されるが、例外的に認められる場合がある。

③管理業者の賃料回収行為について、賃貸人が**使用者責任**（不法行為）を負う場合がある。

STEP 3　問題に挑戦

□ **1** 管理業者が、賃貸人の代理人として、賃借人に対し賃料を支払うよう内容証明郵便を送付すれば非弁行為に当たり、違法となる。

□ **2** 転貸人であるサブリース業者が、転借人に対し、賃料の支払いを求める訴えを提起しても非弁行為に当たらない。

□ **3** 賃貸人は、賃料を回収するため賃借人があらかじめ連絡先として指定していた勤務先の電話番号に電話をして賃料を支払うよう請求する行為は、違法となる。

□ **4** 管理業者が賃料回収のために鍵の部分をカバーで覆って賃借人が入室できないようにしても、賃貸人が不法行為責任を負うことはない。

（答え）

1 ○　管理業者が、賃貸人の**代理人**として、賃借人に対し賃料を支払うよう内容証明郵便を送付すれば非弁行為に該当し、違法となる（弁護士法72条本文）。

2 ○　転貸人であるサブリース業者が、**自己の権利**（債権）に基づき、転借人に対し、賃料の支払いを求める訴えを提起しても非弁行為に当たらない。

3 ×　賃借人があらかじめ連絡先として指定していた場合であれば違法とはならない。

4 ×　管理業者が賃料回収のために鍵の部分を**カバー**で**覆**って賃借人が入室できないようにした事例で、管理業者の不法行為及び賃貸人の使用者責任（不法行為）が認められている（姫路簡判平21・12・22）。

少額訴訟・支払督促

STEP 1　全体を知る

1. 少額訴訟とは

　少額訴訟とは、訴訟の目的の価額が60万円以下の金銭の支払いの請求を目的とする訴えについて利用できる訴訟手続である（民事訴訟法368条〜381条）。

2. 少額訴訟手続の流れ

　少額訴訟手続の流れは以下のようになる。

図1　少額訴訟手続の流れ

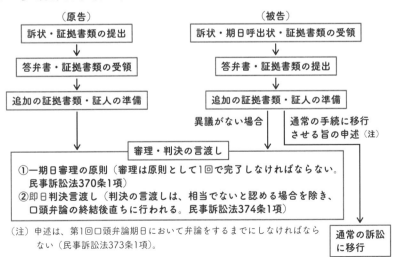

3. 少額訴訟におけるその他の決まり

少額訴訟の利用は、同一裁判所において、同一年に10回を超えてはならない（民事訴訟法368条1項ただし書、民事訴訟規則223条）。

少額訴訟においては、**反訴**を提起することができない（民事訴訟法369条）。少額訴訟が簡易迅速な訴訟手続の特則として定められたものであるからである。そのため、証拠調べは、**即時**に取り調べることができる証拠に限りすることができるとされている（民事訴訟法369条、371条）。また、証人尋問は、宣誓をさせないですることができ、証人又は当事者本人の尋問は、裁判官が相当と認める順序で行う（民事訴訟法372条1項、2項）。電話による証人尋問も認められている（同3項）。

4. 少額訴訟終了後の手続

裁判所は、請求を認容する判決をする場合において、被告の資力その他の事情を考慮して特に必要があると認めるときは、判決の言渡しの日から**3年**を超えない範囲内において、支払いの猶予若しくは分割払の定めをすることができる（民事訴訟法375条1項）。また、期限に遅れることなく支払いをしたときなど一定の要件の下に遅延損害金の支払義務を免除する旨の定めをすることもできる（同項）。

少額訴訟は、判決の言渡しによって終了するが、請求を認容する判決については、裁判所は、職権で、担保を立てて、又は立てないで**仮執行**をすることができることを宣言しなければならない（必要的仮執行の宣言。民事訴訟法376条1項）。

少額訴訟における終局判決に対しては、**控訴**をすることはできず、判決をした簡易裁判所に異議の申立てをすることのみ認められている（民事訴訟法377条、378条1項）。

5. 支払督促とは

支払督促とは、**金銭の支払い又は有価証券若しくは代替物の引渡し**を求める場合に限り、債権者の申立てにより、**簡易裁判所の書記官**が債務者を審尋する

ことなく、債務者に給付（金銭の支払い等）を命ずる処分である（民事訴訟法382条、383条）。なお、支払督促は、少額訴訟のような訴訟の目的の価額による制限がない。

6. 支払督促の申立て

支払督促の申立て手続は、以下のとおりである。

表1　支払督促の申立て

①支払督促の申立ては、債務者の普通裁判籍の所在地（原則として住所）を管轄する**簡易裁判所**の裁判所書記官に対して行う（民事訴訟法383条1項、4条1項・2項）。
②事務所又は営業所を有する者に対する請求でその事務所又は営業所における業務に関するものについては、当該事務所又は営業所の所在地を管轄する**簡易裁判所**の裁判所書記官に対してもすることができる（民事訴訟法383条2項1号）。

7. 支払督促手続の流れ

図2　支払督促手続の流れ

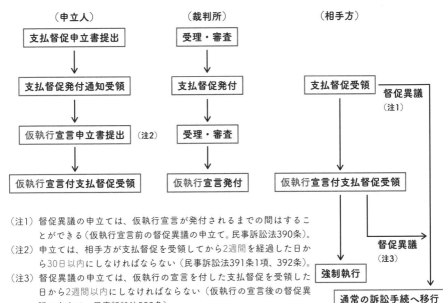

（注1）督促異議の申立ては、仮執行宣言が発付されるまでの間はすることができる（仮執行宣言前の督促異議の申立て。民事訴訟法390条）。
（注2）申立ては、相手方が支払督促を受領してから2週間を経過した日から30日以内にしなければならない（民事訴訟法391条1項、392条）。
（注3）督促異議の申立ては、仮執行の宣言を付した支払督促を受領した日から2週間以内にしなければならない（仮執行の宣言後の督促異議の申立て。民事訴訟法393条）。

　仮執行の宣言を付した支払督促に対し督促異議の申立てがないときは、支払督促は、確定判決と同一の効力を有する（民事訴訟法396条）。

STEP 2　要点をつかむ

①少額訴訟は、訴訟の目的の価額が**60万円以下**の金銭の支払いの請求を目的とする訴えに限り、利用することができる（民事訴訟法368条～381条）。

②少額訴訟の利用は、**同一裁判所において**、**同一年に10回**を超えてはならない（民事訴訟法368条1項ただし書、民事訴訟規則223条）。

③支払督促は、少額訴訟のような訴訟の目的の**価額**による制限がない。

STEP 3　問題に挑戦

- □ **1**　少額訴訟の利用は、管轄する裁判所が異なる場合でも、同一年に10回を超えることができない。
- □ **2**　少額訴訟においては、証人尋問をすることができない。
- □ **3**　支払督促の申立ては、債務者の普通裁判籍の所在地を管轄する簡易裁判所の裁判所書記官に対して行う。

（答え）

1　×　少額訴訟の利用は、「同一裁判所において」、同一年に10回を超えてはならない（民事訴訟法368条1項ただし書、民事訴訟規則223条）。

2　×　少額訴訟においても証人尋問は認められている（民事訴訟法372条1項）。

3　○　支払督促の申立ては、債務者の普通裁判籍の所在地（原則として住所）を管轄する**簡易裁判所**の裁判所書記官に対して行う（民事訴訟法383条1項、4条1項・2項）。

LESSON

16

Day 8-2

保証人

STEP 1　全体を知る

1. 保証とは

　保証とは、主たる債務が履行されないときに、主たる債務者に代わって履行する責任を負うことをいう（民法446条1項）。

　保証契約は、債権者と保証人との間の契約であり（大判大6・9・25）、保証契約は、書面（又は電磁的記録）でしなければ効力を生じない（要式行為。民法446条2項・3項）。なお、不動産賃貸借契約書においては、連帯保証人が署名押印すれば保証契約の書面性は満たされ、別途、書面で保証契約書を作成する必要はない。

2. 保証債務の付従性・随伴性

　保証債務は、主たる債務が履行されないときに、主たる債務を担保するための債務であることから、主たる債務に対し従たる性質を有する。

表1　保証債務の付従性

①主たる債務が成立しなければ保証債務も成立しない（成立における付従性）。
②主たる債務が消滅すれば保証債務も消滅する（消滅における付従性）。
③保証債務の内容においても主たる債務より重くなることはない（内容における付従性）。

　また、付従性から派生する性質として、保証債務は、主たる債務が移転したときは、保証債務もこれとともに移転する性質（随伴性）を有する。例えば、債

権者A、債務者B、保証人Cがいる場合に、Aが債権をDに譲渡すると、保証債務も移転し、Cは、BのDに対する債務について保証債務を負うことになる。

3. 保証債務の範囲

保証債務には、主たる債務に関する利息、違約金、損害賠償その他その債務に従たるすべてのもの（解除に伴う損害賠償・原状回復義務、不当利得返還債務等）が含まれる。また、保証人は、特段の事情がない限り、**更新後の賃貸借契約から生じる賃借人の債務についても責任を負う**（最判平9・11・13）。ただし、**明渡義務**そのものは、賃借人の一身専属的給付を目的とするものであるから、保証人は**明渡義務を負わない**（大阪地判昭51・3・12）。

4. 催告の抗弁権・検索の抗弁権

保証債務は、主たる債務権が履行しない場合に、保証人が履行責任を負うという補充性を有することから、保証人には次の抗弁権が認められる。

表2　保証人が認められる抗弁権

①債権者が主たる債務者に履行の請求をすることなく保証人に債務の履行を請求したときは、保証人は、まず主たる債務者に**催告**をすべき旨を請求することができる（催告の抗弁権。民法452条本文）。
②債権者が主たる債務者に**催告**をした後であっても、保証人が主たる債務者に弁済をする**資力**があり、かつ、**執行**が**容易**であることを証明したときは、債権者は、まず主たる債務者の財産について執行をしなければならない（検索の抗弁権。民法453条）。

5. 連帯保証

保証のうち、保証人が主たる債務者と連帯して債務を負担する保証を連帯保証といい（民法454条）、連帯保証は、保証契約において、主たる債務者と連帯して債務を負担する旨の特約をすることによって成立する。連帯保証には補充性がなく、保証人は催告の抗弁権及び検索の抗弁権を有しない（民法454条）。

6. 主たる債務の履行状況に関する情報の提供義務

保証人が主たる債務者の委託を受けて保証をした場合において、保証人（個人・法人を問わない）の請求があったときは、債権者は、保証人に対し、**遅滞なく**、以下の事項に関する情報を提供しなければならない（民法458条の2）。

表3　債権者が保証人に提供しなければならない情報

①主たる債務の元本及び主たる債務に関する利息、違約金、損害賠償その他その債務に従たる全てのものについての**不履行の有無**
②上記①の残額及びそのうち**弁済期が到来しているもの**の額

7. 個人根保証契約とは

一定の範囲に属する不特定の債務を主たる債務とする保証契約（「根保証契約」という。）であって保証人が**法人でないもの**を個人根保証契約といい、個人根保証契約の保証人は、主たる債務の元本、主たる債務に関する利息、違約金、損害賠償その他その債務に従たる全てのもの及びその保証債務について約定された違約金又は損害賠償の額について、その全部に係る**極度額**（責任を負うべき上限のこと）を限度として履行する責任を負う（民法465条の2）。

個人根保証契約も書面（又は電磁的記録）によらなければ効力を生じない（要式行為。民法446条2項、3項）が、さらに、個人根保証契約は、書面（又は電磁的記録）によって**極度額**を定めなければ効力を生じない（民法465条の2第2項、3項）。このことは、連帯保証であるかどうかを問わない。

STEP 2　要点をつかむ

①保証契約は、書面（又は電磁的記録）でしなければ、その効力を生じない（要式行為）。

②保証債務には、**付従性・随伴性・補充性**がある。

③個人根保証契約は、書面（又は電磁的記録）によって**極度額**を定めなければ効力を生じない。

STEP 3　問題に挑戦

☐ **1** 債権者が主たる債務者に催告をした後であっても、保証人が主たる債務者に弁済をする資力があることを証明したときは、債権者は、まず主たる債務者の財産について執行をしなければならない。

☐ **2** 債権者が主たる債務者に履行の請求をすることなく連帯保証人に債務の履行を請求したときは、連帯保証人は、まず主たる債務者に催告をすべき旨を請求することができる。

☐ **3** 個人根保証契約の保証人は、極度額を定めなかった場合には、責任を負わない。

（答え）

1 × 保証人が検索の抗弁権を主張するためには、主たる債務者に弁済をする**資力**があることを証明するだけでは足りず、**執行が容易**であることも証明しなければならない（民法453条）。

2 × 連帯保証には**補充性**がないことから、連帯保証人には催告の抗弁権は認められない（民法454条）。検索の抗弁権も同様である。

3 ○ 個人根保証契約は、書面（又は電磁方法）によって**極度額**を定めなければ効力を生じない（民法465条の2第2項、3項）。したがって、個人根保証契約の保証人は、**極度額**を定めなかった場合には、責任を負わない。

敷金の取扱い

1. 敷金とは

　敷金とは、いかなる名目によるかを問わず、賃料債務その他の賃貸借に基づいて生ずる賃借人の賃貸人に対する**金銭の給付**を目的とする債務を担保する目的で、賃借人が賃貸人に交付する**金銭**をいう（民法622条の2第1項かっこ書）。敷金の交付（預入）は、賃貸借契約締結と同時に行う必要はない。

2. 敷金契約の性質

　敷金の交付は賃貸人と賃借人の合意に基づくものであり、この合意は、賃貸借契約とは別個の敷金契約である。この敷金契約は、敷金の交付によって成立する**要物**契約である。敷金交付の合意は、賃貸借契約の締結により当然になされるのではないため、敷金契約のみ**合意解約**することは可能である（東京地判平20・5・21）。

3. 敷金によって担保される範囲

　敷金は、賃貸借終了後、家屋明渡義務履行までに生ずる賃料相当額の損害金債権その他賃貸借契約により賃貸人が賃借人に対して取得する**一切の債権**を担保する（最判昭48・2・2）。具体的には、次のものが敷金によって担保される。

表1　敷金によって担保される範囲

①未払賃料
②借主の毀損・汚損による原状回復費用
③賃借人が無権限で行った工事の復旧費
④賃貸借終了後、明渡しまでの賃料相当額の使用損害金

4. 敷金返還請求権の発生時期

　敷金返還請求権は、賃貸借終了後、家屋**明渡完了の時**に発生する（最判昭48・2・2）。そして、判例は、敷金の返還と明渡義務は、明渡義務が**先履行**の関係にあり、賃借人は、賃貸人に対し敷金返還請求権をもって明渡しにつき**同時履行**の抗弁を主張することはできないとする（最判昭49・9・2）。

5. 契約期間中における敷金の充当

　賃貸借契約期間中に賃借人に賃料の未払いがあった場合、**賃貸人**は、敷金を未払賃料の弁済に充てることができるが、**賃借人**は、**賃貸人**に対し、敷金を未払賃料の弁済に充てることを請求することができない（民法622条の2第2項）。

　なお、本試験で、賃貸借契約期間中に、賃借人から敷金返還請求権と賃料債権（債務）の相殺ができるか否かについて出題されたことがあるが、賃料への敷金の充当を相殺とみるならば、賃借人が賃貸借契約期間中に相殺を主張することはできない。相殺の要件として、双方が互いに同種の債権を有している必要があるが、敷金返還請求権は、賃貸借契約期間中においては、まだ発生していないからである（最判昭48・2・2）。

6. 明渡し時の敷金返還

　賃借人は、賃貸借終了後、**明渡しが完了した時**に、敷金の返還を請求することができる（最判昭48・2・2）。そして、敷金返還に際し、未払賃料等の不履行の債務があれば、賃貸人が敷金を充当する意思表示をすることなく、当然にその債務の弁済に充当され、賃貸人は、賃借人の債務の額を控除した残額を返還すれば足りる（大判大15・7・12、最判平14・3・28）。

7. 敷引特約

　敷引特約とは、賃貸借終了時に、敷金のうち一定金額（敷引金）を控除し、これを賃貸人が取得する特約をいう。敷金は、明渡し時に、未払賃料等の不履行の債務があれば、当然にその債務の弁済に充当され、賃貸人は、これを控除した残額を返還しなければならないことから、賃貸借契約に付される敷引特約の効力が問題となる。

　敷引特約が消費者契約法により、**無効**であると争われた事案において、判例は、敷引金の額が高額にすぎるなどの事情がない限り、**信義誠実の原則**に反して賃借人の利益を一方的に害するものではなく、**有効**としている（最判平23・3・24、最判平23・7・12）。

STEP 2　要点をつかむ

①敷金によって担保される範囲は、賃貸借終了後、家屋明渡義務履行までに生ずる賃料相当額の損害金債権その他賃貸借契約により賃貸人が賃借人に対して取得する**一切の債権**である。

②敷金返還請求権は、賃貸借終了後、**家屋明渡完了の時**に発生し、敷金の返還と明渡義務は、明渡義務が**先履行**の関係にある。

③賃貸借契約期間中に賃借人に賃料の未払いがあった場合、**賃貸人**は、敷金を未払賃料の弁済に充てることができるが、**賃借人**は、**賃貸人**に対し、敷金を未払賃料の弁済に充てることを請求することができない。

STEP 3　問題に挑戦

□ **1**　賃貸借終了後、明渡しまでに賃借人が使用したことによる賃料相当額の使用損害金は敷金によって担保されない。

□ **2**　賃借人は、賃貸人に対し敷金返還請求権をもって明渡しにつき同時履行の抗弁を主張することができる。

□ **3**　賃貸借終了後、明渡しが完了した時に賃借人の不履行債務があれば、賃貸人が敷金を充当する意思表示をすることなく、賃借人は、賃借人の債務の額を控除した残額を返還すれば足りる。

□ **4**　敷引特約は、敷引金の額が高額にすぎるなどの事情がない限り、信義則に反して賃借人の利益を一方的に害するものではなく、有効である。

（答え）

1　✕　明渡しまでに賃借人が使用したことによる賃料相当額の**使用損害金**も敷金によって担保される（最判昭48・2・2）。

2　✕　敷金の返還と明渡義務は、明渡義務が**先履行**の関係にあり、賃借人は、賃貸人に対し敷金返還請求権をもって明渡しにつき**同時履行**の抗弁を主張することはできない（最判昭49・9・2）。

3　◯　明渡しが完了した時に賃借人の不履行債務があれば、賃貸人が敷金を充当する意思表示をすることなく、当然にその債務の弁済に充当され、賃貸人は、賃借人の債務の額を控除した残額を返還すれば足りる（大判大15・7・12、最判平14・3・28）。

4　◯　敷引特約は、敷引金の額が高額にすぎるなどの事情がない限り、**信義誠実の原則**に反して賃借人の利益を一方的に害するものではなく、**有効**である（最判平23・3・24、最判平23・7・12）。

一時金の扱い

STEP 1 全体を知る

1. 礼金とは

　礼金とは、賃貸借契約時に、敷金とは別に賃借人から賃貸人に一時金として支払われ、賃貸借終了時に**返還されない金銭**をいうが、敷金のように法律（民法）に規定があるわけではない。

　礼金は、現在のように賃貸物件が多くない時代に、契約時に賃借人から賃貸人に対して謝礼の意味で支払われた一時金（家賃の1～2か月分）が慣行化したものといわれている。もっとも、礼金の授受が一般的に行われている地域もあればそうでない地域もあり、礼金の授受が一般的に行われている地域であっても、賃貸物件によっては、礼金ゼロという場合もある。

2. 礼金約定の効力

　礼金については、前述したように法的根拠があるわけではないが、礼金の定めがある物件であれば、礼金を支払わなければ賃貸借契約を締結することができない。そこで、礼金約定の効力が問題となる。

　判例によれば、賃借人が社会通念上通常の使用をした場合に生じる自然損耗に係る投下資本の回収は、通常、修繕費等の必要経費分を賃料の中に含ませてその支払いを受けることにより行われているが、月々の賃料という名目だけで回収するか、礼金という名目によっても回収するかは、**賃貸人の自由**に委ねられているとする。そして、自然損耗についての必要経費を、賃料の前払である

礼金によっても回収することは、自然損耗の修繕費用を二重取りしているといえないとし、賃貸借契約終了時に礼金を返還しない旨の約定（礼金約定）は、消費者契約法10条に反し**無効であるとはいえない**とする（京都地判平20・9・30）。

3. 更新料とは

　更新料とは、賃貸借の契約期間が満了したときに、契約を更新するに際して賃借人から賃貸人に支払われる金銭をいう。更新料は、民法や借地借家法に規定があるわけではなく、更新料特約の効力が問題となる。

　判例は、更新料の性質について、更新料は、一般に、賃料の補充ないし前払、賃貸借契約を継続するための対価等の趣旨を含む**複合的な性質**を有するとした上で、更新料の額が賃料の額、賃貸借契約が更新される期間等に照らし高額に過ぎるなどの特段の事情がない限り、消費者契約法10条にいう消費者の利益を一方的に害するものには当たらず、更新料特約は**有効である**としている（最判平23・7・15）。

Day
9

4. 敷金としての保証金

　賃貸借契約時に、敷金の代わりに「保証金」の名目で賃借人から賃貸人に支払われる場合がある。この場合、保証金の扱いは、敷金の扱いと同じである（LESSON17　敷金の取扱い）。

5. 敷金以外の性質を有する保証金

　保証金は、建設協力金として交付される場合もある。建設協力金とは、賃借を希望している者に建設協力金として一定金額の金銭を交付させ、賃貸借契約締結後又は一定期間経過後に分割して返還するというものであり、このような保証金に関する約定が「**金銭消費貸借契約**」に当たるとする判例（最判昭51・3・4）もある。

要点をつかむ

①礼金とは、賃貸借契約時に、敷金とは別に賃借人から賃貸人に一時金として支払われ、賃貸借終了時に返還されない金銭をいう。

②賃貸借契約終了時に礼金を返還しない旨の約定（礼金約定）は、消費者契約法10条に反し無効であるとはいえない。

③更新料特約は、賃貸借契約が更新される期間等に照らし高額に過ぎるなどの特段の事情がない限り、有効である。

④保証金は、敷金の趣旨で交付される場合と敷金以外の趣旨で交付される場合がある。

STEP 3 問題に挑戦

☐ **1** 賃借人が社会通念上通常の使用をした場合に生じる自然損耗に係る投下資本の回収は、通常、礼金によって回収されている。

☐ **2** 賃借人が通常の使用をした場合の自然損耗についての必要経費は、毎月の賃料に含まれているため、賃貸借契約終了時に礼金を返還しない旨の約定（礼金約定）は、消費者契約法10条に反し無効である。

☐ **3** 賃貸借契約時に、保証金の名目で賃借人から賃貸人に金銭が支払われる場合、保証金は、敷金と異なり賃借人に返還されることはない。

☐ **4** 更新料特約は、更新料の額が賃料の額、賃貸借契約が更新される期間等に照らし高額に過ぎるなどの特段の事情がない限り、消費者契約法10条にいう消費者の利益を一方的に害するものとはいえず、有効である。

☐ **5** 保証金が敷金の代わりに交付された場合には、賃貸人は、賃貸借終了後、明渡しが完了したときに、賃借人の不履行債務があればその債務の額を控除した残額を賃借人に返還すれば足りる。

(答え)

1 ×　賃借人が社会通念上通常の使用をした場合に生じる自然損耗に係る投下資本の回収は、通常、修繕費等の必要経費分を「賃料」の中に含ませて行われている。

2 ×　賃貸借契約終了時に礼金を返還しない旨の約定（礼金約定）は、消費者契約法10条に反し**無効であるとはいえない**（京都地判平20・9・30）。

3 ×　賃貸借契約時に、敷金の代わりに「保証金」の名目で賃借人から賃貸人に支払われる場合、保証金の扱いは、敷金の扱いと同じであるので、物件の明渡し時に、賃借人の債務（未払い賃料等）の額を控除した残額が返還される。

4 ○　更新料特約は、更新料の額が賃料の額、賃貸借契約が更新される期間等に照らし高額に過ぎるなどの特段の事情がない限り、消費者契約法10条にいう消費者の利益を一方的に害するものとはいえず、**有効である**（最判平23・7・15）。

5 ○　保証金が敷金の代わりに交付された場合には、賃貸人は、賃貸借終了後、明渡しが完了したときに、賃借人の不履行債務があればその債務の額を控除した残額を賃借人に返還すれば足りる。なお、保証金は、建設協力金として交付されるなど敷金以外の性質を有する場合がある。

転貸借

STEP 1 全体を知る

1. 賃借権の譲渡・転貸

　賃借権の譲渡とは、賃借人が賃借権という債権を第三者に譲渡することをいい、転貸とは、賃借人が賃貸人（転貸人）として賃借物を第三者（転借人）に使用収益させることをいう。

　賃貸人の承諾を得て賃借権が譲渡されると、賃借人は賃貸借関係から離脱し、賃貸人とその第三者との間に賃貸借関係が移行するのに対し、転貸が行われても、賃貸人と賃借人との間の賃貸借は存続し、賃借人と転借人との間の賃貸借（転貸借）が併存することになる。

図1　賃借権の譲渡

賃貸人　──賃貸借──　賃借人

⇓

譲渡

賃貸借

第三者（賃借人）

図2　転貸借

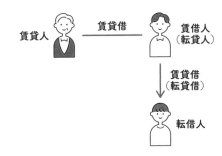

賃貸人　──賃貸借──　賃借人（転貸人）

賃貸借（転貸借）

転借人

2. 賃借権の無断譲渡・無断転貸

　賃借人は、**賃貸人の承諾を得なければ**、その賃借権を譲渡し、又は賃借物を転貸することができず、賃借人が賃貸人の承諾を得ないで（無断で）、第三者に賃借物の使用収益をさせたときは、賃貸人は、契約を解除することができる（民法612条）。ただし、賃借権の無断譲渡・賃借物の無断転貸があった場合に、賃貸人が常に解除できるわけではなく、判例は、賃借人の行為が賃貸人に対する**背信的行為と認めるに足りない特段の事情**があるときは、解除することができないとする（最判昭28・9・25、最判昭41・1・27、最判昭39・7・28）。このことを「信頼関係破壊の法理」という（「信頼関係不破壊の法理」ともいう）。

3. 転貸借における権利義務関係

　賃貸人の承諾を得た転貸借（適法な転貸借）においては、賃貸人（＝原賃貸人）、賃借人（＝転貸人）、転借人の三者が存在し、三者間の権利義務関係は次のようになる。

Day 10

表1　三者間の権利義務関係

①転借人は、賃貸人と賃借人との間の賃貸借に基づく賃借人の債務の範囲を限度として、賃貸人に対して転貸借に基づく債務を直接履行する義務を負う（民法613条1項前段）。
②転借人は、賃料の前払をもって賃貸人に対抗することができない（同後段）。
③賃貸人（原賃貸人）は、転借人に対し、直接権利を行使することができるが、賃借人に対して権利を行使することを妨げない（同2項）。
④賃借人（転貸人）は、転借人の故意・過失による賃借物件の損傷について、賃貸人（原賃貸人）に対し責任を負う（大判昭4・6・19）。

　①について、例えば、賃貸人A、賃借人B、転借人C、A・B間の賃貸借における賃料が10万円、B・C間の転貸借における賃料が12万円であるとすると、Aは、Cに対し、直接Aに賃料10万円を支払うよう請求することができる（民法613条1項前段）。逆に、A・B間の賃貸借における賃料が12万円、B・C間の転貸借における賃料が10万円であるとすると、この場合も、Aは、Cに対し、10

万円を限度として請求できるにすぎない。Cは、10万円の債務しか負っていないからである。結局、AがCに対して請求できるのは、原賃貸借における賃料と転貸借における賃料の低い方が上限となる。

　一方、Cは、Aから直接請求された場合、転貸借契約で定められた賃料をその支払時期より前に支払ったこと（賃料の前払）をもって、Aに対抗することができない（大判昭7・10・8、同後段）。

図3　権利義務関係の例

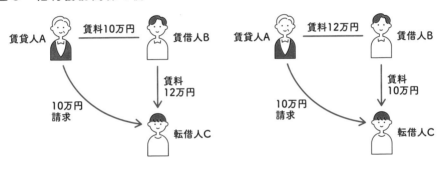

　以上のように、Cは、契約関係がないAに対し直接に義務を負うが、これは賃貸人保護のための規定であり、転借人が賃貸人に対し権利を取得するわけではない。したがって、Cは、Aに対し、修繕請求や費用償還請求をすることはできない。

STEP 2　要点をつかむ

①賃貸人の承諾を得て賃借権が譲渡されると、賃借人は賃貸借関係から離脱し、賃貸人とその第三者との間に賃貸借関係が移行するのに対し、転貸が行われても、賃貸人と賃借人との間の賃貸借は存続し、賃借人と転借人との間の賃貸借（転貸借）が併存する。

②賃借権の無断譲渡・賃借物の無断転貸があった場合でも、賃借人の行為が賃貸人に対する**背信的行為**と認めるに足りない**特段の事情**があるときは、解除することはできない。

③適法な転貸借において、転借人は、賃貸人に対し直接に義務を負うが、賃貸人に対し権利を行使することはできない。

STEP 3 問題に挑戦

□ **1** 賃借人が賃貸人の承諾を得ないで、第三者に賃借物の使用収益をさせたときは、賃貸人は、常に賃貸借契約を解除することができる。

□ **2** A・B間の賃貸借における賃料が12万円、B・C間の転貸借における賃料が10万円である場合、Aは、直接Cに対し、Aに賃料12万円を支払うよう請求することができる。

□ **3** 賃貸人の承諾ある転貸借において、賃貸人が転借人に対し、直接賃料の支払いを請求した場合には、転借人は、賃料の前払をもって賃貸人に対抗することができる。

（答え）

1 × 賃借人の行為が賃貸人に対する**背信的行為**と認めるに足りない**特段の事情**があるときは、解除することできない（最判昭28・9・25、最判昭41・1・27、最判昭39・7・28）。

2 × AがCに対して請求できるのは、原賃貸借における賃料と転貸借における賃料の低い方（10万円）が上限となる。

3 × 転借人は、賃料の**前払**をもって賃貸人に対抗することができない（民法613条1項後段）。

賃貸人・賃借人の交代

全体を知る

1. 賃貸人の交代（不動産賃貸借の対抗力）

　不動産賃貸借の対抗力は登記であり、登記したときは、その不動産について物権を取得した者その他の第三者に対抗することができる（民法605条）。ただし、賃貸人には登記の協力義務がなく、通常、不動産賃貸借の登記がなされることはほとんどない。そこで、借地借家法は、賃借人を保護するために、土地賃借権については、借地上の**建物の「登記」**、建物の賃借権については、登記がなくても建物の**「引渡し」**があれば、これを第三者に対抗することができるとしている（借地借家法10条1項、31条）。

2. 賃貸人の交代（不動産賃貸借が対抗要件を備えた場合の不動産の譲渡）

　不動産賃貸借が対抗要件を備えた場合において、当該不動産が譲渡されたとき、賃貸人たる地位がどうなるかについて、民法は次のように定めている。

表1　不動産賃貸借が対抗要件を備えた場合の不動産の譲渡

①借地借家法その他の法令の規定による賃貸借の対抗要件を備えた場合において、その不動産が譲渡されたときは、その不動産の賃貸人たる地位は、その譲受人（新所有者）に移転する（民法605条の2第1項）。
②不動産の譲渡人及び譲受人が、賃貸人たる地位を譲渡人に留保する旨及びその不動産を譲受人が譲渡人に賃貸する旨の合意をしたときは、賃貸人たる地位は、譲受人に移転しない（同2項前段）。
③②により、賃貸人たる地位が譲渡人に留保された場合において、譲渡人と譲受人又はその承継人との間の賃貸借が終了したときは、譲渡人に留保されていた賃貸人たる地位は、譲受人又はその承継人に移転する（同2項後段）。
④①又は③により、賃貸人たる地位が譲受人又はその承継人に移転したときは、敷金返還債務は、譲受人又はその承継人が承継する（同4項）。

3. 賃貸人の交代（賃貸人たる地位の移転を主張するための対抗要件）

　賃貸人たる地位が譲受人に移転しても、譲受人は、賃貸物である不動産について所有権移転登記をしなければ、賃借人に対抗することができない（民法605条の2第3項）。したがって、譲受人が賃借人に賃料を請求するためには、所有権移転登記をする必要がある（最判昭49・3・19）。

4. 賃貸人の交代（不動産賃貸借が対抗要件を備えていない場合の不動産の譲渡）

　不動産賃貸借が対抗要件を備えていない場合、その不動産が譲渡されても賃貸人たる地位は譲受人（新所有者）に移転しない。ただし、新所有者が旧所有者との間で賃貸人たる地位の移転について合意したときは、賃借人の承諾を必要とせず、賃貸人たる地位を移転させることができる（最判昭46・4・23、民法605条の3前段）。

5. 賃借人の交代

　賃借人は、賃貸人の承諾を得て賃借権を譲渡することができる（民法612条1項）。そして、賃借人が賃貸人の承諾を得て賃借権を譲渡したときは、賃借人の地位は、新賃借人が承継する。

　しかし、賃貸人の承諾を得て賃借権が旧賃借人から新賃借人に移転された場

合でも、敷金に関する敷金交付者の権利義務関係は、敷金交付者において賃貸人との間で敷金をもって新賃借人の債務の担保とすることを約し又は新賃借人に対して敷金返還請求権を譲渡するなど特段の事情のない限り、新賃借人に**承継されない**（622条の2第1項。最判昭53・12・22）。

STEP 2 要点をつかむ

①不動産賃貸借の対抗力は登記であるが、建物の賃借権については、登記がなくても建物の**引渡し**があれば、第三者に対抗することができる。

②不動産賃貸借が対抗要件を備えた場合、その不動産が譲渡されたときは、その不動産の賃貸人たる地位は、原則として、その**譲受人**（新所有者）に移転する。

③賃貸人たる地位が譲受人（新所有者）に移転した場合でも、譲受人（新所有者）が賃借人に賃料を請求するためには、賃貸物である不動産について**所有権移転登記**をしなければならない。

問題に挑戦

- □ **1** 対抗要件を備えた不動産賃貸借において、その不動産が譲渡された場合には、賃貸人たる地位は譲受人に移転するが、譲渡人及び譲受人が、賃貸人たる地位を譲渡人に留保する旨の合意をしたときは、賃貸人たる地位は譲渡人に留保される。

- □ **2** 不動産賃貸借が対抗要件を備えた場合において、その不動産が譲渡されたことにより賃貸人たる地位が譲受人に移転したときは、敷金返還債務は、その譲受人が承継する。

- □ **3** 賃貸人の承諾を得て賃借権が旧賃借人から新賃借人に移転されたときは、敷金に関する敷金交付者の権利義務関係は、新賃借人が承継する。

（答え）

1 × 賃貸人たる地位を**譲渡人に留保する**旨の合意をしただけでは足りず、その不動産を譲受人が**譲渡人に賃貸する旨の合意**をしたときは、賃貸人たる地位は譲渡人に留保される（民法605条の2第2項前段）。

2 ○ 不動産賃貸借が対抗要件を備えた場合において、その不動産が譲渡されたことにより賃貸人たる地位が譲受人に移転したときは、敷金返還債務は、その**譲受人が承継する**（民法605条の2第4項）。

3 × 敷金に関する敷金交付者の権利義務関係は、敷金交付者において賃貸人との間で敷金をもって新賃借人の債務の担保とすることを約し又は新賃借人に対して敷金返還請求権を譲渡するなど特段の事情のない限り、新賃借人に**承継されない**（622条の2第1項。最判昭53・12・22）。

LESSON 21

Day 11-1

抵当権と賃借権の関係

STEP 1　全体を知る

1. 抵当権付建物の問題点

　賃貸不動産に設定された抵当権が実行された場合、賃借人は、競落人からの明渡請求を拒むことができるかどうかが問題となる。この問題は、抵当権と賃借権のどちらが優先するかという問題である。

2. 抵当権と賃借権の優劣

　不動産賃貸借の対抗力は登記であるが、登記がなくても建物賃借権については、建物の**引渡し**があれば、その後その建物について物権（抵当権など）を取得した者に対抗することができる（民法605条、借地借家法31条）。

図1　賃借権を対抗できる

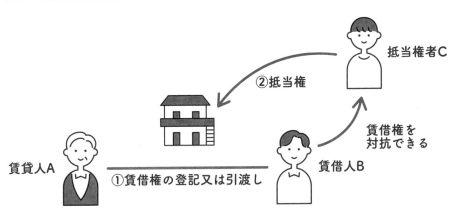

②抵当権

抵当権者C

①賃借権の登記又は引渡し

賃貸人A

賃借人B

賃借権を
対抗できる

　しかし、抵当権設定登記後に賃貸借契約が締結された場合には、賃借人は、賃貸借の期間にかかわらず、賃借権を抵当権者及び競落人に対抗することができない。

図2　賃借権を対抗できない

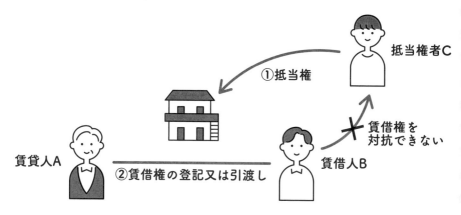

3. 抵当建物使用者の引渡しの猶予

　抵当権設定登記後に賃貸借契約が締結された場合には、賃借人は、賃貸借の期間にかかわらず、賃借権を抵当権者及び競落人に対抗することができないことから、競落人からの明渡請求を拒むことができない。しかし、直ちに明け渡さなければならないとすると、建物を使用している者にとって酷な結果となる。そこで、次のような抵当建物使用者の引渡猶予制度が設けられている。

表1　抵当建物使用者の引渡猶予制度

①抵当権者に対抗することができない賃貸借により抵当権の目的である建物の使用又は収益をする者であって次に掲げるもの（「抵当建物使用者」という。）は、その建物の競売における買受人の買受けの時から6か月を経過するまでは、その建物を買受人に引き渡すことを要しない（民法395条1項）。
a）競売手続の開始前から使用又は収益をする者
b）強制管理又は担保不動産収益執行の管理人が競売手続の開始後にした賃貸借により使用又は収益をする者
②引渡しを猶予された抵当建物使用者は、買受人の買受けの時より後にその建物の使用をしたことの対価を支払わなければならず、買受人が抵当建物使用者に対し相当の期間を定めてその1か月分以上の支払の催告をし、その相当の期間内に履行しない場合には、建物を引き渡さなければならない（同2項）。

　判例は、競売手続の開始前から賃借権により建物を使用収益する者は、当該賃借権が滞納処分による**差押え後**に設定されたときであっても、上記a）「競売手続の開始前から使用又は収益をする者」に当たるとする（最決平30・4・17）。ここにいう「滞納処分による差押え」とは、租税等を滞納している場合に、その滞納者の財産を差し押さえ、公売等により換価することにより、滞納している租税等にあてることをいう（国税徴収法47条1項、地方税法48条1項等）。

　なお、引渡猶予制度は、**建物**についてのみ設けられており、**土地**についてはこのような制度は存在しない。

STEP 2　要点をつかむ

①賃借人は、抵当権設定登記の**前**に賃借権の対抗要件を備えたときは、抵当権者及び競落人に賃借権を対抗できる。
②抵当権設定登記後に賃貸借契約が締結された場合には、賃借人は、賃貸借の期間にかかわらず、賃借権を抵当権者及び競落人に対抗することができない。
③競売手続の開始前から抵当権者に対抗することができない賃貸借により抵当権の目的である建物を使用収益する者（抵当建物使用者）は、買受人の**買受けの時から6か月**を経過するまでは、建物の引渡しを猶予される。

STEP 3　問題に挑戦

□ **1** 賃借人が抵当権設定登記の前に当該抵当権の目的となっている住宅に入居しているときは、賃借人は、抵当権の実行により当該住宅を買い受けた競落人に賃借権を対抗することができる。

□ **2** 建物について抵当権設定登記がなされた後に当該建物の賃貸借契約が締結された場合でも、賃貸借の期間が3年以内であれば、賃借人は賃借権を抵当権者に対抗することができる。

□ **3** 引渡しを猶予された抵当建物使用者は、建物の買受人から請求を受けた時より後にその建物の使用をしたことの対価を支払わなければならず、買受人が抵当建物使用者に対し相当の期間を定めてその1か月分以上の支払いの催告をし、その相当の期間内に履行しない場合には、建物を引き渡さなければならない。

答え

1 ○　賃借人が入居している場合、建物の引渡しを受けて建物賃借権について対抗要件を備えていることになるので、入居が抵当権設定登記の前であるときは、賃借人は、抵当権者及び競落人に賃借権を対抗することができる（借地借家法31条）。

2 ×　抵当権設定登記後に賃貸借契約が締結された場合には、賃借人は、賃貸借の期間にかかわらず、賃借権を抵当権者及び競落人に対抗することができない。

3 ×　引渡しを猶予された抵当建物使用者が支払わなければならない対価は、買受人の「**買受けの時**」より後にその建物の使用をしたことの対価である（民法395条2項）。「請求を受けた時」ではない。

賃貸借の契約期間・更新

STEP 1 全体を知る

1. 民法上の賃貸借の存続期間

　民法上、賃貸借の存続期間は、50年を超えることができない。契約でこれより長い期間を定めたときであっても50年が上限となる（民法604条1項）。また、この期間は更新することができるが、その期間は、更新の時から50年を超えることができない（同2項）。

2. 借地借家法上の建物賃貸借の期間

　期間を1年未満とする建物の賃貸借は、期間の定めがない建物の賃貸借とみなされる（借地借家法29条1項）。

　借地借家法上、民法の賃貸借の存続期間に関する規定（最長50年）は、建物の賃貸借については適用されず、何年と定めてもよい（同2項）。

　一般法である民法と特別法である借地借家法とでは、特別法である借地借家法が優先適用されるので、建物賃貸借の期間については、契約で何年と定めてもよいことになる。

3. 更新とは

　更新とは、期間の定めがある賃貸借において、その期間が満了したときに、契約の同一性を維持したまま、契約を延長することをいう。したがって、期間の定めがない賃貸借においては、更新は問題とならない。

4. 黙示の更新

　期間の定めがある賃貸借において、賃借人が期間満了後も賃借物の使用収益を継続する場合、賃貸人がこれを知りながら異議を述べないときは、従前の賃貸借と同一の条件で更に賃貸借をしたものと**推定される**（民法619条前段）。これを「黙示の更新」という。そして、更新後は、「**期間の定めのない賃貸借**」となり、各当事者は、いつでも解約の申入れをすることができる（同後段）。

　黙示の更新は、土地・建物を問わないが、期間の定めがある建物賃貸借には、借地借家法の法定更新に関する規定が適用される。したがって、黙示の更新については、試験対策としては、建物に該当しない駐車場（例：平面駐車場）の賃貸借で期間の定めがあるものを想定しておけば足りる。

5. 法定更新

　借地借家法においても、民法における「黙示の更新」と類似の規定を置いているが、より賃借人の保護に厚い規定となっている。

表1　法定更新

①建物の賃貸借について期間の定めがある場合において、当事者が期間の満了の1年前から6か月前までの間（通知期間）に相手方に対して更新をしない旨の通知又は条件を変更しなければ更新をしない旨の通知（以下、「更新拒絶の通知」という）をしなかったときは、従前の契約と同一の条件で契約を更新したものとみなされる。ただし、更新後は期間の定めがない賃貸借となる（法定更新。借地借家法26条1項）。
②更新拒絶の通知をした場合であっても、建物の賃貸借の期間が満了した後建物の賃借人が使用を継続する場合において、建物の賃貸人が遅滞なく異議を述べなかったときは、①と同様となる（同2項）。
③建物の転貸借がされている場合においては、建物の転借人がする建物の使用の継続が建物の賃借人がする建物の使用の継続とみなされ、建物の賃借人と賃貸人との間について②の規定が適用される（同3項）。
④建物の賃貸人が更新拒絶の通知又は解約の申入れをする場合には、「**正当事由**」が必要であり、正当事由の有無は、以下の要素を総合的に考慮して判断される（借地借家法28条）。
a) 賃貸人及び賃借人の建物の使用を必要とする事情（主な要素）
b) 建物の賃貸借に関する従前の経過
c) 建物の利用状況
d) 建物の現況
e) 立退料の申出（a～dを補完する要素となる）

図1 法定更新

・更新拒絶の通知なし→法定更新
・更新拒絶の通知あり→期間満了後も使用継続→遅滞なく異議を述べなかった
　とき→法定更新

6. 合意による更新

　建物賃貸借契約を合意更新する場合、特約がない限り、契約終了前6か月時点での通知等の特別の手続（通知期間における通知）は不要であり、契約期間満了までの間に当事者間で協議し、契約条件を定めて合意すればよい。なお、更新に関する規定で「賃借人に不利な特約」は無効（借地借家法29条1項）とされるが、前記通知期間における通知を不要とすることが「賃借人に不利な特約」となるわけではない。「賃借人に不利な特約」となるかどうかの判断は、形式的に判断するのではなく、**当事者の実質的な目的も考察すべきとされる**（最判昭44・10・7）。

STEP 2 **要点をつかむ**

①民法上、賃貸借の存続期間は、**50年を超えることができない**が、借地借家法上、建物の賃貸借について期間の制限はなく、存続期間を何年と定めてもよい。
②期間の定めがある賃貸借においては、契約の更新が問題となるが、期間の定めがない賃貸借においては、更新は問題とならない。
③期間の定めがある建物賃貸借において、通知期間内に更新拒絶の通知をしなかった場合、又は通知期間内に更新拒絶の通知をした場合でも、期

間満了後に賃借人が使用継続し、賃貸人が**遅滞なく異議を述べなかった**ときには、法定更新される。

STEP 3 問題に挑戦

□ **1** 期間の定めがある平面駐車場の賃貸借において、賃借人が期間満了後も賃借物の使用収益を継続する場合、賃貸人がこれを知りながら異議を述べないときは、賃貸借の期間を除き、従前の賃貸借と同一の条件で更に賃貸借をしたものとみなされる。

□ **2** 建物の賃貸借について期間の定めがある場合において、当事者が期間の満了の1年前から6か月前までの間に相手方に対して更新拒絶の通知をしなかったときは、賃貸借の期間を除き、従前の契約と同一の条件で契約を更新したものとみなされる。

□ **3** 建物賃貸借において賃貸人が更新拒絶の通知又は解約の申入れをする場合には、正当事由が必要である。

（答え）

1 × 平面駐車場の賃貸借には、借地借家法の適用はなく（借地借家法1条）、民法の「黙示の更新」が適用される（民法619条前段）。したがって、「みなされる」ではなく「**推定される**」となる。

2 〇 期間の定めがある建物賃貸借において、期間の満了の1年前から6か月前までの間（通知期間）に相手方に対して更新拒絶の通知をしなかったときは、賃貸借の期間を除き、従前の契約と同一の条件で契約を更新したものとみなされる（法定更新。借地借家法26条1項本文）。

3 〇 **賃貸人**が更新拒絶の通知又は解約の申入れをする場合には、**正当事由**が必要である（借地借家法28条）。なお、**賃借人**が解約の申入れをする場合には、**正当事由**は不要である。

LESSON 23 Day 12-1 定期建物賃貸借

全体を知る

1. 定期建物賃貸借とは

　定期建物賃貸借とは、期間の定めがあり、契約の更新がないこととする旨を定めた建物賃貸借である。定期建物賃貸借については、普通建物賃貸借の特則が置かれている。

2. 定期建物賃貸借の要件（書面で契約すること）

　定期建物賃貸借契約を締結しようとする場合、公正証書による等書面によって契約をするときに限り、契約の更新がないこととする旨を定めることができる（借地借家法38条1項前段）。すなわち、**書面**（必ずしも公正証書による必要はない）によって契約しなければ、定期建物賃貸借契約としての効力は生じず、**書面によ**らないで契約をしたときは、普通建物賃貸借となる。

　なお、契約がその内容を記録した電磁的記録によってされたときは、その契約は、**書面によってされたものとみなされる**（借地借家法38条2項）。

3. 定期建物賃貸借の要件（期間の定めがあること）

　定期建物賃貸借契約を締結しようとする場合、期間を定める必要がある。

　定期建物賃貸借では、普通建物賃貸借とは異なり、**1年未満**の期間を定めた場合でも、期間の定めがない建物の賃貸借とはならず、契約で定めた期間の定期建物賃貸借となる（借地借家法38条1項後段）。

4. 定期建物賃貸借の要件（書面を交付して説明すること）

　定期建物賃貸借契約を締結しようとする場合、賃貸人は、あらかじめ、賃借人に対し、契約の更新がなく、期間の満了により賃貸借が終了することについて、その旨を記載した書面を交付して説明しなければならない（借地借家法38条3項）。この書面は、契約書とは**別個独立**の書面でなければならない（最判平24・9・13）。なお、書面の交付に代えて、賃借人の承諾を得て、当該書面に記載すべき事項を電磁的方法により提供したときは、書面を交付したものとみなされる（同4項）。

　賃貸人が上記の説明をしなかったときは、契約の更新がないこととする旨の定めは**無効**となる（同5項）。

5. 終了する旨の通知

　定期建物賃貸借において、期間が**1年以上**である場合には、賃貸人は、期間の満了の1年前から6か月前までの間（「通知期間」という）に賃借人に対し期間の満了により賃貸借が終了する旨の通知（口頭でもよい）をしなければ、その終了を賃借人に対抗することができない（借地借家法38条6項本文）。ただし、賃貸人が通知期間の経過後賃借人に対しその旨の通知をした場合においては、その通知の日から6か月を経過した後は、賃貸借の終了を賃借人に対抗することができる（同ただし書）。

図1　通知期間

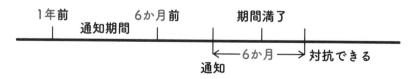

・通知期間に通知あり→期間満了による賃貸借の終了を対抗できる。
・通知期間経過後に通知あり→通知の日から**6か月**を経過後に賃貸借の終了を

対抗できる。

　上記の終了する旨の通知について、賃借人に不利な特約は無効となる（同8項）。

6. 賃借人からの中途解約

　居住用の建物賃貸借で床面積（建物の一部分を賃貸借の目的とする場合にあっては、当該一部分の床面積）が**200㎡未満**の建物において、賃借人が転勤、療養、親族の介護その他のやむを得ない事情により、建物を**自己の生活の本拠**として使用することが困難となったときは、賃借人は、賃貸借の解約の申入れをすることができる（借地借家法38条7項前段）。この場合、賃貸借は、解約の申入れの日から**1か月**を経過することによって終了する（同後段）。

　この中途解約の申入れについて、賃借人に不利な特約は**無効**となる（同8項）。

7. 賃料改定特約

　定期建物賃貸借において、賃料改定特約がある場合には、その特約に従い、普通建物賃貸借における借賃増減請求権に関する規定は適用されない（借地借家法38条9項）。したがって、賃料改定特約が**減額**しない特約（不減額特約）である場合には、**減額**請求は認められず、**増額**しない特約（不増額特約）である場合には、**増額**請求は認められない。

STEP 2　要点をつかむ

①定期建物賃貸借とは、期間の定めがあり、契約の更新がないこととする旨を定めた建物賃貸借である。

②定期建物賃貸借契約を締結しようとする場合、**書面**によって契約するだけでなく、あらかじめ、契約の更新がなく、期間の満了により賃貸借が終了することについて、**書面を交付して説明**する必要がある。

③一定の要件に該当する**居住用**の定期建物賃貸借においては、賃借人からの中途解約が認められる。

STEP 3 問題に挑戦

□ **1** 定期建物賃貸借契約を締結しようとする場合、公正証書によって契約をしなければ、定期建物賃貸借契約としての効力は生じない。

□ **2** 1年未満の期間を定めて定期建物賃貸借契約を締結した場合には、期間の定めがない建物の賃貸借となる。

□ **3** 居住用の建物賃貸借で床面積が200㎡未満の建物において、賃貸人が転勤、療養、親族の介護その他のやむを得ない事情により、建物を自己の生活の本拠として使用することが困難となったときは、賃貸人は、中途解約の申入れをすることができる。

答え

1 × 定期建物賃貸借契約を締結しようとする場合、公正証書による等「書面」によって契約をする必要があるが、必ずしも公正証書による必要はない（借地借家法38条1項前段）。さらに、あらかじめ、賃借人に対し、契約の更新がなく、期間の満了により賃貸借が終了することについて、その旨を記載した書面（契約書とは別個独立の書面）を交付して説明する必要がある（同3項）。

2 × 定期建物賃貸借では、普通建物賃貸借とは異なり、1年未満の期間を定めた場合でも、期間の定めがない建物の賃貸借とはならず、契約で定めた期間の定期建物賃貸借となる（借地借家法38条1項後段）。

3 × 「賃借人」が一定の事情により中途解約の申入れをすることはできる（借地借家法38条7項前段）が、「賃貸人」が中途解約の申入れをすることはできない。

賃貸借契約の終了・解約の申入れ

STEP 1 全体を知る

1. 賃貸借の終了事由

建物賃貸借の終了事由としては、以下のものが挙げられる。

表1 建物賃貸借の終了事由

①期間の満了
②解約の申入れ
③建物の全部滅失等
④債務不履行による解除（LESSON25で確認）
⑤合意による解除（LESSON25で確認）

2. 期間の満了

建物の賃貸借について期間の定めがある場合には、当事者が期間の満了の1年前から6か月前までの間（通知期間）に更新拒絶の通知をしなければ、契約は法定更新される（借地借家法26条1項）。また、通知期間に更新拒絶の通知をした場合でも、期間が満了後、賃借人が使用を継続する場合において、建物の賃貸人が**遅滞なく異議を述べなかったとき**も法定更新される（同2項）。

したがって、期間の満了により賃貸借を終了させるためには当事者の更新拒絶の通知が必要となる。その場合、賃貸人からの更新拒絶の通知には「**正当事由**」が必要であるが、賃借人からの更新拒絶の通知には**正当事由は不要である**

（借地借家法28条）。建物の転貸借がされている場合においては、賃貸借が期間の満了によって終了するときは、**信義則上相当でないというべき事情がない限り**、賃貸人は、転借人に期間の満了によって終了する旨の通知をすれば、その終了を転借人に対抗することができる（東京地判平22・6・25、借地借家法34条）。

3. 期間の定めがある建物賃貸借の解約の申入れ

期間の定めがある建物賃貸借においては、**解約権留保特約**がある場合でなければ解約の申入れをすることはできない（民法618条）。

なお、居住用建物の定期建物賃貸借では、一定の要件の下、「**賃借人**」からの中途解約をすることができる旨の特則が定められている（借地借家法38条7項）が、「**賃貸人**」に解約権を留保する旨の特約がある場合、特約の有効性については見解が分かれている。賃貸人に中途解約権の留保を認める旨の特約を付しても、その特約は無効であるとする判例（東京地判平25・8・20）もあれば、有効であるとしても、正当事由が必要であるとする見解もある。

4. 期間の定めがない建物賃貸借の解約の申入れ

期間の定めがない建物賃貸借においては、各当事者は、いつでも解約の申入れをすることができる（民法617条1項前段）。賃貸人が**正当事由**に基づき解約の申入れをしたときは、建物の賃貸借は、解約の申入れの日から**6か月**を経過することによって終了する（借地借家法27条1項、28条）。一方、賃借人が解約の申入れをしたとき（正当事由は不要）は、解約の申入れの日から**3か月**を経過することによって終了する（民法617条1項2号）。

5. 正当事由

賃貸人が更新拒絶の通知や解約の申入れをする場合には、正当事由が必要である（借地借家法28条）。正当事由の内容については、LESSON22で見たように、次の要素を総合的に考慮して判断される（借地借家法28条）。

表2　正当事由

a）賃貸人及び賃借人の建物の使用を必要とする事情（主な要素）
b）建物の賃貸借に関する従前の経過
c）建物の利用状況
d）建物の現況
e）立退料の申出（a～dを補完する要素となる）

　判例には、正当事由を備えるべき時期について、更新拒絶等の通知および解約の**申入れの時**に存在し、かつ、その後**6か月間**持続させなければならないとするものがある（最判昭28・1・30）。また、解約申入当時に正当事由が存在しなくても、訴訟の係属中に事情が変更して正当事由が具備されるに至った場合には、その時から**6か月**の期間の経過により、賃貸借は終了するとするものがある（最判昭41・11・10）。

6. 建物の全部滅失等

　賃借物の全部が滅失その他の事由により使用及び収益をすることができなくなった場合には、賃貸借は、これによって終了する（民法616条の2）。建物賃貸借においては、建物が全部滅失しなくても、建物が朽廃しその効用を失った場合は、目的物滅失の場合と同様に賃貸借の趣旨は達成されなくなるから、賃貸借契約は当然に終了する（最判昭32・12・3）。

　また、建物の全部が使用不能になった場合、当事者の帰責事由の有無を問わず、賃貸借は当然に終了する。賃貸借契約を存続させる意味がないからである。

STEP 2　要点をつかむ

①期間の満了により賃貸借を終了させるためには当事者の更新拒絶の通知が必要となる。
②期間の定めがある建物賃貸借においては、**解約権留保特約**がある場合でなければ解約の申入れをすることはできないが、居住用建物の定期建物

賃貸借では、一定の要件の下、「**賃借人**」からの中途解約をすることができる旨の特則が定められている。

STEP 3　問題に挑戦

- **1** 期間の定めがある建物賃貸借において、賃貸人が期間の満了の1年前から6か月前までの間に更新拒絶の通知をした場合でも、期間が満了後、賃借人が使用を継続し、賃貸人が遅滞なく異議を述べなければ賃貸借は期間満了により終了しない。
- **2** 期間の定めがない建物賃貸借において、解約権留保特約がないときは、当事者は、解約の申し入れをすることができない。
- **3** 建物賃貸借において、建物が朽廃し、その効用を失った場合には、賃貸借は当然に終了する。

（答え）

1 ○　期間の満了の**1年前から6か月前**までの間に更新拒絶の通知をした場合でも、期間が満了後、賃借人が使用を継続する場合において、建物の賃貸人が**遅滞なく異議を述べなかったとき**も法定更新される（借地借家法26条2項）。

2 ×　「**期間の定めがある**」建物賃貸借においては、解約権留保特約がある場合でなければ、当事者は解約の申し入れをすることができない（民法618条）。「**期間の定めがない**」建物賃貸借は、各当事者が、いつでも解約の申入れをすることができる（民法617条1項前段）。

3 ○　建物が朽廃しその効用を失った場合は、目的物滅失の場合と同様に賃貸借契約は当然に終了する（最判昭32・12・3）。

賃貸借の解除①

STEP 1 　全体を知る

1. 契約の解除とは

　契約の解除とは、契約当事者の一方的意思表示により、契約時にさかのぼって契約をなかったことにすることをいう（民法540条1項）。ただし、賃貸借の解除をした場合には、その解除は、**将来に向かってのみ**その効力を生ずる（民法620条前段）。一般に、解除は、「遡及効」（契約時にさかのぼって効力を生ずること）を有するが、賃貸借の解除には遡及効が認められない。賃貸借が継続的な契約であることから、遡及効を認めると法律関係が複雑になるからである。

2. 解除事由

　契約の解除事由には以下のものがある。

表1　解除事由

①賃借権の無断譲渡・無断転貸（信頼関係を破壊した場合）
②債務不履行（賃料不払い、用法遵守義務違反）
③合意解除

　賃借権の無断譲渡・無断転貸については、LESSON19で学習したので、②債務不履行による解除と③合意解除についてみていくことにする。

3. 賃料不払いによる解除

債務者（賃借人）が履行期までに賃料を支払わない場合には、債権者（賃貸人）は、相当の期間を定めて履行の催告をし、その期間内に履行がないときに、契約を解除することができる（民法541条本文）。

ただし、「LESSON19 転貸借」でみたように、判例は、賃借人の行為が賃貸人に対する**背信的行為と認めるに足りない特段の事情**があるときは、解除することができないとする（最判昭28・9・25、最判昭41・1・27、最判昭39・7・28）。

どの程度の賃料不払いがあれば、信頼関係が破壊されたといえるかについては、不払いの程度、金額、不払いに至った経緯、過去の支払い状況等、事案ごとに総合的に考慮して判断されることになる。

なお、家賃債務保証会社が保証委託契約に基づき賃借人の不払い賃料を代位弁済した場合でも、賃貸人は、賃借人の賃料の不払いに消長を来すものではないことから、契約を解除することができるとされている（最決平26・6・26）。

4. 用法遵守義務違反による解除

賃借人は、契約又はその目的物の性質によって定まった用法に従い、その物の使用及び収益をしなければならない（用法遵守義務。民法616条、594条1項）。用法遵守義務違反により、信頼関係が破壊された場合には、賃貸人は、債務不履行を理由として契約を解除することができる。用法遵守義務違反としては、以下のものが挙げられる。

表2　用法遵守義務違反

①無断増改築、長期不在
②ペット禁止特約違反（禁止特約がない場合でも、通常の許容範囲を超えるとき。東京地判昭62・3・2）
③賃貸住宅を暴力団の事務所として利用する場合（東京高判昭60・3・28）

5. 合意解除

　合意解除とは、既に成立している契約を当事者の合意により解除することをいう。

　通常、解除には遡及効があり、解除に条件をつけると相手方を不安定な状態に陥れることになり、また、解除に期限をつけても意味がないことから、原則として、解除に**条件**や**期限**をつけることは認められない。しかし、賃貸借契約の解除は、**将来に向かって効力を生ずる**ことから、**条件付き合意解除**や**期限付き合意解除**も有効とされる。なお、合意解除が認められるためには、当事者の意思が確実なものでなければならない（東京高判昭63・6・23）。

STEP 2 　要点をつかむ

①一般に、解除は契約時にさかのぼって効力（遡及効）を生ずるが、賃貸借の解除は、**将来に向かって効力を生ずる**。

②契約の解除事由には、①賃借権の無断譲渡・無断転貸（信頼関係を破壊した場合）、②債務不履行（賃料不払い、用法遵守義務違反）、③合意解除がある。

③賃借人が用法遵守義務に違反し、信頼関係が破壊された場合には、賃貸人は、債務不履行を理由として契約を解除することができる。

STEP 3　問題に挑戦

☐ **1**　賃貸人は、家賃債務保証会社が保証委託契約に基づき賃借人の賃料の不払い賃料を代位弁済した場合には、債務不履行を理由として契約を解除することはできない。

☐ **2**　ペット禁止特約に反してペットを飼育した場合には用法遵守義務違反となるが、ペット禁止特約がないときは、ペットを飼育しても用法遵守義務違反となることはない。

☐ **3**　賃貸借契約を合意解除する場合、解除に条件や期限をつけることはできない。

（答え）

1　×　賃貸人は、家賃債務保証会社が保証委託契約に基づき賃借人の不払い賃料を代位弁済した場合でも、賃借人の賃料の不払いに消長を来すものではないことから、契約を解除することができるとされている（最決平26・6・26）。

2　×　ペット禁止特約がない場合でも、ペットの飼育が通常の許容範囲を超えるときは用法遵守義務違反となり、賃貸人は、契約を解除することができる。

3　×　通常、解除には遡及効があり、解除に条件をつけると相手方を不安定な状態に陥れることになる。また、解除に期限をつけても意味がないことから、原則として、解除に条件や期限をつけることは認められない。しかし、賃貸借契約の解除は、将来に向かって効力を生ずることから、条件付き合意解除や期限付き合意解除も有効とされる。

賃貸借の解除②

1. 解除の意思表示

契約又は法律の規定により当事者の一方が解除権を有するときは、その解除は、相手方に対する意思表示によってする（民法540条1項）。また、解除の意思表示を撤回することはできない（同2項）。解除権は、一方的な意思表示により一定の法律関係の変動を生じさせる「**形成権**」であり、撤回を認めると、相手方を不安定な立場に置くことになるからである。

2. 意思表示の到達主義

解除の意思表示は、解除通知が相手方に到達した時からその効力を生ずる（到達主義。民法97条1項）。また、到達とは、受領権限を付与されていた者によって受領され、あるいは了知されることを要するのではなく、了知可能の状態におかれたことを意味し、意思表示の書面がそれらの者のいわゆる**勢力範囲**（支配圏）内におかれることをもって足りるとされる（最判昭36・4・20）。

意思表示の通知は、法律上書面による必要はないが、証拠として残すために、通常、配達証明付き内容証明郵便によって行う。

3. 催告による解除

債務不履行を理由として解除をする場合、原則として、相当の期間を定めて履行の催告をし、その期間内に履行がないときに、契約の解除をすることがで

きる（催告による解除。民法541条本文）。

4. 催告の種類等

催告には、①一定期間内に支払うよう単純に請求するもの（単純催告）、②一定期間内に支払うよう請求するとともに、その期間内に支払いがない場合には契約を解除するとの予告をするもの（契約解除予告付き催告）、③一定期間内に支払うよう請求するとともに、その期間内に支払いがない場合には、あらためて解除通知をすることなく当然に契約が解除されたこととするもの（条件付き解除通知）がある。①および②において、契約を解除するためには、催告した後、あらためて解除通知をする必要があるが、③においては、期間の経過によって、当然に契約が解除されたことになる。

5. 無催告解除

債務者がその債務の全部の履行を拒絶する意思を明確に表示したときなど、催告しても意味がない場合には、例外的に、催告をすることなく、**直ちに契約の解除をすることができる**（民法542条1項）。判例が無催告解除を認めたものとして以下のものがある。

表1　判例が無催告解除を認めた例

①長期にわたる賃料の不払は、それ自体賃貸借契約の継続を困難ならしめる**背信行為**にあたるから、催告なしに契約の解除をすることができる（最判昭42・3・30）。
②1か月分の賃料の遅滞を理由に催告なしで契約を解除することができる旨を定めた特約条項は、賃料の遅滞を理由に当該契約を解除するにあたり、催告をしなくても**不合理とは認められない事情が存する場合**には、催告なしで解除権を行使することが許される旨を定めた約定として有効である（最判昭43・11・21）。

6. 解除権の不可分性と共有物を目的とする賃貸借契約の解除

当事者の一方が数人ある場合には、契約の解除は、その全員から又はその全員に対してのみすることができる（解除権の不可分性。民法544条1項）。しかし、共

有物を目的とする賃貸借契約の解除は、共有物の**管理に関する事項**（民法252条1項）に当たり、各共有者の**持分の価格の過半数**で決するものとされ、解除権の不可分性に関する規定（民法544条1項）は適用されないとするのが判例である（最判昭39・2・25）。

①解除権は、一方的な意思表示により一定の法律関係の変動を生じさせる「**形成権**」である。

②解除の意思表示は、解除通知が相手方に**到達した時**からその効力を生ずる（到達主義）。

③債務不履行を理由として解除をする場合、原則として、相当の期間を定めて履行の催告をし、その期間内に履行がないときに、契約の解除をすることができる（催告による解除）。

☐ **1**　賃借人の賃料不払いにより信頼関係が破壊された場合において、賃貸人が、相当の期間を定めて履行の催告をし、その期間内に履行がないため解除通知を発したときは、その通知を発した時に契約が解除されたことになる。

☐ **2**　賃貸人が、賃借人に対し、延滞している賃料を一定期間内に支払うよう請求するとともに、その期間内に支払いがない場合には契約を解除するとの予告をした場合、その期間内に支払いがないときであっても、あらためて解除通知をしなければ契約は解除されない。

☐ **3**　長期にわたる賃料の不払がある場合でも、それだけでは信頼関係が破壊されたことにはならないので、賃貸人が契約を解除するためには、催告をした上で解除する必要がある。

□ **4** A・B・Cが共有（各持分は等しいものとする）している住宅をDに賃貸している場合、A・B・Cは、全員の同意がなければ、契約を解除することができない。

（答え）

1 × 解除の意思表示は、解除通知が相手方に**到達した時**からその効力を生ずる（到達主義。民法97条1項）。

2 ○ 一定期間内に支払うよう請求するとともに、その期間内に支払いがない場合には契約を解除するとの予告をすることは、「**契約解除予告付き催告**」に当たる。「**契約解除予告付き催告**」をした場合でも、契約を解除するためには、あらためて解除通知をする必要がある。

3 × 長期にわたる賃料の不払は、それ自体賃貸借契約の継続を困難ならしめる**背信行為**にあたるから、催告なしに契約の解除をすることができる（最判昭42・3・30）。

4 × 共有物を目的とする貸借契約の解除は、共有物の管理に関する事項（民法252条1項）に当たり、各共有者の「**持分の価格の過半数**」で決するものとされ、解除権の不可分性に関する規定（民法544条1項）は適用されない（最判昭39・2・25）。したがって、A・B・Cのうち、2人の同意があれば、契約を解除することができる。

賃貸人・賃借人の死亡

STEP 1 全体を知る

1. 賃貸人の死亡（相続人がいる場合）

賃貸人が死亡した場合には、相続人が賃貸人の地位を承継し、賃貸借契約が存続することになる（民法896条本文）。特に問題となるのが、賃貸人の相続人が複数いる場合の未払賃料債権や敷金返還債務の帰属である。

表1　賃貸人の相続人が複数いる場合の未払賃料債権や敷金返還債務の帰属

賃貸人の死亡前に発生した未払賃料債権	相続財産中に金銭その他の**可分債権**があるときは、法律上当然に分割され、各共同相続人がその**相続分に応じて権利**を承継する（最判昭29・4・8）。
相続開始から遺産分割までに発生した賃料債権	相続開始から遺産分割までの間に共同相続に係る不動産から発生した賃料債権は、各共同相続人がその**相続分に応じて分割単独債権として確定的**に取得し、その帰属は、後にされた遺産分割の影響を受けない（最判平17・9・8）。
遺産分割後に発生した賃料債権	遺産分割によって賃貸不動産の所有者となった者が取得する。
賃貸人の死亡前に発生した敷金返還債務	被相続人の金銭債務その他の**可分債務**は、法律上当然分割され、各共同相続人がその**相続分に応じて**これを承継する（最判昭34・6・19）。
相続開始から遺産分割までに発生した敷金返還債務	各共同相続人が敷金返還債務を承継し、その債務は**不可分債務**となる（民法896条本文、605条の2第4項、大阪高判昭54・9・28）。（注1）

遺産分割後に発生した敷金返還債務	遺産分割によって賃貸不動産の所有者となった者が承継する（民法896条本文、605条の2第4項）。^(注2)

（注1）判例は、敷金返還債務を分割債務とすると、賃貸人と賃借人間の利益の均衡を失することを理由に挙げる（賃借人は賃貸借から生じる賃貸人のすべての債権を控除した残額についてのみ返還請求権を有するのに対し、各共同相続人が敷金返還について分割債務しか負わないのは均衡を失するということ）。

（注2）賃借人は、遺産分割によって賃貸不動産の所有者となった者に対してのみ敷金返還を請求できる（大阪地判令元・7・31）。

2. 賃貸人の死亡（相続人の存在が明らかでない場合）

　相続人のあることが明らかでないときは、相続財産は法人（相続財産法人）とされる（民法951条）。そして、利害関係人又は検察官の請求によって家庭裁判所が相続財産清算人を選任し、相続財産清算人が相続財産の管理・処分を行う（民法952条〜958条の2）。また、特別縁故者の請求によって、相続財産が分与される場合もある（民法958条の2）。それでも処分されなかった相続財産は、国庫に帰属する（民法959条）。

3. 賃借人の死亡（相続人がいる場合）

　賃借人が死亡した場合には、相続人が賃借権を承継し、賃貸借契約が存続することになる（民法896条本文）。特に問題となるのが、賃借人の相続人が複数いる場合の賃料債務の帰属、契約の解除手続、被相続人と同居していた内縁の配偶者の保護である。

表2　賃借人の相続人が複数いる場合の賃料債務の帰属等

賃料債務	賃借権を共同相続した場合の賃料支払債務は、**不可分債務となる**（大判大11・11・24）。
契約の解除	①賃借人（共同相続人）の債務不履行を理由とする解除は、賃貸人が共同相続人の全員に対し、催告をしたうえで、解除の意思表示をする必要がある（解除の不可分性。民法544条1項）。 ②賃貸人の債務不履行を理由とする解除は、賃借人（共同賃借人）の全員から賃貸人に催告をしたうえで、解除の意思表示をする必要がある（解除の不可分性。民法544条1項）。
賃借人と同居していた内縁の配偶者の保護	賃借人に相続人がいる場合には、相続人が賃借権を相続するが、賃借人と同居していた内縁の配偶者は、賃貸人からの明渡請求に対しては相続人の賃借権を援用することにより、相続人からの明渡請求に対しては**権利濫用の法理**により、居住する権利を主張することができる（最判昭42・2・21、最判昭39・10・13）。

4. 賃借人の死亡（相続人がいない場合）

　居住用建物の賃借人が相続人なしに死亡した場合、賃借人と同居していた**内縁の配偶者又は事実上の養親子**は、賃借人の権利義務を承継する（借地借家法36条1項本文）。ただし、反対の意思表示をして賃借人の権利義務を承継しないこともできる（同ただし書）。

STEP 2　要点をつかむ

①賃貸人が死亡しても賃借人が死亡しても、賃貸借契約は存続する。
②賃貸人が死亡し、相続人が複数いる場合、賃貸人の死亡前に発生した未払賃料債権は、法律上当然に**分割**され、各共同相続人がその**相続分**に応じてこれを承継する。
③賃借権を共同相続した場合の賃料支払債務は、**不可分債務**となる。

STEP 3　問題に挑戦

☐ **1**　賃貸人が死亡し、相続人が複数いる場合、相続開始から遺産分割までの間に共同相続に係る不動産から発生した賃料債権は、各共同相続人がその相続分に応じて分割単独債権として確定的に取得する。

☐ **2**　賃借人が死亡し、賃借権を共同相続した場合の賃料支払債務は、不可分債務となる。

☐ **3**　居住用建物の賃借人が相続人なしに死亡した場合、賃借人と同居していた内縁の配偶者は、賃貸人からの明渡請求を拒むことができない。

(答え)

1　○　賃貸人が死亡し、相続人が複数いる場合、相続開始から遺産分割までの間に共同相続に係る不動産から発生した賃料債権は、各共同相続人がその**相続分**に応じて**分割単独債権**として確定的に取得し、その帰属は、後にされた遺産分割の影響を受けない（最判平17・9・8）。

2　○　賃借権を共同相続した場合の賃料支払債務は、**不可分債務**となる（大判大11・11・24）。

3　×　居住用建物の賃借人が相続人なしに死亡した場合、賃借人と同居していた**内縁の配偶者**は、反対の意思表示をしない限り、賃借人の権利義務を承継する（借地借家法36条本文）。したがって、賃貸人からの明渡請求を拒むことができる。

LESSON 28 Day14-2

賃貸住宅標準契約書①

1. 賃貸住宅標準契約書とは

賃貸住宅標準契約書は、賃貸借契約をめぐる紛争を防止し、借主の居住の安定及び貸主の経営の合理化を図ることを目的として作成された、賃貸借契約書である。

賃貸住宅標準契約書は、その使用が法令で義務づけられているわけではないが、法令だけでなく、判例の考え方も反映されていることから、本契約書を利用することにより、合理的な賃貸借契約が締結され、貸主と借主の信頼関係が確立されることが望まれる。

2. 賃貸住宅標準契約書の種類

賃貸住宅標準契約書は、民法改正や近年の家賃債務保証業者を利用した契約の増加等を踏まえて、「家賃債務保証業者型」と極度額の記載欄を設けた「連帯保証人型」の2種類が設けられている。

3. 賃貸住宅標準契約書の構成

賃貸住宅標準契約書の本体は、「頭書部分」「本条」「別表」「記名押印欄」から構成されている。

「頭書部分」は、賃貸借の目的物の概要、契約期間及び賃料等の約定事項、貸主、借主、管理業者及び同居人の氏名並びに家賃債務保証業者の商号（名称）

等を一覧できるように、契約内容を具体的に記入する部分である。

表1 「頭書部分」の概要

(1) 賃貸借の目的物	建物の名称・所在地等、住戸部分の設備等、附属施設（駐車場・自転車置場・物置等）
(2) 契約期間	始期（○年○月○日から）・終期（○年○月○日まで）、期間（○年○月間）
(3) 賃料等	賃料、共益費、敷金、その他一時金、附属施設使用料、その他、金額、支払期限、支払方法

(4) 貸主及び管理業者 ※貸主と建物の所有者が異なる場合は、所有者も記載。	貸主（社名・代表者）	住所・氏名・電話番号
	管理業者（社名・代表者）	所在地・商号・電話番号
	建物の所有者	住所・氏名・電話番号

(5) 借主及び同居人	借主の氏名・年齢・電話番号、同居人の氏名・年齢・人数、緊急時の連絡先
(6) 家賃債務保証業者(注)	所在地・商号（名称）・電話番号・家賃債務保証業者の登録番号
(6) 連帯保証人(注)	住所・氏名・電話番号、極度額

（注）（6）は、「家賃債務保証業者型」か「連帯保証人型」かによって、いずれかの記入欄となる。

4.「本条」（定型条文）の内容

　以下では、主な条文を掲げ、各条文の下の枠内は、各条文の注意点を挙げている。

表2 「本条」（定型条文）の内容

契約期間及び更新（2条）
1　契約期間は、頭書(2)に記載するとおりとする。
2　貸主及び借主は、協議の上、本契約を更新することができる。

「更新料」に関する条項は設けられていない。

使用目的（3条）
借主は、**居住のみ**を目的として本物件を使用しなければならない。

> 使用目的遵守義務を定めたものであり、違反した場合には、契約を解除される場合がある（10条2項1号）。

賃料（4条）
1　借主は、頭書（3）の記載に従い、賃料を貸主に支払わなければならない。
2　1か月に満たない期間の賃料は、1か月を30日として日割計算した額とする。
3　貸主及び借主は、次の各号の一に該当する場合には、**協議の上**、賃料を改定することができる。
　　①土地又は建物に対する**租税その他の負担の増減**により賃料が不相当となった場合
　　②土地又は建物の価格の上昇又は低下その他の**経済事情の変動**により賃料が不相当となった場合
　　③**近傍同種の建物の賃料に比較して賃料が不相当となった場合**

> 賃料の改定については、借地借家法の規定が採用されている（3項）。

共益費（5条）
1　**借主**は、階段、廊下等の共用部分の維持管理に必要な光熱費、上下水道使用料、清掃費等（以下この条において「維持管理費」という。）に充てるため、共益費を**貸主**に支払うものとする。
2　前項の共益費は、頭書（3）の記載に従い、支払わなければならない。
3　1か月に満たない期間の共益費は、1か月を30日として日割計算した額とする。
4　貸主及び借主は、維持管理費の増減により共益費が不相当となったときは、**協議の上**、共益費を改定することができる。

敷金（6条）
1　借主は、本契約から生じる債務の担保として、頭書（3）に記載する敷金を貸主に交付するものとする。
2　**貸主**は、借主が本契約から生じる債務を履行しないときは、敷金をその債務の弁済に充てることができる。この場合において、**借主**は、本物件を明け渡すまでの間、敷金をもって当該債務の弁済に充てることを請求することができない。
3　貸主は、本物件の明渡しがあったときは、**遅滞なく**、敷金の全額を借主に返還しなければならない。ただし、本物件の明渡し時に、賃料の滞納、第15条に規定する原状回復に要する費用の未払いその他の本契約から生じる借主の債務の不履行が存在する場合には、貸主は、当該債務の額を**敷金から差し引いた額**を返還するものとする。
4　前項ただし書の場合には、貸主は、敷金から差し引く債務の額の内訳を借主に**明示**しなければならない。

> 「敷引」や「保証金」に関する条項は設けられていない。

STEP 2　要点をつかむ

① 「賃貸住宅標準契約書」では、使用目的を**居住**に限定している。
② 「賃貸住宅標準契約書」では、賃料の改定について、借地借家法の規定が採用されている。
③ 「賃貸住宅標準契約書」には、「**敷金**」に関する条項は設けられているが、「**敷引**」や「**保証金**」に関する条項は設けられていない。

STEP 3　問題に挑戦

□ **1** 賃貸住宅標準契約書によれば、建物賃貸借の目的を「居住」に限定している。

□ **2** 賃貸住宅標準契約書によれば、共用部分にかかる水道光熱費等の維持管理費費は、貸主が負担するとされている。

□ **3** 賃貸住宅標準契約書によれば、借主が物件を明け渡すまでの間、貸主は、敷金を賃貸借契約から生じる借主の債務の弁済に充てることができる旨規定している。

答え

1 ○　借主は、**居住のみ**を目的として本物件を使用しなければならない（3条）。

2 ×　共用部分にかかる水道光熱費等の維持管理費費は、**借主**が負担する（5条1項）。

3 ○　**貸主**は、借主が本契約から生じる債務を履行しないときは、敷金をその債務の弁済に充てることができる（6条2項前段）。この場合において、**借主**は、本物件を明け渡すまでの間、敷金をもって当該債務の弁済に充てることを請求することができない（同後段）。

賃貸住宅標準契約書②

全体を知る

以下では、主な条文を掲げ、各条文の下の枠内は、各条文の注意点を挙げている。

表1 主な条文と注意点

反社会的勢力の排除（7条）
1 貸主及び借主は、それぞれ相手方に対し、次の各号の事項を確約する。
　①**自ら**が、暴力団、暴力団関係企業、総会屋若しくはこれらに準ずる者又はその構成員（以下総称して「反社会的勢力」という。）ではないこと。
　②**自らの役員**（業務を執行する社員、取締役、執行役又はこれらに準ずる者をいう。）が反社会的勢力ではないこと。
　③反社会的勢力に**自己の名義**を利用させ、この契約を締結するものでないこと。
　④自ら又は第三者を利用して、次の行為をしないこと。
　　ア　相手方に対する**脅迫的な言動**又は暴力を用いる行為
　　イ　偽計又は威力を用いて相手方の業務を妨害し、又は信用を毀損する行為
2 借主は、貸主の承諾の有無にかかわらず、本物件の全部又は一部につき、反社会的勢力に賃借権を**譲渡**し、又は**転貸**してはならない。

　上記に反した場合、契約を解除される場合がある（10条3項、4項）。

禁止又は制限される行為（8条）
1 借主は、貸主の**書面による承諾**を得ることなく、本物件の全部又は一部につき、賃借権を**譲渡**し、又は**転貸**してはならない。
2 借主は、貸主の**書面による承諾**を得ることなく、本物件の増築、改築、移転、改造若しくは模様替又は本物件の敷地内における工作物の設置を行ってはならない。
3 借主は、本物件の使用に当たり、別表第1に掲げる行為を行ってはならない。

4 借主は、本物件の使用に当たり、貸主の**書面による承諾**を得ることなく、別表第2に掲げる行為を行ってはならない。

5 借主は、本物件の使用に当たり、別表第3に掲げる行為を行う場合には、貸主に通知しなければならない。

> 別表第1には、①銃砲、刀剣類又は爆発性、発火性を有する危険物の製造・保管、②大型金庫など重量の大きな物品等の搬入・備え付け、③排水管の腐食のおそれがある液体を流すこと、④大音量を発生させること、⑤近隣に迷惑となる動物（猛獣・毒蛇等）の飼育、⑥反社会的勢力の活動の拠点にすること、⑦乱暴な言動や示威行為、⑧反復継続して反社会的勢力を出入りさせることが列挙されている。
>
> 別表第2には、①階段、廊下等の共用部分に物品を置くこと、②階段、廊下等の共用部分に看板、ポスター等の広告物を掲示すること、③観賞用の小鳥、魚等であって明らかに近隣に迷惑をかけるおそれのない動物以外の犬、猫等の動物（猛獣・毒蛇等を除く。）を飼育することが列挙されている。
>
> 別表第3には、①頭書（5）に記載する同居人に新たな同居人を追加（出生を除く。）すること、②1か月以上継続して本物件を留守にすることが列挙されている。

契約期間中の修繕（9条）

1 貸主は、借主が本物件を使用するために必要な修繕を行わなければならない。この場合の修繕に要する費用については、**借主の責めに帰すべき事由**により必要となったものは借主が負担し、その他のものは**貸主**が負担するものとする。

2 前項の規定に基づき貸主が修繕を行う場合は、貸主は、あらかじめ、その旨を借主に通知しなければならない。この場合において、借主は、**正当な理由**がある場合を除き、当該修繕の実施を拒否することができない。

3 借主は、本物件内に修繕を要する箇所を発見したときは、貸主にその旨を通知し修繕の必要について**協議**するものとする。

4 前項の規定による**通知**が行われた場合において、修繕の必要が認められるにもかかわらず、貸主が**正当な理由**なく修繕を実施しないときは、借主は自ら修繕を行うことができる。この場合の修繕に要する費用については、第1項に準ずるものとする。

5 借主は、別表第4に掲げる修繕について、第1項に基づき貸主に修繕を請求するほか、**自ら行う**ことができる。借主が自ら修繕を行う場合において、修繕に要する費用は借主が負担するものとし、**貸主への通知**及び**貸主の承諾**を要しない。

> 別表第4には、ヒューズの取替え、蛇口のパッキン・コマの取替え、風呂場等のゴム栓・鎖の取替え、電球・蛍光灯の取替え、その他費用が軽微な修繕などが列挙されている。

契約の解除（10条）

1 貸主は、借主が次に掲げる義務に違反した場合において、貸主が相当の期間を定めて当該義務の履行を催告したにもかかわらず、その期間内に当該義務が履行されないときは、本契約を解除することができる。

①第4条第1項に規定する賃料支払義務
②第5条第2項に規定する共益費支払義務
③前条第1項後段に規定する借主の費用負担義務

2　貸主は、借主が次に掲げる義務に違反した場合において、貸主が相当の期間を定めて当該義務の履行を催告したにもかかわらず、その期間内に当該義務が履行されずに当該義務違反により本契約を継続することが困難であると認められるに至ったときは、本契約を解除することができる。

①第3条に規定する本物件の使用目的遵守義務
②第8条各項に規定する義務（同条第3項に規定する義務のうち、別表第1第6号から第8号に掲げる行為に係るものを除く。）
③その他本契約書に規定する借主の義務

3　貸主又は借主の一方について、次のいずれかに該当した場合には、その相手方は、何らの催告も要せずして、本契約を解除することができる。

①第7条第1項各号の確約に反する事実が判明した場合
②契約締結後に自ら又は役員が反社会的勢力に該当した場合

4　貸主は、借主が第7条第2項に規定する義務に違反した場合又は別表第1第6号から第8号に掲げる行為を行った場合には、何らの催告も要せずして、本契約を解除することができる。

> 反社会的勢力に関する義務違反があった場合、無催告解除をすることができる（3項、4項）。

STEP 2　要点をつかむ

①借主は、貸主の「書面」による承諾を得ることなく、本物件の全部又は一部につき、賃借権を譲渡し、又は転貸してはならない。

②契約期間中の修繕については、借主の責めに帰すべき事由により必要となったものは借主が負担し、その他のものは貸主が負担する。

③反社会的勢力に関する義務違反があった場合には、無催告解除ができる。

STEP 3　問題に挑戦

□ **1** 賃貸住宅標準契約書によれば、借主は貸主に対し反社会的勢力ではないことの確約義務を負うが、貸主はその確約義務を負わない。

□ **2** 賃貸住宅標準契約書によれば、契約期間中の賃貸物件の修繕に要する費用は、すべて貸主が負担しなければならない。

□ **3** 賃貸住宅標準契約書によれば、貸主があらかじめ賃借物件の使用に必要な修繕を行う旨を借主に通知した場合でも、借主は、正当な理由があるときは、修繕の実施を拒否することができる。

□ **4** 賃貸住宅標準契約書によれば、借主が賃借物件を店舗として使用している場合、貸主は、催告することなく契約を解除することができる。

（答え）

1 ×　貸主及び借主は、それぞれ相手方に対し、**反社会的勢力**ではないことの確約義務を負う（7条1項1号）。

2 ×　契約期間中の修繕に要する費用については、借主の責めに帰すべき事由により必要となったものは**借主**が負担し、その他のものは**貸主**が負担するものとされている（9条1項）。

3 ○　貸主があらかじめ賃借物件の使用に必要な修繕を行う旨を借主に通知した場合でも、借主は、**正当な理由**があるときは、修繕の実施を拒否することができる（9条2項）。

4 ×　「賃貸住宅標準契約書」は、物件の使用を居住用に限定しており、この使用目的遵守義務に違反した場合には、催告による解除ができる旨規定している（10条2項1号、3条）。無催告解除は認められない。

賃貸住宅標準契約書③

STEP 1　全体を知る

　以下では、主な条文を掲げ、各条文の下の枠内は、各条文の注意点を挙げている。

表1　主な条文と注意点

借主からの解約（11条）

1　借主は、貸主に対して少なくとも **30日前** に解約の申入れを行うことにより、本契約を解約することができる。

2　前項の規定にかかわらず、借主は、解約申入れの日から**30日分の賃料**（本契約の解約後の賃料相当額を含む。）を貸主に支払うことにより、解約申入れの日から起算して30日を経過する日までの間、随時に本契約を解約することができる。

> **貸主**からの解約（中途解約）に関する条項は、設けられていない。

一部滅失等による賃料の減額等（12条）

1　本物件の一部が滅失その他の事由により使用できなくなった場合において、それが**借主の責めに帰することができない事由**によるものであるときは、賃料は、その使用できなくなった部分の割合に応じて、**減額されるものとする**。この場合において、貸主及び借主は、減額の程度、期間その他必要な事項について**協議**するものとする。

2　本物件の一部が滅失その他の事由により使用できなくなった場合において、**残存する部分のみでは借主が賃借をした目的を達する**ことができないときは、借主は、本契約を解除することができる。

契約の終了（13条）

　本契約は、本物件の全部が滅失その他の事由により使用できなくなった場合には、これによって**終了する**。

> 当事者の帰責事由は要件とされていない（民法616条の2）。

明渡し（14条）

1 借主は、本契約が**終了する日**までに（第10条の規定に基づき本契約が解除された場合にあっては、直ちに）、本物件を明け渡さなければならない。

2 借主は、前項の明渡しをするときには、明渡し日を事前に貸主に**通知しなければな**らない。

明渡し時の原状回復（15条）

1 借主は、**通常の使用に伴い生じた**本物件の**損耗**及び本物件の**経年変化**を除き、本物件を原状回復しなければならない。ただし、**借主の責めに帰することができない事由**により生じたものについては、原状回復を要しない。

2 貸主及び借主は、本物件の明渡し時において、契約時に特約を定めた場合は当該特約を含め、別表第5の規定に基づき借主が行う原状回復の内容及び方法について**協議する**ものとする。

> 別表第5では、「**原状回復をめぐるトラブルとガイドライン**（再改訂版）」に基づき、原状回復に関する考え方や具体的な修繕の費用負担が詳細に記述されている（LESSON85〜87参照）。

立入り（16条）

1 貸主は、本物件の防火、本物件の構造の保全その他の本物件の管理上特に必要があるときは、あらかじめ借主の承諾を得て、本物件内に立ち入ることができる。

2 借主は、正当な理由がある場合を除き、前項の規定に基づく貸主の立入りを拒否することはできない。

3 本契約終了後において本物件を賃借しようとする者又は本物件を譲り受けようとする者が下見をするときは、貸主及び下見をする者は、あらかじめ借主の承諾を得て、本物件内に立ち入ることができる。

4 貸主は、火災による延焼を防止する必要がある場合その他の緊急の必要がある場合においては、あらかじめ借主の承諾を得ることなく、本物件内に立ち入ることができる。この場合において、貸主は、借主の不在時に立ち入ったときは、立入り後その旨を借主に**通知しなければならない**。

家賃債務保証業者の提供する保証（17条）

　頭書（6）に記載する家賃債務保証業者の提供する保証を利用する場合には、家賃債務保証業者が提供する保証の内容については別に定めるところによるものとし、貸主及び借主は、本契約と同時に当該保証を利用するために必要な手続を取らなければならない。

連帯保証人（17条）[※]

1　連帯保証人は、借主と連帯して、本契約から生じる借主の債務を負担するものとする。本契約が更新された場合においても、同様とする。

2　前項の連帯保証人の負担は、頭書（6）及び記名押印欄に記載する極度額を限度とする。

3　連帯保証人が負担する債務の元本は、借主又は連帯保証人が死亡したときに、確定するものとする。

4　連帯保証人の請求があったときは、貸主は、連帯保証人に対し、遅滞なく、賃料及び共益費等の支払状況や滞納金の額、損害賠償の額等、借主の全ての債務の額等に関する情報を提供しなければならない。

協議（18条）

　貸主及び借主は、本契約書に定めがない事項及び本契約書の条項の解釈について疑義が生じた場合は、民法その他の法令及び慣行に従い、誠意をもって協議し、解決するものとする。

※線枠は、「連帯保証人型」の場合である。

STEP 2　要点をつかむ

①貸主からの解約（中途解約）に関する条項は、設けられていない。

②当事者の帰責事由の有無に関係なく、物件の全部滅失等により使用できなくなった場合には、本契約が終了する。

③貸主は、緊急の必要がある場合には、あらかじめ借主の承諾を得ることなく、物件に立ち入ることができるが、貸主は、借主の不在時に立ち入ったときは、立入り後その旨を借主に通知しなければならない。

STEP 3　問題に挑戦

☐ 1　賃貸住宅標準契約書によれば、貸主は、借主に少なくとも30日前に解約の申入れを行うことにより、本契約を解約することができる。

☐ 2　賃貸住宅標準契約書によれば、天災その他の不可抗力により賃貸物件

が滅失したときは、賃貸借契約は消滅するが、当事者の責めに帰すべき事由により賃貸物件が滅失したときは、賃貸借契約は消滅しない。

□ **3** 賃貸住宅標準契約書によれば、貸主は、本物件の防火、本物件の構造の保全その他の本物件の管理上特に必要があるときは、あらかじめ借主の承諾を得て、本物件内に立ち入ることができる。この場合、借主は、正当な理由があっても、この貸主の立入りを拒否することはできない。

（答え）

1 ×　賃貸住宅標準契約書によれば、借主は、貸主に少なくとも30日前に解約の申入れを行うことにより、本契約を解約することができる（11条）。貸主からの解約に関する条項は、設けられていない。

2 ×　賃貸借契約は、賃貸物件の全部が滅失その他の事由により使用できなくなった場合には、これによって終了する（13条）。当事者の帰責事由は要件とされていない（民法616条の2）。

3 ×　貸主は、本物件の防火、本物件の構造の保全その他の本物件の管理上特に必要があるときは、あらかじめ借主の承諾を得て、本物件内に立ち入ることができ、借主は、正当な理由がある場合を除き、この貸主の立入りを拒否することはできない（16条1項・2項）。

一時使用・取壊し予定建物の賃貸借

STEP 1　全体を知る

1. 一時使用のための建物賃貸借

　一時使用のために建物の賃貸借をしたことが明らかな場合には、借地借家法は適用されない（借地借家法40条）。その場合、民法の賃貸借に関する規定が適用される。

　「一時使用のための建物賃貸借」としては、選挙運動期間中のみ選挙事務所として賃貸する場合、一定の期間のみ催事として賃貸する場合、増改築のため仮店舗として賃貸する場合などが考えられる。

　判例は、「一時使用のための賃貸借が明らか」であるかどうかの判断について、以下のような見解を示している。

表1　「一時使用のための賃貸借が明らか」であるかどうかの判断について

目的・動機	期間の長短だけで決せられるのではなく、賃貸借の目的、動機、その他諸般の事情から、賃貸借契約を短期間内に限り存続させる趣旨のものであることが、客観的に判断される（最判昭36・10・10、最判昭43・1・25）。
期間	期間が1年未満でなければならないものではない（最判昭36・10・10）。
書面性	契約は書面による必要はないが、契約書に「一時使用」の文言が使用されている場合でも、一時使用のための賃貸借が明らかでなければ、一時使用のための賃貸借と認められない（東京高判昭29・12・25）。

2. 取壊し予定建物の賃貸借とは

取壊し予定建物の賃貸借とは、法令又は契約により一定の期間を経過した後に建物を取り壊すべきことが明らかな場合において、建物を取り壊すこととなる時に賃貸借が終了する旨を定めた賃貸借をいう（借地借家法39条1項）。

3. 取壊し予定建物の賃貸借の要件

取壊し予定建物の賃貸借とするための要件は、以下のとおりである。

表2　取壊し予定建物の賃貸借とするための要件

法令・契約	法令又は契約によって、建物を取り壊すべきことが明らかな場合であること。法令による場合としては、都市計画法や土地収用法により敷地の所有権が移転するため建物が取り壊される場合、契約による場合としては、借地権者が一般定期借地権や事業用定期借地権に基づき建てた建物を賃貸し、借地権の更新がなく、建物が取り壊される場合（借地借家法22条、23条）がこれに該当する。
期間	一定の期間を経過した後に建物を取り壊すべきことが明らかな場合でなければならない。一定の期間を経過した後の時点（＝建物を取り壊すこととなる時）は確定している必要はないが、法令又は契約によって、客観的におおよその期間が示されなければならない。
書面性	特約は、建物を取り壊すべき事由を記載した書面によってしなければならない（電磁的記録によるときは書面によるものとみなされる。借地借家法39条2項、3項）。

取壊し予定建物の賃貸借は、法令又は契約によって、建物を「取り壊すべきことが明らかな場合」でなければならない。したがって、借地権者が、借地権設定後30年以上を経過した日に借地上の建物を借地権設定者に相当の対価で譲渡する旨を定めた「建物譲渡特約付借地権」（借地借家法24条）に基づき建てた建物の賃貸借は、建物を取り壊すべきことが明らかな場合に該当しないので、特約により取壊し予定建物の賃貸借とすることはできない。

4. 取壊し予定建物の賃貸借の終了

取壊し予定建物の賃貸借は、一定の期間を経過した後に建物を取り壊すこととなる時に終了する（借地借家法39条1項）。一定の期間を経過した後の時点（＝建物を取り壊すこととなる時）が確定している必要がない点は、確定期限によって終了する**定期建物賃貸借**とは異なる。

①**一時使用のために建物の賃貸借をしたことが明らかな場合には、借地借家法は適用されない。**

②取壊し予定建物の賃貸借とは、法令又は契約により一定の期間を経過した後に建物を**取り壊すべきことが明らかな場合**において、建物を取り壊すこととなる時に賃貸借が終了する旨を定めた賃貸借をいう。

③取壊し予定建物の賃貸借の特約は、建物を取り壊すべき事由を記載した**書面**によってしなければならない（電磁的記録によるときは書面によるものとみなされる）。

☐ **1** 一時使用のための建物賃貸借であることが明らかである場合において、賃借人が賃貸人の同意を得て建物に付加した造作があるときは、賃借人は、賃貸借が終了するときに、造作買取請求権を行使することができる。

☐ **2** 「一時使用のための賃貸借が明らか」であるかどうかについては、期間の長短だけで決せられるのではなく、賃貸借の目的、動機、その他諸般の事情から、賃貸借契約を短期間内に限り存続させる趣旨のものであることが、客観的に判断される。

☐ **3** 借地権者が「建物譲渡特約付借地権」に基づき建てた建物の賃貸借は、

書面で特約をすることにより、取壊し予定建物の賃貸借とすることができる。

☐ **4** 取壊し予定建物の賃貸借とするためには、一定の期間を経過した後の時点が確定していなければならない。

（答え）

1 × 一時使用のための建物賃貸借であることが明らかである場合には、借地借家法は適用されないため、造作買取請求権を行使することはできない（借地借家法40条、33条1項）。

2 ○ 「**一時使用のための賃貸借が明らか**」であるかどうかについては、**期間の長短**だけで決せられるのではなく、賃貸借の目的、動機、その他諸般の事情から、賃貸借契約を短期間内に限り存続させる趣旨のものであることが、**客観的**に判断される（最判昭36・10・10、最判昭43・1・25）。

3 × 「**建物譲渡特約付借地権**」（借地借家法24条）に基づき建てた建物の賃貸借は、建物を取り壊すべきことが明らかな場合に該当しないので、特約により取壊し予定建物の賃貸借とすることはできない。

4 × 取壊し予定建物の賃貸借とするためには、一定の期間を経過した後の時点（＝建物を取り壊すこととなる時）は確定している必要はない。ただし、法令又は契約によって、**客観的**におおよその期間が示されなければならない。

賃貸借と使用貸借

1. 賃貸借と使用貸借の法的性質

　賃貸借は、当事者の一方がある物の**使用及び収益**を相手方にさせることを約し、相手方がこれに対してその**賃料**を支払うこと及び引渡しを受けた物を契約が終了したときに返還することを約することによって効力を生ずる**諾成・有償**契約である（民法601条）。

　一方、使用貸借は、当事者の一方がある物を**引き渡す**ことを約し、相手方がその受け取った物について**無償**で使用及び収益をして契約が終了したときに返還をすることを約することによって効力を生ずる**諾成・無償契約**である（民法593条）。

2. 目的物の修繕・費用の償還

　賃貸人は、賃貸物の使用及び収益に必要な修繕をする義務を負うのに対し、使用貸借の貸主は、修繕義務を**負わない**。

　また、賃借人は、賃貸人に対し、必要費や有益費の償還請求ができるのに対し、使用貸借の借主は、**通常の必要費**を負担する（民法595条1項）。使用貸借の借主が有益費を負担したときは、使用貸借の終了時に、価格の増加が現存する場合に限り、貸主の選択に従い、貸主は、借主の支出した金額又は増価額を償還しなければならない（民法595条2項、583条2項本文、196条）。ただし、裁判所は、貸主の請求により、その償還について相当の期限を許与することができる（民

法595条2項、583条2項ただし書)。

3. 損害賠償請求権・費用償還請求権についての期間制限

契約の本旨に反する使用又は収益によって生じた損害の賠償及び借主が支出した費用の償還は、貸主が返還を受けた時から**1年以内**に請求しなければならない。この損害賠償の請求権については、貸主が返還を受けた時から1年を経過するまでの間は、時効は完成しない(民法600条、622条)。この点は、賃貸借も使用貸借も同じである。

4. 契約の終了

建物賃貸借の終了事由(解除による終了を含む)には、以下のものがある。

表1 建物賃貸借の終了事由

①期間の満了 ②解約の申入れ ③建物の全部滅失等 ④債務不履行による解除 ⑤合意による解除

なお、賃貸人や賃借人の**死亡**によっては、建物賃貸借は終了しない。

一方、使用貸借の終了事由(解除による終了を含む)としては、以下のものがある。

表2 使用貸借特有の終了事由

①期間を定めたときは、その期間が満了すること(民法597条1項) ②期間を定めなかった場合において、使用収益の目的を定めたときは、借主がその目的に従い使用収益を終えること(同2項) ③借主の死亡(同3項) ④期間を定めず、使用収益の目的を定めた場合において、その目的に従い借主が使用収益をするのに足りる期間を経過し、貸主が契約を解除したとき(民法598条1項) ⑤期間及び使用収益の目的を定めなかった場合において、貸主が契約を解除したとき(貸主はいつでも解除できる。同2項) ⑥借主が解除したとき(借主はいつでも解除できる。同3項) ⑦借主の用法遵守違反等による解除(民法594条3項)

なお、使用貸借は、貸主の**死亡**によっては終了しない。

5. 対抗力

民法上、不動産賃貸借の対抗要件は「登記」であり、登記をしたときは、不動産賃貸借を第三者に対抗することができるとされている（民法605条）。また、借地借家法では、土地賃借権については、借地上の**建物**の「**登記**」、建物の賃借権については、登記がなくても建物の「**引渡し**」があれば、これを第三者に対抗することができるとしている（借地借家法10条1項、31条）。

一方、「使用貸借」については、これを第三者に対抗する方法がない。

6. 原状回復義務等

賃借人は、賃借物を受け取った後にこれに生じた損傷（通常の使用及び収益によって生じた賃借物の損耗並びに賃借物の経年変化を除く。）がある場合において、賃貸借が終了したときは、その損傷を原状に復する義務を負う（民法621条本文）。ただし、その損傷が**賃借人の責めに帰することができない事由**によるものであるときは、その義務を負わない（同ただし書）。

一方、使用貸借の借主は、借用物を受け取った後にこれに附属させた物がある場合において、使用貸借が終了したときは、その附属させた物を**収去する義務**を負う（収去義務。民法599条1項本文）。ただし、借用物から分離することができない物又は分離するのに過分の費用を要する物については、**収去する義務**を負わない（同ただし書）。また、上記の附属物の収去は、義務であると同時に借主の権利でもあり、借主は、借用物を受け取った後にこれに附属させた物を**収去**することができる（同2項）。

使用貸借の借主は、借用物を受け取った後にこれに生じた**損傷**がある場合において、使用貸借が終了したときは、その損傷を**原状に復する義務**を負う（原状回復義務。同3項）。ただし、その損傷が借主の責めに帰することができない事由によるものであるときは、その義務を負わない（同ただし書）。

STEP 2 要点をつかむ

①賃貸借は諾成・有償契約であるのに対し、使用貸借は諾成・無償契約である。
②賃借人が必要費や有益費の償還請求ができるのに対し、使用貸借の借主は、**通常の必要費**を負担しなければならない。
③賃貸人は、賃貸物の使用及び収益に必要な修繕をする義務を負うのに対し、使用貸借の貸主は、修繕義務を**負わない**。

STEP 3 問題に挑戦

- □ **1** 使用貸借は、貸主が目的物を借主に引き渡すことによって契約が成立する要物契約である。
- □ **2** 使用貸借の借主が有益費を負担したときは、使用貸借の終了時に、価格の増加が現存する場合に限り、貸主は、借主の選択に従い、借主の支出した金額又は増価額を償還しなければならない。
- □ **3** 使用貸借により、建物の引渡しを受けてこれを使用収益している借主は、使用貸借を第三者に対抗することができる。

答え

1 ×　使用貸借は、当事者の合意のみによって成立する「**諾成契約**」である。

2 ×　借主の支出した金額又は増価額について、選択ができるのは、「**貸主**」であって、「**借主**」ではない。

3 ×　建物の賃借権については、建物の「**引渡し**」があれば、これを第三者に対抗することができる（借地借家法31条）が、使用貸借については、これを第三者に対抗する方法がない。

土地工作物責任

STEP 1 全体を知る

1. 不法行為とは？

　債権は、契約によって発生するが、契約によらないで債権が発生するものもある。例えば、建物の欠陥により、建物の前を歩行していた人がケガをした場合には、建物の所有者と通行人との間に契約関係はないが、損害賠償請求権という債権が発生する。これが不法行為の問題である。

2. 一般的な不法行為

　不法行為が成立するためには、加害者に「**故意又は過失**」がなければならない。例えば、Aが**故意**（わざと）又は**過失**（不注意）によりBの建物を損傷させたことが該当する。

図1　一般的な不法行為

　　　　　　不法行為に基づく損害賠償請求　　　　　　

加害者A
（故意又は過失）　　　　　　　　　　　　　　　　　　　被害者B

3. 土地工作物責任

　一般的な不法行為に対して、工作物責任では、責任を負う可能性がある者が複数登場する場合がある。

　例えば、建物の所有者Aがその建物をB（「占有者」という）に賃貸していた場合において、所有の建物の屋根が崩れて（「工作物の設置又は保存に瑕疵（かし）がある」という）通行人Cがケガをした（損害が生じた）場合、Cに対して誰が責任を負うのであろうか。

図2　責任を負う可能性がある者が複数登場する場合

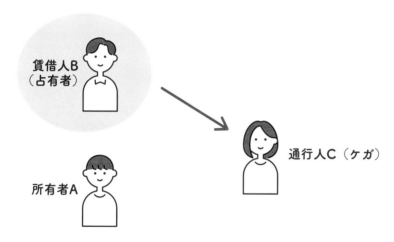

賃借人B
（占有者）

通行人C（ケガ）

所有者A

表1　土地工作物責任

①土地の工作物の**設置又は保存の瑕疵**により、第三者（C）が損害を受けたときは、第1次的には**占有者**（B）が損害賠償責任を負わなければならない。
②**占有者**（B）が損害の発生を防止するために必要な注意をしたときは、第2次的に所有者（A）が、損害賠償責任を負わなければならない（無過失責任）。

　「**設置の瑕疵**」とは、設置当初から欠陥がある場合をいい、「**保存の瑕疵**」とは、設置当初は欠陥がなかったが、設置後の維持管理の過程において欠陥が生

じた場合をいう。

　なお、土地の工作物の占有者または所有者が工作物責任を負う場合において、損害の原因について他にその責任を負う者（例えば、建物を建設した業者の手抜き工事により建物に欠陥が生じた場合）がいるときは、占有者または所有者は、その者に対して**求償権**を行使することができる。

4. 賃貸住宅管理業者は「占有者」に該当するのか？

　占有者とは、建物を**事実上支配する者**のことであり、建物の瑕疵を修補して損害を防止する立場にある者であると解されている。

　したがって、賃貸住宅管理業者も**事実上支配する者**に該当すれば、占有者として、工作物責任を負うことになる。

STEP 2　要点をつかむ

① 土地の工作物の設置又は保存の瑕疵により、第三者が損害を受けたときは、第1次的には**占有者**が損害賠償責任を負わなければならない。

② **占有者**が損害の発生を防止するために必要な注意をしたときは、第2次的に**所有者**が、損害賠償責任を負わなければならない（無過失責任）。

③ 賃貸住宅管理業者は、土地の工作物を**事実上支配する者**に該当すれば占有者に該当し、第1次的な責任を負う。

STEP 3　問題に挑戦

□ **1** 建物の設置又は保存に瑕疵があることによって他人に損害を生じたとき
は、第1次的には所有者が土地工作物責任を負い、所有者が損害の発生
を防止するのに必要な注意をしたときは、占有者が土地工作物責任を負
う。

□ **2** 建物の管理を行う賃貸住宅管理業者は、建物の安全確保について事実
上の支配をなしうる場合、占有者として土地工作物責任を負うことが
ある。

□ **3** 建物に建築基準法違反があることによって他人に損害を生じたときは、
建設業者が損害賠償責任を負うのであって、建物の所有者及び占有者
は土地工作物責任を負わない。

（答え）

1 ×　建物の設置又は保存に瑕疵があることによって他人に損害を生じたと
きは、第1次的には「**占有者**」が土地工作物責任を負い、「**占有者**」が
損害の発生を防止するのに必要な注意をしたときは、「**所有者**」が土地
工作物責任を負う。

2 ○　建物の管理を行う賃貸住宅管理業者は、建物の安全確保について**事実
上の支配**をなしうる場合、占有者として土地工作物責任を負うことが
ある。

3 ×　建物に建築基準法違反があることによって他人に損害を生じたときは、
建物の占有者又は所有者が土地工作物責任を負い、違反行為をした建
設業者に求償することができるにすぎない。

貸主・借主の破産

STEP 1　全体を知る

1. 破産手続の意義

　破産状態にある個人や法人の財産を債権者又は債務者の申立てによって裁判所の管理下に置き、総債権者に公平な弁済を行う法的手続が破産手続である。

　経済的に破綻した法人については、破産手続ではなく、債権者の同意を得て企業を再生する方法がとられる場合がある。民事再生手続や会社更生手続などがその例である。

2. 借主の破産（破産手続開始の決定・破産管財人の選任）

　債務者（借主）が支払不能又は債務超過（債務超過は法人に限る）の状態にある場合、債権者（貸主）又は債務者（借主）の申立てにより、裁判所が破産手続開始の決定を行う（破産法15条、16条、18条、30条）。また、破産手続開始の決定と同時に裁判所が破産管財人を選任し、破産管財人が、裁判所の監督の下、破産財団に属する財産の管理及び処分を行う（破産法75条、78条）。

3. 借主の破産（破産手続開始の決定と賃料債権）

　破産手続開始の決定の「前」に生じた賃料債権は、「破産債権」（破産手続開始前の原因に基づいて生じた財産上の請求権であって、財団債権に該当しないものをいう）に該当し（破産法2条5項）、破産手続によらなければ行使することができない（破産法100条1項）。ただし、破産財団に属する財産に特別の先取特権等を有する者は、「別

除権」を有する者（「別除権者」という）として、破産手続によらずに権利行使ができる（破産法2条9項、65条1項）。

一方、破産手続開始の決定の「**後**」に履行期が到来する賃料債権は、破産財団のために利用されているのであるから、「**財団債権**」であり、破産手続によらないで破産財団（破産者の総財産のこと）から**随時弁済**を受けることができる（破産法2条7項、最判昭48・10・30）。

表1　破産債権と財団債権

破産債権	財団債権
破産手続による必要あり（別除権を除く） （理由）債権者間の平等を図るため。	破産手続による必要なし （理由）破産債権者の共同の利益になる、破産手続を進める上で必要など。

4. 借主が破産した場合の催告・解除通知の相手方

借主が破産し、**破産管財人**が選任された場合、**破産管財人**が破産財団を管理・処分する権限を有する（破産法78条1項）ことから、貸主が賃料支払の催告や解除の通知をする場合、その相手方は、**破産管財人**となる。

なお、借主について破産手続開始の決定がなされただけでは、民法上、貸主は契約を解除することができない。

5. 貸主の破産・敷金返還請求

貸主が破産し、**破産管財人**が選任されると、**破産管財人**が賃料の請求や収受を行い、賃借人の債務不履行を理由とする解除の通知を行う。

貸主が破産した場合に問題となるのが、敷金の返還である。

敷金返還請求権は、賃貸借契約とは別個の「**敷金契約**」（最判昭53・12・22）に基づくものであり、破産手続開始前の原因に基づいて生じることから、「**破産債権**」に該当する（破産法2条5項）。そのため、借主は、債権者平等の原則により、敷金の一部についてしか配当を受けることができない。他方で、賃貸借契

約が継続している間は、借主は賃料支払義務があるので公平に欠ける。そこで、破産法は、借主が賃料を支払う際に、後で相殺をするため、**破産管財人**に対し、敷金の額の限度で（賃料の）**寄託**をするよう請求することができる旨を規定している（破産法70条）。明渡しが完了して敷金返還請求権を行使できるようになると、借主は、**破産管財人**に対し寄託されている額の返還を請求することができる（破産法148条1項5号）。

6. 破産手続開始時に双方未履行の場合の処理

賃貸借契約のような双務契約において、当事者双方の債務が破産手続開始の時に、共にまだその履行を完了していないときは、破産管財人は、**契約の解除**をし、又は破産者の債務を履行して相手方の**債務の履行**を請求することができる（破産法53条1項）。この場合、相手方は、破産管財人に対し、相当の期間を定め、その期間内に**契約の解除**をするか、又は**債務の履行**を請求するかを確答すべき旨を催告することができ、破産管財人がその期間内に確答をしないときは、**契約の解除**をしたものとみなされる（同2項）。

ただし、破産者（貸主）の相手方（借主）が賃借権について対抗要件（登記・引渡しなど）を備えているときは、破産管財人は、賃貸借契約を解除することができない（破産法56条1項）。借主が不測の損害を被るおそれがあるからである。

STEP 2　要点をつかむ

①貸主は、借主が破産しただけでは、賃貸借契約を解除することはできない。

②破産手続開始の決定の「**前**」に生じた賃料債権は、「**破産債権**」に該当し、破産手続によらなければ行使することができない。

③借主が破産し、**破産管財人**が選任された場合、貸主が賃料支払の催告や解除の通知をする場合、その相手方は、**破産管財人**となる。

STEP 3　問題に挑戦

□ **1** 借主について破産手続開始の決定があったときは、貸主は、破産手続開始の決定の後に履行期が到来する賃料債権であっても、破産手続によらなければ行使することができない。

□ **2** 借主について破産手続開始の決定がなされたときは、貸主は、賃貸借契約を解除することができる。

□ **3** 貸主が破産した場合、敷金返還請求権は財団債権となる。

答え

1 ×　破産手続開始の決定の「**後**」に履行期が到来する賃料債権は、破産財団のために利用されているのであるから、「**財団債権**」であり、破産手続によらないで破産財団（破産者の総財産のこと）から**随時弁済**を受けることができる（破産法2条7項、最判昭48・10・30）。

2 ×　借主について破産手続開始の決定がなされただけでは、貸主は契約を解除することができない。

3 ×　敷金返還請求権は、賃貸借契約とは別個の「**敷金契約**」（最判昭53・12・22）に基づくものであり、破産手続開始前の原因に基づいて生じることから、「**破産債権**」に該当する（破産法2条5項）。

Chapter

2

賃貸住宅管理業法

本章では、賃貸住宅管理業の登録から廃業、賃貸住宅管理業者の業務上の規制、サブリース業者の業務上の規制等について規定した賃貸住宅管理業法の学習をする。

アクセスキー **J**
（大文字のジェイ）

賃貸住宅管理業法 の概要

STEP 1 全体を知る

1. 賃貸住宅管理業法とは？

賃貸住宅管理業法は、正式には「賃貸住宅の管理業務等の適正化に関する法律」という。

これを分割すると、①「**賃貸住宅**」の②「**管理業務**」等を③「**適正化**」しようという「法律」ということになる。

これらの正確な解説は、LESSON36以降でするので、ここではざっと確認しておくことにする。

①「**賃貸住宅**」は、「賃貸借契約」を締結して、賃借することを目的として、人が居住する家屋などを意味する。したがって、事務所や倉庫などは居住する家屋ではないので、「**賃貸住宅**」には該当しないため、本法の規制対象にはならない。

②「**管理業務**」等とは、例えば、「**賃貸住宅**」が賃貸マンションであれば、マンションのオーナーから委託を受けて、共用部分の廊下や電気設備などの清掃・点検やその修繕（「維持保全」という）や入居者から受領した賃料などの金銭の管理を行うことなどである。

③「**適正化**」とは、ⅰ）「**賃貸住宅**」の「**管理業務**」を行う者について、「**賃貸住宅管理業者**」として登録制度を設け、その事務所ごとに「**業務管理者**」を配置することを義務づけること、ⅱ）「**賃貸住宅管理業者**」が「**賃貸住宅**」のオーナーから「**管理業務**」を受託する際に、その受託契約の内容の重要な部分

についてオーナーに対して説明義務を課すことの他に、iii）建物のオーナーとその借り上げた建物を「賃貸住宅」として入居者に又貸し（転貸借契約、「サブリース契約」ともいう）しようとする業者（サブリース業者）との間で「賃貸借契約（「マスターリース契約」又は「特定賃貸借契約」という）」を締結するにあたり、サブリース業者にそのリスクなどの重要な部分について説明義務を課すことなどを意味するほか、マスターリース契約について不当に勧誘することの禁止をもその対象としている。

図1　適正化 i

```
──── 賃貸住宅管理業者 ────
管理業務を行う→登録制度
業務管理者を配置
```

図2　適正化 ii

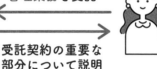

賃貸住宅管理業者　←　管理業務を受託　→　賃貸住宅のオーナー

受託契約の重要な部分について説明

図3　適正化 iii

サブリース業者　──　不当なマスターリース契約の勧誘の禁止　→　オーナー

サブリース業者　←　マスターリース契約（特定賃貸借契約）　→　オーナー

契約の重要な部分について説明

2. 賃貸住宅管理業法の目的規定

以上を踏まえて、賃貸住宅管理業法1条に規定する本法の目的を見てみよう。

表1　賃貸住宅管理業法の目的

　この法律は、社会経済情勢の変化に伴い国民の生活の基盤としての「賃貸住宅」の役割の重要性が増大していることに鑑み、「賃貸住宅」の入居者の居住の安定の確保及び「賃貸住宅」の賃貸に係る事業の公正かつ円滑な実施を図るため、「賃貸住宅管理業を営む者に係る登録制度を設け」、その業務の適正な運営を確保するとともに、「特定賃貸借契約の適正化のための措置等を講ずる」ことにより、良好な居住環境を備えた「賃貸住宅」の安定的な確保を図り、もって国民生活の安定向上及び国民経済の発展に寄与することを目的とする（1条）。

3. 賃貸住宅管理業の不動産業における位置づけ

「日本標準産業分類」（平成25年10月改訂）によれば、不動産業とは、建物を売却したり、売却をする際の仲介を行う「不動産取引業」とビル・家・駐車場の賃貸業及びその管理を行う「不動産賃貸業・管理業」に分類できる。

賃貸住宅管理業は、「不動産賃貸業・管理業」に属する。

STEP 2　要点をつかむ

　賃貸住宅管理業法の「賃貸住宅」の「管理業務」等の「適正化」とは、以下の3つを意味する。

① 「賃貸住宅（人が居住する家屋など）」の「管理業務（受託賃貸住宅の維持保全・金銭の管理）」を行う者について、「賃貸住宅管理業者」として登録制度を設け、その事務所ごとに「業務管理者」を配置することを義務づけること

② 「賃貸住宅管理業者」が「賃貸住宅」のオーナーから「管理業務」を受

託する際には、その受託契約の内容の重要な部分についてオーナーに対して説明義務を課すこと

③建物のオーナーとその借り上げた建物を「**賃貸住宅**」として入居者に又貸し（転貸借契約・サブリース契約）しようとする業者（サブリース業者）との間で「賃貸借契約（マスターリース契約・特定賃貸借契約）」を締結するにあたり、サブリース業者にそのリスクなどの重要な部分について説明義務を課すこと、さらに、**マスターリース契約**について不当に勧誘することを禁止すること

STEP 3　問題に挑戦

□ **1**　賃貸住宅管理業法に規定する賃貸住宅の管理業務における賃貸住宅の維持保全業務は、賃貸住宅の居室部分のみをその対象とする業務である。

□ **2**　賃貸住宅管理業法は、サブリース業者にマスターリース契約におけるリスクなどの重要な部分についてのオーナーに対する説明義務を課しているが、当該契約を締結するに際しての不当勧誘の禁止については規定していない。

□ **3**　日本標準産業分類（平成25年10月改訂）によれば、賃貸住宅管理業は、不動産取引業に区分される。

（答え）

1　×　賃貸住宅管理業法に規定する賃貸住宅の管理業務等における賃貸住宅の維持保全業務は、賃貸住宅の居室部分だけでなく、共用部分についても業務の対象としている。

2　×　賃貸住宅管理業法は、サブリース業者にそのリスクなどの重要な部分についてオーナーに対する説明義務を課すことの他に、**マスターリース契約**について不当勧誘の禁止をも規定している。

3　×　日本標準産業分類（平成25年10月改訂）によれば、賃貸住宅管理業は、**不動産賃貸業・管理業**に区分される。

賃貸住宅の意味

STEP 1 　全体を知る

1. 賃貸住宅とは?

　賃貸住宅管理業法において「賃貸住宅管理業」の登録義務が生じる「管理業務」の対象となる「賃貸住宅」とは、以下のように定義づけられている（2条1項本文）。

表1　賃貸住宅

> 「賃貸住宅」とは、賃貸の用に供する**住宅**（人の居住の用に供する家屋又は家屋の部分をいう。）をいう。

　「賃貸住宅」の「**住宅**」とは、「**人の居住の用に供する**」ことを前提条件としているので、通常事業の用に供される**オフィス**や**倉庫**等は「住宅」に該当しない（「解釈・運営の考え方（以下「解釈」と略する）」2条1項関係1 (1)）。

　「家屋又は家屋の部分」の「家屋」とは、アパート一棟や戸建てなど一棟をいい、家屋の「部分」については、マンションの一室といった家屋の一部をいうものとされる（解釈2条1項関係1 (2)）。

2. 賃貸借契約を締結していない家屋等でも「賃貸住宅」に該当するのか?

　賃貸人と賃借人（入居者）との間で賃貸借契約が締結されておらず、賃借人（入居者）を募集中の家屋等や募集前の家屋等であっても、それが賃貸借契約の締

結が予定され、賃借することを目的とされる場合は、賃貸住宅に該当する。

　また、家屋等が建築中である場合も、竣工後に賃借人を募集する予定であり、居住の用に供することが明らかな場合は、賃貸住宅に該当する（解釈2条1項関係1（3））。

3. 家屋の一部が事務所の場合でも「賃貸住宅」に該当するのか?

　一棟の家屋のうちの一部が事務所として事業の用に供され、一部が住宅として居住の用に供されている等のように複数の用に供されている場合は、どのように取り扱えばよいのか。

　この場合、当該家屋のうち、賃貸借契約が締結され居住の用に供されている住宅については、「賃貸住宅」に該当する。一方、マンションのように通常居住の用に供される一棟の家屋の一室について賃貸借契約を締結し、事務所としてのみ賃借されている場合、その一室は賃貸住宅に該当しない（解釈2条1項関係1（3））。

4. 「賃貸住宅」から除かれる「住宅」

　「賃貸住宅」は、賃貸の用に供する住宅でも、「人の居住の用に供する家屋又は家屋の部分」でなければならないため、人の生活の本拠として使用する目的以外の目的に供されていると認められるものについては、「賃貸住宅」に該当しない。この除かれる「住宅」については、以下のように規定されている（規則1条）。

表2　「賃貸住宅」から除かれる「住宅」

①旅館業法の許可を受けた住宅
②旅館業法の特例として、国家戦略特別区域法に基づく特区民泊として認定を受けた住宅
③住宅宿泊事業法（民泊法）に基づく届出に係る住宅のうち、住宅宿泊事業の用に供されているもの

　例えば、①～③の住宅が、現に人が宿泊している又は現に宿泊の予約や募集

が行われている状態にあること等をいうため、これら**事業の用に供されていな**い場合には、賃貸の用に供されることも想定される。その場合は、「賃貸住宅」に該当する（解釈2条1項関係2（1））。

　なお、①の**旅館業法の許可**を受けた住宅としてウィークリーマンションが考えられるが、旅館業として宿泊料を受けて人を宿泊させている場合には、「賃貸住宅」には該当しない。一方、いわゆるマンスリーマンションなど、利用者の滞在期間が長期に及ぶなど生活の本拠として使用されることが予定されているもので、旅館業法に基づく営業を行っていない場合には、「賃貸住宅」に該当する（解釈2条1項関係2（2））。

STEP 2　要点をつかむ

「賃貸住宅」に該当するもの・しないもの

「賃貸住宅」に該当するもの	「賃貸住宅」に該当しないもの
①賃貸借契約の**締結が予定**され、賃借することを目的とされる募集中又は募集前家屋等 ②建築中である場合も、竣工後に賃借人を**募集する予定**であり、居住の用に供することが明らかな家屋等 ③一棟の家屋のうちの一部が事務所として事業の用に供され、一部が住宅として居住の用に供されている場合、賃貸借契約が締結され居住の用に供されている**住宅** ④旅館業法に基づく営業を行っていないマンスリーマンション	①事業の用に供される**オフィスや倉庫** ②居住の用に供されている一棟の家屋の一室について賃貸借契約を締結し、**事務所**としてのみ賃借されている場合のその一室 ③**旅館業法の許可**に係る施設である住宅 ④**特区民泊** ⑤**民泊法の届出**に係る住宅 ⑥旅館業法の許可を受け、宿泊料を受けて人を宿泊させているウィークリーマンション

STEP 3　問題に挑戦

☐ **1**　賃貸住宅とは、賃貸借契約を締結し賃借することを目的とした、人の居住の用に供する家屋又は家屋の部分をいう。

☐ **2**　建築中の家屋は、竣工後に賃借人を募集する予定で、居住の用に供することが明らかな場合であっても、賃貸住宅に該当しない。

☐ **3**　マンションのように通常居住の用に供される一棟の家屋の一室について賃貸借契約を締結し、事務所としてのみ賃借されている場合でも、その一室は賃貸住宅に該当する。

☐ **4**　未入居の住宅は、賃貸借契約の締結が予定され、賃借することを目的とする場合であっても、賃借人の募集前は、賃貸住宅に該当しない。

（答え）

1　○　賃貸住宅とは、賃貸借契約を締結し賃借することを目的とした、**人の居住の用に供する**家屋又は家屋の部分をいう。

2　×　建築中の家屋は、竣工後に賃借人を**募集する予定**で、居住の用に供することが明らかな場合には、賃貸住宅に該当する。

3　×　マンションのように通常居住の用に供される一棟の家屋の一室について賃貸借契約を締結し、**事務所としてのみ**賃借されている場合には、その一室は賃貸住宅に**該当しない**。

4　×　未入居の住宅は、賃貸借契約の締結が予定され、**賃借することを目的とする場合**、賃借人の募集前であっても、賃貸住宅に該当する。

「賃貸住宅管理業」と「管理業務」の意味①

全体を知る

1. 「賃貸住宅管理業」と「管理業務」

「賃貸住宅管理業」とは、賃貸住宅の賃貸人から委託を受けて「**管理業務**」を行う事業をいう。そして、「**管理業務**」とは、次の業務をいう（2条2項）。

表1　管理業務

> 賃貸住宅の賃貸人から①「委託を受けて」行う以下のa）・b）の業務
> a）委託に係る②「**賃貸住宅の維持保全**」（住宅の居室及びその他の部分について、点検、清掃その他の維持を行い、及び必要な修繕を行うことをいう。）を行う業務（賃貸住宅の賃貸人のために当該③「維持保全に係る契約の締結の媒介、取次ぎ又は代理」を行う業務を含む。）
> b）当該賃貸住宅に係る「**家賃、敷金、共益費その他の金銭の管理を行う業務**」（「a）に掲げる業務と併せて行うものに限る」。）（LESSON38参照）

2. ①「委託を受けて」とは

①「委託を受けて」とは、賃貸人から明示的に契約等の形式により委託を受けているか否かに関わらず、本来賃貸人が行うべき賃貸住宅の維持保全を、賃貸人からの依頼により賃貸人に代わって行う実態があれば、該当することとなる（解釈2条2項関係1）。

3. ②「賃貸住宅の維持保全」とは

②「賃貸住宅の維持保全」とは、居室及び居室の使用と密接な関係にある住

宅のその他の部分である、玄関・通路・階段等の共用部分、居室内外の電気設備・水道設備、エレベーター等の設備等について、点検・清掃等の維持を行い、これら点検等の結果を踏まえた必要な修繕を**一貫して行う**ことをいう（解釈2条2項関係2）。

図1　賃貸住宅の維持保全

居室及び居室の使用と密接な関係にある
住宅のその他の部分である設備等

点検・清掃等の「維持」	＋	点検等の結果を踏まえた必要な「修繕」

　したがって、定期清掃業者、警備業者、リフォーム工事業者等が、「維持」又は「修繕」の「**いずれか一方のみ**」を行う場合は、「維持保全」に該当しない。

　エレベーターの保守点検・修繕を行う事業者等が、賃貸住宅の「**部分のみ**」について維持から修繕までを一貫して行う場合は、「維持保全」に該当しない。

　入居者からの苦情対応のみを行い維持及び修繕（維持・修繕業者への発注等を含む。）を行っていない場合は、「維持保全」には該当しない（解釈2条2項関係2）。

4.　③「維持保全に係る契約の締結の媒介、取次ぎ又は代理」

　「**媒介**」とは、他人の間に立って、他人を当事者とする契約の成立に尽力する行為のことである。仲介業者と考えればよい。

　「**取次ぎ**」とは、**自己の名**で、他人の契約などを行うことを引き受ける行為をいう。例えば、賃貸住宅管理業者が自己の名をもって賃貸人のために維持・修繕業者に発注事務等を行う行為が該当する。

　「**代理**」は、本人から**代理権を付与**された者が、当該本人のために相手方との間で意思表示をし、又は意思表示を受けることによって、その法律効果が本人に直接帰属することをいう。例えば、賃貸人から代理権を付与された賃貸住宅管理業者が、賃貸人の代理人として維持・修繕業者と契約を締結する行為が該当する（解釈2条2項関係3）。

図2　媒介

図3　代理

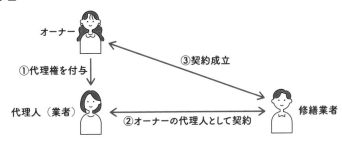

図4　取次ぎ

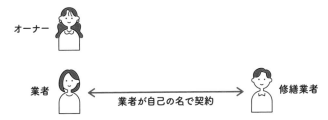

要点をつかむ

管理業務に該当するもの・しないもの

管理業務に該当するもの	管理業務に該当しないもの
①賃貸住宅の委託に係る設備等についての「維持」及び「保全」	a）賃貸住宅の委託に係る設備等についての「維持」のみ b）賃貸住宅の委託に係る設備等についての「保全」のみ c）賃貸住宅の「部分のみ」の委託に係る設備等についての「維持」及び「保全」

STEP 3 問題に挑戦

☐ **1** エレベーターの保守点検・修繕を行う事業者が、賃貸住宅の部分のみについて維持から修繕までを一貫して行う場合、賃貸住宅の維持保全に該当する。

☐ **2** 管理業務には、賃貸住宅の居室及びその他の部分について、点検、清掃その他の維持を行い、及び必要な修繕を行うことが含まれる。

☐ **3** 管理業務には、賃貸住宅の維持保全に係る契約の締結の媒介、取次ぎ又は代理を行う業務が含まれるが、当該契約は賃貸人が当事者となるものに限られる。

(答え)

1 ✕ 賃貸住宅の「**部分のみ**」について維持から修繕までを一貫して行う場合、賃貸住宅の維持保全には該当しない。

2 ○ 管理業務には、賃貸住宅の居室及びその他の部分について、点検、清掃その他の維持を行い、及び必要な修繕を行うことが含まれる。

3 ✕ 管理業務には、賃貸住宅の維持保全に係る契約の締結の「媒介」「取次ぎ」又は「代理」を行う業務が含まれるが、当該契約は賃貸人が当事者となるものは「代理」又は「媒介」であり、その他にも賃貸住宅管理業者が**当事者**となる「取次ぎ」も含まれる。

「賃貸住宅管理業」と 「管理業務」の意味②

1. 賃貸住宅管理業者の「金銭管理」業務

表1 管理業務

> 賃貸住宅の賃貸人から「委託を受けて」行う以下のa)・b)の業務
> a) 委託に係る「賃貸住宅の維持保全」（住宅の居室及びその他の部分について、点検、清掃その他の維持を行い、及び必要な修繕を行うことをいう。）を行う業務（賃貸住宅の賃貸人のために当該「維持保全に係る契約の締結の媒介、取次ぎ又は代理」を行う業務を含む。）
> b) 当該賃貸住宅に係る①「家賃、敷金、共益費その他の金銭の管理を行う業務」（②「a) に掲げる業務と併せて行うものに限る」。）

　賃貸住宅の賃貸人から委託を受けて実施する管理業務には、a) 維持保全の他にも、b) 金銭管理も含まれる。

　ただし、金銭管理を行う業務については、賃貸住宅の賃貸人から委託を受けて、当該委託に係る賃貸住宅の維持保全を行うことと**併せて行うもの**に限り、賃貸住宅管理業に該当することとなり、金銭の管理のみを行う業務については、賃貸住宅管理業には該当しない（解釈2条2項関係4）。

表2　管理業務に該当するもの・しないもの

> ・維持保全＋金銭管理＝管理業務に該当する
> ・金銭管理のみを行う場合＝管理業務に該当しない

サブリース方式において、サブリース業者が入居者から家賃、敷金、共益費等を受領する場合には、これらはサブリース業者が**賃貸人**の立場として受領するものであることから、「家賃、敷金、共益費その他の金銭」には**含まれない**（賃貸住宅管理業法FAQ集（以下「FAQ集」という）1 (2) 7)。

2. 賃貸住宅管理業者とは

「賃貸住宅管理業者」とは、登録を受けて「賃貸住宅管理業を営む」者をいう（2条3項）。

「賃貸住宅管理業を営む」とは、**営利の意思を持って反復継続的**に賃貸住宅管理業を行うことをいい、**営利の意思の有無**については、客観的に判断されることとなる（解釈2条3項関係 (1)）。

上記に関して、賃貸人から委託を受けて「無償で」管理業務を行う場合でも、「賃貸住宅管理業」に該当し、登録を受ける必要があるかについて、事業スキーム全体の事業性を鑑みて営利性の有無を判断することになるため、**事業全体において営利性がある**と認められる場合、委託された管理業務を無償で引き受けていたとしても、その点のみをもって直ちに営利性がないと判断されるものではないと解されている（FAQ集2 (3) 8)。

また、保証会社が、賃貸人から委託を受けて通常の月額家賃を借主から受領し、貸主や管理業者に送金するなど、「家賃、敷金、共益費その他の金銭の管理を行う業務」などの金銭管理業務のみを行っている場合は、登録の対象外となる（FAQ集2 (3) 9)。

さらに、社宅代行業者（転貸型社宅代行業者）であっても、賃貸人から借り上げた賃貸住宅において200戸以上の維持保全を行う業務を行っている場合は、登録を受ける必要がある（FAQ集2 (3) 11)。

3. アセットマネジメント事業者と「賃貸住宅管理業」

アセットマネジメントとは、投資家から委託を受けて資産運用の計画、決定・実施、実施の管理を行うことである。

アセットマネジメント事業者については、オーナーや信託の受益者から受託

した資産運用業務の一環として賃貸住宅管理業者に管理業務を行わせている場合、当該アセットマネジメント事業者は、賃貸住宅管理業者との関係ではいわばオーナーや信託の受益者と同視しうる立場にあるものと考えられることから、この場合における当該アセットマネジメント事業者は、管理業務を行う事業を営んでいるとは解されず、賃貸住宅管理業の登録を受ける必要はない（解釈2条3項関係（3））。

STEP 2　要点をつかむ

管理業務に該当するもの・しないもの

管理業務に該当するもの	管理業務に該当しないもの
①賃貸住宅の委託に係る設備等についての「維持」及び「保全」	a）賃貸住宅の委託に係る設備等についての「維持」のみ b）賃貸住宅の委託に係る設備等についての「保全」のみ c）賃貸住宅の「部分のみ」の委託に係る設備等についての「維持」及び「保全」
②①と併せて行う金銭管理	d）①を併せて行わない金銭管理

STEP 3　問題に挑戦

□ **1**　管理業務には、賃貸住宅に係る家賃、敷金、共益費その他の金銭の管理を行う業務が含まれるが、維持保全と併せて行うものに限られる。

□ **2**　保証会社が、貸主の委託を受けて、家賃の集金を行い、貸主に送金する事務のみを行う場合は、管理業務に該当する。

□ **3**　サブリース業者が、貸主として転借人（入居者）から家賃、敷金等を受領する事務は、管理業務に該当する。

□ **4**　賃貸人から委託を受けて無償で管理業務を行う場合には、賃貸住宅管理業に該当しない。

(答え)

1 ○　管理業務には、賃貸住宅に係る家賃、敷金、共益費その他の金銭の管理を行う業務が含まれるが、維持保全と**併せて行うもの**に限られる。

2 ×　家賃の集金を行い、貸主に送金する金銭管理のみを行う場合は、管理業務に**該当しない**。

3 ×　サブリース業者が入居者から家賃、敷金、共益費等を受領する場合には、これらはサブリース業者が賃貸人の立場として受領するものであることから、「金銭管理」には含まれず、管理業務に**該当しない**。

4 ×　事業スキーム全体の事業性を鑑みて営利性の有無を判断することになるため、事業全体において営利性があると認められる場合、委託された管理業務を無償で引き受けていたとしても、その点のみをもって直ちに営利性がないと判断されるものではない。したがって、賃貸住宅管理業に該当する場合がある。

LESSON 39 Day20-1 賃貸住宅管理業の登録の申請①

STEP 1 全体を知る

1. 賃貸住宅管理業の登録の必要性

「賃貸住宅管理業」を営もうとする者は、国土交通大臣の登録を受けなければならない。

ただし、その事業の規模が、賃貸住宅管理事業に係る賃貸住宅の戸数が200戸未満であるときは、登録を受ける必要はない（3条1項、規則3条）。

2. 管理戸数はどのように数えるのか

管理戸数は、入居者との間で締結されることが想定される賃貸借契約の数に基づいて数えるものとされる。

例えば、1棟の家屋のうち、台所・浴室・便所等を入居者が共同で利用する、いわゆる「シェアハウス」を1棟管理する場合、当該シェアハウスが10部屋から構成されており、そのうち4部屋を入居者が使用し、残りの6部屋が空室になっている場合でも、当該シェアハウスを管理する賃貸住宅管理業者の管理戸数は、10戸と数える（FAQ集2（1）12）。

3. 一時的に賃貸住宅管理事業に係る賃貸住宅の戸数が200戸を超えた場合でも、登録は必要か

登録が義務付けられる規模は200戸と定めているため、管理戸数が一時的にでも200戸を超えた場合、その時点で登録を受けていなければ賃貸住宅管理業

を営むことはできないことから、一時的にでも200戸を超える見込みがあれば、登録を受けることが適当であると解されている（FAQ集2（1）11）。

4. 賃貸住宅管理事業に係る賃貸住宅の戸数が200戸未満であるときは、登録を受けることができないのか

　管理戸数が200戸を超えない小規模な賃貸住宅管理業者であっても、登録を受けることにより、社会的信用力が高まると考えられることから、登録を受けることを推奨している。

　なお、登録を受けた場合は、管理戸数が200戸を超えない場合であっても、賃貸住宅管理業に関する業務上の規制に服することとなるため、これに違反した場合、監督処分や罰則の対象になる（FAQ集2（1）11）。

5. 登録の有効期間と登録の更新

　賃貸住宅管理業の登録の有効期間は5年とされ、5年ごとに更新を受けなければ登録は効力を失う（3条2項）。

　登録の更新を受けようとする者は、その者が現に受けている登録の有効期間の満了の日の90日前から30日前までの間に登録申請書を国土交通大臣に提出しなければならない（規則4条）。

　登録の更新の申請があった場合において、登録の有効期間の満了の日までに処分がされないときは、従前の登録は、登録の有効期間の満了後もその処分がされるまでの間は、なおその効力を有する（3条3項）。

　そして、登録の更新がされたときは、その登録の有効期間は、（新たに登録を受けたときではなく）従前の登録の有効期間の**満了の日の翌日**から起算される（3条4項）。

賃貸住宅管理業の登録

管理戸数	登録の要否	賃貸住宅管理業法上の 監督・罰則の対象
200戸未満	登録不要（ただし、登録を受けることを推奨）	登録を受ける場合は対象となる
200戸以上	登録必要	対象となる

STEP 3 問題に挑戦

☐ **1** 賃貸住宅管理業を営もうとする者で、賃貸住宅管理業に係る賃貸住宅の管理戸数が300戸である場合には、国土交通大臣の登録を受ける必要がある。

☐ **2** 賃貸住宅管理業に係る賃貸住宅の管理戸数を計算する際、1棟の家屋のうち、台所・浴室・便所等を入居者が共同で利用する、いわゆる「シェアハウス」を1棟管理する場合、当該シェアハウスが10部屋から構成されており、そのうちの6部屋を入居者が使用し、残りの部屋が空室になっている場合には、当該シェアハウスを管理する賃貸住宅管理業者の管理戸数は、6戸と数える。

☐ **3** 管理戸数が100戸の小規模な賃貸住宅管理業者は、賃貸住宅管理業の登録を受けることができない。

☐ **4** 賃貸住宅管理業の登録を受けている場合でも、管理戸数が200戸未満であるときは、賃貸住宅管理業法の監督処分や罰則の対象とならない。

☐ **5** 賃貸住宅管理業の登録の更新を受けようとする者は、その者が現に受けている登録の有効期間の満了の日の30日前までに登録申請書を国土交通大臣に提出しなければならない。

答え

1 ○ 賃貸住宅管理業に係る賃貸住宅の管理戸数が200戸以上の場合には、国土交通大臣の登録を受ける必要がある。

2 × シェアハウスが10部屋から構成されており、そのうち6部屋を入居者が使用し、残りの4部屋が空室になっている場合でも、当該シェアハウスを管理する賃貸住宅管理業者の管理戸数は、10戸と数える。

3 × 管理戸数が200戸を超えない小規模な賃貸住宅管理業者でも、賃貸住宅管理業の登録を受けることができる。

4 × 登録を受けた場合は、管理戸数が200戸を超えない場合であっても、賃貸住宅管理業に関する業務上の規制に服することとなるため、これに違反した場合、監督処分や罰則の対象になる。

5 × 賃貸住宅管理業の登録の更新を受けようとする者は、その者が現に受けている登録の有効期間の満了の日の90日前から30日前までの間に登録申請書を国土交通大臣に提出しなければならない（規則4条）。

賃貸住宅管理業の登録の申請②

STEP 1 全体を知る

1. 登録申請書

　賃貸住宅管理業の登録（登録の更新を含む）を受けようとする者は、次に掲げる事項を記載した申請書を国土交通大臣に提出しなければならない（4条1項）。

　なお、登録の申請は、賃貸住宅管理業登録等電子申請システムを利用して行うことを原則とする（解釈4条1項関係（1））。

表1　申請書の記載事項

①商号、名称又は「**氏名**」及び「**住所**」
②法人である場合においては、その役員の「**氏名**」
③未成年者である場合においては、その法定代理人の「**氏名**」及び「**住所**」（法定代理人が法人である場合にあっては、その商号又は名称及び住所並びにその役員の「**氏名**」）
④営業所又は事務所の名称及び所在地

　株式会社などの法人が賃貸住宅管理業の登録を受けようとする場合には、その役員の「**氏名**」を申請書に記載する必要はあるが、役員の「**住所**」は記載する必要はない。

　また、未成年者も賃貸住宅管理業の登録を受けることが可能であるが、その親権者など（法人でない）の法定代理人の「**氏名**」及び「**住所**」を申請書に記載する必要がある。

　なお、賃貸住宅管理業は、法人の場合は法人単位で登録を行うため、支社・

支店ごとに登録を受けることはできず、登録を受ける場合には、本店及び賃貸住宅管理業を行う支社・支店といった事務所等が登録される（FAQ集2（3）3）。

2. 営業所・事務所

1. ④の「営業所又は事務所」とは、管理受託契約の締結、維持保全の手配、又は家賃、敷金、共益費その他の金銭の管理の業務（維持保全業務と併せて行う場合に限る。）が行われ、継続的に賃貸住宅管理業の営業の拠点となる施設として実態を有するものが該当する。

電話の取次ぎのみを行う施設、維持保全業務に必要な物品等の置き場などの施設は、「営業所又は事務所」には該当しない。

なお、個人の場合は、当該事業者の営業の本拠が該当する（解釈4条1項関係2）。

3. 添付書類

賃貸住宅管理業の登録申請書には、登録を受けようとする者が後述する登録の拒否事由に該当しないことを誓約する書面その他以下の書類を添付しなければならない（4条2項、規則7条）。

表2　添付書類（主なもの）

①登録申請者が法人である場合
・法人税の直前1年の各年度における納付すべき額及び納付済額を証する書面
・役員が破産手続開始の決定を受けて復権を得ない者に該当しない旨の市町村の長の証明書
・最近の事業年度における貸借対照表及び損益計算書
・賃貸住宅管理業に係る賃貸住宅の戸数その他の登録申請者の業務の状況及び財産の分別管理の状況を記載した書面
・業務管理者の配置の状況

②登録申請者（営業に関し成年者と同一の行為能力を有しない未成年者である場合にあっては、その法定代理人（法定代理人が法人である場合にあっては、その役員）を含む。）が個人である場合
・所得税の直前1年の各年度における納付すべき額及び納付済額を証する書面
・登録申請者が破産手続開始の決定を受けて復権を得ない者に該当しない旨の市町村の長の証明書
・営業に関し成年者と同一の行為能力を有しない未成年者であって、その法定代理人が法人である場合においては、その法定代理人の登記事項証明書

②の「営業に関し成年者と同一の行為能力を有しない未成年者」とは、法定代理人から賃貸住宅管理業務を行うことについての**許可を受けていない**未成年者のことをいう。

4. 登録の実施

国土交通大臣は、登録の申請があったときは、登録を拒否する場合を除き、次に掲げる事項を賃貸住宅管理業者登録簿に登録しなければならない（5条1項）。

表3　賃貸住宅管理業者登録簿の登録事項

①申請書の記載事項 ②登録年月日及び登録番号

国土交通大臣は、賃貸住宅管理業の登録をしたときは、**遅滞なく**、その旨を申請者に通知しなければならない（5条2項）。

なお、登録拒否要件等に該当しない限りは、現に賃貸住宅管理業を営んでいない者も登録を受けることは可能である。ただし、賃貸住宅管理業者が登録を受けてから**1年以内**に業務を開始せず、又は引き続き**1年以上**業務を行っていないと認めるときは、その登録の取り消しの対象となる（23条2項）。

STEP 2　要点をつかむ

賃貸住宅管理業者登録簿の登録事項と申請書の記載事項

申請書の 記載事項	①商号、名称又は「氏名」及び「住所」 ②法人である場合においては、その役員の「氏名」 ③未成年者である場合においては、その法定代理人の「氏名」及び「住所」（法定代理人が法人である場合にあっては、その商号又は名称及び住所並びにその役員の「氏名」） ④営業所又は事務所の名称及び所在地
	登録年月日及び登録番号

STEP 3 問題に挑戦

☐ **1** 法人が賃貸住宅管理業の登録を受けようとする場合には、その役員の氏名及び住所を申請書に記載する必要がある。

☐ **2** 未成年者は賃貸住宅管理業の登録を受けることはできない。

☐ **3** 維持保全業務に必要な物品等の置き場などの施設も、「営業所又は事務所」として、賃貸住宅管理業の申請書に記載しなければならない。

☐ **4** 賃貸住宅管理業は、法人の場合は法人単位で登録を行うため、支社・支店ごとに登録を受けることはできない。

（答え）

1 ✕ 法人が賃貸住宅管理業の登録を受けようとする場合には、その役員の「**氏名**」を申請書に記載する必要はあるが、役員の「**住所**」は記載する必要はない。

2 ✕ 未成年者も、登録拒否事由等に該当しなければ賃貸住宅管理業の登録を受けることができる。

3 ✕ 維持保全業務に必要な物品等の置き場などの施設は、「営業所又は事務所」には該当しないため、申請書に記載する必要はない。

4 ○ 賃貸住宅管理業は、法人の場合は法人単位で登録を行うため、支社・支店ごとに登録を受けることはできない。

管理業者登録の拒否事由①

全体を知る

1. 賃貸住宅管理業の登録拒否事由の概要

　国土交通大臣は、賃貸住宅管理業の登録を受けようとする者が一定の事由のいずれかに該当するときは、登録を拒否しなければならない（6条1項）。

　この一定の事由について、以下において順番に解説することとする（6条1項各号）。

2. 判断能力・財産上の問題がある場合

表1　判断能力・財産上の問題がある場合

①心身の故障により賃貸住宅管理業を的確に遂行することができない者として国土交通省令で定めるもの（1号）
②破産手続開始の決定を受けて復権を得ない者（2号）
③賃貸住宅管理業を遂行するために必要と認められる国土交通省令で定める基準に適合する**財産的基礎**を有しない者（10号）

　①の国土交通省令で定める者とは、精神の機能の障害により賃貸住宅管理業を的確に遂行するに当たって必要な認知、判断及び意思疎通を適切に行うことができない者をいい（規則8条）、**成年被後見人**や**被保佐人**であるというだけでは、この拒否事由に該当しない。

　②破産手続開始の決定を受けて復権を得ない者は登録を受けることはできないが、復権を得たときは、登録を受けることができる。

③の国土交通省令で定める基準とは、「財産及び損益の状況が良好であること」とされ（規則10条）、具体的には、登録申請日を含む事業年度の前事業年度において、負債の合計額が資産の合計額を超えておらず、かつ、支払不能に陥っていない状態をいう（解釈6条10号関係）。

3. 刑罰を受けた者

表2　刑罰を受けた者

④禁錮以上の刑に処せられ、その執行を終わり、又は執行を受けることがなくなった日から起算して5年を経過しない者（4号）
⑤賃貸住宅管理業法の規定により罰金の刑に処せられ、その執行を終わり、又は執行を受けることがなくなった日から起算して5年を経過しない者（4号）

④**禁錮以上の刑**とは、ここでは、**禁錮・懲役**のことを指す。

禁錮以上の刑の場合、どのような犯罪であっても、刑の執行が終わるか、その執行を受けることがなくなった日から、5年経つまでは登録を受けることができない。

一方、⑤**賃貸住宅管理業法**に違反したときは、「罰金」の刑に処せられた場合でも、刑の執行が終わるか時効が成立してから、5年経つまでは登録を受けることができない。

なお、禁錮以上の刑でも執行猶予付きの判決を受けた場合、執行猶予期間中は登録を受けることができないが、執行猶予期間が満了したときは、直ちに登録を受けることができる。さらに、控訴や上告をしたことで刑が確定していない場合であれば、登録を受けることができる。

4. 登録の取消しを受けた者

表3　登録の取消しを受けた者

⑥登録を取り消され、その取消しの日から5年を経過しない者（当該登録を取り消された者が法人である場合にあっては、当該取消しの日前30日以内に当該法人の役員であった者で当該取消しの日から5年を経過しないものを含む。）（3号）

登録を取り消された者が個人である場合、その者は取消しの日から5年を経過するまで登録を受けることができない。また、登録を取り消された者が法人である場合、その取消しの日前30日以内に当該法人の役員であった者も取消しの日から5年を経過するまで登録を受けることができない。

図1　役員の拒否事由

5. 暴力団員等

表4　暴力団員等

⑦暴力団員による不当な行為の防止等に関する法律に規定する暴力団員又は暴力団員でなくなった日から5年を経過しない者（「暴力団員等」という。）（5号）
⑧暴力団員等がその事業活動を支配する者（9号）

　⑦暴力団員等については、現在、暴力団員である者だけでなく、暴力団員でなくなった日から5年を経過しない者も、登録を受けることができず、また、⑧暴力団員等でなくても、暴力団員等にその事業活動を支配されている者も登録を受けることができない。

STEP 2　要点をつかむ

主な登録の拒否事由①

　①心身の故障により賃貸住宅管理業を的確に遂行することができない者として国土交通省令で定めるもの（6条1号）

②破産手続開始の決定を受けて復権を得ない者 (6条2号)

③賃貸住宅管理業を遂行するために必要と認められる国土交通省令で定める基準に適合する**財産的基礎**を有しない者 (6条10号)

④**禁錮以上**（禁錮・懲役）の刑に処せられ、その執行を終わり、又は執行を受けることがなくなった日から起算して5年を経過しない者 (6条4号)

⑤**賃貸住宅管理業法**の規定により罰金の刑に処せられ、その執行を終わり、又は執行を受けることがなくなった日から起算して5年を経過しない者 (6条4号)

⑥登録を取り消され、その取消しの日から5年を経過しない者（当該登録を取り消された者が法人である場合にあっては、当該取消しの日前30日以内に当該法人の役員であった者で当該取消しの日から5年を経過しないものを含む。）(6条3号)

STEP 3　問題に挑戦

☐ **1**　被保佐人は、賃貸住宅管理業者の登録を受けることができない。

☐ **2**　破産手続開始の決定を受けて復権を得ない者は、復権を得たときは、復権を得た日から5年を経過しなければ、賃貸住宅管理業者の登録を受けることができない。

☐ **3**　道路交通法の規定により罰金の刑に処せられ、その執行を終わり、又は執行を受けることがなくなった日から起算して5年を経過しない者は賃貸住宅管理業者の登録を受けることができない。

(答え)

1　×　**被保佐人**というだけでは、登録の拒否事由に該当するわけではない。

2　×　破産手続開始の決定を受けても、**復権を得たとき**は5年を経過しなくとも登録を受けることができる。

3　×　道路交通法の規定に違反しても禁錮・懲役の刑に処せられない限り、登録を受けることができる。

管理業者登録の拒否事由②

STEP 1　全体を知る

　LESSON41に引き続き、賃貸住宅管理業の登録拒否事由の解説をする。

1. 賃貸住宅管理業に関し不正又は不誠実な行為をするおそれがある者

表1　賃貸住宅管理業に関し不正又は不誠実な行為をするおそれがある者

⑨賃貸住宅管理業に関し**不正又は不誠実な行為**をするおそれがあると認めるに足りる相当の理由がある者として国土交通省令で定めるもの（6号）

　以下の場合は、登録拒否事由に該当する（規則9条）。

表2　登録拒否事由に該当する場合

a）登録の取消しの処分に係る聴聞の通知があった日から当該処分をする日又は処分をしないことの決定をする日までの間に、法人が合併及び破産手続開始の決定以外の理由により解散した（9条1項4号）、又は賃貸住宅管理業を廃止した（9条1項5号）ことにより**廃業等の届出をした者**（解散又は賃貸住宅管理業の廃止について相当の理由のある者を除く。）で当該届出の日から5年を経過しないもの

b）上記a）の期間内に法人が合併により消滅した（9条1項2号）、合併及び破産手続開始の決定以外の理由により解散した（9条1項4号）又は賃貸住宅管理業を廃止した（9条1項5号）ことにより**廃業等の届出をした法人**（合併、解散又は賃貸住宅管理業の廃止について相当の理由がある法人を除く。）の**役員であった者**であって登録の取消しの処分に係る聴聞の通知があった日前**30日**に当たる日から当該法人の合併、解散又は廃止の日までの間にその地位にあったもので当該届出の日から5年を経過しないもの

　a）のケースを図示すると次のようになる。

図1　a）のケース

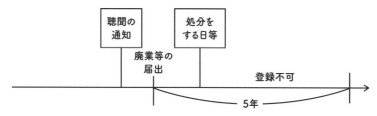

　登録の取消処分を受けると5年間は登録を受けることができないため、取消処分を受ける前に廃業等の届出をして、処分逃れを許さないとする趣旨である。

　b）のケースを図示すると以下のようになる。

図2　b）のケース

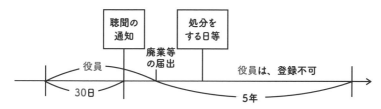

　a）と同様、法人を運営している役員が、法人が登録取消処分を受ける前に役員を退任して、個人として、又は新たな法人を設立して、登録を受けるのを防ぐ趣旨である。

2. 営業に関し成年者と同一の行為能力を有しない未成年者

表3　営業に関し成年者と同一の行為能力を有しない未成年者

⑩営業に関し成年者と同一の行為能力を有しない未成年者でその**法定代理人**が6条1項1号から6号の登録拒否事由のいずれかに該当するもの（7号）

　「営業に関し成年者と同一の行為能力を有しない未成年者」とは、法定代理人から**営業の許可**を受けていない**未成年者**をいう。

「営業に関し成年者と同一の行為能力を有しない未成年者」が法律行為（契約など）をするには、その法定代理人の同意を得るか（民法5条1項本文）、法定代理人（通常は、親権者）が未成年者を代理して行うため、法定代理人の登録拒否事由で判断することにしている。

3. 法人で、その役員が登録拒否事由に該当する場合

表4　法人で、その役員が登録拒否事由に該当する場合

⑪法人であって、その役員が6条1項1号から6号までの登録拒否事由のいずれかに該当するもの（8号）

　法人を運営するのは役員であるため、役員に登録拒否事由がある場合、法人は登録を受けることができないとする趣旨である。

4. 法定数の業務管理者が足りない場合

表5　法定数の業務管理者が足りない場合

⑫営業所又は事務所ごとに選任すべき業務管理者を確実に選任すると認められない者（11号）

　後述するが、賃貸住宅管理業者は、その営業所又は事務所ごとに、1人以上の業務管理者を選任して、当該営業所又は事務所における業務に関し、管理・監督に関する事務を行わせなければならないとされているため、業務管理者を確実に選任することができない者は登録を受けることができない。

5. 申請書等に不備がある場合

表6　申請書等に不備がある場合

⑬登録の申請書若しくはその添付書類のうちに重要な事項について虚偽の記載があり、若しくは重要な事実の記載が欠けているとき（6条1項柱書）

　例えば、役員の氏名について、虚偽の記載があり、若しくは記載が欠けているときは、登録を受けることができない。

STEP 2　要点をつかむ

主な登録の拒否事由②

⑩営業に関し成年者と同一の行為能力を**有しない未成年者**でその法定代理人が6条1項1号から6号の登録拒否事由のいずれかに該当するもの (7号)

⑪法人であって、その**役員**が6条1項1号から6号までの登録拒否事由のいずれかに該当するもの (8号)

⑫営業所又は事務所ごとに選任すべき**業務管理者**を確実に選任すると認められない者 (11号)

STEP 3　問題に挑戦

☐ **1**　営業に関し成年者と同一の行為能力を有する未成年者でその法定代理人が賃貸住宅管理業法に規定する登録拒否事由のいずれかに該当するときは、その未成年者が同法の登録拒否事由に該当しない場合でも、賃貸住宅管理業の登録を受けることができない。

☐ **2**　登録の取消しの処分に係る聴聞の通知があった日から当該処分をする日又は処分をしないことの決定をする日までの間に、賃貸住宅管理業の廃止について相当の理由なく、廃業等の届出をした者で当該届出の日から5年を経過しないものは、賃貸住宅管理業の登録を受けることができない。

答え

1　×　営業に関し成年者と同一の行為能力を「有する」未成年者であれば、未成年者自身が登録拒否事由に該当しなければ登録を受けることができる。

2　○　登録取消処分を受ける前に廃業等の届出（賃貸住宅管理業の廃止について相当の理由のある者を除く。）をして処分逃れをするのを防ぐ趣旨である。

LESSON 43 Day22-1 業務管理者の選任

STEP 1 全体を知る

1. 業務管理者の選任

　賃貸住宅管理業者は、その営業所又は事務所ごとに、1人以上の「**業務管理者**」を選任して、当該営業所又は事務所における業務に関し、**管理受託契約**（管理業務の委託を受けることを内容とする契約をいう）の**内容の明確性**、管理業務として行う賃貸住宅の**維持保全の実施方法の妥当性**その他の賃貸住宅の入居者の居住の安定及び賃貸住宅の賃貸に係る事業の円滑な実施を確保するため必要な国土交通省令で定める事項についての**管理及び監督**に関する事務を行わせなければならない（12条1項、規則13条）。

　なお、**業務管理者**の人数については、営業所又は事務所においてその従業員が行う管理業務等の質を担保するために必要な指導、管理、及び監督をし得るだけの数の業務管理者を配置することが望ましいとされている（解釈12条関係1）。

2. 業務管理者が管理・監督すべき事項

　業務管理者が管理・監督すべき一定の事項は、以下である（規則13条）。

表1　業務管理者が管理・監督すべき事項

①管理受託契約の締結前の書面（管理受託契約重要事項説明書）の交付及び説明に関する事項
②管理受託契約の締結時の書面（管理受託契約締結時書面）の交付に関する事項

③管理業務として行う賃貸住宅の維持保全の実施に関する事項及び賃貸住宅に係る家賃、敷金、共益費その他の金銭の管理に関する事項
④帳簿の備付け等に関する事項
⑤委託者への定期報告に関する事項
⑥秘密の保持に関する事項
⑦賃貸住宅の入居者からの苦情の処理に関する事項
⑧上記のほか、賃貸住宅の入居者の居住の安定及び賃貸住宅の賃貸に係る事業の円滑な実施を確保するため必要な事項として国土交通大臣が定める事項

3. 業務管理者の要件

　業務管理者は、6条1項1号から7号までの「登録拒否事由に該当しない者」で、賃貸住宅管理業者の営業所又は事務所における業務に関し、12条1項に規定する事務（管理・監督に関する事務）を行うのに必要な知識及び能力を有する者として賃貸住宅管理業に関する一定の実務の経験その他の「国土交通省令で定める要件を備えるもの」でなければならない（12条4項）。

■**国土交通省令で定める要件**

　管理業務に関し2年以上の実務の経験を有する者又は国土交通大臣がその実務の経験を有する者と同等以上の能力を有すると認めた者で、次のいずれかに該当するものであることとされている（規則14条）。

表2　国土交通省令で定める業務管理者の要件

①管理業者の事務を行うのに必要な知識及び能力を有すると認められることを証明する事業（以下「証明事業」という。）として、国土交通大臣の登録を受けたもの（以下「登録証明事業」という。）による証明を受けている者（賃貸不動産経営管理士）
②宅地建物取引士で、国土交通大臣が指定する管理業務に関する実務についての講習を修了した者

4. 業務管理者の専任性

　業務管理者は、他の営業所又は事務所の業務管理者となることができない（12条3項）。

業務管理者が宅地建物取引士も兼務する等他の業務を兼務することが**法違反**となるものではないが、入居者の居住の安定の確保等の観点から賃貸住宅管理業者の従業員が行う管理業務等について必要な指導、管理、及び監督の業務に従事できる必要があるとされている（解釈12条関係2）。

5. 管理受託契約の締結の禁止

賃貸住宅管理業者は、その営業所若しくは事務所の業務管理者として選任した者の全てが6条1項1号から7号までの登録拒否事由のいずれかに該当し、又は選任した者の全てが欠けるに至ったときは、**新たに業務管理者を選任するまでの間**は、その営業所又は事務所において**管理受託契約を締結**することはできない（12条2項）。

STEP 2　**要点をつかむ**

業務管理者が管理・監督すべき事項

① 管理受託契約の締結前の書面の交付及び説明に関する事項

② 管理受託契約の締結時の書面の交付に関する事項

③ 管理業務として行う賃貸住宅の**維持保全の実施**に関する事項及び賃貸住宅に係る家賃、敷金、共益費その他の**金銭の管理**に関する事項

④ **帳簿の備付け**等に関する事項

⑤ 委託者への**定期報告**に関する事項

⑥ **秘密の保持**に関する事項

⑦ 賃貸住宅の入居者からの**苦情の処理**に関する事項

⑧ 上記のほか、賃貸住宅の入居者の居住の安定及び賃貸住宅の賃貸に係る事業の円滑な実施を確保するため必要な事項として国土交通大臣が定める事項

STEP 3　問題に挑戦

□ **1**　賃貸住宅管理業者が管理業務を行う場合において、賃貸住宅に係る賃貸借契約の更新及び終了に関する事項は、業務管理者が管理及び監督すべき事項に含まれる。

□ **2**　賃貸住宅管理業者が管理業務を行う場合において、賃貸住宅の入居者からの苦情の処理に関する事項は、業務管理者が管理及び監督すべき事項に含まれる。

□ **3**　賃貸住宅管理業者は、業務管理者を、事務所または営業所ごとに、1名以上置く必要があるが、他の事務所または営業所の管理業者と兼任することができる。

（答え）

1　✕　賃貸受託管理業者が管理業務を行う場合において、賃貸住宅に係る賃貸借契約の更新及び終了に関する事項は、業務管理者が管理及び監督すべき事項に含まれない。

2　〇　賃貸受託管理業者が管理業務を行う場合において、賃貸住宅の入居者からの苦情の処理に関する事項は、業務管理者が管理及び監督すべき事項に含まれる。

3　✕　業務管理者は、他の営業所又は事務所の業務管理者となることができない。

管理業者登録の変更の届出・廃業等の届出

STEP 1　全体を知る

1. 変更の届出

　賃貸住宅管理業者は、以下の登録事項に変更があったときは、その日から30日以内に、その旨を国土交通大臣に届け出なければならない（7条1項）。

表1　登録事項

①商号、名称又は氏名及び「**住所**」
②法人である場合においては、その役員の「**氏名**」
③未成年者である場合においては、その法定代理人の「**氏名**」及び「**住所**」（法定代理人が法人である場合にあっては、その商号又は名称及び住所並びにその役員の「**氏名**」）
④営業所又は事務所の名称及び所在地

　国土交通大臣は、変更の届出を受理したときは、当該届出に係る事項が①営業に関し成年者と同一の行為能力を**有しない**未成年者でその法定代理人が6条1項1号〜6号の登録拒否事由に該当する場合、又は②法人であって、その**役員**のうちに6条1項1号〜6号の登録拒否事由に該当する者がある場合を除き、当該事項を賃貸住宅管理業者登録簿に登録しなければならない（7条2項）。

2. 賃貸住宅管理業者登録簿の閲覧

　国土交通大臣は、賃貸住宅管理業者登録簿を一般の閲覧に供しなければならない（8条）。

3. 廃業等の届出

　賃貸住宅管理業者に次の事由が生じたときは、以下に定める者が、その旨を国土交通大臣に届け出なければならない（9条）。

表2　廃業等の届出

届出事由	届出義務者	届出期間
①賃貸住宅管理業者である個人が死亡した場合	相続人	事実を知った日から30日以内
②賃貸住宅管理業者である法人が合併により消滅した場合	消滅した法人の代表役員	その日から30日以内
③賃貸住宅管理業者である法人が破産手続開始の決定により解散した場合	破産管財人	
④法人が上記②③以外の理由により解散した場合	清算人	
⑤賃貸住宅管理業を廃止（廃業）した場合	業者が個人の場合はその個人、業者が法人の場合は代表役員	

　上記の届出事由が生じたときは、登録は効力を失う（9条2項）。

　一時的な休業の場合は、廃業届を提出する必要はないが、1年以上業務を行っていないときは、登録取消しの対象となる（解釈9条関係）。

4. 登録の失効に伴う業務の結了

　登録の更新をしなかったとき（3条2項）、廃業等の届出事由が生じたことにより登録が効力を失ったとき（9条2項）、登録の取消し事由に該当することにより登録を取り消されたとき（23条1項・2項）は、当該登録に係る賃貸住宅管理業者であった者又はその一般承継人は、当該賃貸住宅管理業者が締結した管理受託契約に基づく**業務を結了する目的の範囲内**においては、なお賃貸住宅管理業者

とみなされ、登録がなくても賃貸住宅管理業を行うことができる（27条）。これは取引の関係者を保護するための規定である。

STEP 2 要点をつかむ

変更の届出

変更の届出事由	届出期間
・商号、名称又は氏名及び「住所」 ・法人である場合においては、その役員の「氏名」 ・未成年者である場合においては、その法定代理人の「氏名」及び「住所」（法定代理人が法人である場合にあっては、その商号又は名称及び住所並びにその役員の「氏名」） ・営業所又は事務所の名称及び所在地	その日から30日以内に賃貸住宅管理業者が届け出る

廃業等の届出事由	届出期間
①賃貸住宅管理業者である個人が死亡した場合	事実を知った日から相続人が30日以内に届け出る
②賃貸住宅管理業者である法人が合併により消滅した場合	その日から30日以内に、消滅した法人の代表役員が届け出る
③賃貸住宅管理業者である法人が破産手続開始の決定により解散した場合	その日から30日以内に、破産管財人が届け出る
④法人が上記②③以外の理由により解散した場合	その日から30日以内に、清算人が届け出る
⑤賃貸住宅管理業を廃止（廃業）した場合	その日から30日以内に、業者が個人の場合はその個人、業者が法人の場合は代表役員が届け出る

STEP 3　問題に挑戦

□ **1**　賃貸住宅管理業者が法人である場合において、その役員の氏名に変更が生じた場合は、遅滞なく、その旨を国土交通大臣に届け出なければならない。

□ **2**　賃貸住宅管理業者が他の事業を行っている場合において、その事業の種類に変更が生じた場合は、賃貸住宅管理業法上の変更の届出をする必要がある。

□ **3**　賃貸住宅管理業者である個人が死亡した場合は、その相続人は、その個人が死亡した日から30日以内に、廃業等の届出をしなければならない。

答え

1　×　変更の届出は、変更事由があった日から**30日以内**に行う必要がある。「遅滞なく」ではない。

2　×　「他の事業を行っている場合において、その事業の種類」は、賃貸住宅管理業の登録事項ではないため、その変更の届出も不要である。

3　×　賃貸住宅管理業者である個人が死亡した場合は、その相続人は、その個人が死亡した「**事実を知った日から**」30日以内に、廃業等の届出をしなければならない。

管理受託契約重要事項説明の方法

STEP 1　全体を知る

1. 管理受託契約の締結前の重要事項の説明の概要

　賃貸住宅管理業者は、管理受託契約を締結しようとするときは、管理業務を委託しようとする賃貸住宅の賃貸人に対し、当該管理受託契約を**締結するまで**に、管理受託契約の内容及びその履行に関する事項であって国土交通省令で定めるものについて、書面（以下「管理受託契約重要事項説明書」という。）を交付して説明しなければならない（以下「管理受託契約重要事項説明」という。13条1項、施行規則31条）。

　賃貸住宅管理業者は、賃貸人が管理受託契約重要事項説明の対象となる場合は、その者が管理受託契約について一定の知識や経験があったとしても、管理受託契約重要事項説明にて十分な説明をすることが**必要である**（解釈13条関係1）。

2. 管理受託契約重要事項説明が不要となる者

　賃貸住宅の管理業務に関し、専門的な知識を有する以下の者については、管理受託契約に際して、管理受託契約重要事項説明をする必要はない（13条1項かっこ書、規則30条）。

表1　管理受託契約重要事項説明が不要となる者

①賃貸住宅管理業者
②特定転貸事業者
③宅地建物取引業者（信託会社など、宅建業者とみなされる事業者を含む。）

④特定目的会社
⑤組合（組合員の間で不動産特定共同事業契約が締結される場合。）
⑥賃貸住宅に係る信託の受託者（委託者等が①から④のいずれかに該当する場合に限る。）
⑦独立行政法人都市再生機構
⑧地方住宅供給公社

3. 管理受託契約重要事項説明をする者

　管理受託契約重要事項説明は、**業務管理者**によって行われることは必ずしも必要ないが、**業務管理者の管理及び監督**の下に行われる必要があり、また、**業務管理者**又は一定の実務経験を有する者など専門的な知識及び経験を有する者によって行われることが望ましい（解釈13条関係1）。

4. 管理受託契約重要事項説明のタイミング

　管理受託契約重要事項説明については、賃貸人が契約内容を十分に理解した上で契約を締結できるよう、説明から契約締結までに**1週間程度**の期間をおくことが望ましいが、説明から契約締結までの期間を短くせざるを得ない場合には、事前に管理受託契約重要事項説明書等を送付し、その送付から一定期間後に、説明を実施するなどして、管理受託契約を委託しようとする者が契約締結の判断を行うまでに十分な時間をとることが望ましい（解釈13条関係1）。

　ただし、契約期間中又は契約更新時に管理受託契約変更契約を締結しようとするときに、管理受託重要事項説明を行う場合にあっては、説明を受けようとする者が**承諾した場合**に限り、説明から契約締結まで期間をおかないこととして差し支えない（解釈13条関係1）。

5. 管理受託契約変更契約を締結する場合の重要事項説明

　管理受託契約重要事項説明は、新たに管理受託契約を締結しようとする場合のみでなく、管理受託契約の内容を変更する契約（以下「管理受託契約変更契約」という。）を締結しようとする場合もこれに該当するが、管理受託契約変更契約を締結しようとする場合には、**変更のあった事項**について、賃貸人に対して書面

の交付等を行った上で説明すれば足りるものとされる（解釈13条関係1）。

　ただし、賃貸住宅管理業法施行前に締結された管理受託契約で、同法施行後に賃貸人に対して管理受託契約重要事項説明を行っていない場合は、管理受託契約変更契約を締結しようとするときに、**全ての事項**について管理受託契約重要事項説明を行うことになる。

　なお、以下のような形式的な変更と認められる場合は、重要事項説明は行わないこととして差し支えない（解釈13条関係1）。

表2　重要事項説明を行わない形式的な変更

・契約の同一性を保ったままで契約期間のみを延長すること ・組織運営に変更のない商号又は名称等の変更　　等

6. 賃貸人の変更に際しての管理受託重要事項説明

　管理受託契約が締結されている賃貸住宅が、契約期間中に現賃貸人から売却され、賃貸人たる地位が新たな賃貸人に移転し、従前と同一内容によって当該管理受託契約が承継される場合、賃貸住宅管理業者は、賃貸人たる地位が移転することを認識した後、**遅滞なく**、**新たな賃貸人**に管理受託契約重要事項説明書の交付及び管理受託契約重要事項説明をするものとする（解釈13条関係3）。

STEP 2　要点をつかむ

管理受託契約重要事項説明

説明の相手方	・管理業務を委託しようとする賃貸住宅の賃貸人に対して説明する ・説明の相手方が管理受託契約について一定の知識や経験があったとしても、管理受託契約重要事項説明にて十分な説明をすることが必要

説明をする者	業務管理者によって行われることは必ずしも必要ないが、業務管理者又は一定の実務経験を有する者など専門的な知識及び経験を有する者によって行われることが望ましい
説明のタイミング	説明から契約締結までに1週間程度の期間をおくことが望ましい
管理受託契約変更契約	原則として、変更のあった事項について、賃貸人に対して書面の交付等を行った上で説明すれば足りる
賃貸人の変更	従前と同一内容によって当該管理受託契約が承継される場合、賃貸人たる地位が移転することを認識した後、遅滞なく、説明する

STEP 3　問題に挑戦

☐ **1** 管理受託契約重要事項説明は、業務管理者が行わなければならない。

☐ **2** 管理受託契約重要事項説明は、管理受託契約の締結とできるだけ近接した時期に行うことが望ましい。

☐ **3** 管理受託契約変更契約を締結する場合には、変更のあった事項を含む全ての事項について、書面を交付して説明しなければならない。

答え

1 × 管理受託契約重要事項説明は、**業務管理者**によって行われることは必ずしも必要ないが、**業務管理者**又は一定の実務経験を有する者など専門的な知識及び経験を有する者によって行われることが望ましいとされている。

2 × 管理受託契約重要事項説明は、賃貸人が契約内容を十分に理解した上で契約を締結できるよう、説明から契約締結までに1週間程度の期間をおくことが望ましいとされている。

3 × 管理受託契約変更契約を締結する場合には、原則として、**変更のあった事項**について、書面を交付して説明すれば足りる。

管理受託契約重要事項説明書の内容

STEP 1　全体を知る

1. 管理受託契約重要事項説明において説明すべき事項の概要

　管理受託契約に際して、賃貸住宅管理業者は管理業務を委託しようとする賃貸住宅の賃貸人に対し、以下の事項について、管理受託契約重要事項説明書に記載・交付し、説明をすることが義務付けられている（13条1項）。

2. 管理受託契約の対象等の特定に関する事項

　以下の管理受託契約の主体・対象・内容・期間等を特定する事項を記載、説明する（規則31条1号～3号、9号、11号）。

表1　管理受託契約の対象等の特定に関する事項

①管理受託契約を締結する賃貸住宅管理業者の商号、名称又は氏名並びに登録年月日及び登録番号
②管理業務の対象となる賃貸住宅
③管理業務の内容及び実施方法
④契約期間に関する事項
⑤管理受託契約の更新及び解除に関する事項

　②の管理業務の対象となる賃貸住宅の所在地、物件の名称、構造、面積、住戸部分（部屋番号）、その他の部分（廊下、階段、エントランス等）、建物設備（ガス、上水道、下水道、エレベーター等）、附属設備等（駐車場、自転車置き場等）等について記載

し、説明する（解釈13条関係2 (2)）。

③に関しては、**回数**や**頻度**を明示して可能な限り具体的に記載し、説明し、管理業務と併せて、入居者からの**苦情**や**問い合わせ**への対応を行う場合は、その内容についても可能な限り具体的に記載し、説明する（解釈13条関係2 (3)）。

④の契約期間については、管理受託契約の始期、終期及び期間について説明する（解釈13条関係2 (9)）。

⑤に関しては、**更新の方法**について事前に説明し、賃貸人又は賃貸住宅管理業者が、契約に定める義務に関してその本旨に従った履行をしない場合には、その相手方は、相当の期間を定めて履行を催告し、その期間内に履行がないときは、解除することができる旨を事前に説明する（解釈13条関係2 (11)）。

3. 管理受託契約の費用に関する事項

以下の管理受託契約の費用に関する事項を記載、説明する（規則31条4号・5号）。

表2　管理受託契約の費用に関する事項

> ⑥報酬の額並びにその支払の時期及び方法
> ⑦⑥に掲げる報酬に含まれていない管理業務に関する費用であって、賃貸住宅管理業者が通常必要とするもの

⑦については、賃貸住宅管理業者が管理業務を実施するのに伴い必要となる**水道光熱費**や、**空室管理費**等が考えられる（解釈13条関係2 (5)）。

4. 賃貸住宅管理業者の責任に関する事項

賃貸住宅管理業者の責任に関する事項を記載、説明する（規則31条6号・7号）。

表3　賃貸住宅管理業者の責任に関する事項

> ⑧管理業務の**一部**の**再委託**に関する事項
> ⑨**責任**及び**免責**に関する事項

⑧に関しては、賃貸住宅管理業者は、管理業務の**一部**を第三者に再委託する

ことができることを事前に説明するとともに、再委託することとなる業務の内容、**再委託予定者**を事前に明らかにすることとされる（解釈13条関係2 (6)）。

なお、重要事項説明時から再委託先が変更となった場合、**再委託先の変更は形式的な変更**と考えられるため、当該変更が生じた場合に改めて重要事項説明を実施する必要はないが、再委託先が変更する度ごとに**書面又は電磁的方法に**より賃貸人に知らせる必要がある（FAQ集3 (2) 15）。

⑨に関しては、管理受託契約締結の際、賃貸人に**賠償責任保険**等への加入を求める場合や、当該保険によって保障される損害については賃貸住宅管理業者が責任を負わないこととする場合は、その旨を記載し、説明する（解釈13条関係2 (7)）。

5. 賃貸住宅管理業者の報告等に関する事項

以下の報告・周知に関する事項を記載、説明する（規則31条8号・10号）。

表4　賃貸住宅管理業者の報告等に関する事項

⑩委託者への報告に関する事項 ⑪賃貸住宅の入居者に対する③「管理業務の内容及び実施方法」の周知に関する事項

⑩に関しては、管理業務の実施状況等について、賃貸人へ報告する内容やその頻度について記載し、説明する（解釈13条関係2 (8)）。

⑪に関しては、賃貸住宅管理業者が行う③に記載する管理業務の内容及び実施方法について、どのような方法（対面での説明、書類の郵送、メール送付等）で入居者に対して周知するかについて記載し、説明する（解釈13条関係2 (10)）。

STEP 2　要点をつかむ

管理受託契約重要事項説明事項

管理受託契約の対象等の特定に関する事項	①賃貸住宅管理業者の商号、名称又は氏名並びに登録年月日及び登録番号　②管理業務の対象となる賃貸住宅　③管理業務の内容及び実施方法　④契約期間に関する事項　⑤管理受託契約の更新及び解除に関する事項

管理受託契約の費用に関する事項	⑥報酬の額並びにその支払の時期及び方法 ⑦⑥に掲げる報酬に含まれていない管理業務に関する費用であって、賃貸住宅管理業者が通常必要とするもの（水道光熱費や空室管理費等）
賃貸住宅管理業者の責任に関する事項	⑧管理業務の一部の再委託に関する事項 ⑨責任及び免責に関する事項
賃貸住宅管理業者の報告等に関する事項	⑩委託者への報告に関する事項 ⑪賃貸住宅の入居者に対する③「管理業務の内容および実施方法」の周知に関する事項

STEP 3 問題に挑戦

☐ **1** 賃貸住宅管理業者が、管理業務を行う際に、通常必要となる水道光熱費については、賃貸住宅の賃貸人が負担すべき費用であるため、管理受託契約重要事項説明において説明する必要はない。

☐ **2** 賃貸住宅管理業者は、管理受託契約重要事項説明時から再委託先が変更となった場合、当該変更が生じた場合に改めて重要事項説明をする必要がある。

☐ **3** 賃貸住宅管理業者が管理受託契約重要事項説明において説明すべき「委託者への報告に関する事項」について、報告の頻度については、説明する必要はない。

（答え）

1 × 「報酬に含まれていない管理業務に関する費用であって、賃貸住宅管理業者が通常必要とするもの」に水道光熱費等が考えられ説明を要する。

2 × 再委託先の変更は形式的な変更と考えられるため、改めて説明する必要はない。ただし、再委託先が変更する度ごとに書面又は電磁的方法により賃貸人に知らせる必要はある。

3 × 賃貸人へ報告する内容やその頻度について記載し、説明することとされる。

管理受託契約締結時書面の交付方法とITの活用

全体を知る

1. 管理受託契約の締結時の書面の交付の概要

　賃貸住宅管理業者は、管理受託契約を締結したときは、管理業務を委託する委託者に対し、**遅滞なく**、一定の事項を記載した書面（以下「管理受託契約締結時書面」という。）を交付しなければならない（14条1項、規則35条）。

　なお、管理受託契約締結時書面に記載すべき事項が記載された契約書であれば、当該契約書をもってこの書面とすることができる（解釈14条1項関係1）。

　管理受託契約重要事項説明書は、契約締結に**先立って**交付する書面であり、管理受託契約締結時書面は交付するタイミングが異なる書面であることから、両書面を一体で交付することはできない（FAQ集3（2）3）。

2. 管理受託契約変更契約の締結に際しての管理受託契約締結時書面の交付

　管理受託契約変更契約を締結する場合には、**変更のあった事項**について、賃貸人に対して書面を交付すれば足りる。

　ただし、賃貸住宅管理業法施行前に締結された管理受託契約で、同法施行後に賃貸住宅管理業法に規定する記載事項の**全ての事項**について、管理受託契約締結時書面の交付を行っていない場合は、管理受託契約変更契約を締結したときに、当該**全ての事項**について、管理受託契約締結時書面の交付を行う必要がある（解釈14条第1項関係）。

なお、以下のような形式的な変更と認められる場合は、管理受託契約締結時書面の交付は行わないこととして差し支えない（解釈14条第1項関係）。

表1　管理受託契約締結時書面の交付を行わない形式的な変更

・契約の同一性を保ったままで契約期間のみを延長すること ・組織運営に変更のない商号又は名称等の変更　等

3. 管理受託契約重要事項書面及び管理受託契約締結時書面の電磁的方法による提供

賃貸住宅管理業者は、管理受託契約重要事項書面の交付に代えて、管理業務を委託しようとする賃貸住宅の**賃貸人の承諾**を得て、当該書面に記載すべき事項を電磁的方法により提供することができる。この場合において、当該賃貸住宅管理業者は、当該書面を交付したものとみなす（13条2項）。

賃貸住宅管理業者は管理受託契約締結時書面についても、**委託者の承諾**を得て、電磁的方法による提供ができる（14条2項）。

ただし、賃貸人・委託者の承諾を得ても、当該承諾に係る賃貸人・委託者から書面等により電磁的方法による提供を受けない旨の申出があったときは、当該電磁的方法による提供をしてはならない（施行令2条2項、3項）。

なお、電磁的方法による提供の際には、次の事項に留意することとされている（解釈13条関係4（1）、解釈14条第1項関係1）。

表2　留意点

①電磁的方法により管理受託契約重要事項説明書（締結時書面）を提供しようとする場合は、相手方がこれを確実に受け取れるように、用いる方法（電子メール、WEBでのダウンロード、CD-ROM等）やファイルへの記録方法（使用ソフトウェアの形式やバージョン等）を示した上で、電子メール、WEBによる方法、CD-ROM等相手方が承諾したことが記録に残る方法で承諾を得ること。 ②管理受託契約重要事項説明書（締結時書面）を電磁的方法で提供する場合、出力して書面を作成でき、改変が行われていないか確認できることが必要であること。

4. 管理受託契約重要事項説明におけるITの活用

　管理受託契約重要事項説明にテレビ会議等のITを活用するに当たっては、次に掲げるすべての事項を満たしている場合に限り、対面による説明と同様に取り扱うものとされる。

　なお、説明の相手方に事前に管理受託契約重要事項説明書等を読んでおくことを推奨するとともに、管理受託契約重要事項説明書等の送付から**一定期間後**に、ITを活用した管理受託契約重要事項説明を実施することが望ましいとされている（解釈13条関係4（2））。

表3　留意点

①説明者及び重要事項の説明を受けようとする者が、図面等の書類及び説明の内容について**十分に理解できる程度に映像が視認でき**、かつ、双方が発する音声を**十分に聞き取ることができる**とともに、**双方向でやりとりできる環境**において実施していること
②管理受託契約重要事項説明を受けようとする者が**承諾した場合を除き**、管理受託契約重要事項説明書及び添付書類をあらかじめ送付していること
③重要事項の説明を受けようとする者が、管理受託契約重要事項説明書及び添付書類を確認しながら説明を受けることができる状態にあること並びに映像及び音声の状況について、賃貸住宅管理業者が重要事項の説明を**開始する前に確認**していること

STEP 2　要点をつかむ

書面の電磁的方法による提供の留意点

　①相手方が承諾したことが**記録に残る方法**で承諾を得る
　②**出力**して書面を作成でき、**改変**が行われていないか確認できること

ITを活用した管理受託契約重要事項説明の留意点

　①説明者及び重要事項の説明を受けようとする者が、図面等の書類及び説明の内容について**十分に理解できる程度に映像が視認でき**、かつ、双方

　が発する音声を十分に聞き取ることができるとともに、双方向でやりとりできる環境において実施していること

②管理受託契約重要事項説明を受けようとする者が承諾した場合を除き、管理受託契約重要事項説明書及び添付書類をあらかじめ送付していること

③重要事項の説明を受けようとする者が、管理受託契約重要事項説明書及び添付書類を確認しながら説明を受けることができる状態にあること並びに映像及び音声の状況について、賃貸住宅管理業者が重要事項の説明を開始する前に確認していること

STEP 3　問題に挑戦

□ **1** 管理受託契約の締結時の書面は、管理受託契約重要事項説明書と一体で交付することができる。

□ **2** 賃貸住宅管理業者は、管理受託契約重要事項書面の交付に代えて、当該書面に記載すべき事項を電磁的方法により提供するためには、管理業務を委託しようとする賃貸住宅の賃貸人の承諾を必要とする。

□ **3** 管理受託契約重要事項説明は、賃貸住宅の賃貸人の承諾があれば、音声のみによる通信の方法で行うことができる。

答え

1 × 管理受託契約重要事項説明書と管理受託契約の締結時の書面を一体で交付することはできない。

2 ○ 管理受託契約重要事項書面の交付に代えて電磁的方法により提供するためには、賃貸人の承諾を必要とする。

3 × ITを活用して管理受託契約重要事項説明をする場合、映像と音声ともに、双方向でやりとりできる環境において実施していることが必要となる。

管理受託契約締結時の書面の記載事項

STEP 1 全体を知る

1. 管理受託契約の締結時の書面の交付の概要

賃貸住宅管理業者は、管理受託契約を締結したときは、管理業務を委託する**委託者**に対し、**遅滞なく**、賃貸住宅管理業法に規定された以下の事項を記載した管理受託契約締結時書面を交付しなければならない (14条1項、規則35条)。

管理受託契約締結時書面の記載事項は、管理受託契約重要事項書面の記載事項とほぼ同様の内容となっている。

2. 管理受託契約の対象等の特定に関する事項

以下の管理受託契約の主体・対象・内容・期間等を特定する事項を記載する (14条1項1号・2号・3号・5号・6号、規則35条2項1号・2号)。

表1 管理受託契約の対象等の特定に関する事項

①管理受託契約を締結する賃貸住宅管理業者の商号、名称又は氏名並びに登録年月日及び登録番号
②管理業務の対象となる賃貸住宅
③管理業務の内容及び実施方法
④契約期間に関する事項
⑤管理受託契約の更新及び解除に関する定めがあるときは、その内容

3. 管理受託契約の費用に関する事項

　以下の管理受託契約を実行する際の報酬に関する事項を記載する（14条1項4号）。

表2　管理受託契約の費用に関する事項

⑥報酬（に関する事項）（報酬の額並びに支払の時期及び方法を含む）

4. 賃貸住宅管理業者の責任に関する事項

　賃貸住宅管理業者の管理業務を実施する際に問題となる責任に関する事項を記載する（14条1項6号、規則35条3号・4号）。

表3　賃貸住宅管理業者の責任に関する事項

⑦管理業務の一部の再委託に関する定めがあるときは、その内容
⑧責任及び免責に関する定めがあるときは、その内容

5. 賃貸住宅管理業者の報告等に関する事項

　賃貸住宅管理業者の管理業務を実施する際に必要となる報告・周知に関する事項を記載する（14条1項6号、規則35条5号・6号）。

表4　賃貸住宅管理業者の報告等に関する事項

⑨委託者への報告に関する事項
⑩賃貸住宅の入居者に対する管理業務の内容及び実施方法の周知に関する事項

管理受託契約重要事項説明書面と管理受託契約締結時書面

	管理受託契約重要事項説明書面	管理受託契約締結時書面
管理受託契約の対象等の特定に関する事項	①管理受託契約を締結する賃貸住宅管理業者の商号、名称又は氏名並びに登録年月日及び登録番号 ②管理業務の対象となる賃貸住宅 ③管理業務の内容及び実施方法 ④契約期間に関する事項 ⑤管理受託契約の更新及び解除に関する事項	①管理受託契約を締結する賃貸住宅管理業者の商号、名称又は氏名並びに登録年月日及び登録番号 ②管理業務の対象となる賃貸住宅 ③管理業務の内容及び実施方法 ④契約期間に関する事項 ⑤管理受託契約の更新及び解除に関する定めがあるときは、その内容
管理受託契約の費用に関する事項	⑥報酬の額並びにその支払の時期及び方法 ⑦⑥に掲げる報酬に含まれていない管理業務に関する費用であって、賃貸住宅管理業者が通常必要とするもの（水道光熱費や空室管理費等）	⑥報酬に関する事項（報酬の額並びに支払の時期及び方法を含む）
賃貸住宅管理業者の責任に関する事項	⑧管理業務の一部の再委託に関する事項 ⑨責任及び免責に関する事項	⑦管理業務の一部の再委託に関する定めがあるときは、その内容 ⑧責任及び免責に関する定めがあるときは、その内容
賃貸住宅管理業者の報告等に関する事項	⑩委託者への報告に関する事項 ⑪賃貸住宅の入居者に対する管理業務の内容及び実施方法の周知に関する事項	⑨委託者への報告に関する事項 ⑩賃貸住宅の入居者に対する管理業務の内容及び実施方法の周知に関する事項

STEP 3 問題に挑戦

☐ **1** 管理受託契約重要事項説明書面においても、管理受託契約締結時書面に
おいても、管理業務の実施方法を記載する必要がある。

☐ **2** 管理受託契約重要事項説明書面においても、管理受託契約締結時書面
においても、報酬の支払方法を記載する必要がある。

☐ **3** 管理受託契約締結時書面には、管理受託契約の更新に関する定めがあ
るときは、その内容を記載しなければならないが、管理受託契約重要
事項説明書面には記載する必要はない。

（答え）

1 ○ 管理受託契約重要事項説明書面においても、管理受託契約締結時書面
においても、**管理業務の実施方法**を記載する必要がある。

2 ○ 管理受託契約重要事項説明書面においても、管理受託契約締結時書面
においても、**報酬の支払方法**を記載する必要がある。

3 × 管理受託契約締結時書面には、管理受託契約の**更新**に関する**定めがあ
る**ときは、その内容を記載しなければならず、管理受託契約重要事項
説明書面にも更新に関する事項を記載する必要がある。

LESSON 49 Day25-1 管理業務の再委託の禁止と財産の分別管理

STEP 1 全体を知る

1. 管理業務の全部の再委託の禁止

　賃貸住宅管理業者は、委託者から委託を受けた管理業務の**全部**を他の者に対し、再委託してはならない（15条）。

2. 管理業務の一部の再委託

　管理受託契約に管理業務の**一部**の再委託に関する定めがあるときは、**自ら**で再委託先の指導監督を行うことにより、**一部**の再委託を行うことができるが、管理業務の**全て**について他者に再委託（管理業務を複数の者に分割して再委託することを含む。）して**自ら**管理業務を**一切行わない**ことは、15条に違反する（解釈15条関係1）。

3. 管理業務の一部を再委託した場合の責任

　再委託先は賃貸住宅管理業者である必要はないが、賃貸住宅の賃貸人と管理受託契約を締結した賃貸住宅管理業者が再委託先の業務の実施について責任を負うこととなる。

　このため、賃貸住宅管理業の**登録拒否要件**に該当しない事業者に再委託することが望ましく、また、再委託期間中は、**賃貸住宅管理業者**が責任をもって再委託先の指導監督を行うことが必要である。

　なお、契約によらずに管理業務を自らの名義で他者に行わせる場合には、**名**

義貸しに該当する場合があるため、再委託は契約を締結して行うことが必要である（解釈15条関係2）。

4. 分別管理

　賃貸住宅管理業者は、管理受託契約に基づく管理業務（金銭管理）において受領する家賃、敷金、共益費その他の金銭を、「整然と管理する方法として国土交通省令で定める方法」により、自己の固有財産及び他の管理受託契約に基づく管理業務において受領する家賃、敷金、共益費その他の金銭と**分別して管理**しなければならない（16条）。

　この「整然と管理する方法として国土交通省令で定める方法」とは、以下の①②の**両方**を満たす方法である（規則36条）。

表1　整然と管理する方法として国土交通省令で定める方法

①管理受託契約に基づく管理業務において受領する家賃、敷金、共益費その他の金銭を管理するための口座を自己の固有財産を管理するための口座と明確に区分する（口座の分別管理）。
②当該金銭がいずれの管理受託契約に基づく管理業務に係るものであるかが自己の帳簿（その作成に代えて電磁的記録の作成がされている場合における当該電磁的記録を含む）により直ちに判別できる状態で管理する方法とする（帳簿・会計ソフト上での分別管理）。

　①については、少なくとも家賃等を管理する口座を同一口座として賃貸住宅管理業者の固有財産を管理する口座と分別すれば足りるとされている。

　家賃等を管理する口座にその月分の家賃をいったん全額預入し、当該口座から賃貸住宅管理業者の固有財産を管理する口座に管理報酬分の金額を移し替える等、家賃等を管理する口座と賃貸住宅管理業者の固有財産を管理する口座のいずれか一方に家賃等及び賃貸住宅管理業者の固有財産が同時に預入されている状態が生じることは差し支えないが、この場合においては、家賃等又は賃貸住宅管理業者の固有財産を速やかに家賃等を管理する口座又は賃貸住宅管理業者の固有財産を管理する口座に移し替えることとする。

　ただし、賃貸人に家賃等を確実に引き渡すことを目的として、適切な範囲に

おいて、管理業者の固有財産のうちの一定額を家賃等を管理する口座に残しておくことは差し支えないとされている（解釈16条関係）。

STEP 2　要点をつかむ

管理業務の全部の再委託の禁止

①管理業務の「**全部**」を再委託してはならない。
②管理業務の「**一部**」の再委託は、賃貸住宅管理業者**自ら**で再委託先の指導監督を行うことにより行うことができる

金銭等の分別管理の方法

（①金融機関の口座の分別管理）

家賃等を管理する口座	分別する	賃貸住宅管理業者の固有財産を管理する口座

（②帳簿・会計ソフト上での分別管理）

上記金銭がいずれの管理受託契約に基づく管理業務に係るものであるかが自己の帳簿により直ちに判別できる状態で管理する

STEP 3 問題に挑戦

□ **1** 賃貸住宅管理業者は、管理受託契約において定めがあれば、管理業務の再委託を行うことができるが、管理業務の全部を再委託することはできない。

□ **2** 賃貸住宅管理業者は、再委託先が賃貸住宅管理業者であれば、管理業務の全部を複数の者に分割して再委託することが可能である。

□ **3** 賃貸住宅管理業者は、管理受託契約に基づく管理業務において受領する家賃、敷金、共益費その他の金銭を管理するための口座を自己の固有財産を管理するための口座と明確に区分さえすれば、賃貸住宅管理業法に規定する財産の分別に関する規定に違反することはない。

(答え)

1 ○ 賃貸住宅管理業者は、管理受託契約において定めがあれば、管理業務の**一部**の再委託を行うことができるが、管理業務の**全部**を再委託することはできない。

2 × 管理受託契約に管理業務の一部の再委託に関する定めがあるときは、自らで再委託先の指導監督を行うことにより、一部の再委託を行うことができるが、管理業務の**全て**について他者に再委託（管理業務を複数の者に分割して再委託することを含む）して自ら管理業務を一切行わないことは、管理業務の再委託の禁止の規定に違反する。

3 × 財産の分別管理は、「整然と管理する方法として国土交通省令で定める方法」により、自己の固有財産及び他の管理受託契約に基づく管理業務において受領する家賃、敷金、共益費その他の金銭と分別して管理しなければならない。「整然と管理する方法として国土交通省令で定める方法」は、本肢に加えて、当該金銭がいずれの管理受託契約に基づく管理業務に係るものであるかが自己の**帳簿**により**直ちに判別できる**状態で管理する方法でなければならない。

管理業者の会計処理

STEP 1　全体を知る

　本LESSONでは、いったん賃貸住宅管理業法を離れ、管理業者の会計処理の基本知識を確認することとする。

1. 企業会計原則

　企業会計原則は、一般原則、損益計算書原則、貸借対照表原則に分けることができる。

　まず、一般原則は、企業会計における全般的な基本原則であり、会計処理をする際に必ず従うべき規範であり、以下の7つがある。

表1　企業会計原則の一般原則

基本原則の分類	内容
①真実性の原則	企業会計は、企業の財政状態及び経営成績に関して、真実な報告を提供するものでなければならない。
②正規の簿記の原則	企業会計は、すべての取引につき、正規の簿記の原則に従って、正確な会計帳簿を作成しなければならない。
③資本取引と損益取引の区分の原則	資本取引と損益取引とを明瞭に区別し、特に資本剰余金と利益剰余金とを混同してはならない。
④明瞭性の原則	企業会計は、財務諸表によって、利害関係者に対し必要な会計事実を明瞭に表示し、企業の状況に関する判断を誤らせないようにしなければならない。

⑤継続性の原則	企業会計は、その処理の原則及び手続を毎期継続して適用し、みだりにこれを変更してはならない。
⑥保守主義の原則	企業の財政に不利な影響を及ぼす可能性がある場合には、これに備えて適当に健全な会計処理をしなければならない。
⑦単一性の原則	株主総会提出のため、信用目的のため、租税目的のため等種々の目的のために異なる形式の財務諸表を作成する必要がある場合、それらの内容は、信頼しうる会計記録に基づいて作成されたものであって、政策の考慮のために事実の真実な表示をゆがめてはならない。

2. 損益計算書原則

損益計算書（P/L）とは、**一会計期間の「収益」と「費用」を発生源泉に基づき区分し、利益がどれだけ出たか表示する計算書**である。

図1 損益計算書（P/L）

費用	収益
利益	

3. 貸借対照表原則

貸借対照表（B/S）とは、**期末の財政状態を明らかにするため、当該時点におけるすべての「資産」、「負債」及び「純資産」の2面を表示する計算書**のことである。

図2 貸借対照表（B/S）

資産 ・流動資産 ・固定資産 ・繰延資産	負債 ・流動負債 ・固定負債
	純資産 ・資本金 ・資本余剰金 ・利益剰余金

4. 会計帳簿への記帳

　正規の簿記の原則により、正確な会計帳簿を作成しなければならないことになるが、会計帳簿への記帳を行う際に、一般にとられている考え方が「発生主義」というものである。

　「発生主義」とは、費用・収益の認識及びその計上を、発生したという事実に基づき行うとする考え方である。

5. 複式簿記の知識

　損益計算書及び貸借対照表を作成するにあたって、必要となるのは、複式簿記の知識である。

　複式簿記は、1つの取引を2つの面からとらえ記録することにより、収益の計算と損益の計算を同時に行うという簿記の手法である。

　複式簿記においては、取引の内容を資産・純資産・負債・収益・費用という概念に分けていく。

　そして、企業は、すべての取引について、複式簿記の原則にしたがって、以下のような仕訳を行う。

表2　複式簿記による仕訳

			借方	貸方
貸借対照表	資産	現金、預金、未収入金、前払金　など	増加	減少
	純資産	資本金、資本剰余金、利益剰余金　など	減少	増加
	負債	借入金、未払金、前受金、預り金　など	減少	増加
損益計算書	収益	管理手数料収入　など	減少	増加
	費用	給与、消耗品費、外注費、水道光熱費　など	増加	減少

STEP 2　要点をつかむ

		借方	貸方
貸借対照表 （期末の財政状態を明らかにする）	資産	増加	減少
	純資産	減少	増加
	負債	減少	増加
損益計算書 （一会計期間に属する収益と、これに対応する費用を記載して経常利益を表示）	収益	減少	増加
	費用	増加	減少

STEP 3　問題に挑戦

□ **1** 企業会計は、定められた会計処理の方法に従って正確な計算を行うべきであり、重要性の乏しいものについても厳密な会計処理によるものでなければならない。これを企業会計原則の一般原則における真実性の原則という。

□ **2** 貸借対照表は、企業の経営成績を明らかにするため、一会計期間に属するすべての収益とこれに対応するすべての費用とを記載して経常利益を表示しなければならない。

（答え）

1 × 企業会計原則の一般原則における**真実性の原則**とは、「企業会計は、企業の財政状態及び経営成績に関して、**真実な報告**を提供するものでなければならない」というものである。

2 × 本肢は、**損益計算書**に関する記述である。

事務所等に備えるべきもの

1. 事務所等に備え置くもの

賃貸住宅管理業者は、営業所又は事務所ごとに、次のものを備え置かなければならない。

表1　事務所に備え置くもの

①帳簿
②標識
③業務管理者

2. 帳簿の備付け等

賃貸住宅管理業者は、その営業所又は事務所ごとに、その業務に関する帳簿を備え付け、**委託者**ごとに管理受託契約について契約年月日その他一定の事項を記載し、これを保存しなければならない（18条）。

一定の事項が、電子計算機に備えられたファイル又は磁気ディスク等に記録され、必要に応じ賃貸住宅管理業者の営業所又は事務所において電子計算機その他の機器を用いて明確に紙面に表示されるときは、当該記録をもって帳簿への記載に代えることができる（規則38条2項）。

3. 帳簿の記載事項

帳簿には以下の事項（2. の一定の事項）を記載しなければならない（18条，規則38条1項）。

表2　帳簿の記載事項

①管理受託契約を締結した委託者の商号、名称又は氏名
②管理受託契約を締結した年月日
③契約の対象となる賃貸住宅
④受託した管理業務の内容
⑤報酬の額
⑥管理受託契約における特約その他参考となる事項

③「契約の対象となる賃貸住宅」は、管理受託契約の対象となる賃貸住宅の所在地及び物件の名称、部屋番号、委託の対象となる部分及び附属設備をいう（解釈18条関係1）。

④「受託した管理業務の内容」の「管理業務」については、管理業務に限らず、賃貸人と賃貸住宅管理業者が締結する管理受託契約において規定する委託業務の内容も含めて記載することが望ましい（解釈18条関係2）。

⑤「報酬の額」は管理業務に対する報酬だけでなく、管理業務に要する費用等（管理業務を実施するのに伴い必要となる水道光熱費、当該業務の実施のために要した賃貸住宅に設置・配置する備品その他賃貸住宅を事業の用に供するために必要な物品等の購入に要した費用）についても、賃貸住宅管理業者が一時的に支払い、後にその費用の支払いを賃貸人から受ける場合は、その費用も含む（解釈18条関係3）。

⑥「管理受託契約における特約その他参考となる事項」については、賃貸人と賃貸住宅管理業者が締結する管理受託契約において、国土交通省が定める標準管理受託契約書に定めのない事項など、参考となる事項については、賃貸住宅管理業者の判断により記載する（解釈18条関係4）。

4. 帳簿の保存

　賃貸住宅管理業者は、帳簿を**各事業年度の末日**をもって閉鎖するものとし、閉鎖後5年間当該帳簿を保存しなければならない（規則38条3項）。

5. 標識の掲示

　賃貸住宅管理業者は、その営業所又は事務所ごとに、**公衆の見やすい場所に**、標識を掲げなければならない（19条）。

　標識は各事業者において用意する必要がある。なお、**休業**している場合においても事業の廃止手続きを行わない限り、標識の掲示は必要となる（FAQ集3（3）11）。

表3　標識の記載事項

①登録番号 ②登録年月日 ③登録の有効期間 ④商号、名称又は氏名 ⑤主たる営業所又は事務所の所在地（電話番号を含む） <div align="right">（規則別記様式12号）</div>

STEP 2　要点をつかむ

営業所又は事務所に備え置くもの

帳簿	・その営業所又は事務所ごとに、その業務に関する帳簿を備え付け、**委託者**ごとに管理受託契約について、①管理受託契約を締結した委託者の商号、名称又は氏名、②管理受託契約を締結した**年月日**、③契約の対象となる賃貸住宅、④受託した管理業務の内容、⑤**報酬**の額、及び⑥管理受託契約における特約その他参考となる事項を記載・記録し、これを保存しなければならない。 ・各事業年度の**末日**をもって閉鎖するものとし、閉鎖後**5年間**当該帳簿を保存しなければならない。

標識	・その営業所又は事務所ごとに、**公衆の見やすい場所**に、標識を掲げなければならない。 ・休業している場合においても事業の廃止手続きを行わない限り、標識の掲示は必要。
業務管理者 （LESSON43参照）	その営業所又は事務所ごとに、1人以上選任して、当該営業所又は事務所における業務に関し、管理受託契約の内容の明確性、管理業務として行う賃貸住宅の維持保全の実施方法の妥当性その他の賃貸住宅の入居者の居住の安定及び賃貸住宅の賃貸に係る事業の円滑な実施を確保するため必要な一定の事項についての管理及び監督に関する事務を行わせなければならない

STEP 3　問題に挑戦

□ **1** 賃貸住宅管理業者は、その業務について、営業所または事務所ごとに帳簿を備え置き、各事業年度の末日をもって閉鎖し、閉鎖後3年間当該帳簿を保存しなければならない。

□ **2** 賃貸住宅管理業者が備える帳簿に記載する「報酬の額」は、管理業務に対する報酬だけでなく、管理業務に要する費用等についても、賃貸住宅管理業者が一時的に支払い、後にその費用の支払いを賃貸人から受ける場合は、その費用も含む。

□ **3** 賃貸住宅管理業者は、その営業所又は事務所ごとに、公衆の見やすい場所に、標識を掲げなければならないが、休業している場合は、標識の掲示は不要である。

（答え）

1 ×　閉鎖後「**5年間**」帳簿を保存しなければならない。

2 ○　帳簿に記載する「**報酬の額**」は管理業務に対する報酬だけでなく、管理業務に要する費用等についても、賃貸住宅管理業者が一時的に支払い、後に賃貸人から支払いを受ける場合は、その費用も含む。

3 ×　休業している場合においても事業の廃止手続きを行わない限り、標識の掲示は必要となる。

委託者への定期報告

LESSON 52 Day26-2

全体を知る

1. 委託者への定期報告の概要

　賃貸住宅管理業者は、管理業務の実施状況等一定の事項について、定期的に、委託者に報告しなければならない（20条）。

　この定期的な報告は、管理受託契約を締結した日から**1年を超えない期間**ごとに、及び管理受託契約の期間の**満了後遅滞なく**、当該期間における管理受託契約に係る管理業務の状況について、以下の事項を記載した管理業務報告書を作成し、これを委託者に交付して説明しなければならない（規則40条1項）。

　なお、以下の事項以外の事項についても、賃貸人の求めに応じて報告することが望ましい（解釈20条関係1）。

表1　管理業務報告書の記載事項

①報告の対象となる期間
②管理業務の実施状況
③管理業務の対象となる賃貸住宅の入居者からの苦情の発生状況及び対応状況

　②の「管理業務の実施状況」の「管理業務」については、管理業務に限らず、賃貸人と賃貸住宅管理業者が締結する管理受託契約における委託業務の全てについて報告することが望ましい（解釈20条関係1 (1)）。

　③については、苦情の発生した日時、苦情を申し出た者の属性、苦情内容、

苦情への対応状況等について、把握可能な限り記録し、報告する必要がある。また単純な問合せについて、記録及び報告の義務はないが、苦情を伴う問合せについては、記録し、対処状況も含めて報告する必要がある（解釈20条関係1(2)）。

　なお、賃貸住宅管理業法施行前に締結された管理受託契約については、同法施行後に当該管理受託契約が更新された場合、形式的な変更と認められる場合であっても、更新された後においては、賃貸人に対して本規定に基づく報告を行うべきである。また、当該管理受託契約が更新される前においても、可能な限り早期に報告を行うことが望ましい（解釈20条関係1）。

2. 電磁的方法による提供

　賃貸住宅管理業者は、管理業務報告書の交付に代えて、**委託者の承諾**を得て、当該書面に記載すべき事項を電磁的方法により提供することができる。この場合、書面を交付したものとみなされる（規則40条2項）。

　賃貸住宅管理業者が、**委託者の承諾**を得て、管理業務報告書に記載すべき事項を電磁的方法により提供する場合は、以下のように管理受託契約重要事項説明書の電磁的方法による提供の場合と同様の取り扱いとする（解釈20条関係3、解釈13条関係4（1））。

表2　電磁的方法により提供する場合の注意点

> ・電磁的方法により管理業務報告書を提供しようとする場合は、相手方がこれを確実に受け取れるように、用いる方法（電子メール、WEBでのダウンロード、CD-ROM等）やファイルへの記録方法（使用ソフトウェアの形式やバージョン等）を示した上で、電子メール、WEBによる方法、CD-ROM等相手方が**承諾したことが記録に残る方法**で承諾を得ること。
> ・管理業務報告書を電磁的方法で提供する場合、**出力して書面を作成**でき、**改変**が行われていないか確認できることが必要であること。

なお、管理業務報告書に記載すべき事項を電磁的方法により提供する場合は、賃貸人とのトラブルを未然に防止する観点からも、当該提供を行う賃貸住宅管理業者において、管理業務報告書のデータを適切に**保存するよう努める**ものとする（解釈20条関係3）。

3. 報告の頻度

①管理受託契約を締結した日から**1年を超えない期間**ごとに、及び②管理受託契約の期間の**満了後遅滞なく**、報告を行う必要があり、報告する事項によっては、それ以上の頻度で報告を行うことが望ましい（解釈20条関係2）。

ただし、新たに管理受託契約を締結した日から**1年を超えない期間**ごとに遅滞なく報告が行われている期間内において、管理受託契約の期間の満了に伴う**更新**を行う場合、当該更新時における契約の期間の満了に伴う報告は**不要**として差し支えない（解釈20条関係2）。

STEP 2 　要点をつかむ

委託者への定期報告

報告書の記載事項	①報告の対象となる期間 ②管理業務の実施状況 ③管理業務の対象となる賃貸住宅の入居者からの苦情の発生状況及び対応状況
電磁的方法による提供	管理業務報告書の交付に代えて、**委託者の承諾を得て**、当該書面に記載すべき事項を電磁的方法により提供することができる。
報告の頻度	①管理受託契約を締結した日から**1年を超えない期間**ごとに、及び、 ②管理受託契約の期間の満了後 　遅滞なく、報告を行う必要があり、報告する事項によっては、それ以上の頻度で報告を行うことが望ましい。 　ただし、新たに管理受託契約を締結した日から**1年を超えない期間**ごとに遅滞なく報告が行われている期間内において、管理受託契約の期間の満了に伴う更新を行う場合、当該更新時における契約の期間の満了に伴う報告は**不要**として差し支えない。

□ **1** 賃貸住宅管理業者は、管理業務の実施状況等の一定事項について、管理受託契約の期間の満了後30日以内に、当該期間における管理受託契約に係る管理業務の状況について、管理業務報告書を作成し、これを委託者に交付して説明しなければならない。

□ **2** 賃貸住宅管理業者は、管理業務報告書の交付に代えて、委託者の承諾を得て、当該書面に記載すべき事項を電磁的方法により提供することができる。

□ **3** 管理業務報告書による定期的な報告が行われている期間内において、管理受託契約の期間の満了に伴う更新を行う場合でも、当該更新時における契約の期間の満了に伴う報告は必要となる。

答え

1 ✕ 賃貸住宅管理業者は、管理業務の実施状況等の一定事項について、管理受託契約を締結した日から**1年を超えない期間**ごとに、及び管理受託契約の**期間の満了後「遅滞なく」**、当該期間における管理受託契約に係る管理業務の状況について、管理業務報告書を作成し、これを委託者に交付して説明しなければならない。

2 〇 賃貸住宅管理業者は、管理業務報告書の交付に代えて、**委託者の承諾**を得て、当該書面に記載すべき事項を電磁的方法により提供することができる。

3 ✕ 新たに管理受託契約を締結した日から**1年を超えない期間**ごとに**遅滞なく報告が行われている期間内において、管理受託契約の期間の満了に伴う更新を行う場合、当該更新時における契約の期間の満了に伴う報告は**不要**として差し支えない。

その他の管理業者 の義務

STEP 1　全体を知る

1. 業務処理の原則

賃貸住宅管理業者は、信義を旨とし、誠実にその業務を行わなければならない（信義誠実の原則。10条）。

賃貸住宅管理業者は、賃貸住宅管理業の専門家として、専門的知識をもって適切に管理業務を行うとともに、賃貸住宅の賃貸人が安心して管理業務を委託することができる環境を整備することが必要である。

このため、賃貸住宅管理業者は、常に賃貸住宅の**オーナー**や**入居者**等の視点に立ち、業務に誠実に従事することで、紛争等を防止するとともに、賃貸借契約の更新に係る業務、契約の管理に関する業務、入居者への対応に関する業務のうち賃貸住宅管理業法2条2項1号の「**維持保全**」には含まれないものなど、同法2条2項に定める業務以外の賃貸住宅の管理に関する業務を含め、賃貸住宅管理業の円滑な業務の遂行を図る必要があるものとする（解釈10条関係）。

2. 名義貸しの禁止

賃貸住宅管理業者は、**自己の名義**をもって、他人に賃貸住宅管理業を営ませてはならない（11条）。

3. 秘密保持義務

賃貸住宅管理業者は、**正当な理由**がある場合でなければ、その**業務上取り**

扱ったことについて知り得た秘密を他に漏らしてはならない。

賃貸住宅管理業を営まなくなった後においても同様の義務を負う（21条1項）。

また、賃貸住宅管理業者の代理人、使用人その他の従業者は、**正当な理由**がある場合でなければ、賃貸住宅管理業の**業務を補助した**ことについて知り得た秘密を他に漏らしてはならない。

賃貸住宅管理業者の代理人、使用人その他の従業者でなくなった後においても同様の義務を負う（21条2項）。

上記の「従業者」とは賃貸住宅管理業者の指揮命令に服しその業務に従事する者をいい、再委託契約に基づき管理業務の一部の再委託を受ける者等賃貸住宅管理業者と**直接の雇用関係にない**者であっても含まれる（解釈21条2項関係）。

なお、**業務管理者**は、上記の秘密保持について**管理および監督**に関する事務を行う（12条1項、規則13条6号）。

4. 従業者証明書の携帯等

賃貸住宅管理業者は、使用人その他の従業者に、その従業者であることを証する証明書を**携帯させなければ**、その者をその業務に従事させてはならない（17条1項）。

従業者であることを表示する方法は証明書による方法に統一することとする。この従業者証明書を携帯させるべき者の範囲は、賃貸住宅管理業者の責任の下に、当該賃貸住宅管理業者が営む賃貸住宅管理業に従事する者とする（解釈17条関係）。

なお、賃貸住宅管理業者と直接の雇用関係にある者であっても、**内部管理事務**に限って従事する者は、従業者証明書の携帯の義務はない（解釈17条関係）。

また、単に一時的に業務に従事するものに携帯させる証明書の有効期間については、他の者と異なり、業務に従事する期間に限って発行することとする（解釈17条関係）。

賃貸住宅管理業者の使用人その他の従業者は、その業務を行うに際し、委託者その他の関係者から**請求**があったときは、証明書を提示しなければならない（17条2項）。

賃貸住宅管理業者の義務

名義貸しの禁止	賃貸住宅管理業者は、**自己の名義**をもって、他人に賃貸住宅管理業を営ませてはならない。
秘密保持義務	・賃貸住宅管理業者（従業者）は、**正当な理由**がある場合でなければ、その**業務上取り扱ったこと**（業務を補助したこと）について知り得た秘密を他に漏らしてはならない。賃貸住宅管理業を営まなくなった後（従業者でなくなった後）においても同様の義務を負う。 ・従業者には、再委託契約に基づき管理業務の一部の再委託を受ける者等賃貸住宅管理業者と**直接の雇用関係にない者**であっても含まれる。
従業者証明書の携帯等	・賃貸住宅管理業者は、使用人その他の従業者に、その従業者であることを証する証明書を**携帯**させなければ、その者をその業務に従事させてはならない。 ・賃貸住宅管理業者の使用人その他の従業者は、その業務を行うに際し、委託者その他の関係者から**請求**があったときは、証明書を提示しなければならない。

STEP 3　問題に挑戦

☐ **1** 賃貸住宅管理業者は、正当な理由がある場合でなりれば、その業務上取り扱ったことについて知り得た秘密を他に漏らしてはならないが、賃貸住宅管理業を営まなくなった後においては、業務上知り得た秘密を他に漏らしてもよい。

☐ **2** 賃貸住宅管理業者の従業者は、正当な理由がある場合でなければ、その業務を補助したことについて知り得た秘密を他に漏らしてはならないが、当該従業者には、再委託契約に基づき管理業務の一部の再委託を受ける者等賃貸住宅管理業者と直接の雇用関係にない者も含まれる。

☐ **3** 賃貸住宅管理業者は、使用人その他の従業者に、その従業者であることを証する証明書を携帯させなければ、その者をその業務に従事させてはならない。

答え

1 ×　賃貸住宅管理業者は、正当な理由がある場合でなければ、その業務上取り扱ったことについて知り得た秘密を他に漏らしてはならない。賃貸住宅管理業を営まなくなった後においても**同様の義務を負う**。

2 ○　賃貸住宅管理業者の従業者は、正当な理由がある場合でなければ、その業務を補助したことについて知り得た秘密を他に漏らしてはならないが、当該従業者には、再委託契約に基づき管理業務の一部の再委託を受ける者等賃貸住宅管理業者と**直接の雇用関係にない**者も含まれる。

3 ○　賃貸住宅管理業者は、使用人その他の従業者に、その従業者であることを証する証明書を**携帯させなければ**、その者をその業務に従事させてはならない。

賃貸住宅管理業者の監督

STEP 1　全体を知る

1. 業務改善命令

　国土交通大臣は、賃貸住宅管理業の適正な運営を確保するため必要があると認めるときは、その必要の限度において、賃貸住宅管理業者に対し、業務の方法の変更その他業務の運営の改善に必要な措置をとるべきことを命ずることができる（22条）。

　賃貸住宅管理業者が上記の業務改善命令に違反した場合は、**30万円以下の罰金**に処せられる（44条8号）。

2. 登録の取消し・業務停止命令

　国土交通大臣は、賃貸住宅管理業者が次のいずれかに該当するときは、その登録を取り消し、又は**1年以内**の期間を定めてその業務の全部若しくは一部の停止を命ずることができる（23条1項）。

表1　登録の取消し・業務停止命令の事由

①6条1項の賃貸住宅管理業の**登録拒否事由**（3号（登録を取り消された者等）を除く）のいずれかに該当することとなったとき
②**不正の手段**により賃貸住宅管理業の登録を受けたとき
③その営む賃貸住宅管理業に関し法令又は**業務改善命令**若しくは**業務停止処分**（命令）に違反したとき

　国土交通大臣は、賃貸住宅管理業者が登録を受けてから1年以内に業務を開始せず、又は引き続き1年以上業務を行っていないと認めるときは、その登録を取り消すことができる（23条2項）。

　国土交通大臣は、登録の取消し・業務停止命令をしたときは、**遅滞なく**、その理由を示して、その旨を賃貸住宅管理業者に**通知**しなければならず（23条3項、6条2項）、その旨を**官報**により公告しなければならない（25条、規則41条）。

　なお、業務停止命令に違反したときは、その違反行為をした者は、**6か月以下の懲役**若しくは**50万円以下の罰金**に処し、又は併科される（42条1号）。

3. 登録の抹消

　国土交通大臣は、**登録の更新**をしなかった、若しくは**廃業等の届出**事由が生じたことにより登録が効力を失ったとき、又は**登録の取消し**事由に該当することにより登録を取り消したときは、当該登録を抹消しなければならない（24条）。

4. 報告徴収及び立入検査

　国土交通大臣は、賃貸住宅管理業の適正な運営を確保するため必要があると認めるときは、賃貸住宅管理業者に対し、その業務に関し報告を求め、又はその職員に、賃貸住宅管理業者の営業所、事務所その他の施設に立ち入り、その業務の状況若しくは設備、帳簿書類その他の物件を検査させ、若しくは関係者に質問させることができる（26条1項）。

　この立入検査の権限は、**犯罪捜査**のために認められたものと解してはならない（26条3項）。

　この場合、立入検査をする職員は、その身分を示す証明書を携帯し、関係者に提示しなければならない（26条2項）。

　なお、報告をせず、若しくは虚偽の報告をし、又は検査を拒み、妨げ、若しくは忌避し、若しくは質問に対して答弁せず、若しくは虚偽の答弁をしたときは、その違反行為をした者は**30万円以下の罰金**に処せられる（44条9号）。

賃貸住宅管理業者に対する監督処分

監督処分	国土交通大臣の処分内容	違反した場合の罰則
業務改善命令	賃貸住宅管理業の適正な運営を確保するため必要があると認めるときは、その必要の限度において、業務の方法の変更その他業務の運営の改善に必要な措置をとるべきことを命ずることができる	30万以下の罰金
登録取消し・業務停止命令	①**登録拒否事由**のいずれかに該当することとなったとき、②**不正の手段**により賃貸住宅管理業の登録を受けたとき、③その営む賃貸住宅管理業に関し法令又は**業務改善命令**若しくは**業務停止処分**(命令)に違反したとき	業務停止命令違反の場合は、6か月以下の懲役若しくは50万円以下の罰金
登録取消し	賃貸住宅管理業者が登録を受けてから1年以内に業務を開始せず、又は引き続き1年以上業務を行っていないと認めるとき	—
報告徴収・立入検査	賃貸住宅管理業の適正な運営を確保するため必要があると認めるときは、賃貸住宅管理業者の業務に関し報告を求め、又はその職員に、賃貸住宅管理業者の営業所、事務所その他の施設に立ち入り、その業務の状況若しくは設備、帳簿書類その他の物件を検査させ、若しくは関係者に質問させることができる	30万円以下の罰金

STEP 3　問題に挑戦

□ **1** 国土交通大臣は、賃貸住宅管理業の適正な運営を確保するため必要があると認めるときは、その必要の限度において、賃貸住宅管理業者に対し、業務改善命令をすることができるが、当該命令に違反しても、刑罰を受けることはない。

□ **2** 国土交通大臣は、賃貸住宅管理業者が不正の手段により賃貸住宅管理業の登録を受けたときは、5年以内の期間を定めてその業務の全部若しくは一部の停止を命ずることができる。

□ **3** 国土交通大臣は、賃貸住宅管理業者が登録を受けてから1年以内に業務を開始しないときは、その登録を取り消さなければならない。

（答え）

1 ✕　国土交通大臣は、賃貸住宅管理業の適正な運営を確保するため必要があると認めるときは、その必要の限度において、賃貸住宅管理業者に対し、業務改善命令をすることができるが、当該命令に違反した場合は、**30万円以下の罰金**に処せられる。

2 ✕　業務停止命令は、「**1年以内**」の期間を定めてその業務の全部若しくは一部の停止を命ずることができる。

3 ✕　国土交通大臣は、賃貸住宅管理業者が登録を受けてから1年以内に業務を開始せず、又は引き続き1年以上業務を行っていないと認めるときは、その登録を取り消すことが「**できる**」。登録の取消しは**任意**である。

賃貸住宅標準管理受託契約書①

STEP 1 全体を知る

1. 賃貸住宅標準管理受託契約書とは？

　賃貸住宅標準管理受託契約書とは、賃貸住宅管理業法に規定する「**賃貸住宅**」において「**管理業務**」を賃貸住宅管理業者が賃貸住宅の**所有者**から受託する場合の管理受託契約書である。

　この契約書は、賃貸住宅に共通する管理事務に関する**標準的**な契約内容を定めたものであり、実際の契約書作成にあたっては、個々の状況や必要性に応じて内容の加除、修正を行い活用されるべきものとされている（賃貸住宅標準管理受託契約書コメント（以下「受託契約書コメント」とする）全般関係②）。

　賃貸住宅管理業法14条の規定により、賃貸住宅管理業者は、管理受託契約を締結したときは、管理受託契約締結時書面を当該管理受託契約の相手方に対し、**遅滞なく**、交付しなければならないこととされている（これらの事項を電磁的方法により提供することも可能）。

　本契約書には、これらの事項が記載されているので、本契約書を委託者に交付することによって、賃貸住宅管理業法14条に規定する管理受託契約締結時書面を交付したものとすることが考えられる（受託契約書コメント全般関係④）。

2. 賃貸住宅標準管理受託契約書の構成

　賃貸住宅標準管理受託契約書は、「頭書」「住戸明細表」「1条から26条の条項」から成り立っている。以下では、これらについて順番に解説することとす

る。

　頭書では、以下の事項が記載されている。

表1　頭書の記載事項

> （1）管理業務の対象となる賃貸住宅（名称、所在地、建物設備など）
> （2）契約期間
> （3）管理業務の**内容**（点検・清掃等、修繕等、家賃等の徴収等、その他（入・退去立会い、入居募集対応、空室管理など））**及び実施方法**、第三者への再委託項目
> （4）管理報酬（支払期限・支払方法）
> （5）**管理業務に要する費用**（管理報酬のほか、空室管理時の水道光熱費や更新手数料など）
> （6）家賃及び敷金等の引渡し
> （7）家賃、敷金、共益費その他の金銭における**分別管理の方法**
> （8）委託者への定期報告の**内容**（家賃等の収受状況等、維持保全の実施状況、建物・設備の法定点検等の状況、入居者等からのクレーム対応）**及び頻度**
> （9）入居者への対応に関する事項（入居者へ周知する内容・方法）
> （10）管轄裁判所
> （11）特約

　住戸明細表は、以下の事項を記載する。

表2　住戸明細表の記載事項

> ①賃借物の目的物（建物名称、建物所在地）
> ②住戸内の設備（エアコン、バルコニー、オートロック、システムキッチン、フローリング床、クローゼット、宅配ボックスなど）
> ③住戸内訳（部屋番号、面積、間取り、家賃）

　以下では、賃貸住宅標準管理受託契約書の条項を順番に解説する。

3. 契約の締結（1条）・契約期間（2条）

　1条では管理受託契約が成立したことを確認し、2条では頭書（2）で定める契約期間について規定する。

4. 更新（3条）

　契約期間は、合意に基づき、更新することができ、契約の更新をしようとするときは、契約期間が満了する日までに、相手方に対し、**文書**でその旨を申し

出るものと規定する（1項、2項）。

　なお、契約期間の更新に当たり、契約の内容について別段の合意がなされなかったときは、従前の契約と**同一内容**の契約が成立したものとみなすとする（3項）。

5. 管理報酬の支払い（4条）

　委託者は、賃貸住宅管理業者に対して、管理業務に関して、頭書（4）の記載に従い、管理報酬を支払わなければならない旨を規定し（1項）、さらに、報酬について、以下の管理業務を行った**割合に応じた**委任者の報酬支払義務について規定する（2項）。

表3　管理報酬の支払い

> 　委託者は、**委託者の責めに帰することができない事由**によって賃貸住宅管理業者が管理業務を行うことができなくなったとき、又は、賃貸住宅管理業者の管理業務が**中途で終了した**ときには、既にした履行の割合に応じて、報酬を支払わなければならない。

6. 管理業務に要する費用（5条）

　本条は、管理報酬のほか、**水道光熱費**や**更新手数料**など賃貸住宅管理業者が管理業務を実施するのに伴い必要となる費用については、「**委託者**」が負担する旨を規定し、当該費用については、賃貸住宅管理業者の請求書を受領した日の翌月末日限り賃貸住宅管理業者の指定する銀行口座に振り込むこととされている（振込手数料は委託者の負担）。

STEP 2　要点をつかむ

賃貸住宅標準管理受託契約書の主な条項①

更新（3条）	・合意に基づき、更新することができる。 ・更新をしようとするときは、契約期間が満了する日までに、相手方に対し、文書でその旨を申し出る。 ・別段の合意がなされなかったときは、従前の契約と同一内容の契約が成立したものとみなす。

管理業務に要する費用（5条）	・賃貸住宅管理業者が管理業務を実施するのに伴い必要となる費用は、委託者が負担する。 ・上記費用は、賃貸住宅管理業者から請求書を委託者に提示し、その請求書を受領した日の翌月末日限り、銀行口座に振り込む方法により支払う。

STEP 3　問題に挑戦

☐ **1** 賃貸住宅標準管理受託契約書を委託者に交付しても、賃貸住宅管理業法に規定する管理受託契約締結時書面を交付したことにはならないため、別途、管理受託契約締結時書面を交付しなければならない。

☐ **2** 賃貸住宅標準管理受託契約書では、受託する管理業務を、「点検・清掃等」、「修繕等」、「家賃等の徴収等」及び「その他」に分類し、それぞれについてその内容及び実施方法を記載することとされている。

答え

1 × 賃貸住宅標準管理受託契約書には、管理受託契約締結時書面の内容が記載されているので、本契約書を委託者に対して交付することによって、賃貸住宅管理業法14条に規定する管理受託契約締結時書面を交付したものとすることが考えられる。

2 ○ 賃貸住宅標準管理受託契約書では、頭書において、受託する管理業務を、「点検・清掃等」「修繕等」「家賃等の徴収等」及び「その他」に分類し、それぞれについてその内容及び実施方法を記載することとされている。

賃貸住宅標準管理受託契約書②

　以下では、賃貸住宅標準管理受託契約書の条項を引き続き解説することとする。

1. 賃貸住宅管理業者が立て替えた費用の償還（6条）

　本条は、賃貸住宅管理業者が管理業務を遂行する上でやむを得ず立て替えた費用については、委託者は、賃貸住宅管理業者に、**速やかに**、償還しなければならないと規定した上で（1項）、1件当たりの金額が委託者及び賃貸住宅管理業者の協議の上で別途、頭書（11）で定めた記載の金額を超えないもの（少額の費用の業務）については、**委託者の承諾を要しない**ものとし、超えるものについては、予め委託者と**協議**しなければならないとしている（2項）。

2. 家賃及び敷金等の引渡し（7条）

　本条は、賃貸住宅管理業者が、入居者から代理受領した敷金等は**速やかに**、徴収した当月分の家賃等は**毎月**、委託者の口座振込みにより行う旨規定する（1項、2項）。

　また、当月分の管理報酬で家賃等から差し引くことについて**あらかじめ委託者の承諾**を得ているものについて差し引くことができる旨を規定する（3項）。

3. 反社会的勢力の排除（8条）

　本条は、反社会的勢力を排除するため、委託者及び賃貸住宅管理業者は、それぞれ相手方に対し、以下の事項を確約する旨を規定する。

表1　反社会的勢力の排除の規定

①自らが、暴力団、暴力団関係企業、総会屋若しくはこれらに準ずる者又はその構成員（以下「反社会的勢力」という）ではないこと。
②自らの役員（業務を執行する社員、取締役、執行役又はこれらに準ずる者をいう）が反社会的勢力ではないこと。
③反社会的勢力に**自己の名義**を利用させ、この契約を締結するものでないこと。
④自ら又は第三者を利用して、次の行為をしないこと。
　ア　相手方に対する脅迫的な言動又は暴力を用いる行為
　イ　偽計又は威力を用いて相手方の業務を妨害し、又は信用を毀損する行為

4. 管理業務の内容（9条）・財産の分別管理（10条）

　9条は、賃貸住宅管理業者が、頭書（3）に記載する内容及び方法により管理業務を行わなければならない旨を規定する。

　10条は、賃貸住宅管理業法16条（分別管理）に定める受領する家賃等についての分別管理の義務を明記している。

5. 緊急時の業務（11条）

　本条は、災害又は事故等の事由により、緊急に行う必要がある業務で、委託者の承認を受ける時間的な余裕がないものについては、賃貸住宅管理業者は、**委託者の承認**を受けないで当該実施することができる旨を規定する。

　この場合において、賃貸住宅管理業者は、**速やかに書面**をもって、その業務の内容及びその実施に要した費用の額を委託者に通知しなければならず（1項）、通知を受けた費用については、賃貸住宅管理業者の責めによる事故等の場合を除き、5条（管理業務に要する費用の委託者の負担）に準じて支払う旨規定する（2項）。

賃貸住宅標準管理受託契約書の主な条項②

賃貸住宅管理業者が立て替えた費用の償還（6条）	・賃貸住宅管理業者がやむを得ず立て替えた費用については、委託者は、**速やかに**、償還しなければならない。 ・1件当たりの上記の金額が委託者及び賃貸住宅管理業者の協議の上で別途、特約で定めた記載の金額を超えないものについては、**委託者の承諾を要しない**ものとし、超えるものについては、予め委託者と協議しなければならない。
家賃及び敷金等の引渡し（7条）	・賃貸住宅管理業者は、入居者から代理受領した敷金等を、口座振込みにより、**速やかに**、委託者に引き渡さなければならない。 ・賃貸住宅管理業者は、入居者から徴収した当月分の家賃等を、**毎月**、口座振込みにより頭書（6）に記載する期日までに振り込むことにより、委託者に引き渡さなければならない。 ・賃貸住宅管理業者は、当月分の管理報酬で家賃等から差し引くことについてあらかじめ**委託者の承諾**を得ているものを差し引くことができる。
緊急時の業務（11条）	・賃貸住宅管理業者は、災害又は事故等の事由により、緊急に行う必要がある業務で、**委託者の承認**を受ける時間的な余裕がないものについては、**委託者の承認**を受けないで実施することができる。 ・上記を実施した場合、**速やかに書面をもって**、その業務の内容及びその実施に要した費用の額を委託者に通知しなければならない。 ・賃貸住宅管理業者の責めによる事故等の場合を除き、上記の通知を受けた費用については、委託者は、5条（管理業務に要する費用の委託者の負担）に準じて支払う。

STEP 3 問題に挑戦

☐ **1** 賃貸住宅標準管理受託契約書によれば、賃貸住宅管理業者が管理業務を遂行する上でやむを得ず立て替えた費用については、委託者は、賃貸住宅管理業者に、速やかに、償還しなければならないが、賃貸住宅管理業者は、委託者に費用償還義務が発生する業務を行う際には、その費用の額にかかわらず、委託者の承諾を得る必要があるとされている。

☐ **2** 賃貸住宅標準管理受託契約書によれば、賃貸住宅管理業者の管理報酬について、賃貸住宅管理業者が入居者から代理受領した当月分の家賃等から、あらかじめ委託者の承諾を得ているものについて差し引くことができることとされている。

☐ **3** 賃貸住宅標準管理受託契約書によれば、賃貸住宅管理業者は、災害又は事故等の事由により、緊急に行う必要がある業務を、委託者の承認を受けないで実施した場合、速やかに書面又は口頭により、その業務の内容及びその実施に要した費用の額を委託者に通知しなければならないとされている。

答え

1 ✕ 少額の費用の業務まで委託者の承諾を求めていては、迅速な業務の執行に支障をきたすおそれがあるため、委託者と賃貸住宅管理業者で協議した金額内の費用立て替えであれば、**委託者の承諾を要しない**。

2 ◯ 賃貸住宅管理業者の管理報酬について、賃貸住宅管理業者が入居者から代理受領した当月分の家賃等から、あらかじめ委託者の承諾を得ているものについて差し引くことができる。

3 ✕ 賃貸住宅管理業者は、災害又は事故等の事由により、緊急に行う必要がある業務を委託者の承認を受けないで実施した場合、速やかに「書面」をもって、その業務の内容及びその実施に要した費用の額を委託者に通知しなければならない。

賃貸住宅標準管理受託契約書③

STEP 1　全体を知る

引き続き、賃貸住宅標準管理受託契約書の条項について解説をする。

1. 鍵の管理・保管（12条）

鍵の管理（保管・設置、交換及び費用負担を含む）に関する事項は「**委託者**」が行い（1項）、賃貸住宅管理業者は、入居者への**鍵の引渡し時**のほか、本契約に基づく**入居者との解約・明け渡し業務**に付随して鍵を一時的に預かることができることを規定する（2項）。

そのため、賃貸住宅管理業者が鍵の保管を行う場合には**特約欄への記載**が必要である。なお、委託者と入居者が賃貸借契約において鍵の費用を入居者とした場合や、入居者が鍵を紛失したような場合に、当然に**入居者**がその費用を負担することとする（受託契約書コメント12条関係）。

2. 第三者への再委託（13条）

賃貸住宅管理業者は、頭書（3）に記載する**業務の一部**を、頭書（3）に従って、他の者に再委託することができると規定し（1項）、再委託した業務の処理について、委託者に対して、**自らなしたと同等の責任**を負うものとする（3項）としている。一方で、頭書（3）に記載する業務を、**一括して**他の者に委託してはならない（2項）と規定する。

3. 代理権の授与（14条）

　賃貸住宅管理業者は、管理業務のうち以下に掲げる業務について、委託者を代理するものとすると規定する。ただし、賃貸住宅管理業者は、④〜⑥に掲げる業務を実施する場合には、その内容について事前に**委託者と協議**し、**承諾**を求めなければならない。

表1　委託者を代理する業務

①敷金、その他一時金、家賃、共益費（管理費）及び附属施設使用料の徴収
②未収金の督促
③賃貸借契約に基づいて行われる入居者から委託者への通知の受領
④賃貸借契約の更新
⑤修繕の費用負担についての入居者との協議
⑥賃貸借契約の終了に伴う原状回復についての入居者との協議

　なお、①②④⑤⑥について、入居者が賃貸住宅管理業者からの適法な請求等に応じず紛争となる場合には、弁護士法72条にて規定するいわゆる「**非弁行為**」に該当することから、賃貸住宅管理業者は当該業務を実施することはできなくなる（受託契約書コメント14条関係）。

4. 管理業務に関する報告等（15条）

　本条は、賃貸住宅管理業者は、頭書（8）の記載に従い、委託者と合意に基づき定めた**期日**に、委託者と合意した**頻度**に基づき**定期**に、委託者に対し、管理業務に関する報告をするものとし（1項）、さらに、委託者は、必要があると認めるときは、賃貸住宅管理業者に対し、管理業務の実施状況に関して報告を求めることができる旨規定する（2項）。また、委託者又は賃貸住宅管理業者は、必要があると認めるときは、管理業務の実施状況に関して**相互に意見を述べ**、又は**協議を求める**ことができる旨規定する（4項）。

5. 管理業務の情報提供等（16条）

　賃貸住宅管理業者を変更する場合などに、従前管理を行っていた賃貸住宅管理業者との事務の引継ぎや精算に関するトラブルを防止する観点から、賃貸住宅管理業者が管理を開始するにあたって、委託者には賃貸住宅管理業者が適切な管理業務を行うために**必要な情報を提供する義務**がある旨を明記し（1項）、委託者が賃貸住宅管理業者に必要な情報を提供しなかったときに、これらによって生じた損害を**委託者**が負担することを定めている（3項）。

　これは、委託者が賃貸住宅管理業者に適切な情報を提供しなかった場合には賃貸住宅管理業者が不要な支出をせざるを得なくなること等を考慮したものであり、管理業務終了時の取り扱いは22条に定められている（受託契約書コメント16条関係①）。

　そして、委託者の損害保険の加入状況は、賃貸住宅管理業者にとっても管理業務を行う上で重要であることから、本物件の住宅総合保険、施設所有者賠償責任保険等の損害保険の委託者の加入状況を、委託者から賃貸住宅管理業者に対して通知することを義務づけている（4項。受託契約書コメント16条関係②）。

6. 住戸への立入調査（17条）

　賃貸住宅管理業者は、管理業務を行うため必要があるときは、住戸に立ち入ることができる旨を規定し（1項）、この場合、防災等の**緊急を要するとき**を除き、賃貸住宅管理業者は、あらかじめその旨を本物件の入居者に**通知**し、その**承諾**を得なければならない旨を規定する（2項）。

STEP 2　要点をつかむ

賃貸住宅標準管理受託契約書の主な条項③

鍵の管理・保管（12条）	・鍵の管理に関する事項は「委託者」が行う。 ・賃貸住宅管理業者は、入居者への鍵の引渡し時、入居者との解約・明け渡し業務に付随して鍵を一時的に預かることができる。

代理権の授与（14条）	賃貸住宅管理業者が委託者を代理する業務は以下の6つ。 ①敷金、その他一時金、家賃、共益費（管理費）及び附属施設使用料の徴収 ②未収金の督促 ③賃貸借契約に基づいて行われる入居者から委託者への通知の受領 ④賃貸借契約の更新 ⑤修繕の費用負担についての入居者との協議 ⑥賃貸借契約の終了に伴う原状回復についての入居者との協議
管理業務の情報提供等（16条）	委託者が、管理業務を行うために必要な情報を提供せず、又は、管理業務を委託したことを証明するために必要な措置をとらず、そのために生じた賃貸住宅管理業者の損害は、委託者が負担する。
住戸への立入調査（17条）	防災等の緊急を要するときを除き、賃貸住宅管理業者は入居者に無断での住居への立入りはできないため、事前に入居者へ通知し、承諾を得ることで住戸への立入りが可能となる。

STEP 3 問題に挑戦

☐ 1 賃貸住宅標準管理受託契約書によれば、鍵の管理に関する事項は委託者が行うため、賃貸住宅管理業者は、鍵を一時的に預かることができない。

☐ 2 賃貸住宅標準管理受託契約書によれば、未収金の督促について、賃貸住宅管理業者は、委託者を代理するものとされている。

☐ 3 賃貸住宅標準管理受託契約書によれば、賃貸住宅管理業者は、委託者を代理して、修繕の費用負担について入居者と協議する場合には、その内容について事前に委託者と協議し、承諾を求めなければならない。

（答え）

1 ×　賃貸住宅管理業者は、入居者への鍵の引渡し時のほか、入居者との解約・明け渡し業務に付随して鍵を一時的に預かることができる。

2 ○　賃貸住宅標準管理受託契約書によれば、未収金の督促について、賃貸住宅管理業者は、委託者を代理するものとされている。

3 ○　賃貸住宅管理業者は、委託者を代理して、修繕の費用負担について入居者と協議する場合には、その内容について事前に委託者と協議し、承諾を求めなければならない。

賃貸住宅標準管理受託契約書④

引き続き、賃貸住宅標準管理受託契約書の条項について解説をする。

1. 善管注意義務（18条）

　賃貸住宅管理業者は、善良なる管理者の注意をもって、管理業務を行わなければならないと規定する（1項）。そして、賃貸住宅管理業者は、賃貸住宅管理業者又はその従業員が、管理業務の実施に関し、委託者又は第三者に損害を及ぼしたときは、委託者又は第三者に対し、賠償の責任を負うが、**賃貸住宅管理業者の責めに帰することができない事由**によって生じた損害については、その責めを負わないものとすると規定する（2項、3項）。

　なお、損害賠償請求に至った場合にはトラブルに発展することが予見されることから、委託者と賃貸住宅管理業者が事前に協議を行った上で賠償責任保険に加入する等の措置をとることが望ましい（受託契約書コメント18条関係①）。

2. 個人情報保護法等の遵守（19条）

　本条は、委託者及び賃貸住宅管理業者が、管理業務を行うに際して、個人情報保護法及び番号利用法（マイナンバー法）を遵守し、個人情報及び個人番号について適切な対処をすることができるように、互いに協力する旨規定する。

　委託者は、入居者が作成する「不動産の使用料等の支払調書」に委託者のマイナンバーを記載するために、入居者に対して、マイナンバーを提供するものとしている（受託契約書コメント19条関係①）。

3. 契約の解除（20条）

　本条では、委託者又は賃貸住宅管理業者の債務不履行による契約の解除は、相当の期間を定めて履行を催告し、その期間内に履行がないとき解除できる場合と（1項）、以下の何らの催告も要せずして本契約を解除することができる場合とに分けている（2項）。

表1　催告を要せず解除が可能な場合

①8条1項各号（反社会的勢力に属しない等）の確約に反する事実が判明した場合
②契約締結後に自ら又は役員が反社会的勢力に該当した場合
③相手方に信頼関係を破壊する特段の事情があった場合

4. 解約の申入れ（21条）

　本条は、「**委託者又は賃貸住宅管理業者**」は、その相手方に対して、少なくとも「**○か月前**」に「**文書**」により解約の申入れを行うことにより、この契約を終了させることができると規定する（1項）。一方、委託者は、「**○か月分の管理報酬相当額の金員**」を支払うことにより、随時にこの契約を終了させることができるとする（2項）。

5. 契約終了時の処理（22条）

　本条は、賃貸住宅管理業者が、契約終了時に以下について委託者に対して行わなければならない旨を規定する。

表2　契約終了時の処理

①本物件に関する書類の引渡し
②本契約に関して賃貸住宅管理業者が保管する金員の引渡し
③家賃等の滞納状況の報告

6. 入居者への対応（23条）

　賃貸住宅管理業者は、本物件について本契約を締結したときは、入居者に対し、遅滞なく、頭書 (9) の記載に従い、頭書 (3) に記載する管理業務の**内容・実施方法及び賃貸住宅管理業者の連絡先**を記載した書面又は電磁的方法により通知するものとし (1項)、本契約が終了したときは、委託者及び賃貸住宅管理業者は、入居者に対し、**遅滞なく**、賃貸住宅管理業者による本物件の管理業務が終了したことを**通知**しなければならないと規定する (2項)。

　なお、賃貸住宅管理業者が入居者に対して周知を行う管理業務の**内容及び賃貸住宅管理業者の連絡先**について、あらかじめ周知方法（対面での説明、書類の郵送、メール送付等）を定めることとされている（受託契約書コメント23条関係①）。

7. 協議（24条）・合意管轄裁判所（25条）・特約（26条）

　24条は、委託者及び賃貸住宅管理業者は、本契約書に定めがない事項及び本契約書の条項の解釈について疑義が生じた場合は、民法その他の法令及び慣行に従い、誠意をもって協議し、解決するものとすると規定する。

　25条は、本契約に起因する紛争が生じたときに、どの裁判所で裁判を行うか（管轄裁判所。頭書 (10)）について定めている。

　26条は、本契約の特約については、頭書 (11) のとおりと規定し、委託者が賃貸住宅管理業者に対して、通常の管理業務のほか、例えば、事故や大規模災害等により**不定期に実施する清掃、補修工事等の業務**を依頼し、賃貸住宅管理業者がこの依頼を承諾する場合には、本条の特約条項として、依頼する業務の内容とこれに対する対価の額及びその支払方法を明記することが望ましいとされている（受託契約書コメント26条関係①）。

STEP 2　要点をつかむ

賃貸住宅標準管理受託契約書の主な条項④

解約の申入れ （21条）	・委託者又は賃貸住宅管理業者は、その相手方に対して、少なくとも○か月前に文書により解約の申入れを行うことにより、この契約を終了させることができる。 ・委託者は、○か月分の管理報酬相当額の金員を賃貸住宅管理業者に支払うことにより、随時にこの契約を終了させることができる。
契約終了時の 処理（22条）	賃貸住宅管理業者は、契約終了時に①物件に関する書類の引渡し、②保管する金員の引渡し、③家賃等の滞納状況の報告をしなければならない。

STEP 3　問題に挑戦

□ **1** 賃貸住宅標準管理受託契約書によれば、委託者又は賃貸住宅管理業者がこの契約に定める義務の履行に関してその本旨に従った履行をしない場合には、その相手方は、1か月以上の期間を定めて履行を催告し、その期間内に履行がないときは、この契約を解除することができるとされている。

□ **2** 賃貸住宅標準管理受託契約書によれば、委託者又は賃貸住宅管理業者は、その相手方に対して、少なくとも6か月前に文書により解約の申入れを行うことにより、この契約を終了させることができるとされている。

（答え）

1 × 「相当の期間」を定めて履行を催告し、その期間内に履行がないときは、この契約を解除することができる。「1か月以上」ではない。

2 × 委託者又は賃貸住宅管理業者は、その相手方に対して、少なくとも「○か月前」に文書により解約の申入れを行うことにより、この契約を終了させることができる。「6か月前」ではない。

特定賃貸借契約の意味

1. 特定賃貸借契約の適正化のための措置等

　サブリース事業については、サブリース業者が、建設業者や不動産販売業者等と連携して勧誘を行う際や、当該サブリース業者とのマスターリース契約の締結を促す広告を行う際に、オーナーとなろうとする者にサブリース方式での賃貸経営に係る潜在的なリスクを十分説明せず、マスターリース契約が適切に締結されないという事態が多発している。

　そこで、賃貸住宅管理業法は、特定転貸事業者（サブリース業者）や勧誘者（特定転貸事業者が特定賃貸借契約の締結についての勧誘を行わせる者）について、次の規制が設けられた（サブリース事業に係る適正な業務のためのガイドライン（以下「サブリースガイドライン」とする）1.趣旨）。

表1　サブリース業者・勧誘者についての規制の概要

サブリース業者についての規制	勧誘者についての規制
①誇大広告等の禁止（28条） ②不当な勧誘等の禁止（29条） ③特定賃貸借契約の締結前の書面（特定賃貸借重要事項説明書）の交付及び説明義務（30条） ④特定賃貸借契約の締結時の書面（特定賃貸借契約締結時書面）の交付義務（31条） ⑤書類の閲覧（32条）	①誇大広告等の禁止（28条） ②不当な勧誘等の禁止（29条）

2. 特定転貸事業者と特定賃貸借契約

特定転貸事業者とは、特定賃貸借契約に基づき賃借した賃貸住宅を第三者に転貸する事業を営む者をいう（2条5項）。

そして、特定賃貸借契約とは、賃貸人と賃借人との間で締結される賃貸住宅の賃貸借契約であって、賃借人が、当該賃貸住宅を転貸する事業を営むことを目的として締結されるものをいい、ここで、事業を営むとは、営利の意思を持って反復継続的に転貸することをいう。

なお、営利の意思の有無については、客観的に判断されることとなる。このため、個人が賃借した賃貸住宅について、事情により、一時的に第三者に転貸するような場合は、特定賃貸借契約に該当しない（解釈2条4項関係1）。

図1　特定転貸事業者と特定賃貸借契約

賃貸人　　特定賃貸借契約（マスターリース契約）　　特定転貸事業者（賃借人・転貸人）（サブリース業者）　　転貸借契約（サブリース契約）　　転借人

3. 特定賃貸借契約から除外される者

特定賃貸借契約であっても、「賃借人が人的関係、資本関係その他の関係において賃貸人と密接な関係を有する者として国土交通省令で定める者であるもの」は除かれる（2条4項かっこ書）。

具体的には、以下の者が該当する（規則2条1号〜7号）。

表2　特定賃貸借契約から除外される者（主なもの）

①賃貸人が「個人」の場合は、賃借人が当該賃貸人の親族、当該賃貸人又はその親族が役員である法人
②賃貸人が「会社」の場合は、賃借人が当該賃貸人の親会社、子会社、関連会社

4．勧誘者

　勧誘者とは、特定転貸事業者が特定賃貸借契約の締結についての勧誘を行わせる者をいい、特定の特定転貸事業者と**特定の関係性**を有する者であって、当該特定転貸事業者の特定賃貸借契約の**締結に向けた勧誘を行う者**をいう。

　ここで、特定の特定転貸事業者と**特定の関係性**を有する者とは、特定転貸事業者から**委託**を受けて勧誘を行う者が該当するほか、明示的に勧誘を**委託**されてはいないが、特定転貸事業者から勧誘を行うよう依頼をされている者や、勧誘を任されている者は該当し、**依頼の形式**は問わず、**資本関係も**問わないものとされる。また、勧誘者が勧誘行為を第三者に再委託した場合は、当該第三者も勧誘者に**該当する**（解釈28条関係1）。

表3　勧誘者に該当する者（サブリースガイドライン3（2））

①特定のサブリース業者からマスターリース契約の勧誘を行うことについて**委託を受け**ている者
②**親会社、子会社、関連会社**のサブリース業者のマスターリース契約について勧誘を行う者
③特定のサブリース業者が顧客を勧誘する**目的**で作成した資料を用いてマスターリース契約の内容や条件等を説明し、当該契約の勧誘を行っている者
④特定のサブリース業者から、勧誘の謝礼として**紹介料等の利益**を得ている者
⑤特定のサブリース業者が、自社のマスターリース契約の勧誘の際に渡すことができるよう、自社名の入った**名刺の利用**を認めている者

　なお、特定賃貸借契約の内容や条件等に触れずに**単に事業者を紹介する行為**は、これに含まれないと考えられる（解釈28条関係1）。

STEP 2　要点をつかむ

特定賃貸借契約のまとめ

特定賃貸借契約	賃貸人と賃借人との間で締結される賃貸住宅の賃貸借契約であって、賃借人が、当該賃貸住宅を転貸する事業を営むことを目的として締結されるものをいい、ここで、事業を営むとは、営利の意思を持って反復継続的に転貸することをいう。

勧誘者に該当する者	①特定のサブリース業者からマスターリース契約の勧誘を行うことについて委託を受けている者 ②親会社、子会社、関連会社のサブリース業者のマスターリース契約について勧誘を行う者 ③特定のサブリース業者が顧客を勧誘する目的で作成した資料を用いてマスターリース契約の内容や条件等を説明し、当該契約の勧誘を行っている者 ④特定のサブリース業者から、勧誘の謝礼として紹介料等の利益を得ている者 ⑤特定のサブリース業者が、自社のマスターリース契約の勧誘の際に渡すことができるよう、自社名の入った名刺の利用を認めている者

STEP 3　問題に挑戦

□ **1**　個人が賃借した賃貸住宅について、事情により、一時的に第三者に転貸する場合であっても、特定賃貸借契約に該当する。

□ **2**　賃貸住宅管理業法に規定する勧誘者は、特定転貸事業者から委託料を受け取って勧誘の委託を受けた者に限られない。

□ **3**　特定転貸事業者である親会社との間で特定賃貸借を結ぶよう勧める場合の子会社は、賃貸住宅管理業法に規定する勧誘者にあたらない。

(答え)

1　×　個人が賃借した賃貸住宅について、事情により、一時的に第三者に転貸するような場合は、特定賃貸借契約に該当しない。

2　○　勧誘者とは、特定転貸事業者が特定賃貸借契約の締結についての勧誘を行わせる者をいい、特定の特定転貸事業者と**特定の関係性**を有する者であって、当該特定転貸事業者の特定賃貸借契約の**締結に向けた勧誘**を行う者をいう。委託料を受け取って委託を受けた者に限られるわけではない。

3　×　特定転貸事業者である親会社との間で特定賃貸借を結ぶよう勧める場合の**子会社**は、勧誘者にあたる。

誇大広告等の
禁止①

STEP 1　全体を知る

1. 誇大広告等の禁止

　特定転貸事業者等（「特定転貸事業者又は勧誘者」以下同じ。）は、特定賃貸借契約（マスターリース契約）の条件について広告をするときは、特定賃貸借契約に基づき特定転貸事業者が支払うべき家賃、賃貸住宅の維持保全の実施方法、特定賃貸借契約の解除に関する事項その他の国土交通省令で定める事項について、以下の行為をしてはならない（28条、規則43条）。

表1　誇大広告等

①実際のものよりも著しく優良であり、若しくは有利であると人を誤認させるような表示をすること（誇大広告） ②著しく事実に相違する表示をすること（虚偽広告）

　「誇大広告等」とは、実際よりも優良であると見せかけて相手を誤認させる**誇大広告**に加え、虚偽の表示により相手を欺く**虚偽広告**も含まれ、広告の媒体は、新聞、雑誌、テレビ、インターネット等**種類を問わない**ものとする（解釈28条関係2）。

2. 誇大広告等の規制対象

誇大広告等として規制対象となる事項として、以下が定められている（規則43条）。

表2　誇大広告等をしてはならない事項

①特定賃貸借契約の相手方に支払う家賃の額、支払期日及び支払方法等の賃貸の条件並びにその変更に関する事項
②賃貸住宅の維持保全の実施方法
③賃貸住宅の維持保全に要する費用の分担に関する事項
④特定賃貸借契約の解除に関する事項

①は、特定転貸事業者が賃貸人に支払うべき家賃の額、支払期日及びその支払い方法、当該額の**見直し**がある場合はその**見直しの時期**、借地借家法32条に基づく家賃の減額請求権及び利回りをいう（解釈28条関係3 (1)）。

留意事項として、以下が挙げられる（サブリースガイドライン4 (3) ①）。

表3　留意事項

・広告において「家賃保証」「空室保証」など、空室の状況にかかわらず一定期間、一定の家賃を支払うことを約束する旨等の表示を行う場合は、「家賃保証」等の**文言**に**隣接する箇所**に、定期的な家賃の見直しがある場合にはその旨及び借地借家法32条の規定により**減額される**ことがあることを表示すること。表示に当たっては、文字の大きさのバランス、色、背景等から、オーナー等が**一体として認識**できるよう表示されているかに留意する。
・マスターリース契約に係る賃貸経営により、**確実に利益を得られる**かのように誤解させて、投資意欲を不当に刺激するような表示をしていないこと。特に、実際にはマスターリース契約において利回りを保証するわけではないにもかかわらず、「利回り○％」とのみ記載し、利回りの保証がされると誤解させるような表示をしていないこと。

②は、特定転貸事業者が行う賃貸住宅の維持保全の内容、頻度、実施期間等をいう（解釈28条関係3 (2)）。

留意事項として、以下が挙げられる（サブリースガイドライン4 (3) ②）。

Day
30

表4　留意事項

- 実際には実施しない維持保全の内容の表示をしていないこと。
- 実施しない場合があるにもかかわらず、当然にそれらの内容が実施されると誤解させるような表示をしていないこと。

③は、維持保全の費用を負担する者及び当該費用に関する特定転貸事業者と賃貸人の負担割合をいう（解釈28条関係3（3））。

留意事項として、以下が挙げられる（サブリースガイドライン4（3）③）。

表5　留意事項

　オーナーが支払うべき維持保全の費用について、実際のものよりも**著しく低額**であるかのように誤解させるような表示をしていないこと。

④は、契約期間、契約の更新時期及び借地借家法28条に基づく更新拒絶等の要件をいう（解釈28条関係3（4））。

留意事項として、以下が挙げられる（サブリースガイドライン4（3）④）。

表6　留意事項

- 契約期間中であっても業者から解約することが可能であるにも関わらず、**契約期間中に解約されることはない**と誤解させるような表示をしていないこと。特に、広告において、「○年間借り上げ保証」など、表示された期間に解約しないことを約束する旨の表示を行う場合は、当該期間中であっても、業者から解約をする可能性があることや、オーナーからの中途解約条項がある場合であっても、オーナーから解約する場合には、借地借家法28条に基づき、正当な事由があると認められる場合でなければすることができないことを表示すること。
- また、オーナーが更新を拒絶する場合には、借地借家法28条が適用され、オーナーからは**正当事由**がなければ解約できないにもかかわらず、オーナーから自由に更新を**拒絶できる**と誤解させるような表示をしていないこと。

STEP 2　要点をつかむ

誇大広告等をしてはならない事項

①特定賃貸借契約の相手方に支払う家賃の額、支払期日及び支払方法等の賃貸の条件並びにその変更に関する事項
②賃貸住宅の維持保全の実施方法
③賃貸住宅の維持保全に要する費用の分担に関する事項
④特定賃貸借契約の解除に関する事項

STEP 3　問題に挑戦

☐ **1**　賃貸住宅管理業法で禁止する誇大広告等の禁止の対象は、特定転貸事業者であり、勧誘者は禁止の対象とされていない。

☐ **2**　賃貸住宅管理業法で禁止する誇大広告等の媒体は、新聞、雑誌、テレビ、インターネット等種類を問わない。

☐ **3**　賃貸住宅管理業法で禁止する誇大広告等の禁止の事項として、維持保全の実施方法だけでなく、その費用の分担もその対象となる。

（答え）

1　✕　賃貸住宅管理業法で禁止する誇大広告等の禁止の対象は、特定転貸事業者だけでなく、**勧誘者も禁止の対象とされている**。

2　○　賃貸住宅管理業法で禁止する誇大広告等の媒体は、新聞、雑誌、テレビ、インターネット等**種類を問わない**。

3　○　賃貸住宅管理業法で禁止する誇大広告等の禁止の事項として、**維持保全の実施方法だけでなく、その費用の分担**もその対象となる。

誇大広告等の禁止②

STEP 1　全体を知る

1. 誇大広告等に該当する具体例

　サブリースガイドラインで示されている、誇大広告等になる例として、以下がある（サブリースガイドライン4（7））

①サブリース業者がオーナーに支払う家賃の額等（サブリースガイドライン4（7）①）

表1　サブリース業者がオーナーに支払う家賃の額等

・契約期間内に定期的な家賃の見直しや借地借家法に基づきサブリース業者からの減額請求が可能であるにもかかわらず、その旨を表示せず、「〇年家賃保証！」「支払い家賃は契約期間内確実に保証！　一切収入が下がりません！」といった表示をして、当該期間家賃収入が保証されているかのように誤解されるような表示をしている
・「〇年家賃保証」という記載に隣接する箇所に、定期的な見直しがあること等の**リスク情報**について表示せず、離れた箇所に表示している
・実際は記載された期間より**短い期間**毎に家賃の見直しがあり、収支シミュレーション通りの収入を得られるわけではないにもかかわらず、その旨や収支シミュレーションの前提となる仮定（稼働率、家賃変動等）を表示せず、〇年間の賃貸経営の収支シミュレーションを表示している
・実際は記載の期間より短い期間で家賃の改定があるにもかかわらず、オーナーの声として〇年間**家賃収入が保証**されるような経験談を表示している
・広告に記載された利回りが実際の利回りを**大きく上回っている**
・利回りを表示する際に、表面利回りか実質利回りかが**明確にされていなかったり**、表面利回りの場合に、その旨及び諸経費を考慮する必要がある旨を表示していない
・根拠を示さず、「ローン返済期間は実質**負担0**」といった表示をしている

- 根拠のない算出基準で算出した家賃をもとに、「周辺相場よりも当社は高く借り上げます」と表示している
- 「一般的な賃貸経営は2年毎の更新や空室リスクがあるが、サブリースなら不動産会社が家賃保証するので安定した家賃収入を得られます」といった、サブリース契約のメリットのみを表示している

②賃貸住宅の維持保全の実施方法 (サブリースガイドライン4 (7) ②)

表2　賃貸住宅の維持保全の実施方法

- 実際にはサブリース業者が実施しない維持保全の業務を実施するかのような表示をしている
- 実際は休日や深夜は受付業務のみ、又は全く対応されないにもかかわらず、「弊社では入居者専用フリーダイヤルコールセンターを設け、入居者様に万が一のトラブルも24時間対応しスピーディーに解決します」といった表示をしている

③賃貸住宅の維持保全の費用の分担に関する事項 (サブリースガイドライン4 (7) ③)

表3　賃貸住宅の維持保全の費用の分担に関する事項

- 実際には毎月オーナーから一定の費用を徴収して原状回復費用にあてているにもかかわらず、「原状回復費負担なし」といった表示をしている
- 実際には、大規模修繕など一部の修繕費はオーナーが負担するにもかかわらず、「修繕費負担なし」といった表示をしている
- 修繕費の大半がオーナー負担にもかかわらず、「オーナーによる維持保全は費用負担を含め一切不要!」といった表示をし、オーナー負担の表示がない
- 維持保全の費用について、一定の上限額を超えるとオーナー負担になるにもかかわらず、「維持保全費用ゼロ」といった表示をしている
- 維持保全の費用について、実際には、他社でより低い利率の例があるにもかかわらず「月々の家賃総額のわずか○%という業界随一のお得なシステムです」といった表示をしている
- 実際には客観的な根拠がないにもかかわらず、「維持保全の費用は他社の半分程度で済みます」といった表示をしている
- 月額費用がかかるにもかかわらず、「当社で建築、サブリース契約を結ばれた場合、全ての住戸に家具家電を設置!入居者の負担が減るので空室リスクを減らせます!」と表示し、月額費用の表示がない

④マスターリース契約の解除に関する事項（サブリースガイドライン4（7）④）

表4　誇大広告等の具体例

> ・契約期間中であっても業者から解約することが可能であるにもかかわらずその旨を記載せずに、「30年一括借り上げ」「契約期間中、借り上げ続けます」「建物がある限り借り続けます」といった表示をしている
> ・実際には借地借家法が適用され、オーナーからは正当事由がなければ解約できないにもかかわらず、「いつでも自由に解約できます」と表示している
> ・実際には、契約を解除する場合は、月額家賃の数か月を支払う必要があるにもかかわらずその旨を記載せずに、「いつでも借り上げ契約は解除できます」と表示している

2. 強調表示と打消し表示

　マスターリース契約のオーナーとなろうとする者に対し、契約内容等のマスターリース契約に関する取引条件に訴求する方法として、断定的表現や目立つ表現などを使ってマスターリース契約の内容等の取引条件を強調する表示（強調表示）が使われる場面がある。**強調表示**は、無条件、無制約に当てはまるものとオーナー等に受け止められるため、仮に例外などがあるときは、強調表示からは一般のオーナーとなろうとする者が通常は予期できない事項であって、マスターリース契約を選択するに当たって重要な考慮要素となるものに関する表示（打消し表示）を分かりやすく適切に行わなければならない。**打消し表示の**内容が正しく認識されるためには、すべての媒体に共通して、以下に留意する必要がある（サブリースガイドライン4（4））。

表5　留意点

> ・表示物の媒体ごとの特徴も踏まえた上で、オーナーとなろうとする者が実際に目にする状況において適切と考えられる**文字の大きさ**で表示されているか。
> ・打消し表示が強調表示の近くに表示されていたとしても、強調表示が大きな文字で表示されているのに対し、打消し表示が小さな文字で表示されており、**強調表示に対する打消し表示に気づくことができないような表示**になっていないか。
> ・打消し表示が強調表示から離れた場所に表示されており、打消し表示に気づかない又は当該打消し表示がどの強調表示に対する打ち消し表示であるか**認識できないような表示**となっていないか。
> ・打消し表示の**文字と背景との区別がつきにくい表示**となっていないか。

STEP 2　要点をつかむ

誇大広告等の主な具体例

- 契約期間内に定期的な家賃の見直しや借地借家法に基づきサブリース業者からの減額請求が可能であるにもかかわらず、その旨を表示せず、「○年家賃保証！」といった表示をして、当該期間家賃収入が保証されているかのように誤解されるような表示をしている
- 根拠のない算出基準で算出した家賃をもとに、「周辺相場よりも当社は高く借り上げます」と表示している
- 実際には、契約を解除する場合は、月額家賃の数か月を支払う必要があるにもかかわらずその旨を記載せずに、「いつでも借り上げ契約は解除できます」と表示している

STEP 3　問題に挑戦

- ☐ **1** 実際の周辺相場について調査していなかったが、「周辺相場より高い家賃で借り上げます」と表示することは、特定転貸事業者が特定賃貸借契約の条件について広告をする際に禁止される行為に該当しない。

- ☐ **2** 契約を解除する場合には、月額家賃の数か月を支払う必要があるにもかかわらず、その旨を記載せずに、「いつでも借り上げ契約は解除できます」と表示することは、特定転貸事業者が特定賃貸借契約の条件について広告をする際に禁止される行為に該当する。

答え

1　×　誇大広告等の禁止行為に該当する。

2　○　誇大広告等の禁止行為に該当する。

不当な勧誘等の禁止

1. 故意に事実を告げず、不実のことを告げる行為の禁止

　特定転貸事業者等は、特定賃貸借契約の締結の勧誘をするに際し、又はその解除を妨げるため、特定賃貸借契約の相手方又は相手方となろうとする者に対し、当該特定賃貸借契約に関する事項であって特定賃貸借契約の相手方等の判断に影響を及ぼすこととなる重要なものにつき、①「**故意に事実を告げず**（事実不告知）」、又は②「**不実のことを告げる**（不実告知）」行為をしてはならない（29条1号）。

　「特定賃貸借契約の締結の勧誘をするに際し」とは、相手方となろうとする者がいまだ契約締結の意思決定をしていないときに、特定転貸事業者又は勧誘者が、**特定賃貸借契約を締結することを目的**として、又は相手方となろうとする者に契約を締結させる意図の下に働きかけることをいう。相手方となろうとする者の判断に影響を及ぼすこととなる重要なものについて事実の不告知・不実告知があれば足り、実際に契約が締結されたか否かは**問わない**（解釈29条関係1）。

　「解除を妨げるため」とは、相手方の特定賃貸借契約を解除する意思を翻させたり、断念させたりするほか、契約の解除の期限を徒過するよう仕向けたり、協力しない等、その**実現を阻止する**目的又は意図の下に行うことをいう。実際に契約解除を妨げられたか否かは**問わない**（解釈29条関係2）。

　①故意に事実を告げない行為の例として、以下がある（サブリースガイドライン5（6）①）。

表1　故意に事実を告げない行為の例

- 将来の家賃減額リスクがあること、契約期間中であってもサブリース業者から契約解除の可能性があることや借地借家法の規定によりオーナーからの解約には正当事由が必要であること、オーナーの維持保全、原状回復、大規模修繕等の費用負担があること等について、**あえて伝えず**、**サブリース事業のメリットのみ伝えるような勧誘行為**
- 家賃見直しの協議で合意できなければ契約が終了する条項や、一定期間経過ごとの修繕に応じない場合には契約を更新しない条項があり、それを**勧誘時に告げない**（サブリース業者側に有利な条項があり、これに応じない場合には一方的に契約を解除される）
- サブリース契約における新築当初の数か月間の借り上げ家賃の支払い免責期間があることについてオーナーとなろうとする者に**説明しない**

②故意に不実のことを告げる行為の例として、以下がある（サブリースガイドライン5（6）②）。

表2　故意に不実のことを告げる行為の例

- 借地借家法により、オーナーに支払われる家賃が減額される場合があるにもかかわらず、断定的に「都心の物件なら需要が下がらないのでサブリース家賃も下がることはない」「当社のサブリース方式なら入居率は確実であり、**絶対に家賃保証できる**」「サブリース事業であれば家賃100％保証で、**絶対に損はしない**」「家賃収入は将来にわたって**確実に保証される**」といったことを伝える行為
- 原状回復費用をオーナーが負担する場合もあるにもかかわらず、「原状回復費用はサブリース会社が全て負担するので、入退去で大家さんが**負担することはない**」といったことを伝える行為
- 大規模な修繕費用はオーナー負担であるにもかかわらず、「維持修繕費用は全て事業者負担である」といったことを伝える行為
- 近傍同種の家賃よりも明らかに高い家賃設定で、持続的にサブリース事業を行うことができないにもかかわらず、「周辺相場よりも当社は高く借り上げることができる」といったことを伝える行為
- 近傍同種の家賃よりも著しく低い家賃であるにもかかわらず、「周辺相場を考慮すると、当社の借り上げ家賃は高い」といったことを伝える行為

2. 国土交通省令で定める禁止行為

　上記のほか、特定転貸事業者等は、特定賃貸借契約（マスターリース契約）に関する行為であって、特定賃貸借契約の相手方又は相手方となろうとする者の保

護に欠けるものとして国土交通省令で定めるものをしてはならない（29条2号、規則44条）。

表3　相手方等の保護に欠ける禁止行為（国土交通省令で定めるもの）

①特定賃貸借契約を締結若しくは更新させ、又は特定賃貸借契約の申込みの撤回若しくは解除を妨げるため、特定賃貸借契約の相手方又は相手方となろうとする者（以下「相手方等」という）を**威迫する行為**
②特定賃貸借契約の締結又は更新について相手方等に**迷惑を覚えさせるような時間**に電話又は訪問により勧誘する行為
③特定賃貸借契約の締結又は更新について深夜又は長時間の勧誘その他の私生活又は業務の平穏を害するような方法により相手方等を**困惑させる行為**
④特定賃貸借契約の締結又は更新をしない旨の意思（当該契約の締結又は更新の勧誘を受けることを希望しない旨の意思を含む）を表示した相手方等に対して**執ように勧誘する行為**（再勧誘）

　①の「**威迫する行為**」とは、恐怖心を生じさせるまでは要しないが、不安の念を抱かせる行為をいう（サブリースガイドライン5（7）①）。
　②「**迷惑を覚えさせるような時間**」とは、相手方等の職業や生活習慣等に応じ、個別に判断する。一般的には、相手方等に承諾を得ている場合を除き、特段の理由が無く、**午後9時**から**午前8時**までの時間帯に電話勧誘又は訪問勧誘を行うことは、本号が規定する勧誘に該当する（サブリースガイドライン5（7）②）。
　③「**困惑させる行為**」とは、個別事案ごとに判断されるものであるが、深夜勧誘や長時間勧誘のほか、例えば、相手方等が**勤務時間中**であることを知りながら執ような勧誘を行うことなどが該当する（サブリースガイドライン5（7）③）。
　④「**契約の締結又は更新をしない旨の意思**」は、口頭であるか、書面であるかを問わず、明示的に示すものが該当する。また、相手方等が特定賃貸借契約を締結等しない旨の意思表示を行った場合には、**引き続き勧誘を行うこと**のみならず、その後、**改めて勧誘を行うこと**も禁止される。同一のサブリース業者の**他の担当者**による勧誘も禁止される。
　「**執ように勧誘する行為**」とは、電話勧誘又は訪問勧誘などの勧誘方法、自宅又は会社などの**勧誘場所の如何**にかかわらず、相手方等が特定賃貸借契約の

締結又は更新をしない旨を意思表示した以降、又は勧誘行為そのものを拒否する旨の意思表示をした以降、再度勧誘することをいい、**一度でも再勧誘を行えば本号違反となる**（サブリースガイドライン5（7）④）。

STEP 2　要点をつかむ

不当な勧誘等の禁止

故意に事実を告げず、不実のことを告げる行為の禁止	故意に事実を告げず（事実不告知）、又は不実のことを告げる（不実告知）行為自体が禁止され、契約の締結の有無を問わない。
相手方等の保護に欠ける禁止行為（国土交通省令で定めるもの）	①国土交通省令で定めるものとして、威迫する行為、②迷惑を覚えさせるような時間に勧誘する行為、③困惑させる行為、④執ように勧誘する行為（再勧誘）がある。

STEP 3　問題に挑戦

☐ **1**　特定賃貸借契約の解除を妨げるため、特定賃貸借契約の相手方に対し、当該特定賃貸借契約に関する事項について、過失により事実を告げなかった場合は、賃貸住宅管理業法で禁止する不当な勧誘等には該当しない。

☐ **2**　特定賃貸借契約の相手方等に承諾を得ている場合を除き、特段の理由が無く、午後10時に電話勧誘又は訪問勧誘を行うことは、賃貸住宅管理業法で禁止する不当な勧誘等に該当する。

（答え）

1　○　不当な勧誘等に該当するのは、「**故意に事実を告げない**」ことであり、「**過失により事実を告げない**」ことは含まれない。

2　○　相手方等に承諾を得ている場合を除き、特段の理由が無く、**午後9時から午前8時まで**の時間帯に電話勧誘又は訪問勧誘を行うことは、不当な勧誘等に該当する。

特定賃貸借契約重要事項説明の概要

LESSON **63** Day32-1

1. 特定賃貸借契約の締結前の書面の交付及び説明の概要

　特定転貸事業者は、特定賃貸借契約を締結しようとするときは、特定賃貸借契約の**相手方となろうとする者**に対し、当該特定賃貸借契約を**締結するまで**に、特定賃貸借契約の内容及びその履行に関する事項であって国土交通省令で定めるものについて、書面（以下「特定賃貸借契約重要事項説明書」という。）を交付して説明（以下「特定賃貸借契約重要事項説明」をいう。）しなければならない（30条1項、規則46条）。

2. 特定賃貸借契約重要事項説明が不要となる者

　賃貸住宅の管理業務に関し、専門的な知識を有する以下の者については、特定賃貸借契約重要事項説明をする必要はない（30条1項かっこ書、規則45条）。

表1　特定賃貸借契約重要事項説明が不要となる者

①賃貸住宅管理業者
②特定転貸事業者
③宅地建物取引業者
④特定目的会社
⑤組合
⑥賃貸住宅に係る信託の受託者
⑦独立行政法人都市再生機構
⑧地方住宅供給公社

3. 特定賃貸借契約重要事項説明をする者

　特定賃貸借契約重要事項説明は、一定の実務経験を有する者や**賃貸不動産経営管理士**など、専門的な知識及び経験を有する者によって行われることが望ましい。なお、特定賃貸借契約重要事項説明は、特定転貸事業者**自らが行う必要**があることに留意すること（解釈30条関係1）。

4. 特定賃貸借契約重要事項説明のタイミング

　特定賃貸借契約重要事項説明については、特定賃貸借契約の相手方となろうとする者が契約内容とリスク事項を十分に理解した上で契約を締結できるよう、説明から契約締結までに**1週間程度**の期間をおくことが望ましい（解釈30条関係1）。

　説明から契約締結までの期間を短くせざるを得ない場合には、事前に特定賃貸借契約重要事項説明書等を送付し、その送付から一定期間後に、説明を実施するなどして、特定賃貸借契約の相手方となろうとする者が契約締結の判断を行うまでに十分な時間をとることが望ましい（解釈30条関係1）。

　ただし、契約期間中又は契約更新時に「特定賃貸借契約変更契約」を締結しようとするときに、特定賃貸借契約重要事項説明を行う場合にあっては、**説明を受けようとする者が承諾した場合**に限り、説明から契約締結まで期間をおかないこととして差し支えない（解釈30条関係1）。

5. 特定賃貸借契約変更契約を締結する場合の重要事項説明

　30条1項の「特定賃貸借契約を締結しようとするとき」とは、新たに特定賃貸借契約を締結しようとする場合のみでなく、特定賃貸借契約変更契約を締結しようとする場合もこれに該当するが、特定賃貸借契約変更契約を締結しようとする場合には、**変更のあった事項**について、**賃貸人**に対して書面の交付等を行った上で説明すれば足りるものとする。

　ただし、賃貸住宅管理業法施行前に締結された特定賃貸借契約で、同法施行後に賃貸人に対して特定賃貸借契約重要事項説明を行っていない場合は、特定

賃貸借契約変更契約を締結しようとするときに、全ての事項について、特定賃貸借契約重要事項説明を行うことになる。

　なお、以下のような、形式的な変更と認められる場合は、本条に基づく特定賃貸借契約重要事項説明は行わないこととして差し支えない（解釈30条関係1）。

表2　形式的な変更と認められる場合

・契約の同一性を保ったままで契約期間のみを延長すること
・組織運営に変更のない商号又は名称等の変更等

STEP 2　要点をつかむ

特定賃貸借契約重要事項説明

説明の相手方	特定賃貸借契約の相手方となろうとする者に対して説明する。
説明をする者	・一定の実務経験を有する者や賃貸不動産経営管理士など、専門的な知識及び経験を有する者によって行われることが望ましい。 ・特定転貸事業者自らが行う必要があることに留意する。
説明のタイミング	説明から契約締結までに1週間程度の期間をおくことが望ましい。
特定賃貸借契約変更契約	・変更のあった事項について、賃貸人に対して書面の交付等を行った上で説明すれば足りる。 ・契約の同一性を保ったままで契約期間のみを延長することや、組織運営に変更のない商号又は名称等の変更等、形式的な変更と認められる場合は、特定賃貸借契約重要事項説明は行わないこととして差し支えない。

STEP 3　問題に挑戦

- [ ] **1** 特定賃貸借契約重要事項説明は、その説明の相手方が特定転貸事業者の場合は、不要であるが、その相手方が宅地建物取引業者の場合は、必要である。

- [ ] **2** 特定賃貸借契約重要事項説明は、賃貸不動産経営管理士によって行われなければならない。

- [ ] **3** 特定賃貸借契約重要事項説明から特定賃貸借契約締結までの期間を短くせざるを得ない場合に、事前に特定賃貸借契約重要事項説明書等を送付し、その送付から一定期間後に、当該説明を実施するという特定転貸事業者の対応は適切である。

答え

1 ×　特定賃貸借契約重要事項説明は、その説明の相手方が**特定転貸事業者・宅地建物取引業者**の場合は、不要である。

2 ×　特定賃貸借契約重要事項説明は、一定の実務経験を有する者や**賃貸不動産経営管理士**など、専門的な知識及び経験を有する者によって行われることが「**望ましい**」。**賃貸不動産経営管理士**によって行われなければならないわけではない。

3 ○　特定賃貸借契約説明から当該契約締結までの期間を短くせざるを得ない場合には、事前に特定賃貸借契約重要事項説明書等を送付し、その送付から一定期間後に、説明を実施するなどして、特定賃貸借契約の相手方となろうとする者が契約締結の判断を行うまでに十分な時間をとることが望ましいとされている。

特定賃貸借契約重要事項説明の内容

全体を知る

1. 特定賃貸借契約重要事項説明において説明すべき事項の概要

特定賃貸借契約重要事項説明書に記載し、説明すべき事項について、順番に確認する。

2. 特定賃貸借契約の対象等の特定に関する事項

以下の特定賃貸借契約の主体・対象・内容・期間等を特定する事項を記載、説明する（規則46条1号・2号・4号・9号・12号）。

表1　特定賃貸借契約の対象等の特定に関する事項

①特定賃貸借契約を締結する特定転貸事業者の商号、名称又は氏名及び住所
②特定賃貸借契約の対象となる賃貸住宅
③特定転貸事業者が行う賃貸住宅の維持保全の実施方法
④契約期間に関する事項
⑤特定賃貸借契約の更新及び解除に関する事項

②は、対象となる賃貸住宅の所在地、物件の名称、構造、面積、住戸部分、その他の部分、建物設備、附属設備等について記載し、説明する（解釈30条関係2 (2)）。

③は、維持保全の内容について、**回数**や**頻度**を明示して可能な限り具体的に記載し、説明する。賃貸住宅の維持保全と併せて、入居者からの苦情や問い合わせへの対応を行う場合は、その内容についても可能な限り具体的に記載し、説明する（解釈30条関係2 (4)）。

④は、契約の始期、終期、期間及び契約の類型（普通借家契約、定期借家契約）を記載し、説明する。また、契約期間は、家賃が固定される期間ではないことを記載し、説明する（解釈30条関係2（9））。

⑤は、賃貸人と特定転貸事業者間における契約の**更新の方法**（両者の協議の上、更新することができる等）、契約の解除の場合の定めを設ける場合はその内容及び**損害賠償額の予定又は違約金に関する事項**について記載し、説明する。賃貸人又は特定転貸事業者がその本旨に従った履行をしない場合には、その相手方は、相当の期間を定めて履行を催告し、その期間内に履行がないときは契約を解除することができる旨を記載し、説明する（解釈30条関係2（12））。

3. 特定賃貸借契約の費用に関する事項

以下の特定賃貸借契約において、必要となる費用に関する事項を記載、説明する（規則46条3号・5号）。

表2　特定賃貸借契約の費用に関する事項

⑥特定賃貸借契約の相手方に支払う家賃の**額**、**支払期日**及び**支払方法**等の賃貸の条件並びにその**変更**に関する事項
⑦特定転貸事業者が行う賃貸住宅の維持保全に要する**費用の分担**に関する事項

⑥は、賃貸人に支払う家賃の額、**家賃の設定根拠**、支払期限、支払い方法、家賃改定日等について記載し、説明する（敷金がある場合も同様。）。入居者の募集に一定の時間がかかるという理由から、賃貸人に支払う家賃の支払いの**免責期間**を設定する場合は、その旨を記載し、説明する（解釈30条関係2（3））。

⑦は、維持保全の具体的な内容や設備毎に、賃貸人と特定転貸事業者のどちらが、それぞれの維持や修繕に要する費用を負担するかについて記載し、説明する。また、修繕等の際に、特定転貸事業者が指定する業者が施工するといった条件を定める場合は、必ずその旨を記載し、説明する（解釈30条関係2（5））。

4. 特定転貸事業者の責任に関する事項

特定転貸事業者の特定賃貸借契約における問題となる責任に関する事項を記載、説明する（規則46条7号・8号）。

表3　特定転貸事業者の責任に関する事項

⑧損害賠償額の予定又は違約金に関する事項
⑨責任及び免責に関する事項

⑧は、債務不履行や契約の解約の場合等の損害賠償額の予定又は違約金を定める場合はその内容を記載し、説明する（解釈30条関係2（7））。

⑨は、天災等による損害等について責任を負わないこととする場合、賃貸人が**賠償責任保険**等への加入をすることや、その**保険**に対応する損害については責任を負わないこととする場合は、その旨を記載し、説明する（解釈30条関係2（8））。

5. 特定転貸事業者の報告等に関する事項

特定転貸事業者の特定賃貸借契約において必要となる報告・周知に関する事項を記載、説明する（規則46条6号、10号、11号、13号、14号）。

表4　特定転貸事業者の報告等に関する事項

⑩特定賃貸借契約の相手方に対する**維持保全の実施状況の報告**に関する事項
⑪転借人の資格その他の**転貸の条件**に関する事項
⑫**転借人**に対する賃貸住宅の維持保全の実施方法に掲げる事項の**周知**に関する事項
⑬特定賃貸借契約が終了した場合における特定転貸事業者の**権利義務の承継**に関する事項
⑭借地借家法その他特定賃貸借契約に係る**法令に関する事項**の概要

⑩は、特定転貸事業者が行う維持保全の実施状況について、賃貸人へ報告する**内容**やその**頻度**について記載し、説明する（解釈30条関係2（6））。

⑪は、**反社会的勢力**への転貸の禁止や、**学生限定**等の転貸の条件を定める場合は、その内容について記載し、説明する（解釈30条関係2（10））。

⑫は、維持保全の内容についてどのような方法（対面での説明、書類の郵送、メール送付等）で周知するかについて記載し、説明する（解釈30条関係2（11））。

⑬は、特定賃貸借契約が終了した場合、賃貸人が転貸人の地位を承継することとする定めを設け、その旨を記載し、説明する（解釈30条関係2（13））。

⑭は、借地借家法第32条1項（借賃増減請求権）、同法28条（更新拒絶等の要件）、同法38条（定期建物賃貸借）について説明する（解釈30条関係2（14））。

STEP 2　要点をつかむ

特定賃貸借重要事項説明事項には、大きく分けると、①特定賃貸借契約の対象等の特定に関する事項、②特定賃貸借契約の費用に関する事項、③特定転貸事業者の責任に関する事項、④特定転貸事業者の報告等に関する事項がある。

STEP 3　問題に挑戦

☐ **1** 特定賃貸借の相手方に支払う家賃の設定根拠は、特定転貸事業者が特定賃貸借契約を締結しようとするときに、その相手方となろうとする者に説明しなければならない事項である。

☐ **2** 特定転貸事業者が賃貸住宅の維持保全の実施状況の報告を行う頻度は、特定転貸事業者が特定賃貸借契約を締結しようとするときに、その相手方となろうとする者に説明しなければならない事項ではない。

（答え）

1　○　特定賃貸借の相手方に支払う**家賃の設定根拠**は、特定賃貸借契約重要事項説明事項である。

2　×　特定転貸事業者が賃貸住宅の維持保全の実施状況を報告する**回数や頻度**は、特定賃貸借契約重要事項説明事項である。

特定賃貸借契約締結時の書面の交付方法

STEP 1 全体を知る

1. 特定賃貸借契約の締結時の書面の交付の概要

　特定賃貸借契約は、家賃その他賃貸の条件、維持保全の実施方法や費用分担、契約期間、契約解除の条件等多岐にわたる複雑なものとなるため、**契約締結後**に契約内容や条件を確認できるよう、特定転貸事業者に対し、**遅滞なく**、契約締結時に相手方に必要な事項を記載した書面を交付することを義務づけ、当事者間の認識の相違による紛争の発生防止を図ることとしている（31条1項。サブリースガイドライン7（1））。

　なお、賃貸住宅管理業法に規定された特定賃貸借契約締結時書面に掲げる事項が記載された契約書であれば、当該契約書をもってこの書面とすることができる（31条1項関係1）。

2. 特定賃貸借契約変更契約の締結に際しての特定賃貸借契約締結時書面の交付

　特定賃貸借契約変更契約を締結する場合も「特定賃貸借契約を締結したとき」に該当するが、特定賃貸借契約変更契約を締結する場合には、**変更のあった事項**について、賃貸人に対して書面を交付すれば足りるものとする。

　ただし、賃貸住宅管理業法施行前に締結された特定賃貸借契約で、同法施行後に賃貸住宅管理業法に規定する記載事項の**全ての事項**を記載した特定賃貸借契約締結時書面の交付を行っていない場合は、特定賃貸借契約変更契約を締結

したときに、当該事項の**全ての事項**について、特定賃貸借契約締結時書面の交付を行うことになる。

なお、以下のような**形式的な変更**と認められる場合は、特定賃貸借契約締結時書面の交付は行わないこととして**差し支えない**（解釈31条1項関係2）。

表1　形式的な変更と認められる場合

・契約の同一性を保ったままで契約期間のみを延長すること
・組織運営に変更のない商号又は名称等の変更等

3. 電磁的方法による提供

特定転貸事業者（サブリース業者）は、当該特定賃貸借契約の**相手方となろうとする者の承諾**を得て、特定賃貸借契約重要事項説明書面に記載すべき事項を**電磁的方法**（電子メール、WEBでの閲覧・ダウンロード、磁気ディスク等で交付するなど）により提供することができる。この場合、書面を交付したものとみなされる（30条2項）。

また、「特定賃貸借契約重要事項説明」をテレビ会議等のオンラインで実施することもでき、その場合の注意点は、「管理受託契約重要事項説明」の場合と同じである（解釈30条関係（4）2）。

さらに、特定転貸事業者は特定賃貸借契約締結時書面についても、当該特定賃貸借契約の**相手方の承諾**を得て、特定賃貸借重要事項説明書と同様に、電磁的方法による提供ができるものとする（31条2項）。

なお、上記の承諾は、特定転貸事業者が、あらかじめ、当該承諾に係る特定賃貸借契約の相手方等に対し電磁的方法による提供に用いる電磁的方法の種類及び内容を示した上で、当該特定賃貸借契約の相手方等から書面等によって得るものとする（施行令3条1項・3項）。

また、特定転貸事業者は、上記の承諾を得た場合であっても、当該承諾に係る特定賃貸借契約の相手方等から書面等により電磁的方法による提供を受けない旨の申出があったときは、当該電磁的方法による提供をしてはならない（施

行令3条2項・3項)。

特定賃貸借契約締結時書面の交付

書面の交付のタイミング	・特定転貸事業者は、特定賃貸借契約を締結したときは、その相手方に対し、遅滞なく、特定賃貸借契約締結時書面を交付しなければならない。 ・賃貸住宅管理業法に規定された特定賃貸借契約締結時書面の記載事項が記載された契約書であれば、当該契約書をもって特定賃貸借契約締結時書面とすることができる。
特定賃貸借契約変更契約の締結	変更のあった事項について、原則として賃貸人に対して書面を交付すれば足りるものとする。
電磁的方法による提供	相手方の承諾を得て、電磁的方法による提供ができる。

☐ **1** 特定賃貸借契約締結時書面は、特定賃貸借契約の締結と同時に交付しなければならない。

☐ **2** 特定賃貸借契約変更契約を締結する場合には、原則として、変更のあった事項について、賃貸人に対して特定賃貸借契約締結時書面を交付すれば足りる。

☐ **3** 特定転貸事業者は、特定賃貸借契約変更契約を締結する場合には、契約の同一性を保ったままで契約期間のみを延長するときでも、相手方に対し、特定賃貸借契約締結時書面を交付しなければならない。

☐ **4** 特定賃貸借契約締結時書面に記載すべき事項を電磁的方法により提供する場合には、あらかじめ相手方の承諾を得なければならない。

答え

1 ×　特定転貸事業者は、特定賃貸借契約を締結したときは、当該特定賃貸借契約の相手方に対し、「**遅滞なく**」、特定賃貸借契約締結時書面を交付しなければならない。同時に交付する必要はない。

2 ○　特定賃貸借契約変更契約を締結する場合には、原則として、**変更のあった事項**について、賃貸人に対して特定賃貸借契約締結時書面を交付すれば足りる。

3 ×　契約の**同一性**を保ったままで**契約期間**のみを延長するような形式的な変更と認められる場合は、特定賃貸借契約締結時書面の交付は行わないこととして差し支えない。

4 ○　特定賃貸借契約締結時書面に記載すべき事項を電磁的方法により提供する場合には、あらかじめ**相手方の承諾**を得なければならない。

契約締結時の書面の記載事項

STEP 1　全体を知る

1. 特定賃貸借契約の対象等の特定に関する事項

特定賃貸借契約締結時書面では、以下の特定賃貸借契約の主体・対象・内容・期間等を特定する事項を記載する（31条1項1号・3号・4号・6号、規則48条1号）。

表1　特定賃貸借契約の対象等の特定に関する事項

①特定賃貸借契約を締結する特定転貸事業者の商号、名称又は氏名及び住所
②特定賃貸借契約の対象となる賃貸住宅
③特定転貸事業者が行う賃貸住宅の維持保全の実施方法
④契約期間に関する事項
⑤契約の更新又は解除に関する定めがあるときは、その内容

2. 特定賃貸借契約の費用に関する事項

以下の特定賃貸借契約において、必要となる費用に関する事項を記載する（31条1項2号、規則48条2号）。

表2　特定賃貸借契約の費用に関する事項

⑥特定賃貸借契約の相手方に支払う家賃その他賃貸の条件に関する事項
⑦特定転貸事業者が行う賃貸住宅の維持保全に要する費用の分担に関する事項

3. 特定転貸事業者の責任に関する事項

　特定転貸事業者の特定賃貸借契約において問題となる責任に関する事項を記載する（規則48条4号・5号）。

表3　特定転貸事業者の責任に関する事項

⑧損害賠償額の予定又は違約金に関する定めがあるときは、その内容
⑨責任及び免責に関する定めがあるときは、その内容

4. 特定転貸事業者の報告等に関する事項

　特定転貸事業者の特定賃貸借契約において必要となる報告・周知に関する事項を記載する（31条1項5号、規則48条3号・6号・7号）。

表4　特定転貸事業者の報告等に関する事項

⑩特定賃貸借契約の相手方に対する維持保全の実施状況の報告に関する事項
⑪転借人の資格その他の転貸の条件に関する事項
⑫転借人に対する賃貸住宅の維持保全の実施方法の周知に関する事項
⑬特定賃貸借契約が終了した場合における特定転貸事業者の権利義務の承継に関する事項

特定賃貸借契約重要事項説明書面と特定賃貸借契約締結時書面

	特定賃貸借契約重要事項説明書面	特定賃貸借契約締結時書面
特定賃貸借契約の対象等の特定に関する事項	①特定賃貸借契約を締結する特定転貸事業者の商号、名称又は氏名及び住所 ②特定賃貸借契約の対象となる賃貸住宅 ③特定転貸事業者が行う賃貸住宅の維持保全の実施方法 ④契約期間に関する事項 ⑤特定賃貸借契約の更新及び解除に関する事項	①特定賃貸借契約を締結する特定転貸事業者の商号、名称又は氏名及び住所 ②特定賃貸借契約の対象となる賃貸住宅 ③特定転貸事業者が行う賃貸住宅の維持保全の実施方法 ④契約期間に関する事項 ⑤契約の更新又は解除に関する定めがあるときは、その内容
特定賃貸借契約の費用に関する事項	⑥特定賃貸借契約の相手方に支払う家賃の額、支払期日及び支払方法等の賃貸の条件並びにその変更に関する事項 ⑦特定転貸事業者が行う賃貸住宅の維持保全に要する費用の分担に関する事項	⑥特定賃貸借契約の相手方に支払う家賃その他賃貸の条件に関する事項 ⑦特定転貸事業者が行う賃貸住宅の維持保全に要する費用の分担に関する事項
特定転貸事業者の責任に関する事項	⑧損害賠償額の予定又は違約金に関する事項 ⑨責任及び免責に関する事項	⑧損害賠償額の予定又は違約金に関する定めがあるときは、その内容 ⑨責任及び免責に関する定めがあるときは、その内容
特定転貸事業者の報告等に関する事項	⑩特定賃貸借契約の相手方に対する維持保全の実施状況の報告に関する事項 ⑪転借人の資格その他の転貸の条件に関する事項 ⑫転借人に対する賃貸住宅の維持保全の実施方法に掲げる事項の周知に関する事項 ⑬特定賃貸借契約が終了した場合における特定転貸事業者の権利義務の承継に関する事項	⑩特定賃貸借契約の相手方に対する維持保全の実施状況の報告に関する事項 ⑪転借人の資格その他の転貸の条件に関する事項 ⑫転借人に対する賃貸住宅の維持保全の実施方法の周知に関する事項 ⑬特定賃貸借契約が終了した場合における特定転貸事業者の権利義務の承継に関する事項

特定転貸事業者の報告等に関する事項（つづき）	⑭借地借家法その他特定賃貸借契約に係る法令に関する事項の概要	－

STEP 3　問題に挑戦

☐ **1**　特定賃貸借契約締結時書面には、特定転貸事業者の損害賠償額の予定又は違約金に関する定めがあるときは、当該事項を記載する必要がある。

☐ **2**　特定賃貸借契約締結時書面には、特定賃貸借契約の更新に関する定めがあるときは、当該事項を記載する必要がある。

☐ **3**　特定賃貸借契約締結時書面には、特定賃貸借契約が終了した場合における特定転貸事業者の権利義務の承継に関する事項については、記載する必要はない。

（答え）

1　○　特定賃貸借契約締結時書面には、特定転貸事業者の「損害賠償額の予定又は違約金に関する**定めがあるとき**」は、その内容を記載する必要がある。

2　○　特定賃貸借契約締結時書面には、当該「契約の更新又は解除に関する**定めがあるとき**」は、その内容を記載する必要がある。

3　×　特定賃貸借契約締結時書面には、特定賃貸借契約が終了した場合における特定転貸事業者の**権利義務の承継**に関する事項については、記載する必要がある。

その他の特定転貸
事業者の義務等

STEP 1　全体を知る

1. 業務状況調書等の備置き・閲覧させる義務

　特定転貸事業者は、当該特定転貸事業者の業務及び財産の状況を記載した書類（業務状況調書等）を、特定賃貸借契約に関する業務を行う営業所又は事務所に備え置き、特定賃貸借契約の相手方又は相手方となろうとする者の**求めに応じ**、**閲覧**させなければならない（32条、規則49条1項）。

表1　業務状況調書等

①業務状況調書
②貸借対照表及び損益計算書
③上記②に代わる書面

　③の②に代わる書面とは、貸借対照表、損益計算書などが包含される有価証券報告書や外資系企業が作成する同旨の書面、又は商法上作成が義務付けられる商業帳簿等が考えられる（解釈32条関係（2））。

　業務状況調書等が、CD-R等のメディアやパソコンのハードディスク等に記録され、必要に応じ営業所又は事務所ごとにパソコン・プリンターを用いて明確に紙面に表示されるときは、当該記録をもって業務状況調書等への記載に代えることができる（規則49条2項前段）。

　この場合における「閲覧」は、当該業務状況調書等を紙面に表示（印刷）す

る方法又は当該営業所又は事務所に設置されたモニターに表示する方法で行う（規則49条2項後段）。

2. 業務状況調書等の備置期間と閲覧期間

　特定転貸事業者は、業務状況調書等（業務状況調書等への記載に代えて記録が行われたファイル等を含む）を事業年度ごとに当該事業年度経過後3か月以内に作成し、遅滞なく営業所又は事務所ごとに備え置かなければならない（規則49条3項）。

　業務状況調書等は、営業所又は事務所に備え置かれた日から起算して3年を経過する日までの間、当該営業所又は事務所に備え置くものとし、当該営業所又は事務所の**営業時間中、相手方等の求めに応じて閲覧**させなければならない（規則49条4項）。

3. 国土交通大臣に対する申出

　何人も、特定賃貸借契約の適正化を図るため必要があると認めるときは、**国土交通大臣**に対し、その旨を申し出て、適当な措置をとるべきことを求めることができる（35条1項）。

　国土交通大臣に対して申出をしようとする者は、申出書に、次の事項を記載の上、提出するものとする（規則50条）。

表2　申出書への記載事項

①申出人の氏名又は名称及び住所 ②申出の趣旨 ③その他参考となる事項

　②については、取引の公正やオーナー等の利益が害されるおそれがあると認められる事実等について、具体的に記載することが望ましい（解釈35条関係（1）②）。

　③については、個別のケースにより異なるが、例えば、被害状況の詳細、広告に用いられた広告媒体、同様の被害を受けた者の証言等を記載することが考

えられる（解釈35条関係（1）③）。

　申出の方法は、原則、**電子メール**を送付する方法によることとする（解釈35条関係（2））。

　国土交通大臣は、上記の申出があったときは、**必要な調査**を行い、その申出の内容が**事実**であると認めるときは、賃貸住宅管理業法に基づく措置その他適当な措置をとらなければならない（35条2項）。

STEP 2　要点をつかむ

業務状況調書等を備置き・閲覧させる義務

備置き	・特定転貸事業者は、業務状況調書等を、特定賃貸借契約に関する業務を行う営業所又は事務所に備え置く ・特定転貸事業者の事業年度ごとに当該事業年度経過後**3か月以内**に作成し、遅滞なく備え置く
閲覧	・特定転貸事業者は、特定賃貸借契約の相手方又は相手方となろうとする者の**求めに応じ**、閲覧させなければならない ・業務状況調書等を営業所又は事務所に備え置かれた日から起算して**3年**を経過する日までの間、当該営業所又は事務所に備え置き、**営業時間中**、相手方等の求めに応じて閲覧させなければならない
業務状況調書等	①業務状況調書 ②貸借対照表及び損益計算書 ③上記②に代わる書面

□ **1** 特定転貸事業者は、業務状況調書等を事業年度ごとに当該事業年度経過後6か月以内に作成し、遅滞なく営業所又は事務所ごとに備え置かなければならない。

□ **2** 特定転貸事業者は、業務状況調書等を、営業所又は事務所に備え置かれた日から起算して1年を経過する日までの間、当該営業所又は事務所に備え置かなければならない。

□ **3** 何人も、特定賃貸借契約の適正化を図るため必要があると認めるときは、国土交通大臣に対し、その旨を申し出て、適当な措置をとるべきことを求めることができる。

（答え）

1 × 特定転貸事業者は、業務状況調書等を事業年度ごとに当該事業年度経過後「**3か月以内**」に作成し、遅滞なく営業所又は事務所ごとに備え置かなければならない。

2 × 特定転貸事業者は、業務状況調書等を、営業所又は事務所に備え置かれた日から起算して「**3年**」を経過する日までの間、当該営業所又は事務所に備え置かなければならない。

3 ○ 何人も、特定賃貸借契約の適正化を図るため必要があると認めるときは、国土交通大臣に対し、その旨を申し出て、適当な措置をとるべきことを求めることができる。

特定転貸事業者の監督

全体を知る

1. 特定転貸事業者等に対する監督処分等

　国土交通大臣は、特定賃貸借契約の適正化を図るため必要があると認めるときは、**特定転貸事業者・勧誘者**に対し、報告を求め又はその職員に立入検査をさせることができる。さらに違反行為対する監督処分として、指示処分、業務停止処分をすることができる。

2. 報告徴収・立入検査

　国土交通大臣は、特定賃貸借契約の適正化を図るため必要があると認めるときは、**特定転貸事業者・勧誘者**に対し、その業務に関し**報告を求め**、又はその職員に、特定転貸事業者等の営業所、事務所その他の施設に**立ち入り**、その業務の状況若しくは設備、帳簿書類その他の**物件を検査**させ、若しくは関係者に**質問**させることができる（36条1項）。

　上記の立入検査をする職員は、その身分を示す証明書を携帯し、関係者に提示しなければならない（36条2項）。

　なお、立入検査の権限は、**犯罪捜査**のために認められたものと解してはならない（36条3項）。

3. 特定転貸事業者への指示処分と業務停止処分

　国土交通大臣は、「**特定転貸事業者**」が、次の①～⑤の規定に違反した場合、

又は「**勧誘者**」が以下の①②の規定に違反した場合において特定賃貸借契約の適正化を図るため必要があると認めるときは、その「**特定転貸事業者**」に対し、当該違反の是正のための措置その他の必要な措置をとるべきことを指示することができる（33条1項）。

表1　特定転貸事業者の指示処分事由

①誇大広告等の禁止（28条）
②不当な勧誘等の禁止（29条）
③特定賃貸借契約重要事項説明書の交付及び説明義務（30条）
④特定賃貸借契約締結時書面の交付義務（31条）
⑤書類の閲覧をさせる義務（32条）

　国土交通大臣は、「**特定転貸事業者**」に対し、指示をしたときは、その旨を公表しなければならない（33条3項）。
　さらに、「**特定転貸事業者**」が指示処分事由①～⑤に違反した場合、または「**勧誘者**」が指示処分事由①②に違反した場合において特定賃貸借契約の適正化を図るため特に必要があると認めるとき、又は「**特定転貸事業者**」が指示に従わないときは、その「**特定転貸事業者**」に対し、**1年以内の期間を限り**、特定賃貸借契約の締結について勧誘を行い若しくは勧誘者に**勧誘を行わせることを停止**し、又はその行う特定賃貸借契約に関する**業務の全部若しくは一部を停止**すべきことを命ずることができる（34条1項）。
　国土交通大臣は、「**特定転貸事業者**」に対し、業務停止命令をしたときは、その旨を公表しなければならない（34条3項）。

4.勧誘者への指示処分と勧誘停止処分

　国土交通大臣は、「**勧誘者**」が、次の規定に違反した場合において特定賃貸借契約の適正化を図るため必要があると認めるときは、その「**勧誘者**」に対し、当該違反の是正のための措置その他の必要な措置をとるべきことを指示することができる（33条2項）。

表2　勧誘者の指示処分事由

①誇大広告等の禁止（28条）
②不当な勧誘等の禁止（29条）

　国土交通大臣は、「**勧誘者**」に対し、指示をしたときは、その旨を公表しなければならない（33条3項）。

　さらに、国土交通大臣は、「**勧誘者**」が、指示処分事由①②に違反した場合において特定賃貸借契約の適正化を図るため特に必要があると認めるとき、又は勧誘者が指示に従わないときは、その「**勧誘者**」に対し、**1年以内の期間を**限り、特定賃貸借契約の締結について**勧誘を行うことを停止すべきことを命ず**ることができる（34条2項）。

　国土交通大臣は、「**勧誘者**」に対し、勧誘停止命令をしたときは、その旨を公表しなければならない（34条3項）。

STEP 2　要点をつかむ

特定転貸事業者・勧誘者への監督処分

違反の主体	特定転貸事業者	勧誘者
処分事由	①誇大広告等の禁止（28条） ②不当な勧誘等の禁止（29条） ③特定賃貸借契約重要事項説明書の交付及び説明義務（30条） ④特定賃貸借契約締結時書面の交付義務（31条） ⑤書類の閲覧をさせる義務（32条）	①誇大広告等の禁止（28条） ②不当な勧誘等の禁止（29条）
指示処分	①～⑤に違反した場合に、**特定転貸事業者**に対して	①②に違反した場合に、**特定転貸事業者・勧誘者**に対して
業務停止処分等（1年以内の期間に限る）	・①～⑤に違反した場合に、特に必要があると認めるとき「**特定転貸事業者**」に対して ・指示処分に従わないとき**特定転貸事業者**に対して	・①②に違反した場合に、特に必要があると認めるとき**特定転貸事業者・勧誘者**に対して ・指示処分に従わないとき**勧誘者**に対して

公表	指示処分・業務停止処分等をしたときは、その旨を公表しなければならない。

STEP 3 問題に挑戦

- □ **1** 国土交通大臣は、勧誘者が、賃貸住宅管理業法29条に定める誇大広告等の禁止の規定に違反した場合において特定賃貸借契約の適正化を図るため必要があると認めるときは、その特定転貸事業者に対し、当該違反の是正のための措置その他の必要な措置をとるべきことを指示することができる。
- □ **2** 国土交通大臣の特定転貸事業者に対する業務停止命令は、3年以内の期間を限り行うことができる。
- □ **3** 国土交通大臣の勧誘者に対する勧誘停止命令は、1年を超えて行うことはできない。

(答え)

1 ○ 国土交通大臣は、「**勧誘者**」が、賃貸住宅管理業法28条に定める誇大広告等の禁止の規定に違反した場合において特定賃貸借契約の適正化を図るため必要があると認めるときは、その「**特定転貸事業者**」または「**勧誘者**」に対し、当該違反の是正のための措置その他の必要な措置をとるべきことを指示することができる。

2 × 国土交通大臣の特定転貸事業者に対する業務停止命令は、「**1年以内**」の期間を限り行うことができる。

3 ○ 国土交通大臣の勧誘者に対する勧誘停止命令は、「**1年以内**」の期間に限り行うことができる。

罰則

1. 罰則の概要

賃貸住宅管理業法に違反した場合の罰則は、賃貸住宅管理業の登録及び業務違反に関連するものと、特定転貸事業者及び勧誘者の業務違反に関連するものに分かれる。

2. 賃貸住宅管理業の登録及び業務違反に関連する罰則

表1　賃貸住宅管理業の登録及び業務違反に関連する罰則

1年以下の懲役若しくは100万円以下の罰金、又はこれらの併科（41条）	①無登録で賃貸住宅管理業を営んだとき（3条1項違反） ②不正の手段により賃貸住宅管理業の登録を受けたとき（3条1項違反） ③名義貸しの禁止に違反して他人に賃貸住宅管理業を営ませたとき（11条違反）
6か月以下の懲役若しくは50万円以下の罰金、又はこれらの併科（42条）	賃貸住宅管理業者が登録の取消し等の命令に違反したとき（23条1項違反）
30万円以下の罰金（44条）	①賃貸住宅管理業者が変更の届出をせず、又は虚偽の届出をしたとき（7条1項違反） ②賃貸住宅管理業者が業務管理者を選任しなかったとき（12条1項違反）。

30万円以下の罰金 （44条）	③賃貸住宅管理業者が選任した業務管理者の全てが6条1項1号から7号までの登録拒否事由のいずれかに該当し、又は選任した者の全てが欠けたにもかかわらず、管理受託契約を締結したとき（12条2項違反） ④管理受託契約の締結時の書面の交付義務に違反したとき（14条1項、2項違反） ⑤賃貸住宅管理業者が従業者証明書を携帯させる義務等に違反したとき、又は標識の掲示義務に違反したとき（17条、19条違反） ⑥賃貸住宅管理業者が帳簿の備付け等の義務に違反したとき（18条違反） ⑦賃貸住宅管理業者又は賃貸住宅管理業者の代理人、使用人その他の従業者が秘密保持義務に違反して、秘密を漏らしたとき（21条違反） ⑧賃貸住宅管理業者が業務改善命令に違反したとき（22条違反） ⑨賃貸住宅管理業者が業務に関して国土交通大臣から報告を求められたにもかかわらず報告をせず、若しくは虚偽の報告をし、又は職員による立入検査を拒み、妨げ、若しくは忌避し、質問に対して答弁せず、若しくは虚偽の答弁をしたとき（26条1項違反）
20万円以下の過料 （46条）	賃貸住宅管理業者が廃業等の届出をせず、又は虚偽の届出をしたとき（9条1項違反）

　法人の代表者又は法人若しくは人の代理人、使用人その他の従業者が、その法人又は人の業務に関し、41条から44条（44条の⑦を除く）までの違反行為をしたときは、行為者を罰するほか、その法人又は人に対して同様の罰金刑が科される（45条。両罰規定）。

3. 特定転貸事業者・勧誘者の罰則

表2　特定転貸事業者・勧誘者の罰則

6か月以下の懲役若しくは50万円以下の罰金、又はこれらの併科（42条）	①特定転貸事業者・勧誘者が、不当な勧誘等の禁止に違反し、故意に事実を告げず、又は不実のことを告げる行為をしたとき（29条1号違反） ②特定転貸事業者・勧誘者が業務停止処分等に違反したとき（34条1項・2項違反）

50万円以下の罰金 （43条）	①特定転貸事業者が**特定賃貸借契約の締結前の書面の交付**及び説明義務に違反したとき（30条1項違反） ②特定転貸事業者が**特定賃貸借契約の締結時の書面の交付**義務に違反して、書面を交付せず、若しくはこれらの規定に規定する事項を記載しない書面若しくは虚偽の記載のある書面を交付したとき（31条1項違反） ③特定賃貸借契約の締結前の書面又は締結時の書面に代えて、書面に記載すべき事項を電磁的方法により提供する場合において、賃貸人の承諾を得ずに提供若しくは虚偽の事項の提供をしたとき（30条2項、31条2項違反）
30万円以下の罰金 （44条）	①**特定転貸事業者・勧誘者が誇大広告等の禁止に違反**したとき（28条違反） ②**特定転貸事業者が業務状況調書等の設置義務や閲覧させる義務に違反**したとき（32条違反） ③**特定転貸事業者・勧誘者が指示処分に違反**したとき（33条1項・2項違反） ④**特定転貸事業者・勧誘者が国土交通大臣からの報告の求め**に対し報告をせず、虚偽の報告をし、又は職員による立入検査を拒み、妨げ、若しくは忌避し、質問に対して答弁せず、虚偽の答弁をしたとき（36条1項違反）

　法人の代表者又は法人若しくは人の代理人、使用人その他の従業者が、その法人又は人の業務に関し、上記の違反行為をしたときは、**行為者**を罰するほか、その**法人又は人**に対して同様の罰金刑が科される（45条。両罰規定）。

STEP 2　要点をつかむ

❶賃貸住宅管理業者に対する罰則で一番重いのは、1年以下の懲役若しくは100万円以下の罰金、又はこれらの併科（41条）であり、特定転貸事業者・勧誘者に対する罰則で一番重いのは、6か月以下の懲役若しくは50万円以下の罰金、又はこれらの併科（42条）である。

❷**両罰規定**は、法人の従業者が違反行為をした場合、その従業者（行為者）と、その従業者（行為者）を使用する**法人や人には適用される**が、その法人の代表者には適用されない。

STEP 3　問題に挑戦

☐ **1** 特定転貸事業者が、特定賃貸借契約の締結の勧誘をするに際し、特定賃貸借契約の相手方となろうとする者に対し、当該特定賃貸借契約に関する事項であって特定賃貸借契約の相手方となろうとする者の判断に影響を及ぼすこととなる重要なものにつき、故意に事実を告げず、又は不実のことを告げる行為をしたときは、懲役刑又は罰金刑に処せられることがあるが、勧誘者が同様の行為をした場合、懲役刑に処せられることはない。

☐ **2** 特定転貸事業者が誇大広告等の禁止に違反して、著しく事実に相違する表示をし、又は実際のものよりも著しく優良であり、若しくは有利であると人を誤認させるような表示をしたときは、懲役刑に処せられることがある。

☐ **3** 不正の手段により賃貸住宅管理業の登録を受けた者は、6か月以下の懲役若しくは50万円以下の罰金、又はこれらが併科される。

答え

1 ✕　不当な勧誘等の禁止に違反した場合、特定転貸事業者・勧誘者は6か月以下の懲役若しくは50万円以下の罰金、又はこれらの併科される。

2 ✕　誇大広告等の禁止に違反した場合、特定転貸事業者・勧誘者は30万円以下の罰金に処せられるが、懲役刑に処せられることはない。

3 ✕　不正の手段により賃貸住宅管理業の登録を受けた者は、1年以下の懲役若しくは100万円以下の罰金、又はこれらが併科される。

LESSON 70 Day35-2 特定賃貸借標準契約書①

STEP 1 全体を知る

1. 特定賃貸借標準契約書とは？

特定賃貸借標準契約書とは、賃貸住宅管理業法に規定する特定賃貸借契約に関する契約書である。

本契約書は居住のみを目的とした民間賃貸住宅1棟全体（建築中の建物を含む。）を目的物とした普通借家契約についての契約書である（特定賃貸借標準契約書　解説コメント（以下「特定賃貸借標準契約書コメント」とする。）全般関係②）。

本契約書には、特定賃貸借契約締結時書面に記載すべき事項が記載されているので、本契約書を賃貸人に対して交付することによって、賃貸住宅管理業法に規定する特定賃貸借契約締結時書面を交付したものとすることが考えられる（特定賃貸借標準契約書コメント全般関係③）。

2. 特定賃貸借標準契約書の構成

特定賃貸借標準契約書は、「頭書」「住戸明細表」「1条から24条の条項」から成り立っている。

頭書では、以下の事項が記載されている。

表1　頭書の記載事項

（1）賃貸借の目的物　（2）契約期間　（3）引渡日　（4）家賃等
（5）家賃支払義務発生日　（6）借主が負う維持保全の実施方法
（7）賃貸住宅の維持保全の費用分担

（8）転貸の条件（「転貸借契約において定めるべき事項、契約態様、契約期間、家賃、共益費、敷金、転借人、民泊の可否、その他」に関して記載）
（9）転貸に関する敷金の分割管理の方法　　（10）合意管轄裁判所
（11）特約

住戸明細表には、以下の事項を記載する。

表2　住戸明細表の記載事項

①賃借物の目的物（建物名称、建物所在地）
②住戸内の設備（エアコン、バルコニー、オートロック、システムキッチン、フローリング床、クローゼット、宅配ボックスなど）
③住戸内訳（部屋番号、面積、間取り、家賃）

以下では、特定賃貸借標準契約書の条項を順番に確認することとする。

3. 契約の締結（1条）・契約期間（2条）

1条は、借主が転貸することを目的とする賃貸借契約が成立したことを確認し、2条は、頭書（2）に定める契約期間及び、協議をした上での契約の更新について定める（1項・2項）。なお、本契約書は、建物の賃貸借契約であり、借地借家法が適用されるため、以下の3項が規定されている。

表3　更新拒絶通知

　貸主又は借主は、本契約の更新を希望しない場合には、契約期間の満了の1年前から6か月前までの間に相手方に対して更新をしない旨の通知（以下「更新拒絶通知」という。）をするものとする。ただし、貸主による更新拒絶通知は、借地借家法28条に規定する正当の事由がなければすることができない。

4. 引渡し（3条）

本契約書は新築（建築中を含む。）の住宅を対象に含むため、契約の始期と物件の引渡日が異なる場合がある（契約の始期よりも物件の引渡日が後になる）。このため

2条の契約期間とは別に、**引渡日の規定を設けている**（1項。特定賃貸借標準契約書コメント3条関係①）。

　特定転貸事業者を変更する場合などに、従前の特定転貸事業者との事務の引継ぎや清算に関するトラブルを防止する観点から、借主が維持保全を開始するにあたって、貸主には借主の適切な維持保全を行うために**必要な情報を提供する義務**がある旨を明記した（2項。特定賃貸借標準契約書コメント3条関係②）。

　さらに、物件の**引渡日**が1項の「**引渡日**」よりも遅れたとき、又は、貸主が借主に上記の情報を提供しなかったときに、これらによって生じた損害を**貸主**が負担することを定めている（3項。特定賃貸借標準契約書コメント3条関係③）。

5. 使用目的（4条）

　借主は、「**専ら住宅**」として使用することを目的として本物件を転貸するものとし、貸主は、借主が本物件を借り受け、これを専ら住宅として使用することを目的として第三者に転貸することを承諾する旨を規定する（1項）。

6. 家賃（5条）

　借主は、頭書（4）の記載に従い、家賃を貸主に支払わなければならないと規定し（1項）、1か月に満たない期間の家賃は、1か月を30日として日割計算した額としている（2項）。

　また、以下のような家賃改定規定を設けている（3項）。

表4　家賃改定規定

　貸主及び借主は、頭書（4）に記載する家賃改定日において、頭書（4）記載の家賃額決定の要素とした事情等を総合的に考慮した上で、次の①～③に該当する場合には、協議の上、家賃を改定することができる。
①土地又は建物に対する租税その他の**負担の増減**により家賃が不相当となった場合
②土地又は建物の価格の上昇又は低下その他の**経済事情の変動**により家賃が不相当となった場合
③近傍同種の建物の家賃に比較して**家賃が不相当**となった場合

STEP 2　要点をつかむ

①特定賃貸借標準契約書は、契約期間とは別に**引渡日**の規定を設けている。

②特定賃貸借標準契約書は、使用目的を居住用（**専ら住宅として使用する**）に限定している。

STEP 3　問題に挑戦

□ **1**　特定賃貸借標準契約書は、居住のみを目的とした民間賃貸住宅1棟全体（建築中の建物を含む）を目的物とした定期建物賃貸借契約についての契約書である。

□ **2**　特定賃貸借標準契約書によれば、借主が物件の維持保全を開始するにあたって、貸主には借主の適切な維持保全を行うために必要な情報を提供する義務があり、当該情報を提供しないことによる損害を貸主が負担することとしている。

□ **3**　特定賃貸借標準契約書によれば、貸主は、家賃改定日において、近傍同種の建物の家賃に比較して家賃が不相当となった場合、家賃額決定の要素とした事情等を総合的に考慮した上で、借主との協議を経ずに家賃を改定することができる。

答え

1　×　特定賃貸借標準契約書は、居住のみを目的とした民間賃貸住宅1棟全体（建築中の建物を含む）を目的物とした「**普通借家契約**」についての契約書である。

2　○　貸主には借主の適切な維持保全を行うために必要な情報を提供する義務があり、当該情報を提供しないことによる損害を**貸主**が負担すると規定する。

3　×　家賃額決定の要素とした事情等を総合的に考慮した上で、「**協議の上**」、家賃を改定することができる。

特定賃貸借標準契約書②

STEP **1** 全体を知る

引き続き、特定賃貸借標準契約書の条項について解説する。

1. 家賃支払義務発生日（6条）

本条は、引渡日から転借人（入居者）を募集するまでの一定期間、借主から貸主に支払う家賃の支払い**免責期間**を設定している（1項。頭書（5）。特定賃貸借標準契約書コメント6条関係②）。

2. 敷金（7条）

本条は、借主が、本契約から生じる債務の担保として頭書（4）に記載する敷金を貸主に交付する旨を規定する（1項）。これは、本契約が終了するときは原則として**貸主が借主の転貸人の地位を承継するため**（21条1項）、転借人に対する敷金返還義務も引き継ぐこととの均衡上、借主も貸主に対し敷金を交付することとしている（特定賃貸借標準契約書コメント7条関係②）。

3. 反社会的勢力の排除（8条）

本条は、反社会的勢力を排除するため、貸主及び借主は、それぞれ相手方に、反社会的勢力ではないことなどについて確約する旨を規定する（1項）。確約の対象は、賃貸住宅標準管理受託契約書8条（LESSON56）と同様である。

さらに、借主は、貸主の承諾の有無にかかわらず、本物件の全部又は一部につき、反社会的勢力に賃借権を譲渡してはならない旨を規定する（2項）。

4. 転貸の条件等（9条）

　本条はまず、貸主は、頭書（8）に記載する転貸の条件に従い借主が本物件を転貸することを承諾するが、借主は、**反社会的勢力**に本物件を転貸してはならない旨を規定する（1項）。

　さらに、借主及び転借人が**反社会的勢力**に関係するものではない旨を確約することを転貸条件とすること、また、転借人が**反社会的勢力**に転借権を譲渡・再転貸しない旨の確約を転貸条件としなければならず、この確約に違反した場合は何ら**催告を要せず**して転貸借を解除できることを規定する（2項）。

　また、借主は、転貸借契約から生じる転借人の債務の担保として転借人から交付された敷金を整然と管理する方法により、自己の固有財産及び他の賃貸人の財産と**分別して**管理しなければならない旨を規定する（3項）。

5. 借主が負う維持保全の実施方法（10条）

　借主は、頭書（6）に記載する維持保全を行わなければならない（1項）。そして、借主が頭書（6）に記載する業務の一部を、頭書（6）に従って、他の者に再委託することができる旨を規定し（2項）、借主は、再委託した業務の処理について、貸主に対して、**自らなしたと同等の責任**を負うものとする旨を規定する（4項）。

　また、貸主は、借主が管理業務を行うために**必要な情報を提供**しなければならず（5項）、必要な情報を提供せず、又は、必要な措置をとらず、そのために生じた借主の損害は、**貸主が負担**するものとする旨を規定する（6項）。

6. 維持保全に要する費用の分担（11条）

　本物件の点検・清掃等に係る費用は、頭書（7）に記載する、「**貸主又は借主**」が負担するものとすると規定する（1項）。

　2項は、頭書（6）で借主が実施するとされている修繕と、**借主の責めに帰すべき事由**（転借人の責めに帰すべき事由を含む。）によって必要となった修繕を除き、**貸主**は、借主が本物件を使用するために必要な修繕を行わなければならないと

規定する。

　3項は、貸主が、本物件につき借主が使用するために必要な修繕を行った場合、その修繕に要する費用は、①頭書（7）に掲げる修繕等で借主が費用を負担するとしているもの及び②借主の責めに帰すべき事由（転借人の責めに帰すべき事由を含む。）によって必要となった修繕の費用を除き、**貸主**が負担すると規定する。そして、4項では、貸主が修繕を行う場合は、貸主は、あらかじめ**借主を通じて**、その旨を転借人に**通知**しなければならず、貸主は、転借人が拒否する**正当な理由**がある場合を除き、当該修繕を行うことができるものとする。

　5項は、借主は、修繕が必要な箇所を発見した場合には、その旨を**速やかに**貸主に**通知**し、修繕の必要性を**協議**するものとし、その通知が遅れて貸主に損害が生じたときは、借主はこれを賠償する旨を規定する。6項において、当該通知が行われた場合において、修繕の必要が認められ、貸主が修繕しなければならないにもかかわらず、貸主が**正当な理由無く**修繕を実施しないときは、借主は**自ら修繕する**ことができる旨規定する。

　7項は、借主は、**災害又は事故等**の事由により、緊急に行う必要がある業務で、貸主の承認を受ける時間的な余裕がないものについては、貸主の承認を受けないで実施することができるとし、この場合において、借主は、**速やかに書面をもって**、その業務の内容及びその実施に要した費用の額を貸主に通知しなければならないと規定する。

STEP 2　要点をつかむ

① 「家賃支払義務発生日」関係については、**免責期間を設定している**（6条）。
② 転貸の条件等については、**反社会的勢力への転貸を禁止する**条項や入居者（転借人）から受領する**敷金**について、自己の固有財産及び他の賃貸人の財産と**分別管理する**条項が設けられている（9条）。
③ 借主が行う維持保全の実施方法については、**一部再委託ができる旨**や貸主の借主に対する**情報提供義務**などが規定されている（10条）。
④ 維持保全に要する費用の分担については、**賃貸人が修繕義務を負う**とい

う原則を定めるとともに、賃貸人が義務を負わない場合などについて規定している（11条）。

STEP 3　問題に挑戦

□ **1**　特定賃貸借標準契約書によれば、自己の固有財産と転借人から交付された敷金は、借主の固有の財産及び他の貸主の財産とまとめて管理することができるとされている。

□ **2**　特定賃貸借標準契約書によれば、貸主が賃貸住宅の修繕を行う場合は、貸主はあらかじめ自らその旨を転借人に通知しなければならないとされている。

答え

1　×　借主は、転貸借契約から生じる転借人の債務の担保として転借人から交付された敷金を整然と管理する方法により、自己の固有財産及び他の賃貸人の財産と**分別して管理**しなければならない。

2　×　特定賃貸借標準契約書は、貸主が修繕を行う場合は、貸主は、あらかじめ「**借主を通じて**」、その旨を転借人に**通知**しなければならない。

特定賃貸借標準契約書③

全体を知る

引き続き、特定賃貸借標準契約書の条項について解説する。

1. 維持保全の内容等の転借人に対する周知（12条）

借主は、賃貸住宅について自らを転貸人とする転貸借契約を締結したときは、転借人に対し、**遅滞なく**、維持保全の内容及び借主の連絡先を記載した**書面又は電磁的方法**により通知する旨を規定する。

2. 維持保全の実施状況の報告（13条）

本条は、借主は、貸主と合意に基づき定めた**期日**に、貸主と合意した**頻度**に基づき**定期**に、貸主に対し、転貸の条件の遵守状況を含んだ維持保全の実施状況の報告をするものとし（1項）、さらに、貸主は、必要があると認めるときは、借主に対し、維持保全の実施状況に関して**報告を求めることができる**と規定する（2項）。

また、貸主又は借主は、必要があると認めるときは、維持保全の実施状況に関して相互に意見を述べ、又は協議を求めることができる旨規定する（4項）。

3. 善管注意義務（14条）

借主は、善良な管理者の注意をもって本物件を使用し、維持保全すると規定する（1項）。

そして、借主は、借主又はその従業員が、維持保全の実施に関し、貸主又は

第三者に損害を及ぼしたときは、貸主又は第三者に対し、賠償の責任を負うが、**借主の責めに帰することができない事由**によって生じた損害については、その責めを負わないと規定する（2項・3項）。

4. 個人情報保護法等の遵守（15条）

本条は、貸主及び借主は、本物件の維持保全を行うに際しては、個人情報保護法及び番号利用法（マイナンバー法）を遵守し、個人情報及び個人番号について適切な対処をすることができるように、互いに協力する旨を規定する。

5. 禁止又は制限される行為（16条）

賃借権の譲渡は、貸主の**書面又は電磁的方法による承諾**を条件とすることとし（1項）、借主は、事前の貸主の**書面又は電磁的方法による承諾**を得ることなく、本物件の増築、改築、移転、改造又は本物件の敷地内における工作物の設置をしてはならない旨を規定する（2項）。

6. 通知義務等（17条）

貸主は、以下の事項を借主に通知する義務を負う旨規定する（1項・2項、作成上の注意点）。

表1　通知義務等

①当該物件の登記内容の変更等、本契約の履行に影響を及ぼすものとして貸主が借主に貸主と借主が協議・合意した事由が生じた場合（遅滞なく通知する）。
②本物件の住宅総合保険、施設所有者賠償責任保険等の損害保険の加入状況

一方、借主も、本契約の履行に影響を及ぼすものとして貸主に、一定の事由が生じた場合には、貸主に対して、**遅滞なく通知しなければならない**と規定する（3項）。

①維持保全の内容等の転借人に対する周知（12条）については、頭書（6）に記載する維持保全の内容及び借主の連絡先を記載した**書面又は電磁的方法**により通知することとされている。

②維持保全の実施状況の報告（13条）については、借主は合意に基づき定めた**期日**、**頻度**で、**定期**に報告し、貸主は必要があると認めるときは**報告を求めることができる**とされている。

☐ **1** 特定賃貸借標準契約書によれば、借主が行う賃貸住宅の維持保全の内容及び借主の連絡先については、転借人に対し、書面又は電磁的方法により通知するとされている。

☐ **2** 特定賃貸借標準契約書によれば、借主は、毎月2回以上、貸主に対し、維持保全の実施状況を報告しなければならない。

☐ **3** 特定賃貸借標準契約書によれば、借主は、事前の貸主の書面又は電磁的方法による承諾を得ることなく、賃貸物件の敷地内に工作物の設置をすることができない。

（答え）

1 ○ 借主は、賃貸住宅について自らを転貸人とする転貸借契約を締結したときは、転借人に対し、**遅滞なく**、維持保全の内容及び借主の連絡先を記載した書面又は電磁的方法により通知する。

2 × 維持保全の実施状況の報告については、貸主と合意に基づき定めた**期日**に、貸主と合意した**頻度**に基づき**定期**に、貸主に対し、転貸の条件の遵守状況を含んだ維持保全の実施状況の報告をすれば足りる。

3 ○ 借主は、事前の貸主の**書面又は電磁的方法による**承諾を得ることなく、

本物件の増築、改築、移転、改造又は本物件の敷地内における工作物の設置をしてはならない。

合格のモト2

　特定賃貸借標準契約書は、建物の所有者（オーナー）とサブリース業者との間の特定賃貸借契約に関する契約書のひな形であるが、貸主（サブリース業者）と借主（入居者）との転貸借契約における契約書のひな形もある。これが「サブリース住宅標準契約書」である。

　本書では、「サブリース住宅標準契約書」について取り扱っていないが、一度目を通しておくことをお勧めする

（国土交通省『サブリース住宅標準契約書』について

https://www.mlit.go.jp/jutakukentiku/house/jutakukentiku_house_tk3_000018.html）。

特定賃貸借標準契約書④

引き続き、特定賃貸借標準契約書の条項について解説する。

1. 契約の解除（18条）

貸主は、借主が以下に掲げる場合において、貸主が相当の期間を定めて当該義務の履行を**催告**したにもかかわらず、その期間内に当該義務が履行されないときは、本契約を解除することができる旨規定する（1項）。

表1　契約を解除できる場合

①5条1項（家賃）に規定する家賃支払義務を3か月分以上怠った場合
②9条2項（反社会勢力に関係しないことの確約等を転貸条件とすること）に規定する義務に違反した場合
③11条（維持保全に要する費用の負担）に規定する借主の**費用負担義務**に違反した場合

貸主は、借主が以下に掲げる義務に違反した場合において、貸主が相当の期間を定めて当該義務の履行を催告したにもかかわらず、その期間内に当該義務が履行されずに当該義務違反により本契約を継続することが困難であると認められるに至ったときは、本契約を解除することができる旨規定する（2項）。

表2　違反した場合に契約を解除できる義務

①4条（使用目的）に規定する本物件の使用目的遵守義務
②16条各項（禁止又は制限される行為）に規定する義務
③その他本契約書に規定する借主の義務

　貸主又は借主の一方について、次のいずれかに該当した場合には、その相手方は、**何らの催告も要せずして**、本契約を解除することができる旨規定する（3項・4項）。

表3　違反した場合に勧告なしで契約を解除できる義務

①8条1項各号（反社会的勢力の排除）の確約に反する事実が判明した場合
②契約締結後に自ら又は役員が反社会的勢力に該当した場合
③相手方に信頼関係を破壊する特段の事情があった場合
④借主が8条2項（反社会的勢力への賃借権の譲渡禁止）に規定する義務又は9条1項ただし書（反社会的勢力への転貸の禁止）に規定する義務に違反した場合

2. 契約の終了（19条）

　本規定は、本契約が、本物件の全部が滅失その他の事由により使用できなくなった場合には、これによって終了する旨規定する。

3. 本物件の返還（20条）

　借主は、本契約が終了する日までに（18条の規定に基づき本契約が解除された場合にあっては、直ちに）、頭書（1）に記載する住戸部分のうちの空室及びその他の部分について、転貸借に関する通常の使用に伴い生じた当該部分の損耗及び当該部分の経年変化を除き、**借主の責めに帰すべき事由**（転借人の責めに帰すべき事由を含む。）によって必要となった修繕を行い、**返還日を事前に貸主に通知**した上で、貸主に本物件を返還しなければならない旨を規定する（1項）。

　また、特定転貸事業者を変更する場合などに、従前の特定転貸事業者との事務の引継ぎや清算に関するトラブルを防止する観点から、借主が維持保全を終了し本物件を返還するにあたって、借主には、貸主又は別の特定転貸事業者が適切な維持保全を行うために**必要な情報を提供する義務**がある旨を規定する（2項。特定賃貸借標準契約書コメント20条関係①）。

4. 権利義務の承継（21条）

　本契約が終了した場合（19条に基づいて終了した場合を除く。）、貸主が借主の転貸人の地位を**当然に承継する**こととし、転借人の居住の安定を図ることとしている（1項。特定賃貸借標準契約書コメント21条関係①）。

　ただし、転借人が**反社会的勢力**である場合や、**反社会的勢力**に本物件を再転貸するなど**反社会的勢力**の排除に反する行為を行っている場合には、当該転借人に係る借主の転貸人の地位は**承継しない**こととしている（2項。特定賃貸借標準契約書コメント21条関係②）。

　また、本契約の終了により、貸主が転貸借契約における借主の転貸人の地位を承継する場合、借主は、転借人から交付されている敷金、賃貸借契約書、その他地位の承継に際し必要な書類を貸主に引き渡さなければならない旨規定する（3項）。

5. 協議・合意管轄裁判所・特約条項（22条〜24条）

　22条は、貸主及び借主は、本契約書に定めがない事項及び本契約書の条項の解釈について疑義が生じた場合は、民法その他の法令及び慣行に従い、誠意をもって協議し、解決するものとすると規定する。

　23条は合意管轄裁判所について、24条は特約条項について規定する。

　24条の特約条項では、賃貸住宅管理業法施行規則48条4号を遵守するため、損害賠償額の予定又は違約金に関する定めがあるときは、これを明記することとされている（特定賃貸借標準契約書コメント24条関係④）。

STEP 2　要点をつかむ

①家賃支払義務違反を理由に相当の期間を定めて催告した上で、特定賃貸借契約の解除ができるのは、支払義務を3か月分以上怠った場合である。

②貸主又は借主の一方について、反社会的勢力の排除の確約に反する事実が判明した等の場合には、何らの催告も要せずして特定賃貸借契約の解

除ができる。

③賃貸物件が全部滅失その他の事由により使用できなくなった場合には、特定賃貸借契約は終了する。

STEP 3　問題に挑戦

☐ **1**　特定賃貸借標準契約書によれば、貸主は、借主が家賃支払義務を1か月以上怠り、貸主が相当の期間を定めて当該義務の履行を催告したにもかかわらず、その期間内に当該義務が履行されないときは、特定賃貸借契約を解除することができる。

☐ **2**　特定賃貸借標準契約書によれば、特定賃貸借契約は、本物件の全部が滅失その他の事由により使用できなくなった場合によって終了するとされている。

（答え）

1　×　貸主は、借主が家賃支払義務を「**3か月分**」以上怠った場合において、貸主が相当の期間を定めて当該義務の履行を催告したにもかかわらず、その期間内に当該義務が履行されないときは、特定賃貸借契約を解除することができる。

2　○　特定賃貸借契約は、本物件の全部が滅失その他の事由により**使用できなくなった**ことによって終了する。

賃貸不動産経営管理士

STEP 1 全体を知る

1. 賃貸不動産経営管理士の業務

賃貸住宅管理業者は、その営業所又は事務所ごとに、1人以上の「**業務管理者**」を選任して、当該営業所又は事務所における業務に関し、一定の事項についての**管理及び監督**に関する事務を行わせなければならない（12条1項、規則13条）。

なお、特定転貸事業者には業務管理者の設置義務はないが、サブリースガイドライン30条関係（2）では、特定賃貸借契約重要事項については、**賃貸不動産経営管理士**など専門的な知識及び経験を有する者によって説明が行われることが望ましいとしている。

2. 賃貸不動産経営管理士「倫理憲章」

賃貸不動産経営管理士の社会的地位の向上、社会的信用の確立と品位保持、資質の向上を図るため、賃貸不動産経営管理士協議会では、以下の賃貸不動産経営管理士「倫理憲章」を制定している。

表1　賃貸不動産経営管理士「倫理憲章」

（1）公共的使命 　賃貸不動産経営管理士のもつ、公共的使命を常に自覚し、公正な業務を通して、公共の福祉に貢献する。

（2）法令の遵守と信用保持

　賃貸不動産経営管理士は関係する**法令とルールを遵守**し、賃貸不動産管理業に対する**社会的信用を傷つける**ような行為、および社会通念上好ましくないと思われる行為を厳に慎む。

（3）信義誠実の義務

　賃貸不動産経営管理士は、信義に従い誠実に職務を執行することを旨とし、依頼者等に対し重要な事項について**故意に告げず、又は不実のことを告げる**行為を決して行わない。

（4）公正と中立性の保持

　賃貸不動産経営管理士は常に**公正で中立な立場**で職務を行い、万一紛争等が生じた場合は誠意をもって、その円満解決に努力する。

（5）専門的サービスの提供および自己研鑽の努力

　賃貸不動産経営管理士はあらゆる機会を活用し、賃貸不動産管理業務に関する**広範で高度な知識の習得**に努め、不断の研鑽により常に能力、資質の向上を図り、**管理業務の専門家**として高い専門性を発揮するよう努力する。

（6）能力を超える業務の引き受け禁止

　賃貸不動産経営管理士は、自らの**能力や知識を超える業務の引き受け**はこれを行わない。

（7）秘密を守る義務

　賃貸不動産経営管理士は、**職務上知り得た秘密を正当な理由**なく他に漏らしてはならない。その職務に携わらなくなった後も同様とする。

（1）公共的使命

　公共的使命の例として、賃貸不動産経営管理士が賃貸物件が所在する地域の防犯・防災活動に協力するため、貸主に対し、積極的に企画提案していることが挙げられる。

（2）法令の遵守と信用保持

　賃貸不動産経営管理士は、管理業者の従業員であったとしても、プロフェッションとしての独立したポジションが求められるため、所属する管理業者が、賃貸不動産経営管理士としては取るべきではない管理業務の手法を取ろうとしたときには、コンプライアンスに従った対応を取るように、求めなければならない。

　法令の遵守と信用保持に関しては、自己の所属する管理業者の立場のみならず、賃貸不動産管理業全体に対する**社会的信用**を傷つける行為の禁止も含まれる。

（3）信義誠実の義務

　信義誠実の義務に関しては、直接の依頼者に対してはもちろんのこと、そのほかの関係者に対しても同様に、信義に従い誠実に対応することが必要である。

（4）公正と中立性の保持

　公正と**中立性**の保持に関しては、依頼者に対する信義誠実義務や、利益相反行為の禁止の観点から、常に依頼者の立場に立って対応することが必要であるとは言えない。賃貸不動産経営管理士は常に「**公正で中立な立場**」で職務を行う必要があるからである。

　また、**公正**と**中立性**の保持に関しては、自己の所属する管理業者の直接の依頼者に対し、他の関係者の立場に十分配慮した対応を求めることも必要となる場合がある。

（5）専門的サービスの提供および自己研鑽の努力

　上記の例として、賃貸不動産経営管理士の資格取得後も毎年、賃貸不動産経営管理士試験問題に目を通して勉強していることが挙げられる。

　近年、賃貸住宅を取り巻く環境は、高齢化社会の進展に伴い、様々な政策課題を生じさせ、賃貸住宅の活用のあり方も変化している。これらに対応するためには、**高度な専門知識・能力**が必要とされるため、賃貸不動産経営管理士には、重要な政策課題や新しい賃貸住宅の活用のあり方について制度設計を進め、実際の業務の管理及び監督や実施を担う等により、課題解決に積極的に関与することが求められている。

（6）能力を超える業務の引受け禁止

　賃貸不動産経営管理士は、業務を引き受ける際には、業務を第三者に再委託することができるかどうかを考える前に、その内容が自らの能力や知識で対応し得るものか否かを十分に精査する必要がある。

　たとえ、依頼者が了承したとしても、賃貸不動産経営管理士は、自らの能力や知識を超える業務の引き受けはこれを行うべきではない。

（7）秘密を守る義務

　秘密を守る義務に関しては、自己の所属する管理業者を退職して、当該賃貸不動産の管理に携わらなくなった後も、引き続き負うべきものである。

賃貸不動産経営管理士は、職務上知った事項について、その事項が関係者の秘密に該当するもので、かつ、本人の同意がない場合であっても、法令上の提供義務がある場合には、その秘密を第二者に提供することができる。法令上の提供義務がある場合には、「正当な理由」がある場合に該当するからである。

STEP 2 要点をつかむ

賃貸不動産経営管理士「倫理憲章」は、いずれも常識的な内容であるが、注意すべき事項は、⑤専門的サービスの提供および自己研鑽の努力と⑥能力を超える業務の引き受け禁止である。

STEP 3 問題に挑戦

☐ **1** 賃貸不動産経営管理士の「倫理憲章」の趣旨に照らし、賃貸不動産経営管理士が、賃貸物件の貸主と借主の間に紛争が生じるおそれがある場合には、もっぱら依頼者である貸主の立場に立って対応することは、不適切な対応である。

☐ **2** 賃貸不動産経営管理士の「倫理憲章」の趣旨に照らし、勤務していた管理業者を退職した後も、賃貸不動産経営管理士として職務上知った関係者の秘密を漏らさないようにすることは、適切な対応である。

(答え)

1 ○ 「倫理憲章」は、賃貸不動産経営管理士は、常に**公正**で**中立**な立場で職務を行い、万一紛争等が生じた場合は誠意をもって、その円満解決に努力するとする。

2 ○ 「倫理憲章」は、賃貸不動産経営管理士は、**職務上知り得た秘密を正当な理由**なく他に漏らしてはならない。その職務に携わらなくなった後も同様とするとしている。

Chapter

3

賃貸住宅の 管理実務

本章では、賃貸住宅の入居者（賃借人）の募集から退去までの実務的な知識について学習する。特に入居者（賃借人）の退去に伴う「原状回復ガイドライン」は頻出事項である。

アクセスキー **4**
（数字のよん）

LESSON 75 Day38-1 賃貸住宅管理と宅建業法

1. 賃貸住宅管理とは

　一般に、賃貸住宅管理という言葉は、以下のような極めて広い意味で用いられる。

表1　賃貸住宅管理とは

①賃貸住宅の賃貸人から委託を受けて行う、賃貸借契約の準備段階から終了までの一連の業務
②宅建業者でもある管理業者が行う賃貸借契約の締結に向けた**媒介業務**
③賃貸住宅管理業法にいう以下の「**管理業務**」
a）委託に係る賃貸住宅の維持保全（住宅の居室及びその他の部分について、点検、清掃その他の維持を行い、及び必要な修繕を行うことをいう。）を行う業務（賃貸住宅の賃貸人のために当該維持保全に係る契約の締結の媒介、取次ぎ又は代理を行う業務を含む）
b）賃貸住宅に係る家賃、敷金、共益費その他の金銭の管理を行う業務（a）に掲げる業務と併せて行うものに限る
④賃貸住宅の所有者から賃貸住宅経営に関する業務への協力を求められた場合の**支援業務**

2. 宅建業法とは

　宅地建物取引業法（以下「宅建業法」という。）とは、宅地建物取引業を営む者は免許を必要とし（免許制度）、宅地建物取引に宅地建物取引士を関与させる（宅地建物取引士）ことによって、取引の公正及び購入者等の利益の保護を図ることを

主たる目的とする法律である（宅建業法1条）。

　管理業者が賃貸住宅管理を行う中で宅建業法の適用を受ける場合として以下の場合がある。

表2　宅建業法の適用を受ける場合

> 賃貸人から、賃貸借契約の代理又は媒介の依頼を受けて、賃貸借契約を成立させることを業として行う場合

「業」として行うとは、**反復継続**して行うという意味である。

　宅建業法は、賃貸借契約（転貸借契約を含む）の**当事者**となる場合には、適用されない。

　「賃貸借契約（転貸借契約を含む）の**当事者**となる」とは、自らが賃借人又は賃貸人（転貸人）となる場合をいい、サブリース方式においてサブリース業者が原賃貸人（所有者）との間で賃借人となる賃貸借契約を締結し、入居者（転借人）との間で転貸人となる転貸借契約を締結するような場合である。

　したがって、賃貸住宅管理を行う中で、宅建業法の適用があるのは、**管理受託方式**において、宅建業者でもある管理業者が賃貸人から**代理又は媒介の依頼**を受けて入居者の募集を行う場合である。

図1　管理受託方式
（宅建業法の適用○）

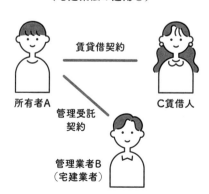

図2　サブリース方式
（宅建業法の適用×）

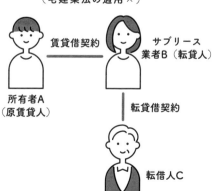

3. 入居者の募集

　管理受託方式において、管理業者が賃貸人から**代理又は媒介の依頼**を受けて入居者の募集を行う場合には宅建業法の適用がある。宅地建物取引業を営むための免許を受けた者を「宅地建物取引業者（宅建業者）」という（宅建業法2条3号）が、管理業者が宅建業者でもある場合、宅建業法上の業務規制として、重要なものとして、以下のものがある。

表3　宅建業法上の規制

①依頼者との間で結ぶ媒介契約についての規制（媒介・代理契約の規制）
②報酬に関する制限
③契約成立前に入居者に対して行わなければならない重要事項の説明
④契約成立後に、契約当事者に遅滞なく交付しなければならない書面（37条書面）
⑤入居者の募集を行う場合の広告に関する制限

　それぞれの具体的な内容については、後述する。

STEP 2　要点をつかむ

①一般に、賃貸住宅管理という言葉は、極めて広い意味で用いられる。
②宅建業法とは、宅地建物取引業を営む者は免許を必要とし（免許制度）、宅地建物取引に宅地建物取引士を関与させる（宅地建物取引士）ことによって、取引の公正及び購入者等の利益の保護を図ることを主たる目的とする法律である。
③管理受託方式において、宅建業者でもある管理業者が賃貸人から**代理又は媒介の依頼**を受けて入居者の募集を行う場合には宅建業法の適用がある。

STEP 3 問題に挑戦

□ **1** 管理業者が宅建業者でもある場合には、管理業者は、賃貸住宅管理として賃貸借契約の締結に向けた媒介業務を行う。

□ **2** サブリース方式において、サブリース業者が転貸借契約の締結を業として行う場合、宅地建物取引業を営むことになるため、宅地建物取引業の免許が必要となる。

□ **3** 管理受託方式において、宅建業者でもある管理業者が賃貸人から代理又は媒介の依頼を受けて入居者の募集を行う場合には、宅建業法上の報酬に関する制限を受ける。

（答え）

1 ○ 管理業者が宅建業者でもある場合には、管理業者は、賃貸住宅管理として賃貸借契約の締結に向けた媒介業務を行うことになる。

2 × サブリース業者が賃貸借契約（転貸借契約を含む）の**当事者**となる場合には、宅建業法は適用されない。

3 ○ 管理受託方式において、宅建業者でもある管理業者が賃貸人から**代理又は媒介の依頼**を受けて入居者の募集を行う場合には、宅建業法の適用があり、報酬に関する制限を受ける。

媒介契約と報酬

STEP 1　全体を知る

1. 賃貸借の媒介を行った場合の報酬

　管理受託方式において、宅建業者でもある管理業者が賃貸人から媒介の依頼を受けて入居者の募集を行い、契約が成立したときは、依頼者から報酬を受領することができる（成功報酬）。その場合、依頼者双方（貸主、借主）から受領することができる報酬額は、合計して借賃の1か月分に消費税を加えた1か月分の1.1倍に相当する額が上限となる。この場合、賃貸住宅などの**居住用建物**については、依頼者の承諾を得ている場合を除き、依頼者のそれぞれから受領することができる額は、借賃の1か月分の**0.55倍**（消費税を含む）以内となる。

表1　賃貸借の媒介を行った場合の報酬

居住用建物以外の場合	依頼者双方（貸主、借主）から合計して、借賃の1か月分の1.1倍（消費税を含む）以内
居住用建物の場合	依頼者の承諾を得ている場合を除き、依頼者のそれぞれから借賃の1か月分の0.55倍（消費税を含む）以内（注）

（注）依頼者の承諾がある場合には、承諾した依頼者のみから1か月分の1.1倍（消費税を含む）が上限となる（他方からは受領できない）。

2. 賃貸借の代理を行った場合の報酬

　宅建業者でもある管理業者が賃貸人から代理の依頼を受けて入居者の募集を

行う場合において、契約が成立したときは、依頼者から受領することができる報酬額は、借賃の1か月分に消費税を加えた1か月分の1.1倍に相当する額が上限となる。ただし、相手方から報酬を受ける場合には、その報酬の額と代理の依頼者から受ける報酬の額の合計額が借賃の1か月分の1.1倍に相当する金額を超えてはならない。

表2　賃貸借の代理を行った場合の報酬

①代理の依頼者から借賃の1か月分の1.1倍（消費税を含む）以内
②相手方からも報酬を受領する場合（注）には、その報酬の額と代理の依頼者から受ける報酬の額の合計額が借賃の1か月分の1.1倍（消費税を含む）以内

（注）双方代理は原則として認められない（民法108条1項）ので、相手方からも報酬を受領する場合とは、相手方との間の媒介が想定されている。

3. 複数の業者が一つの契約に関与した場合

　複数の業者が一つの契約に関与した場合でも、関与した複数の業者が受領できる報酬額の合計額は、上記の制限を受けるので、上記の制限の範囲内で**按分**することになる。例えば、貸主から媒介の依頼を受けた業者Aと借主から媒介の依頼を受けた業者Bが関与して、賃貸借契約が成立した場合でも、業者Aと業者Bの報酬額の合計は、借賃の1か月分の1.1倍（消費税を含む）を超えることはできず、この範囲内で業者Aと業者Bで**按分**することになる。

4. 広告費等

　入居者募集のための広告を行う場合、通常の広告費は報酬の範囲に含まれ、報酬とは別に広告費を受領することはできない。ただし、依頼者から**特別の依頼**を受けて行う広告については、報酬とは別途、広告費を受領することができる。

　判例によれば、大手新聞への広告掲載料等、報酬の範囲内で賄うことが相当でない多額の費用を要する特別の広告の料金が**特別の依頼**を受けて行う広告費に当たる（東京高判昭57・9・28）。

したがって、媒介業者が賃借人から1か月分の1.1倍（消費税を含む）受領し、さらに賃貸人からAD（Advertisement：広告費）などと称して受領すれば、宅建業法に違反することになる。また、媒介に関し、依頼者の相談に応じたとしても、媒介報酬以外にコンサルティング料を請求することも宅建業法に違反する。

STEP 2　要点をつかむ

①宅建業者でもある管理業者が賃貸人から媒介の依頼を受けて入居者の募集を行い、契約が成立したときは、依頼者から報酬を受領することができる（成功報酬）。

②居住用建物について、依頼者のそれぞれから受領することができる報酬額は、依頼者の承諾を得ている場合を除き、1か月分の0.55倍（消費税を含む）以内となる。

③入居者募集のための広告を行う場合、通常の広告費については、報酬とは別に受領することはできないが、依頼者から**特別の依頼**を受けて行う広告については、報酬とは別途、広告費を受領することができる。

□ **1** 居住用建物について、宅建業者でもある管理業者の媒介により賃貸借契約が成立したときは、依頼者のそれぞれから、借賃の1か月分の1.1倍（消費税を含む）に相当する額の報酬を受領することができる。

□ **2** 複数の媒介業者が関与して賃貸借契約が成立した場合、複数の媒介業者は、それぞれ借賃の1か月分の1.1倍（消費税を含む）に相当する額の報酬を受領することができる。

□ **3** 媒介業者が特別の依頼を受けて大手新聞への広告掲載を行った場合には、当該媒介業者は、報酬とは別途、広告費を受領することができる。

（答え）

1 × 居住用建物については、依頼者のそれぞれから受領することができる報酬額は、依頼者の承諾を得ている場合を除き、借賃の「1か月分の0.55倍（消費税を含む）」以内となる。

2 × 複数の媒介業者が関与して賃貸借契約が成立した場合でも、関与した複数の業者が受領できる報酬額の「合計額」は、借賃の1か月分の1.1倍（消費税を含む）を超えることはできない。

3 ○ 特別の依頼を受けて大手新聞への広告掲載を行った場合には、報酬とは別途、広告費を受領することができる（東京高判昭57・9・28）。

広告制限と
その他の制限

STEP 1 全体を知る

1. 募集活動を行う場合の広告に関する制限

　入居者の募集活動には宅建業法の適用があり、宅地建物取引業の免許がなければ行うことができない。募集活動を行う場合に、宅建業法で禁止されている行為として以下のものがある。

表1　募集活動を行う場合に宅建業法で禁止されている行為

①契約の締結について勧誘をするに際し、又はその契約の申込みの撤回若しくは解除若しくは宅地建物取引業に関する取引により生じた債権の行使を妨げるため、重要な事項について、**故意に事実を告げず**、又は**不実のことを告げる行為**（宅建業法47条1号）。
②契約を締結させ、又は宅地建物取引業に係る契約の申込みの撤回若しくは解除を妨げるため、相手方等を**威迫**すること（宅建業法47条の2第2項）。
③契約の締結に関する行為又は申込みの撤回若しくは解除の妨げに関する行為であって、宅地建物取引業者の相手方等の**利益の保護**に欠けるもの（宅建業法47条の2第3項）。

　③の「相手方等の**利益の保護**に欠けるもの」として、契約の締結の勧誘をするに際し、宅地建物取引業者の相手方等に対し、「将来の環境又は交通その他の利便について誤解させるべき**断定的判断を提供すること**」「正当な理由なく、当該契約を締結するかどうかを判断するために**必要な時間を与えることを拒む**こと」などがある（宅建業法施行規則16条の11第1号イ・ロ）。

　左記の禁止行為に違反した場合には、指示処分や業務停止処分の対象となるほか、業務停止処分事由に該当し、情状が特に重いとき又は業務停止処分に違反した場合には、免許取消処分の対象となる（宅建業法66条1項9号）。また、①の場合は、懲役や罰金を科される場合がある（宅建業法79条の2）。

2. 景品表示法等による制限

　募集活動を行う場合の広告に関しては、宅建業法による制限のほか、「不当景品類及び不当表示防止法」（以下、「景品表示法」という）や「不動産の表示に関する公正競争規約」（以下、「表示規約」という）による制限も受ける。表示規約では、不動産の表示に関し項目別に詳細に規定している。建物に関連する主な規約は以下のとおりである。

表2　建物に関連する主な規約

（物件の種別）

　次に掲げる用語又はこれらの用語に類する用語を用いて表示するときは、それぞれ当該各号に定める意義に即して使用しなければならない。

①「新築」　建築工事完了後1年未満であって、居住の用に供されたことがないものをいう（規約18条1項1号）。

②「新築住宅」　建物の構造及び設備ともに独立した新築の一棟の住宅をいう（規約規則3条6号）。

③「中古住宅」　建築後1年以上経過し、又は居住の用に供されたことがある一戸建て住宅であって、売買するものをいう（規約規則3条7号）。

④「マンション」　鉄筋コンクリート造りその他堅固な建物であって、一棟の建物が、共用部分を除き、構造上、数個の部分（以下「住戸」という。）に区画され、各部分がそれぞれ独立して居住の用に供されるものをいう（規約規則3条8号）。

⑤「中古マンション」　建築後1年以上経過し、又は居住の用に供されたことがあるマンションであって、住戸ごとに、売買するものをいう（規約規則3条10号）。

⑥「新築賃貸マンション」　新築のマンションであって、住戸ごとに、賃貸するものをいう（規約規則3条12号）。

⑦「中古賃貸マンション」　建築後1年以上経過し、又は居住の用に供されたことがあるマンションであって、住戸ごとに、賃貸するものをいう（規約規則3条13号）。

⑧「貸家」　一戸建て住宅であって、賃貸するものをいう（規約規則3条14号）。

⑨「新築賃貸アパート」　マンション以外の新築の建物であって、住戸ごとに、賃貸するものをいう（規約規則3条15号）。

⑩「中古賃貸アパート」　マンション以外の建物であり、建築後1年以上経過し、又は居住の用に供されたことがある建物であって、住戸ごとに、賃貸するものをいう（規約規則3条16号）。

（特定用語の使用基準）

　次に掲げる用語又はこれらの用語に類する用語を用いて表示するときは、それぞれ当該各号に定める意義に即して使用しなければならない。

①「ダイニング・キッチン（DK）」　台所と食堂の機能が1室に併存している部屋をいい、住宅（マンションにあっては、住戸。次号において同じ。）の居室（寝室）数に応じ、その用途に従って使用するために必要な広さ、形状及び機能を有するものをいう（規約18条1項3号）。

②「リビング・ダイニング・キッチン（LDK）」　居間と台所と食堂の機能が1室に併存する部屋をいい、住宅の居室（寝室）数に応じ、その用途に従って使用するために必要な広さ、形状及び機能を有するものをいう（規約18条1項4号）。

（各種施設までの距離又は所要時間）

①道路距離又は所要時間を表示するときは、起点及び着点を明示して表示すること（他の規定により当該表示を省略することができることとされている場合を除く。）（規約規則9条7号）。

②団地（一団の宅地又は建物をいう。以下同じ。）と駅その他の施設との間の道路距離又は所要時間は、取引する区画のうちそれぞれの施設ごとにその施設から最も近い区画（マンション及びアパートにあっては、その施設から最も近い建物の出入口）を起点として算出した数値とともに、その施設から最も遠い区画（マンション及びアパートにあっては、その施設から最も遠い建物の出入口）を起点として算出した数値も表示すること（規約規則9条8号）。

③徒歩による所要時間は、道路距離80メートルにつき1分間を要するものとして算出した数値を表示すること。この場合において、1分未満の端数が生じたときは、1分として算出すること（規約規則9条9号）。

④自転車による所要時間は、道路距離を明示して、走行に通常要する時間を表示すること（規約規則9条11号）。

（面積）

①面積は、メートル法により表示すること。この場合において1平方メートル未満の数値は、切り捨てて表示することができる（規約規則9条13号）。

②建物の面積（マンションにあっては、専有面積）は、延べ面積を表示し、これに車庫、地下室等（地下居室は除く。）の面積を含むときは、その旨及びその面積を表示すること。この場合において、取引する全ての建物の面積を表示すること。ただし、新築分譲住宅、新築分譲マンション、一棟リノベーションマンション、新築賃貸マンション、新築賃貸アパート、共有制リゾートクラブ会員権については、パンフレット等の媒体を除き、最小建物面積及び最大建物面積のみで表示することができる（規約規則9条15号）。

③住宅の居室等の広さを畳数で表示する場合においては、畳1枚当たりの広さは1.62平方メートル（各室の壁心面積を畳数で除した数値）以上の広さがあるという意味で用いること（規約規則9条16号）。

STEP 2　要点をつかむ

①入居者の募集活動には宅建業法の適用があり、宅地建物取引業の免許がなければ行うことができない。

②契約の締結について勧誘をするに際し、重要な事項について、**故意に事実を告げない行為**は、禁止されている。

③募集活動を行う場合の広告に関しては、宅建業法による制限のほか、「不当景品類及び不当表示防止法」や「不動産の表示に関する公正競争規約」による制限も受ける。

STEP 3　問題に挑戦

- □ **1** 宅建業者でもある管理業者は、契約の締結について勧誘をするに際し、重要な事項について、故意に不実のことを告げる行為だけでなく、故意に事実を告げない行為もしてはならない。
- □ **2** 「新築」という用語は、建築工事完了後1年未満であって、居住の用に供されたことがない意味で使用しなければならない。
- □ **3** 徒歩による所要時間は、直線距離80メートルにつき1分間を要するものとして算出した数値を表示しなければならない。

(答え)

1 ○　契約の締結について勧誘をするに際し、重要な事項について、**故意に不実のことを告げる行為**だけでなく、**故意に事実を告げない行為**も禁止されている（宅建業法47条1号）。

2 ○　「新築」　建築工事完了後**1年未満**であって、居住の用に供されたことがないものをいう（規約18条1項1号）。

3 ×　徒歩による所要時間は、「**道路距離**」80メートルにつき1分間を要するものとして算出した数値を表示しなければならない（規約規則9条7号）。

おとり広告

STEP 1　全体を知る

1. おとり広告の禁止

おとり広告について、表示規約は次の3つを規定している。

表1　おとり広告に関する表示規約

事業者は、次に掲げる広告表示をしてはならない（規約21条）。
①物件が存在しないため、実際には取引することができない物件に関する表示
②物件は存在するが、実際には取引の**対象となり得ない**物件に関する表示
③物件は存在するが、実際には取引する意思がない物件に関する表示

　表示規約は、景品表示法31条に基づき定められた業界団体の自主規制であるが、景品表示法においても、不当な表示の禁止規定（景品表示法5条）において、「一般消費者に誤認されるおそれがある表示であって、不当に顧客を誘引し、一般消費者による自主的かつ合理的な選択を阻害するおそれがあると認めて内閣総理大臣が指定するもの」（同条3号）として、上記の3つを指定している（昭和55年4月12日公正取引委員会告示第14号）。

　おとり広告の禁止に違反した場合、表示規約では違約金課徴の対象となり（規約27条）、景品表示法では措置命令の対象となり、課徴金納付命令を受ける場合がある（景品表示法7条、8条）。

2. 誇大広告等の禁止

宅建業法は、おとり広告について直接規定しているわけではないが、「誇大広告等の禁止」について、次のように規定している。

表2　誇大広告等の禁止についての規定

> 宅地建物取引業者は、その業務に関して広告をするときは、当該広告に係る宅地又は建物の所在、規模、形質若しくは現在若しくは将来の利用の制限、環境若しくは交通その他の利便又は代金、借賃等の対価の額若しくはその支払方法若しくは代金若しくは交換差金に関する金銭の貸借のあっせんについて、**著しく事実に相違する表示**をし、又は実際のものよりも**著しく優良**であり、若しくは**有利**であると人を誤認させるような表示をしてはならない（宅建業法32条）。

顧客を集めるために売る意思のない条件の良い物件を広告し、実際は他の物件を販売しようとする、いわゆる「おとり広告」及び実際には存在しない物件等の「**虚偽広告**」についても宅建業法32条の適用がある（「宅建業法の解釈・運用の考え方」（国土交通省））。したがって、「おとり広告」や「**虚偽広告**」を行えば、誇大広告等の禁止（宅建業法32条）に違反することになる。

誇大広告等の禁止に違反した場合、指示処分や業務停止処分の対象となり（宅建業法65条）、情状が特に重いときは免許取消処分の対象となる（宅建業法66条1項9号）。また、罰則の適用があり、6か月以下の懲役、もしくは100万円以下の罰金、又はこれらを併科される（宅建業法81条1号）。

3. おとり広告等の具体例

　国土交通省は、おとり広告等に該当する具体例として、以下のものを挙げている（国不動指第65号 令和3年11月11日）。

表3　おとり広告等の具体例

①実際には取引する意思のない物件を、顧客を集めるために、合理的な根拠なく「相場より安い賃料・価格」等の好条件で広告して顧客を誘引（来店等を促す行為）した上で、他者による成約や事実ではないこと（例えば、生活音がうるさい、突然の水漏れが生じた、治安が悪い等）を理由に、他の物件を紹介・案内することは「おとり広告」に該当する。
②成約済みの物件を速やかに広告から削除せずに当該物件のインターネット広告等を掲載することや、広告掲載当初から取引の対象となり得ない成約済みの物件を継続して掲載する場合も、故意・過失を問わず「おとり広告」に該当する。
③他の物件情報等をもとに、対象物件の賃料や価格、面積又は間取りを改ざんすること等、実際には存在しない物件を広告することは「虚偽広告」に該当する。

STEP 2　要点をつかむ

①おとり広告には、3つの種類がある（存在しないため実際には取引することができない、存在するが実際には取引の対象となり得ない、存在するが実際には取引する意思がない）。

②おとり広告の禁止に違反したときは、宅地建物取引業の免許を取り消される場合がある。

③成約済みの物件を速やかに広告から削除せずに当該物件のインターネット広告等を掲載することは、おとり広告等に該当する。

STEP 3　問題に挑戦

- [ ] **1** いわゆる「おとり広告」を行った場合、宅建業法に違反し、罰則の適用がある。
- [ ] **2** 成約済みの物件を過失により広告から削除せずに当該物件のインターネット広告等を掲載した場合、「おとり広告」に該当しない。
- [ ] **3** 他の物件情報等をもとに、対象物件の賃料や価格、面積が同じであれば、間取りを変更して広告しても「虚偽広告」に該当しない。

(答え)

1 ○ 「おとり広告」を行った場合、宅建業法に違反し、6か月以下の懲役、もしくは100万円以下の罰金、又はこれらを併科される（宅建業法81条1号、32条違反）。

2 × 成約済みの物件を速やかに広告から削除せずに当該物件のインターネット広告等を掲載することは、故意・過失を問わず「おとり広告」に該当する。

3 × 他の物件情報等をもとに、対象物件の賃料や価格、面積又は「間取り」を改ざんすること等、実際には存在しない物件を広告することは「虚偽広告」に該当する。

入居審査と
入居者の決定

STEP 1 全体を知る

1. 入居審査の意義

　入居審査とは、安心して物件を賃貸できる人物であるかどうか（反社会的勢力に該当しないか）、安定して賃料を支払う能力（経済力）がある人物かどうか、連帯保証人の支払能力はどうかなど入居希望者を審査することをいう。

　賃貸借契約は、一度、締結すれば法定更新の適用があり、長期の賃料不払いその他の債務不履行により**信頼関係**が破壊されたといえるような場合でなければ、契約を解除することができない（信頼関係破壊の法理）。したがって、入居審査は、安定した賃貸住宅経営にとって重要な意義を有する。

2. 入居審査の主な項目

　入居審査の主な項目は次のとおりである。

表1　入居審査の主な項目

項目	内　容
氏名・住所	実際に申込みを行っている者が入居申込書に記載されている申込者（借受希望者）と一致するかどうかを確認する。 氏名・住所：免許証、住民票の写し、住宅地図等で確認
職業・年齢・家族構成・年収	借受希望者の職業・年齢・家族構成・年収に照らし、申込物件が妥当かどうかを確認する。 職業：会社勤務の場合は在籍証明書、健康保険証、学生の場合は在学証明書などで確認 年齢：免許証、住民票の写しなどで確認 家族：住民票の写しで確認 年収：所得証明書（源泉徴収票、給与明細書など）、前年度の確定申告の写しで確認
反社会的勢力でないかどうか	借受希望者が**反社会的勢力**である場合、同居者がいることが多いので、入居申込書に同居者の有無のチェック項目を設け、家族以外の同居者がいる場合、同居者の勤務先、連絡先等も確認し、インターネット等を利用して**反社会的勢力**でないかどうかを確認する。
外国人の場合	氏名・年齢・住所については住民票、パスポートで本人確認、職業については、会社勤務の場合は在籍証明書、健康保険証で、就労予定の場合は就労資格証明書、資格外活動許可書で、学生の場合は在学証明書で確認する。
備考	住民票・印鑑証明書は、発行後3か月以内のものの提出を求める。

3. 入居者の決定

　管理受託方式において、入居審査の結果、最終的に入居者を決定するのは、**賃貸人**である。一方、サブリース方式においては、最終的に入居者を決定するのは、**賃貸人**（転貸人）であるサブリース業者である。

4. 報告

　入居者の決定をした場合、又は入居を断る場合、書面によって通知する。また、入居を断る場合には、個人情報保護の観点から、預かった書類は勝手に廃棄せず、すべて返却することが重要である。なお、個人情報保護法については、

LESSON105・106でみることにする。

STEP 2 要点をつかむ

①入居審査とは、安心して物件を賃貸できる人物であるかどうか（反社会的勢力に該当しないか）、安定して賃料を支払う能力（経済力）がある人物かどうか、連帯保証人の支払能力はどうかなど入居希望者を審査することをいう。

②入居審査を行う場合、借受希望者だけでなく、同居者の有無も確認し、家族以外の同居者がいる場合、同居者の勤務先、連絡先等も確認し、インターネット等を利用して**反社会的勢力**でないかどうかを確認する。

③管理受託方式において、入居審査の結果、最終的に入居者を決定するのは、**賃貸人**である。

STEP 3 　問題に挑戦

☐ **1** 　入居審査は、安定した賃貸住宅経営にとって重要な意義を有する。

☐ **2** 　申込者（借受希望者）の氏名・住所を確認する際、実際に申込みを行っている者が入居申込書に記載されている申込者（借受希望者）と一致するかどうかを確認する必要がある。

☐ **3** 　サブリース方式においては、最終的に入居者を決定するのは、原賃貸人（所有者）である。

☐ **4** 　借入希望者の職業・年齢・家族構成・年収が申込物件に妥当かどうか検討することは、差別的な審査であるため、することができない。

答え

1 ○ 　賃貸借契約は、債務不履行により**信頼関係**が破壊されたといえるような場合でなければ、契約を解除することができない（信頼関係破壊の法理）。したがって、入居審査は、安定した賃貸住宅経営にとって重要な意義を有する。

2 ○ 　記述のとおり。氏名・住所は、免許証、住民票の写し、住宅地図等で確認する。

3 × 　サブリース方式においては、最終的に入居者を決定するのは、**賃貸人**（転貸人）であるサブリース業者である。

4 × 　借入希望者の職業・年齢・家族構成・年収が申込物件に妥当かどうか検討することは、賃貸借契約を締結する上では、入居審査の項目の1つである。

宅建業法に基づく重要事項説明の方法

STEP 1 全体を知る

1. 宅建業法に基づく重要事項説明とは

　賃貸住宅管理業法においても契約締結前の重要事項説明が規定されているように、宅建業法においても契約成立前の重要事項説明が規定されている（宅地建物取引業法35条）。

　重要事項の説明は、これから物件を**取得し、又は借りようとする者**が物件に関する情報や契約条件に関する情報を取得して安心して取引できるようにするための制度である。重要事項説明は、宅建業者が売買・交換（売買・交換の代理・媒介を含む）、貸借の代理・媒介を行う場合に適用されるが（貸借の当事者となる場合のみ適用がない）、賃貸不動産経営管理士の試験では、貸借の代理・媒介が重要であるため、貸借の代理・媒介に絞ってみていくことにする。

2. 重要事項説明の方法

　賃貸借の代理又は媒介を行う宅建業者は、①契約が成立するまでの間に、②物件を借りようとする者に対して、③宅地建物取引士をして、④重要事項説明書（書面には宅地建物取引士の記名が必要）を交付して、説明させなければならない（宅建業法35条1項、5項）。ただし、**宅建業者**に対しては書面を交付すれば足り、説明は不要である（同6項、7項）。宅地建物取引士は、説明をするときは、相手方に対し、**宅地建物取引士証を提示**しなければならない（同4項）。なお、「重要事項説明書」は「35条書面」ともいう。

表1　重要事項説明の方法

説明義務者	宅建業者
説明時期	契約が成立するまでの間に
説明場所	場所的制限はない
説明の相手方	物件を借りようとする者に対して
説明事項	宅建業法35条所定の重要事項
説明の方法	①重要事項を記載した書面（書面には宅地建物取引士の記名が必要）（注）を交付して、宅地建物取引士をして、説明させなければならない。ただし、**宅建業者**に対しては書面を交付すれば足り、説明は不要（同6項、7項）。 ②宅地建物取引士が説明をするときは、説明の相手方に対し、**宅地建物取引士証**を提示しなければならない。

（注）相手方の承諾を得て、宅地建物取引士に、書面に記載すべき事項を電磁的方法であって宅地建物取引士の記名に代わる措置を講ずるものとして国土交通省令で定めるものにより提供させたときは、当該書面を交付したものとみなされる。

3. ITを活用する重要事項説明（IT重説）

　IT重説とは、近時の社会情勢を背景として、テレビ会議等のITを活用する重要事項説明をいう。IT重説は、次の全ての要件を満たす場合に限り、対面による重要事項の説明と同様に取り扱われる（「宅建業法の解釈・運用の考え方」国土交通省）。

表2　IT重説

①宅地建物取引士及び重要事項の説明を受けようとする者が、図面等の書類及び説明の内容について十分に理解できる程度に映像を**視認**でき、かつ、**双方**が発する音声を十分に聞き取ることができるとともに、**双方向**でやりとりできる環境において実施していること。

②宅地建物取引士により記名された重要事項説明書及び添付書類を、重要事項の説明を受けようとする者に**あらかじめ交付**（電磁的方法による提供を含む。）していること。

③重要事項の説明を受けようとする者が、重要事項説明書及び添付書類を確認しながら説明を受けることができる状態にあること並びに映像及び音声の状況について、宅地建物取引士が重要事項の説明を開始する前に確認していること。

④宅地建物取引士が、宅地建物取引士証を提示し、重要事項の説明を受けようとする者が、当該宅地建物取引士証を画面上で視認できたことを確認していること。

　なお、宅地建物取引士は、ITを活用した重要事項の説明を開始した後、映像を視認できない又は音声を聞き取ることができない状況が生じた場合には、直ちに説明を中断し、当該状況が解消された後に説明を再開しなければならない。

STEP 2　要点をつかむ

❶賃貸借の代理又は媒介を行う宅建業者は、契約が成立するまでの間に、物件を借りようとする者に対して、宅地建物取引士をして、重要事項を記載した書面（書面には宅地建物取引士の記名が必要）を交付して、説明させなければならない。

❷宅地建物取引士は、説明をするときは、説明の相手方に対し、**宅地建物取引士証**を提示しなければならない。

❸テレビ会議等のITを活用する重要事項説明を行う場合には、宅地建物取引士により記名された重要事項説明書及び添付書類を、重要事項の説明を受けようとする者にあらかじめ送付（電磁的方法による提供を含む）していることが必要である。

STEP 3 問題に挑戦

□ **1** 賃貸借の代理又は媒介を行う宅建業者は、契約が成立するまでの間に、貸主と借主の双方に対し、宅地建物取引士をして、重要事項説明書を交付して、説明させなければならない。

□ **2** 重要事項説明書は、借主の承諾を得て、重要事項説明をした後に、借主に交付することができる。

□ **3** ITを活用した重要事項の説明を開始した後、映像を視認できない状況が生じた場合には、音声が正常に聞き取れる状況であるとしても、直ちに説明を中断し、映像を視認できない状況が解消された後に説明を再開しなければならない。

答え

1 × 重要事項説明は、**物件を借りようとする者**（借主）に対して行う必要があり、**貸主**に対して行う必要はない。

2 × 重要事項説明は、重要事項説明書を交付したうえで、行う必要がある（宅建業法35条1項）。したがって、借主の承諾を得て、説明をした後に重要事項説明書を交付することはできない。

3 ○ ITを活用した重要事項の説明を開始した後、映像を視認できない又は音声を聞き取ることができない状況が生じた場合には、**直ちに**説明を中断し、当該状況が解消された後に説明を再開しなければならない。映像と音声の両方が正常でなければならない。

81 重要事項説明の内容

Day 41-1

STEP 1 全体を知る

1. 建物賃貸借における説明事項

　賃貸借の代理又は媒介を行う宅建業者は、契約が成立するまでの間に、物件を借りようとする者に対して、以下の事項を説明しなければならない（宅建業法35条1項、施行規則16条～16条の2の2、16条の3、16条の4の3）。説明事項には、物件に関する事項と取引条件に関する事項がある。

表1　建物賃貸借における説明事項

（1）物件に関する事項
①物件上の**登記された権利の種類・内容**、登記名義人又は登記簿の表題部に記録された所有者の氏名（法人の場合は名称）
②都市計画法、建築基準法等の**法令に基づく制限**で契約の内容の別に応じて政令で定めるものの概要
③飲用水、電気及びガスの供給並びに排水のための**施設の整備の状況**（これらの施設が整備されていない場合においては、その整備の見通し及びその整備についての特別の負担に関する事項）
④**工事の完了前**のものであるときは、その完了時における形状、構造その他国土交通省令・内閣府令で定める事項
⑤台所・浴室・便所その他の建物の**設備の整備状況**
⑥用途その他の**利用に係る制限**に関する事項
⑦建物の**管理が委託**されている場合は、その者の氏名・住所（法人の場合は商号・名称・主たる事務所の所在地）
⑧区分所有建物の場合、**専有部分の用途**その他の利用の制限に関する規約の定め（その案を含む）があるときは、その内容

⑨一棟の建物及びその敷地の管理が委託されているときは、その委託を受けている者の氏名（法人にあっては、その商号又は名称）及び住所（法人にあっては、その主たる事務所の所在地）

⑩既存の建物であるときは、**建物状況調査**（実施後国土交通省令で定める期間を経過していないものに限る。）を実施しているかどうか、及びこれを実施している場合におけるその結果の概要

⑪相手方等の利益の保護の必要性及び契約内容の別を勘案して、国土交通省令・内閣府令で定める事項

a）宅地造成等規制法により指定された造成宅地防災区域内にあるときは、その旨

b）土砂災害警戒区域等における土砂災害防止対策の推進に関する法律により指定された土砂災害警戒区域内にあるときは、その旨

c）津波防災地域づくりに関する法律により指定された津波災害警戒区域内にあるときは、その旨

d）水防法の規定により当該宅地又は建物が所在する市町村の長が提供する図面（水害ハザードマップ）に当該宅地又は建物の位置が表示されているときは、当該図面（水害ハザードマップ）における当該宅地又は建物の所在地

e）石綿の使用の有無の調査の結果が記録されているときは、その内容

f）建物（昭和56年6月1日以降に新築の工事に着手したものを除く。）が建築物の耐震改修の促進に関する法律により一定の者（指定確認検査機関、建築士、登録住宅性能評価機関、地方公共団体）が行う耐震診断を受けたものであるときは、その内容

（2）取引条件に関する事項

①借賃以外に授受される金銭の額及び金銭授受の目的

②契約の解除に関する事項

③損害賠償額の予定又は違約金に関する事項

④支払金・預り金を受領しようとする場合は、保証協会の一般保証業務等の保全措置の有無と概要

⑤契約期間・更新に関する事項

⑥定期建物賃貸借契約、終身建物賃貸借（注）契約を締結しようとするときは、その旨

⑦契約終了時において精算することとされている金銭の精算（敷金等の精算）に関する事項

（注）終身建物賃貸借とは、高齢者の居住の安定確保に関する法律によって定められた制度で、賃借人である高齢者（60歳以上の者）等が死亡した時に終了する賃貸借をいう。

2. その他の説明事項（告知事項）

　重要事項説明において説明すべき事項は、上記の事項に限らない。宅建業法35条所定の事項は、説明すべき事項のうち最小限の事項を規定したものであり、これらの事項以外にも場合によっては説明を要する重要事項があり得る（「宅建

業法の解釈・運用の考え方」国土交通省）。

　宅建業法は、宅建業者が契約の締結について勧誘をするに際し、相手方等の判断に重要な影響を及ぼすこととなるものについて、**故意に事実を告げず、又は不実のことを告げる行為**を禁止している（宅建業法47条1号ニ）。これを承けて、「宅地建物取引業者による人の死の告知に関するガイドライン」（令和3年10月国土交通省）は、人の死の告知に関して、以下のような判断基準（原則的な対応）を示している。

表2　宅地建物取引業者による人の死の告知に関するガイドライン

(1) 告げなくてもよい場合	①賃貸借取引及び売買取引の対象不動産において自然死又は日常生活の中での不慮の死が発生した場合 ②賃貸借取引の対象不動産において①以外の死が発生又は特殊清掃等（注）が行われることとなった①の死が発覚して、その後概ね3年が経過した場合 ③賃貸借取引及び売買取引の対象不動産の隣接住戸又は借主若しくは買主が日常生活において通常使用しない集合住宅の共用部分において①以外の死が発生した場合又は①の死が発生して特殊清掃等が行われた場合
(2) 上記(1)①～③以外の場合	上記(1)①～③のケース以外の場合は、宅地建物取引業者は、取引の相手方等の判断に重要な影響を及ぼすと考えられる場合は、買主・借主に対してこれを告げなければならない。

（注）死後長期間にわたって人知れず放置されたこと等に伴う特殊清掃や大規模リフォーム等をいう。

STEP 2　要点をつかむ

❶重要事項説明において説明すべき事項には、物件に関する事項と取引条件に関する事項がある。

❷宅建業法35条所定の事項は、説明すべき事項のうち最小限の事項を規定したものである。

❸宅建業法は、宅建業者が契約の締結について勧誘をするに際し、相手方等の判断に重要な影響を及ぼすこととなるものについて、**故意に事実を告げず、又は不実のことを告げる行為**を禁止している。

STEP 3　問題に挑戦

□ **1** 賃貸住宅について抵当権設定登記がなされている場合でも、賃貸の媒介を行う宅建業者は、借主になろうとする者に対し、抵当権設定登記について説明する必要はない。

□ **2** 賃貸住宅の管理が委託されている場合には、賃貸の媒介を行う宅建業者は、借主になろうとする者に対し、その委託を受けている者の氏名（法人にあっては、その商号又は名称）及び住所（法人にあっては、その主たる事務所の所在地）を説明しなければならない。

□ **3** 賃貸借の媒介を行う宅建業者は、契約の締結について勧誘をするに際し、相手方等の判断に重要な影響を及ぼすこととなるものについて、故意に事実を告げなかった場合でも、その事実が宅建業法35条所定の事項に該当しなければ、宅建業法に違反しない。

（答え）

1　× 物件上の**登記された権利の種類・内容**、登記名義人又は登記簿の表題部に記録された所有者の氏名（法人の場合は名称）は、建物の賃貸借において説明事項とされている（宅建業法35条1項1号）。

2　○ 建物の**管理が委託**されている場合は、その者の氏名・住所（法人の場合は商号・名称・主たる事務所の所在地）は、説明事項とされている。

3　× 宅建業法は、宅建業法35条所定の事項以外の事項であっても、宅建業者が契約の締結について勧誘をするに際し、相手方等の判断に重要な影響を及ぼすこととなるものについて、**故意に事実を告げず、又は不実のことを告げる行為**を禁止しており（宅建業法47条1号ニ）、**故意に事実を告げなかった**ときは、宅建業法に違反する。

LESSON
82
Day41-2

防犯対策

1. 防犯対策の種類（ハード対策）

　防犯対策としては、防犯設備といったハード、入居者の防犯意識を高めるといったソフトの両面において、対策をすることが必要となる。

　ハード対策としては、以下の防犯設備を挙げることができる。

表1　ハード対策

①**防犯カメラ**（出入り口ホール、駐車場、ゴミ置き場、エレベーターのかごなどに設置）
②**防犯センサー**（夜間サーチライトの点灯、警報音を鳴らす、警備会社への自動通報など）
③建物の出入り口を**オートロック**にする
④サッシ窓に**面格子**を設置する（アルミなどの面格子があるため、窓ガラスを破っても侵入できない。
　網入りガラスは、割れたガラスの飛散防止効果はあるが防犯効果はない）
⑤**ピッキング**対策をする
⑥サッシ窓の**二重錠化**

2. 防犯対策の種類（ソフト対策）

　ソフト対策としては、入居者の個々の防犯意識を高めることが挙げられる。また、賃貸物件の近隣の犯罪情報を賃貸物件内で掲示し、注意を促すことも防犯意識を高めるために有効である。

3. 共同住宅に係る防犯上の留意事項等

国土交通省は、警察庁と共同で、「共同住宅に係る防犯上の留意事項」（以下「留意事項」という）を改正するとともに、「防犯に配慮した共同住宅に係る設計指針」（以下「指針」という）を策定している。

両者の注意すべき事項をまとめると以下のようになる。

表2　共同住宅に係る防犯上の留意事項・防犯に配慮した共同住宅に係る設計指針

部位	留意事項	指針
共用玄関	人の顔、行動を明確に識別できる程度以上の照度（注1）が確保されたものであること。また、共用玄関以外の共用出入口は、人の顔、行動を識別できる程度以上の照度が確保されたものであること。	共用玄関の照明設備は、その内側の床面においては概ね50ルクス以上、その外側の床面においては、極端な明暗が生じないよう配慮しつつ、概ね20ルクス以上の平均水平面照度をそれぞれ確保することができるものとする。
共用メールコーナー	人の顔、行動を明確に識別できる程度以上の照度が確保されたものであること。	共用メールコーナーの照明設備は、床面において概ね50ルクス以上の平均水平面照度を確保することができるものとする。
エレベーターホール	人の顔、行動を明確に識別できる程度以上の照度が確保されたものであること。	共用玄関の存する階のエレベーターホールの照明設備は、床面において概ね50ルクス以上の平均水平面照度を確保することができるものとする。その他の階のエレベーターホールの照明設備は、床面において概ね20ルクス以上の平均水平面照度を確保することができるものとする。
エレベーター	かご内は、人の顔、行動を明確に識別できる程度以上の照度が確保されたものであること。	エレベーターのかご内の照明設備は、床面において概ね50ルクス以上の平均水平面照度を確保することができるものとする。

Day 41

共用廊下・共用階段	人の顔、行動を識別できる程度以上の照度（注2）が確保されたものであること。	共用廊下・共用階段の照明設備は、極端な明暗が生じないよう配慮しつつ、床面において概ね20ルクス以上の平均水平面照度を確保することができるものとする。
自転車置場・オートバイ置場	人の行動を視認できる程度以上の照度（注3）が確保されたものであること。	自転車置場・オートバイ置場の照明設備は、極端な明暗が生じないよう配慮しつつ、床面において概ね3ルクス以上の平均水平面照度を確保することができるものとする。

（注1）「人の顔、行動を明確に識別できる程度以上の照度」とは、10メートル先の人の顔、行動が明確に識別でき、誰であるか明確にわかる程度以上の照度をいい、平均水平面照度（床面又は地面における平均照度。以下同じ。）が概ね50ルクス以上のものをいう。

（注2）「人の顔、行動を識別できる程度以上の照度」とは、10メートル先の人の顔、行動が識別でき、誰であるかわかる程度以上の照度をいい、平均水平面照度が概ね20ルクス以上のものをいう。

（注3）「人の行動を視認できる程度以上の照度」とは、4メートル先の人の挙動、姿勢等が識別できる程度以上の照度をいい、平均水平面照度が概ね3ルクス以上のものをいう。

4. ピッキング対策

　ピッキング（picking）とは、鍵以外の用具を使って、解錠することをいう。「防犯に配慮した共同住宅に係る設計指針」によれば、住戸の玄関扉の錠は、ピッキングが困難な構造のシリンダーを有するもので、破壊が困難な構造のものとし、主錠の他に、補助錠を設置することが望ましいとされている。

STEP 2　要点をつかむ

①防犯対策としては、防犯設備といったハード、入居者の防犯意識を高めるといったソフトの両面において、対策をすることが必要となる。

②ハード対策としては、**防犯カメラ・防犯センサー**の設置、建物の出入り口を**オートロック**にする、サッシ窓に**面格子**を設置する、ピッキング対策をする、サッシ窓の**二重錠化**をすることなどがある。

③ソフト対策としては、入居者の個々の防犯意識を高めることが挙げられる。

STEP 3 　問題に挑戦

- ☐ **1** 防犯対策として、サッシ窓に面格子を設置することや網入りガラスにすることを挙げることができる。

- ☐ **2** 「防犯に配慮した共同住宅に係る設計指針」によれば、共用玄関の照明設備は、共用玄関の内側・外側で、概ね50ルクス以上の平均水平面照度をそれぞれ確保する必要がある。

- ☐ **3** 「防犯に配慮した共同住宅に係る設計指針」によれば、住戸の玄関扉の錠は、ピッキングが困難な構造のシリンダーを有するもので、破壊が困難な構造のものとし、主錠の他に、補助錠を設置することが望ましい。

（答え）

1 ×　網入りガラスには、割れたガラスの飛散防止効果はあるが防犯効果はなく、防犯対策として、網入りガラスにすることは適切でない。

2 ×　共用玄関の内側の床面においては概ね50ルクス以上、その「外側の床面においては、概ね20ルクス以上」の平均水平面照度をそれぞれ確保する必要がある。

3 〇　住戸の玄関扉の錠は、ピッキングが困難な構造のシリンダーを有するもので、破壊が困難な構造のものとし、主錠の他に、補助錠を設置することが望ましいとされている。

鍵の管理

STEP 1 　全体を知る

1. 鍵交換の必要性

　賃貸物件の入居者の入れ替わりに際しては、鍵・錠の交換（以下「鍵の交換」という）を行う必要がある。前の入居者が合鍵を作り、退去後も所持しているときは、盗難等のおそれがあり、空室・空家の期間が長くなると、犯罪に利用される可能性もあるからである。

2. 鍵交換の費用

　鍵交換の費用は、賃借人が賃貸物件を安全に使用収益することができるように責任を負う**賃貸人**が負担すべきである。ただし、**賃借人**が鍵を紛失したため鍵交換する場合や、**賃借人**がピッキングが困難な構造を有する錠等への交換を依頼するなど特別の依頼に基づき交換する場合には、**賃借人**に費用負担を求めることができる。

3. 鍵交換の時期

　鍵交換の時期は、前賃借人の退去後、退去後のリフォームが終了し、**新たな入居者が決定した後**が望ましいとされる。鍵交換から新たな入居者が入居するまでの期間は、防犯上の観点から、可能な限り短い方が望ましいからである。

図1　鍵交換の時期

4. マスターキーとは

　マスターキーとは、複数の物件の錠を解錠できる鍵をいう。マスターキーの使用は以下の場合に限られる。

> ①物件内で非常事態が生じた場合
> ②工事その他の点検業務のため**賃貸人**から指示があったような場合

　②については、**入居者の了解**を得る必要がある。

5. マスターキーの管理

　マスターキーは、複数の物件の錠を解錠できることから、その管理は慎重でなければならない。具体的な取扱いは、以下の点に注意する必要がある。

表1　マスターキーの具体的な取扱い

①マスターキーの取扱規則（マニュアル）を定め、他の鍵とは区別して、施錠できる場所に保管する。
②マスターキーを使用する際は、責任者の許可を得る。
③鍵の管理台帳に使用日時・使用場所・使用目的・使用者・返却日時を記入する。
④マスターキーを使用して入居者の部屋に入室する場合には、火災、水漏れ、ガス漏れなどの緊急を要する場合でも点検業務の場合でも、点検業者や管理業者と同じ社内の複数の人間の立ち会いの下に行うという配慮が必要である。

6. シリンダーの種類

　シリンダーとは、鍵を差し込む円筒状の部分をいう。一般に、シリンダーの

内部構造が複雑なものほど、ピッキングに時間を要し、防犯性が高くなる。

表2　シリンダーの種類

ディスクシリン ダー	広く普及したが、ピッキングが容易であることから現在は、製造中止となっている。
ロータリー（U9） シリンダー	ディスクシリンダーに代わって広く普及。U字型のディスクが9枚内蔵され、防犯性能を向上させたものがU9（ユーナイン）シリンダーである。
ピンシリンダー	シリンダー内に筒状のピンが並び鍵の凹凸によってピンが押し上げられ、ピンが一定の高さで揃うと、鍵を回転させることができる。防犯性に優れる。
ディンプルキー 対応シリンダー	筒状のピンを上下、左右に組合せ、ピンシリンダーを複雑にしたものであり、鍵本体にもディンプル（くぼみ）が設けられている。防犯性に優れる。高級物件などで採用されている。
カード対応シリン ダー	センサーによって解錠する。ホテルでの採用例が多い。防犯性が高い。差込みタイプとかざすタイプがある。
暗証番号設定式 シリンダー	暗証番号を変更できるので、シリンダー交換は不要であり、経費削減になる。
指紋照合などの ハイテク錠	入居者ごとに指紋を登録し、削除することができるので、シリンダー交換は不要であり、経費削減になる。

STEP 2　要点をつかむ

①賃貸物件の入居者の入れ替わりに際しては、鍵・錠の交換（以下「鍵の交換」という）を行う必要がある。

②鍵交換の費用は、**賃貸人**が負担すべきであるが、**賃借人**が鍵を紛失した場合や、**賃借人**の特別の依頼に基づき交換する場合には、**賃借人**に費用負担を求めることができる。

③マスターキーの使用は、物件内で非常事態が生じた場合や工事その他の点検業務のため賃貸人から指示があった場合に限られ、賃貸人から指示による場合には、**入居者**の了解を得る必要がある。

STEP 3　問題に挑戦

☐ **1**　鍵交換の時期は、前賃借人の退去後、退去後のリフォームが終了し、新たな入居者が決定した後が望ましい。

☐ **2**　マスターキーは、他の鍵とは区別して、緊急時に迅速に持ち出せるよう施錠しない場所に保管すべきである。

☐ **3**　カード対応シリンダーは、センサーによって解錠する仕組みであり、防犯性が高く、ホテルでの採用例が多い。

（答え）

1　○　鍵交換から新たな入居者が入居するまでの期間は、防犯上の観点から、前賃借人の退去後、退去後のリフォームが終了し、**新たな入居者が決定した後が望ましい**とされる。

2　×　マスターキーは、複数の物件の錠を解錠できることから、その管理は慎重でなければならず、他の鍵とは区別して、「**施錠できる場所**」に保管すべきである。

3　○　カード対応シリンダーは、センサーによって解錠する仕組みであり、防犯性が高く、ホテルでの採用例が多い。差込みタイプとかざすタイプがある。

入居者の退去

全体を知る

1. 明渡しとは

　賃貸物件の明渡しとは、一般に、賃借人が賃貸物件から立ち退くとともに、賃貸物件内にあった動産を取り除いて、賃貸物件に対する**直接的**な支配を賃貸人に引き継ぐことと解されている（東京地判平22・12・20）。もっとも、室内に残置物がある場合でも当事者間で明渡しが完了したことを**合意**して事実上の支配が移転すれば明渡しになると解される（東京地判平25・6・26）。

2. 使用損害金とは

　使用損害金とは、賃貸借終了後、明渡しが遅延した場合において、賃借人が賃貸物件を使用したことによる**賃料相当額**の損害金をいう。

　賃貸借契約に付された、賃貸借終了後、明渡しまでの使用損害金を賃料の**「倍額」**とする「使用損害金倍額特約」の有効性が争われた事案において、判例は、以下のように述べている。

表1　「使用損害金倍額特約」に関する判例

> 「倍額賠償予定条項」（使用損害金倍額特約）は、賃貸借契約終了後における賃借物件の円滑な明渡しを促進し、また、明渡しの遅延によって賃貸人に発生する損害を一定の限度で補填する機能を有するものであり、賠償予定額がその目的等に照らして**均衡**を失するほどに高額なものでない限り、特に**不合理**な規定ではなく、消費者契約法にも**反しない**（東京高判平25・3・28）。

3. 自力救済の禁止

既に見てきたように、賃借人が賃貸借終了後、賃貸物件を明け渡さない場合でも、賃貸人が法律上の手続によることなく自ら実力を行使することは、禁止されている（自力救済の禁止。LESSON14　賃料の回収）。

4. 強制執行

裁判や和解によって権利関係が確定した場合でも、賃借人が明け渡さないときは、強制執行によることになる。

強制執行は、債務名義により行う（民事執行法22条）。債務名義とは、強制執行によって実現されるべき請求権の存在及び内容を証明し、執行力を付与する公文書のことである。債務名義には、確定判決、**仮執行宣言付き判決**、**仮執行宣言付き支払督促**、**和解調書**、**調停調書**、強制執行認諾文言付き公正証書などがある。

強制執行を行うための債務名義には「債権者○○は、債務者○○に対しこの債務名義により強制執行をすることができる。」といった「**執行文**」が付されている必要があり（民事執行法25条）、強制執行は、債務名義が、あらかじめ、又は同時に、債務者に送達されたときに限り、開始することができる（民事執行法29条）。

5. 不動産の明渡しの強制執行

不動産の明渡しの強制執行は、以下の手続により行われる。

表2　不動産の明渡しの強制執行

①明渡しの強制執行は、執行官が債務者の不動産等に対する占有を解いて債権者にその占有を取得させる方法により行う（民事執行法168条1項）。
②執行官は、明渡しの強制執行の申立てがあった場合において、当該強制執行を開始することができるときは、引渡し期限（明渡しの催告があった日から1月を経過する日）を定めて、明渡しの催告をすることができる（民事執行法168条の2第1項本文、2項）。
③執行官は、明渡しの催告をしたときは、その旨、引渡し期限及び債務者が不動産等の占有を移転することを禁止されている旨を、当該不動産等の所在する場所に公示書その他の標識を掲示する方法により、公示しなければならない（同条3項）。

④明渡しの催告があったときは、債務者は、不動産等の占有を移転してはならない（同条5項）。

　なお、執行官は、強制執行をするに際し、債務者の占有する不動産等に立ち入り、必要があるときは、閉鎖した戸を開くため必要な処分をすることができる（民事執行法168条4項）。

　執行官は、強制執行においては、その目的物でない動産を取り除いて、債務者、その代理人又は同居の親族若しくは使用人その他の従業者で相当のわきまえのあるものに引き渡さなければならない。この場合において、その動産をこれらの者に引き渡すことができないときは、執行官は、これを売却することができる（同条5項）。

6. 訴訟上の和解・起訴前の和解（即決和解）

　裁判上の和解には、裁判所において訴訟係属中にされる「訴訟上の和解」と、簡易裁判所において起訴前に当事者の申し立てによってされる「起訴前の和解」（即決和解）がある（民事訴訟法89条、275条）。いずれも和解内容が和解調書に記載されると、和解調書は**確定判決**と同一の効力を有する（民事訴訟法267条）ことから、和解調書に記載された内容が履行されないときは、強制執行の申立てをすることができる。

STEP 2　要点をつかむ

①明渡しは、一般に、賃借人が賃貸物件から立ち退くとともに、賃貸物件内にあった動産を取り除いて、賃貸物件に対する直接的な支配を賃貸人に引き継ぐことによって行われる。

②賃貸借終了後、明渡しが遅延した場合において、賃借人が賃貸物件を使用したことによる使用損害金を賃料の「**倍額**」とする「使用損害金倍額特約」は、特に**不合理**な規定ではなく、消費者契約法にも**反しない**。

③債務名義には、確定判決、**仮執行宣言付き判決**、**仮執行宣言付き支払督促**、**和解調書**、調停調書、強制執行認諾文言付き公正証書などがある。

STEP 3 問題に挑戦

□ **1** 賃貸借終了後、明渡しまでの使用損害金を賃料の「倍額」とする「使用損害金倍額特約」を付した場合、当該特約は、消費者契約法の規定に反し、無効である。

□ **2** 裁判や和解によって権利関係が確定した場合でも、賃借人が明け渡さないときは、賃貸人は、自ら実力を行使して、賃借人を退去させることができる。

□ **3** 和解内容が和解調書に記載されたときは、和解調書は確定判決と同一の効力を有し、和解調書に記載された内容が履行されないときは、強制執行の申立てをすることができる。

（答え）

1 × 「倍額賠償予定条項」(使用損害金倍額特約) は、賠償予定額がその目的等に照らして**均衡を失する**ほどに高額なものでない限り、特に**不合理**な規定ではなく、消費者契約法にも**反しない** (東京高判平25・3・28)。

2 × 賃借人が賃貸借終了後、賃貸物件を明け渡さない場合でも、賃貸人が法律上の手続によることなく自ら実力を行使することは、禁止されている (自力救済の禁止)。

3 ○ 和解内容が和解調書に記載されたときは、和解調書は確定判決と同一の効力を有し (民事訴訟法267条)、和解調書に記載された内容が履行されないときは、強制執行の申立てをすることができる。

原状回復
ガイドライン①

STEP 1　全体を知る

1. 原状回復ガイドラインとは

　「原状回復をめぐるトラブルとガイドライン」は、賃借人の退去時における原状回復をめぐるトラブルの未然防止のため、賃貸住宅標準契約書の考え方、裁判例及び取引の実務等を考慮のうえ、原状回復の費用負担のあり方について、妥当と考えられる**一般的**な基準をガイドラインとして作成されたものである。

　「原状回復をめぐるトラブルとガイドライン」は、その後、裁判事例及びQ＆Aの追加などの改訂が行われ、「原状回復をめぐるトラブルとガイドライン」（再改訂版）に至っている。

2. 原状回復とは

　ガイドラインは、原状回復を「賃借人の居住、使用により発生した建物価値の減少のうち、**賃借人の故意・過失**、**善管注意義務違反**、その他通常の使用を超えるような使用による損耗・毀損を復旧すること」と定義し、その費用は**賃借人負担**とした。そして、いわゆる経年変化、通常の使用による損耗等の修繕費用は、**賃料に含まれる**ものとした。

　以上のように、原状回復は、**賃借人が借りた当時の状態に戻すことではない**ことが明確化されている。

3. 「通常の使用」とは

「通常の使用」の一般的定義は困難であるため、ガイドラインでは、具体的な事例を次のように区分して、賃貸人と賃借人の負担の考え方を明確にしている（図1参照）。

図1　損耗・毀損事例の区分

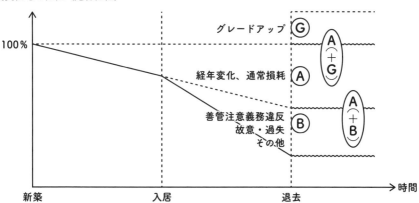

賃貸住宅の価値（建物価値）

A	賃借人が通常の住まい方、使い方をしていても、発生すると考えられるもの	
B	賃借人の住まい方、使い方次第で発生したり、しなかったりすると考えられるもの（明らかに通常の使用等による結果とは言えないもの）	賃借人に原状回復義務あり
A（＋B）	基本的にはAであるが、その後の手入れ等賃借人の管理が悪く、損耗等が発生または拡大したと考えられるもの	
A（＋G）	基本的にはAであるが、建物価値を増大させる要素が含まれているもの	

ガイドラインは、上記のうち、B及びA（＋B）については**賃借人**に原状回復義務があるとしている。

4. 経過年数の考慮

　3で解説しているBやA（＋B）の場合であっても、**経年変化や通常損耗**が含まれており、賃借人はその分を賃料として支払っているので、賃借人が修繕費用の全てを負担することとなると、契約当事者間の費用配分の合理性を欠くなどの問題があるため、賃借人の負担については、建物や設備の経過年数を考慮し、年数が多いほど負担割合を減少させる考え方を採用している。

5. 施工単位

　原状回復は**毀損部分**の復旧であるから、可能な限り**毀損部分**に限定し、その補修工事は出来るだけ最低限度の施工単位を基本としているが、**毀損部分**と補修を要する部分とにギャップ（色あわせ、模様あわせなどが必要なとき）がある場合の取扱いについて、一定の判断を示している。

STEP 2 　要点をつかむ

① 「原状回復をめぐるトラブルとガイドライン」は、賃借人の退去時における原状回復をめぐるトラブルの未然防止のため、妥当と考えられる**一般的な基準**をガイドラインとして作成されたものである。

② ガイドラインは、原状回復を「賃借人の居住、使用により発生した建物価値の減少のうち、**賃借人の故意・過失**、**善管注意義務違反**、その他通常の使用を超えるような使用による損耗・毀損を復旧すること」と定義している。

③ 「通常の使用」の一般的定義は困難であるため、ガイドラインでは、具体的な事例を区分して、賃貸人と賃借人の負担の考え方を明確にしている。

STEP 3 問題に挑戦

- □ **1** 原状回復とは、賃借人が借りた当時の状態に戻すことをいう。
- □ **2** 賃借人が通常の住まい方、使い方をしていても、発生すると考えられるものであっても、その後の手入れ等賃借人の管理が悪く、損耗等が発生または拡大したと考えられるものについては、賃借人に原状回復義務がある。
- □ **3** ガイドラインは、原状回復は毀損部分の復旧であるから、可能な限り毀損部分に限定し、その補修工事は出来るだけ最低限度の施工単位を基本としており、毀損部分と補修を要する部分とにギャップがある場合の取扱いについては、判断を示していない。

答え

1 × ガイドラインは、原状回復を「賃借人の居住、使用により発生した建物価値の減少のうち、賃借人の**故意・過失、善管注意義務違反**、その他通常の使用を超えるような使用による損耗・毀損を復旧すること」と定義し、原状回復は、**賃借人**が借りた当時の状態に戻すことではないことが明確化されている。

2 ○ ガイドラインでは、賃借人が通常の住まい方、使い方をしていても、発生すると考えられるものをAに区分したうえで、「基本的にはAであるが、その後の手入れ等**賃借人の管理が悪く**、損耗等が発生または拡大したと考えられるものをA（＋B）に区分し、A（＋B）については、賃借人に原状回復義務があるとしている。

3 × ガイドラインは、可能な限り**毀損**部分に限定し、その補修工事は出来るだけ最低限度の施工単位を基本としているが、**毀損**部分と補修を要する部分とにギャップ（色あわせ、模様あわせなどが必要なとき）がある場合の取扱いについて、一定の判断を示している。

原状回復
ガイドライン②

STEP 1 全体を知る

1. 経過年数

　経過年数の考え方については、LESSON85で見たので、ここでは、具体的に見ていくことにする。

　例えば、カーペットの場合、償却年数は、6年で残存価値1円となるような直線（または曲線）を描いて経過年数により賃借人の負担を決定する。よって、年数が経つほど賃借人の負担割合は減少することとなる（図1）。

　なお、経過年数を超えた設備等を含む賃借物件であっても、賃借人は善良な管理者として注意を払って使用する義務を負っているため、経過年数を超えた設備等であっても、修繕等の工事に伴う負担が必要となることがあり得ることを賃借人は留意する必要がある。具体的には、経過年数を超えた設備等であっても、継続して賃貸住宅の設備等として使用可能な場合があり、このような場合に賃借人が故意・過失により設備等を破損し、使用不能としてしまった場合には、賃貸住宅の設備等として本来機能していた状態まで戻す。例えば、賃借人がクロスに故意に行った落書きを消すための費用（工事費や人件費等）などについては、賃借人の負担となることがあるものである。

図1 設備等の経過年数と貸借人負担割合（耐用年数6年及び8年・定額法の場合）**・貸借人負担割合**（原状回復義務がある場合）

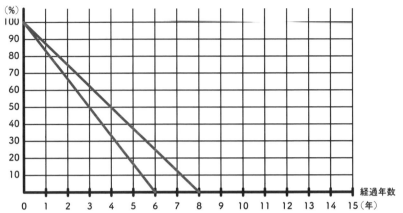

2. 入居年数による代替

　経過年数の考え方を導入した場合、新築物件の賃貸借契約ではない場合には、実務上の問題が生じる。すなわち、設備等によって補修・交換の実施時期はまちまちであり、それらの履歴を賃貸人や管理業者等が完全に把握しているケースは少ないこと、入居時に経過年数を示されても賃借人としては確認できないことである。

　他方、賃借人がその物件に何年住んだのかという入居年数は、契約当事者にとっても管理業者等にとっても明確でわかりやすい。

　そこで本ガイドラインでは、経過年数のグラフを、**入居年数**で代替する方式を採用することとした。この場合、入居時点の設備等の状況は、必ずしも価値100％のものばかりではないので、その状況に合わせて経過年数のグラフを下方にシフトさせて使用することとする（図2）。

　入居時点の状態でグラフの出発点をどこにするかは、契約当事者が確認のうえ、予め協議して決定することが適当である。例えば、入居直前に設備等の交換を行った場合には、グラフは価値100％が出発点となるが、そうでない場合には、当該賃貸住宅の建築後経過年数や個々の損耗等を勘案して1円を下限に

適宜グラフを決定することとなる。

　なお、賃借人は賃貸物を善良な管理者として注意を払って使用する義務を負っていることは経過年数の考え方と同様である。

図2　入居時の状態と貸借人負担割合（耐用年数6年、定額法の場合）・**貸借人負担割合**（原状回復義務がある場合）

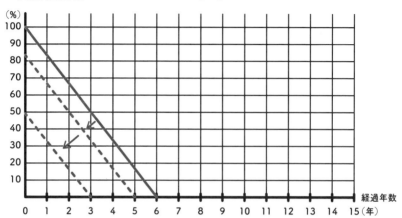

3. 経過年数（入居年数）を考慮しないもの

　以下のものは経過年数を考慮することにはなじまないと考えられる。

表1　経過年数（入居年数）を考慮しないもの

> ①フローリング等の部分補修
> 　補修を部分的に行ったとしても、将来的には全体的に張替えるのが一般的であり、部分補修がなされたからといって、フローリング全体としての価値が高まったと評価できるものではない（つぎはぎの状態になる）。よって、部分補修の費用全額を賃借人が負担しても、賃貸人が当該時点におけるフローリングの価値（経年変化や通常損耗による減少を考慮した価値）を超える利益を獲得することにはならない。
> ②襖紙や障子紙、畳表
> 　消耗品としての性格が強く、毀損の軽重にかかわらず価値の減少が大きいため、減価償却資産の考え方を取り入れることにはなじまないことから、経過年数を考慮せず、張替え等の費用について毀損等を発生させた賃借人の負担とするのが妥当であると考えられる。

STEP 2 要点をつかむ

①経過年数を超えた設備等を含む賃借物件であっても、賃借人は**善良な管理者として注意を払って使用する義務**を負う。

②経過年数の考え方を導入した場合、新築物件の賃貸借契約ではない場合には、実務上の問題が生じるので、**入居年数**によって代替する方法がとられる。

③フローリング等の部分補修や襖紙や障子紙、畳表の張替え等の費用については、経過年数（入居年数）を考慮しない。

STEP 3 問題に挑戦

□ **1** 賃借人は、賃借物件が経過年数を超えた設備等を含むものである場合には、自己の財産におけるのと同一の注意をもって使用する義務を負う。

□ **2** ガイドラインは、新築物件の賃貸借契約ではない場合には、経過年数のグラフを、入居年数で代替する方式を採用している。

□ **3** 襖紙や障子紙、畳表の張替え等の費用については、経過年数を考慮せず、賃貸人の負担とするのが妥当である。

（答え）

1 × 賃借人は**善良な管理者**として**注意**を払って使用する義務を負う。

2 ○ ガイドラインは、新築物件の賃貸借契約ではない場合には、経過年数のグラフを、**入居年数**で代替する方式を採用している。

3 × 襖紙や障子紙、畳表は消耗品の性格が強く、「賃借人」の負担とするのが妥当である。

原状回復
ガイドライン③

STEP 1　全体を知る

1. 賃貸人・賃借人の修繕分担（賃貸人の負担となるもの）

原状回復に関する費用負担の一般原則の考え方は以下のようになる。

表1　原状回復に関する費用負担の一般原則の考え方

①賃借人の**故意・過失**、**善管注意義務違反**、その他通常の使用方法を超えるような使用による損耗等については、**賃借人**が負担すべき費用となる。
②建物・設備等の自然的な劣化・損耗等（経年変化）及び賃借人の通常の使用により生ずる損耗等（通常損耗）については、**賃貸人**が負担すべき費用となる。

具体的内容は、以下のとおりである。

表2　原状回復に関する費用負担の具体的内容

賃貸人の負担となるもの	賃借人の負担となるもの
床（畳・フローリング・カーペットなど）	
①畳の裏返し、表替え（特に破損していないが、次の入居者確保のために行うもの） ②フローリングのワックスがけ ③家具の設置による床、カーペットのへこみ、設置跡 ④畳の変色、フローリングの色落ち（日照、建物構造欠陥による雨漏りなどで発生したもの）	①カーペットに飲み物等をこぼしたことによるシミ、カビ（こぼした後の手入れ不足等の場合） ②冷蔵庫下のサビ跡（サビを放置し、床に汚損等の損害を与えた場合） ③引越作業等で生じた引っかきキズ ④フローリングの色落ち（賃借人の不注意で雨が吹き込んだことなどによるもの）

壁、天井（クロスなど）	
①テレビ、冷蔵庫等の後部壁面の黒ずみ（いわゆる電気ヤケ） ②壁に貼ったポスターや絵画の跡 ③壁等の画鋲、ピン等の穴（下地ボードの張替えは不要な程度のもの） ④エアコン（賃借人所有）設置による壁のビス穴、跡 ⑤クロスの変色（日照などの自然現象によるもの）	①賃借人が日常の清掃を怠ったための台所の油汚れ（使用後の手入れが悪く、ススや油が付着している場合） ②賃借人が結露を放置したことで拡大したカビ、シミ（賃貸人に通知もせず、かつ、拭き取るなどの手入れを怠り、壁等を腐食させた場合） ③クーラーから水漏れし、賃借人が放置したため壁が腐食 ④タバコ等のヤニ・臭い（喫煙等によりクロス等が変色したり、臭いが付着している場合） ⑤壁等のくぎ穴、ネジ穴（重量物をかけるためにあけたもので、下地ボードの張替えが必要な程度のもの） ⑥賃借人が天井に直接つけた照明器具の跡 ⑦落書き等の故意による毀損
建具等、襖、柱等	
①網戸の張替え（破損はしていないが、次の入居者確保のために行うもの） ②地震で破損したガラス ③網入りガラスの亀裂（構造により自然に発生したもの）	①飼育ペットによる柱等のキズ・臭い（ペットによる柱、クロス等にキズが付いたり、臭いが付着している場合） ②落書き等の故意による毀損
設備、その他	
①専門業者による全体のハウスクリーニング（賃借人が通常の清掃を実施している場合） ②エアコンの内部洗浄（喫煙等の臭いなどが付着していない場合） ③消毒（台所・トイレ） ④浴槽、風呂釜等の取替え（破損等はしていないが、次の入居者確保のために行うもの） ⑤鍵の取替え（破損、鍵紛失のない場合） ⑥設備機器の故障、使用不能（機器の寿命によるもの）	①ガスコンロ置き場、換気扇等の油汚れ、すす（賃借人が清掃・手入れを怠った結果汚損が生じた場合） ②風呂、トイレ、洗面台の水垢、カビ等（賃借人が清掃・手入れを怠った結果汚損が生じた場合） ③日常の不適切な手入れもしくは用法違反による設備の毀損 ④鍵の紛失または破損による取替え ⑤戸建賃貸住宅の庭に生い茂った雑草

2. 賃借人の負担単位

賃借人の負担となるものについて、その負担単位は以下のとおりである。

表3　賃借人の負担単位

【畳】負担単位は、原則1枚単位であり、毀損部分が複数枚の場合はその枚数分（裏返しか表替えかは、毀損の程度による）となる。畳表について、経過年数は考慮しない。

【カーペット、クッションフロア】負担単位は、毀損等が複数箇所の場合は、**居室全体**となる。畳床・カーペット・クッションフロアについて、経過年数は**6年**で残存価値1円となるような負担割合を算定する。

【フローリング】負担単位は、原則㎡単位であり、毀損等が複数箇所の場合は、居室全体となる。フローリングの補修は経過年数を考慮しない（フローリング全体にわたる毀損等があり、張り替える場合は、当該建物の耐用年数で残存価値1円となるような負担割合を算定する。）。

【壁（クロス）】負担単位は、㎡単位が望ましいが、賃借人が毀損した箇所を含む**一面分**までは張替え費用を賃借人負担としてもやむをえないとする。経過年数は、**6年**で残存価値1円となるような負担割合を算定する。

【タバコ等のヤニ、臭い】負担単位は、喫煙等により当該**居室全体**においてクロス等がヤニで変色したり臭いが付着した場合のみ、居室全体のクリーニングまたは張替費用を賃借人負担とすることが妥当と考えられる。壁（クロス）の経過年数は、**6年**で残存価値1円となるような負担割合を算定する。

【襖】負担単位は、1枚単位である。襖紙、障子紙について、経過年数は考慮しない。

【柱】負担単位は、1本単位である。襖、障子等の建具部分、柱について、経過年数は考慮しない。

【設備機器】負担単位は、補修部分、交換相当費用である。経過年数は、設備の耐用**年数経過時点**で残存価値1円となるような直線（または曲線）を想定し、負担割合を算定する。

【鍵】負担単位は、補修部分である（紛失の場合は、シリンダーの交換も含む。）。鍵の紛失の場合は、経過年数は考慮しない。交換費用相当分を借主負担とする。

【クリーニング（※通常の清掃や退去時の清掃を怠った場合のみ）】負担単位は、部位ごと、または住戸全体である。経過年数は考慮しない。借主負担となるのは、通常の清掃を実施していない場合で、部位もしくは、住戸全体の清掃費用相当分を借主負担とする。

3. 通常損耗の補修費用を賃借人が負う旨の特約

通常損耗の補修費用を賃借人が負う旨について、ガイドラインでは、次の要件を満たしていなければ効力を争われることに十分留意すべきであるとしている。

表4　賃借人に特別の負担を課す特約の要件

①特約の必要性があり、かつ、暴利的でないなどの**客観的、合理的理由**が存在すること
②賃借人が特約によって通常の原状回復義務を超えた修繕等の義務を負うことについて認識していること
③賃借人が特約による義務負担の意思表示をしていること

STEP 2　要点をつかむ

①原状回復に関する費用負担の一般原則の考え方としては、①賃借人の**故意・過失、善管注意義務違反**、その他通常の使用方法を超えるような使用による損耗等については、**賃借人**が負担すべき費用となり、②建物・設備等の自然的な劣化・損耗等（経年変化）及び賃借人の通常の使用により生ずる損耗等（通常損耗）については、**賃貸人**が負担すべき費用となる。
②原状回復の費用負担については、建物の部位によって、経過年数等を考慮するものと考慮しないものがある。

STEP 3　問題に挑戦

☐ **1**　ガイドラインによれば、畳の裏返し、表替え（特に破損していないが、次の入居者確保のために行うもの）の費用は、賃貸人の負担となる。

☐ **2**　ガイドラインによれば、フローリングの補修は、フローリング全体にわたる毀損等があり、張り替える場合でも、経過年数等を考慮しない。

答え

1　○　畳の裏返し、表替え（特に破損していないが、次の入居者確保のために行うもの）の費用は、**賃貸人**の負担となる。

2　×　フローリング全体にわたる毀損等があり、張り替える場合は、当該建物の耐用年数で残存価値1円となるような負担割合を算定する。

Chapter
★
4

賃貸住宅の
維持保全

本章では、賃貸住宅管理業者が建物やその設備の
維持保全のために必要な法律（建築基準法など）の知
識、給排水設備や電気設備などの建築設備の知識
について学習する。

賃貸住宅の維持保全

1. 賃貸住宅の維持保全とは

　賃貸住宅管理業法においては、「賃貸住宅の維持保全」とは、居室及び居室の使用と密接な関係にある住宅のその他の部分である、玄関・通路・階段等の共用部分、居室内外の電気設備・水道設備、エレベーター等の設備等について、点検・清掃等の維持を行い、これら点検等の結果を踏まえた必要な修繕を一貫して行うことをいう（解釈2条2項1号関係）。

　ただし、ここで学習する「賃貸住宅の維持保全」とは、賃貸住宅管理業法や建築基準法にいう維持保全に限らず、一般に、建物や建築設備等を安全で良好な状態に保つための点検・修繕等を広く含む活動をいう。

2. 維持保全の分類

　維持保全には、建物や設備に不具合等の問題が生じてから、事後的に修繕等の処置を行う「事後保全」と不具合等の問題が生じないよう、あらかじめ適切な処置を施す「予防保全」がある。賃貸住宅に求められる適切な維持保全は、「予防保全」である。

表1　維持保全の分類

維持保全	事後保全	（内容）建物や設備に不具合等の問題が生じてから、事後的に修繕等の処置を行う。 （長所）不具合等の設備だけを取り換えるので、短期的には経済的である。 （短所）部分的な補修や応急処置の積み重ねにより、全体的・根本的な修繕は先送りとなり、設備全体の修繕周期が把握できず、長期的にみれば経済的とはいえない。
	予防保全	（内容）建物や設備に不具合等の問題が生じないよう、あらかじめ適切な処置を施す。 （長所）不具合等が生じる確率が低い。設備全体の修繕周期が把握でき、長期的に見れば経済的である。 （短所）建物や設備に不具合等の問題が生じないよう、あらかじめ適切な処置を施すので、定期的に費用が発生する。

　一般に、賃貸住宅は、賃貸借の期間中は保守がしにくいので、不具合等が生じた直後に修繕等の処置を行えば適切な保全と考えられる。

　しかし、予防保全の観点からは、**法定耐用年数**にとらわれることなく、現場の劣化状況と収支状況を考え合わせて、適切な保全をすることが管理業者に求められる。

3. 維持管理とは

　維持管理とは、維持保全のうち、建築・設備及び諸施設・外構等を**常時適切な状態**に維持する管理活動をいう。維持管理は、清掃管理、設備管理、警備、巡回などの**日常業務全般**と、**定期的な点検、保守・修繕行為**が中心業務となる。

　維持管理を効果的に行うためには、次のような維持管理計画を立てることが重要である。

表2　維持管理計画

	項目	内容
日常的管理計画	清掃	日常清掃、清掃道具、消耗品の在庫確認
	設備	運転、作動・点灯確認、電球類の在庫確認
定期的管理計画	清掃	定期清掃、特別清掃、植栽・剪定
	設備	法定点検（注）
維持（修繕）計画	経常維持	日常的な建物の維持（修繕）計画
	計画維持	周期的な建物の維持（修繕）計画

（注）法定点検は、建物・設備によって、期間が異なるため、経費上の観点からも重複がないように計画を立てる必要がある。

STEP 2　要点をつかむ

① 賃貸住宅管理業法においては、「賃貸住宅の維持保全」とは、居室及び居室の使用と密接な関係にある住宅のその他の部分である、玄関・通路・階段等の共用部分、居室内外の電気設備・水道設備、エレベーター等の設備等について、**点検・清掃**等の維持を行い、これら**点検**等の結果を踏まえた必要な**修繕を一貫**して行うことをいう。

② 維持保全には、建物や設備に不具合等の問題が生じてから、事後的に修繕等の処置を行う「**事後保全**」と不具合等の問題が生じないよう、あらかじめ適切な処置を施す「**予防保全**」がある。賃貸住宅に求められる適切な維持保全は「予防保全」である。

③ 維持管理とは、維持保全のうち、建築・設備及び諸施設・外構等を**常時適切な状態**に維持する管理活動をいう。

STEP 3 問題に挑戦

□ **1** 事後保全は、建物や設備に不具合等の問題が生じてから、事後的に修繕等の処置を行うことをいうので、長期的にみれば経済的である。

□ **2** 予防保全は、建物や設備に不具合等の問題が生じないよう、あらかじめ適切な処置を施すので、定期的に費用が発生する。

□ **3** 予防保全の観点からは、法定耐用年数に忠実に、適切な保全をすることが管理業者に求められる。

(答え)

1 × 事後保全は、部分的な補修や応急処置の積み重ねにより、全体的・根本的な修繕は先送りとなり、設備全体の修繕周期が把握できず、長期的にみれば**経済的**とはいえない。

2 〇 予防保全は、建物や設備に不具合等の問題が生じないよう、あらかじめ適切な処置を施すので、不具合等が生じる確率が低いが、**定期的**に費用が発生する。

3 × 予防保全の観点からは、**法定耐用年数**にとらわれることなく、現場の劣化状況と収支状況を考え合わせて、適切な保全をすることが管理業者に求めれらる。

建物の構造

STEP 1 全体を知る

1. 建物の構造

　建物は、大きく基礎部分と、基礎より上部の上部構造（土台、床、柱、梁、壁、天井、屋根など）に分けられる。

　基礎は、建物の荷重を地盤に伝える部分をいう。地盤が建物を支える力を**地耐力**といい、軟弱な地盤は**地耐力**が低く、堅固な地盤は**地耐力**が高い。

2. 基礎の種類

　主な基礎の種類には以下のものがある。

表1　基礎の種類

直接基礎（建物の荷重を支持地盤へ直接的に伝えることのできる基礎）	フーチング基礎	基礎の断面が凸型（逆T字）になっている基礎。フーチング基礎は、柱の位置に設ける独立基礎と、外壁や間仕切り壁の位置に連続して設ける連続基礎（布基礎）に分類される。
	べた基礎	建築物の底部全面を覆う基礎。
杭基礎（地盤が軟弱な場合に杭を打ち込むことにより地耐力を高めた基礎）	支持杭	硬い地盤（支持層）に達するまで杭を打ち込み荷重を支える。
	摩擦杭	硬い地盤（支持層）に杭が届かない場合、竹の節（ふし）のような部分を設けた特殊な杭の摩擦力によって荷重を支える。

3. 建物の構造形式

建物は、構造形式（工法）によって以下のように分類される。

表2　建物の構造形式

木造在来工法	（内容）建物の土台・柱・梁・桁・棟木・筋交いなどの軸組に木材を使用。継手や仕口という伝統的工法を使用するが、耐震性を高めるため金具で補強する場合が多い。 （長所）建物重量が比較的軽い、施工しやすい、設計の自由度が高い。 （短所）**防火性・耐火性**に劣る、職人の熟練度によって品質に差が出る。
木造ツーバイフォー工法	（内容）断面が2インチ×4インチの角材による枠組みに、構造用合板を貼り合わせて壁体（パネル）を作り、壁体を組み立てる工法。 （長所）**耐震性・耐風性・断熱性**が高い、石膏ボードを使用するため**耐火性**が高い、品質のバラツキがない。 （短所）設計の自由度が低い、気密性が高いので結露対策が必要。
プレハブ工法	（内容）あらかじめ工場で製造された構成部材を現場で組み立てる工法（軽量鉄骨プレハブ、軽量コンクリート） （長所）コストが安い、工期が短い、品質のバラツキがない。 （短所）設計の自由度が低い。
鉄筋コンクリート造（RC造）	（内容）引張力に強い鉄筋と圧縮力に強いコンクリートのよいところを活かした一体構造（基礎・壁・柱・床・梁・屋根などの主要構造部が一体となった構造）。中低層の建物（8階程度）に多く採用されていたが、現在は、強度の高い材料を使用することにより、高層建築物にも広く採用されている。 （長所）**耐火性・耐久性**に優れる。揺れが少なく、**遮音性・断熱性**が高い、設計の自由度は比較的高い。 （短所）重量が重いので、軟弱な地盤では地盤改良や杭基礎が必要、コンクリートの養生に時間を要するなど工期が長い、品質と強度にバラツキが生じやすい、ひび割れが生じやすい、工費が木造より高い。

鉄骨造（S造）	（内容）柱、梁などに鉄骨を用いた構造。ラーメン・トラス・アーチ構造などの多くの構造形式がある。 （長所）自重が軽いため超高層建築や大スパンの構造が可能、耐震性に優れる、品質のバラツキがない、工期が短い。 （短所）耐火被覆、防錆対策が必要、自重が軽いため風や地震による揺れが生じやすい、遮音対策、外壁の目地対策が必要、工費が木造より高い。
鉄骨鉄筋コンクリート造 （SRC造）	（内容）鉄骨構造を鉄筋コンクリートで被覆した構造。内包する鉄骨の種類によって充腹形（H形、十字形）と非充腹形（格子形、ラチス形）がある。 （注） （長所）鉄筋コンクリート造より耐震性に優れる。鉄骨造より振動が少なく、遮音性に優れる。高層建築も可能。 （短所）工期が鉄筋コンクリート造より長い、工費が鉄骨造より高い、施工の難易度が高い。

（注）非充腹形である格子形は、充腹形に比べ、せん断耐力（せん断力に対する抵抗力）に劣る。構造部材の内部で「せん断力」が「せん断耐力」を上回ることによって「せん断破壊」が生じると、人命にかかわる重大な事故に繋がる。

図1　鉄骨の種類

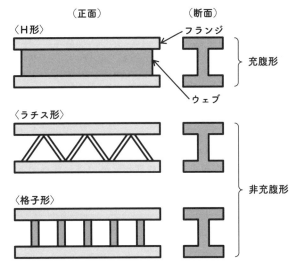

鉄骨のウェブ部分（腹部）が充たされているタイプが充腹形であり、充たされていないタイプが非充腹形といわれる。

STEP 2 要点をつかむ

①建物の構造は、基礎部分と、基礎より上部の上部構造（土台、床、柱、梁、壁、天井、屋根など）に分けられる。

②基礎の種類は、**直接基礎**と**杭基礎**に分けられる。

③建物の工法には様々なものがあり、それぞれ長所・短所・用途が異なる。

STEP 3 問題に挑戦

☐ **1** 建築物の底部全面を覆う基礎を連続基礎という。

☐ **2** 木造在来工法は、比較的軽い、施工しやすい、設計の自由度が高いが、防火・耐火性に劣る。

☐ **3** 鉄筋コンクリート造は、耐火性・耐久性に優れるが、自重が重いため高層建築物には採用されていない。

（答え）

1 × 建築物の底部全面を覆う基礎は、「べた基礎」である。連続基礎（布基礎）は、外壁や間仕切り壁の位置に連続して設ける基礎である。

2 〇 木造在来工法は、比較的軽い、施工しやすい、設計の自由度が高いという長所を有する反面、**防火性・耐火性**に劣るという短所を有する。

3 × 現在は、強度の高い材料を使用することにより、鉄筋コンクリート造は、高層建築物にも広く採用されている。

建物の耐震診断

STEP 1　全体を知る

1. 耐震診断とは

　耐震診断とは、建物に必要とされる**耐力**と現に保持している**耐力**を比較し、評価・判定することをいう。「建築物の耐震改修の促進に関する法律」（以下、「耐震改修法」という）では、「耐震診断」とは、地震に対する**安全性**を評価することをいうと定義している（耐震改修法2条1項）。

2. 木造住宅等の耐震診断

　国土交通省では、耐震改修法に基づく「特定建築物の耐震診断及び耐震改修に関する指針」（平成7年建設省告示第2089号）に準ずるものとして、（財）日本建築防災協会が発行する「木造住宅の耐震精密診断と補強方法」等を認定し、「木造住宅の耐震精密診断と補強方法」による3つの耐震診断方法を紹介している。

表1　木造住宅等の耐震診断方法

①「誰でもできるわが家の耐震診断」（**一般人向けの住宅の診断**）
②「一般診断法」（**技術者向けの住宅の診断**）
③「精密診断法」（**技術者向けの住宅・非住宅の診断**）

　木造住宅等の耐震診断は、概ね、①を行った後に、②又は③による診断を実施する流れとなる。

3. 鉄筋コンクリート造の耐震診断方法

　鉄筋コンクリート造の耐震診断方法については、国土交通省が作成した「マ
ンション耐震化マニュアル」（平成26年7月再改訂）において、国土交通大臣が認
めた方法として、（一財）日本建築防災協会による「既存鉄筋コンクリート造建
築物の耐震診断基準」を紹介し、診断の目的、マンションの構造特性等に応じ
て、適切な診断法を選定するとしている。

表2　鉄筋コンクリート造の耐震診断方法

---

①第1次診断法
　比較的耐震壁が多く配された建築物の耐震性能を簡略的に評価することを目的とし
た診断法である。対象建物の**柱・壁の断面積**から構造耐震指標を評価するものである。
②第2次診断法
　梁よりも、柱、壁などの鉛直部材の破壊が先行する建築物の耐震性能を簡略的に評
価することを目的とした診断法である。対象建物の**柱・壁の断面積**に加え、**鉄筋**の影響
も考慮し、構造耐震指標を評価するものである。第1次診断法よりも計算精度の改善を
図っており、一般的な建物の構造特性に適した、最も適用性の高い診断法である。
③第3次診断法
　柱、壁よりも、梁の破壊や壁の回転による建物の崩壊が想定される建築物の耐震性
能を簡略的に評価することを目的とした診断法である。
対象建物の柱・壁（断面積・鉄筋）に加えて、梁の影響を考慮し、構造耐震指標を評価する
ものである。第3次診断法は、計算量が最も多く、解析においてモデル化の良否の影響
を大きく受けるため、高度な知識と慎重な判断を要する診断法である。

（出典：「マンション耐震化マニュアル」（平成26年7月再改訂）国土交通省）

　鉄筋コンクリート造の耐震診断の流れは、①建物調査、②構造耐震指標（Is
値）の算定、③耐震性能の判定となる。
　そして、耐震性能の判定は、「構造耐震指標」（Is値）と「構造耐震判定指標」
（Iso値）を用いて行われる。
　「構造耐震指標」（Is値）は構造物の耐震性能を表す指標を意味し、「構造耐震
判定指標」（Iso値）は、想定する地震動に対して必要とされる耐震性能を確保
するための目標値を意味する。
　Is値≧Iso値である場合には、一応安全と判定されるが、Is値＜Iso値である

場合には、耐震性に問題ありと判定される。

　なお、国土交通省は、「耐震診断義務付け対象建築物の耐震診断の結果の公表について（技術的助言）」（平成27年12月11日国住指第3435号）において、Is値とIso値を用いた地震に対する安全性の評価を、地震の震動及び衝撃に対して、①「倒壊し、又は崩壊する危険性が高い」、②「倒壊し、又は崩壊する危険性がある」、③「倒壊し、又は崩壊する危険性が低い」の3段階に区分している。

４．応急危険度判定とは

　「応急危険度判定」は、大規模な地震後には、余震等による二次災害が起きる危険性が高いため、住民に注意を促し、安全の確保を図るために実施されるものであり、地方公共団体により要請を受けた建築技術者（建築士等）が、外観調査に重点をおいて応急的な危険度の判定を行う。

５．危険度ランク

　「応急危険度判定」では、危険度を危険（赤）、要注意（黄）、調査済（緑）の3つに区分し、建物の出入り口など通行人からも見えやすい位置に、判定結果を表示することにしている。

６．罹災証明書

　罹災証明書とは、家屋の財産的被害の程度（全壊、半壊など）を**市町村長**（東京都特別区においては区長）が証明するものである。罹災証明書は、被災者支援制度を受ける際や保険金の請求等に必要となる。なお、地震保険は、「地震保険に関する法律」に基づき、**政府**と損害保険会社が一体となって運営している。

STEP 2　要点をつかむ

①国土交通省は、木造住宅等の耐震診断方法について、**一般人向け**と**技術者向け**に、3つの診断方法を紹介している。

②構造耐力上主要な部分の地震に対する安全性の評価は、地震の震動及び

衝撃に対して、①「倒壊し、又は崩壊する危険性が高い」、②「倒壊し、又は崩壊する危険性がある」、③「倒壊し、又は崩壊する危険性が低い」の3段階に区分される。

③「応急危険度判定」は、大規模な地震後の二次災害の危険性に鑑み、住民に注意を促し、安全の確保を図るための制度である。

STEP 3 問題に挑戦

☐ **1** 木造住宅等の耐震診断は、概ね、一般人が「誰でもできるわが家の耐震診断」を行った後に、技術者が「一般診断法」又は「精密診断法」による診断を実施する流れとなる。

☐ **2** 鉄筋コンクリート造の耐震診断方法の一つである第1次診断法は、比較的耐震壁が多く配された建築物の耐震性能を簡略的に評価することを目的とした診断法である。

☐ **3** 地震保険は、「地震保険に関する法律」に基づき、政府と損害保険会社が一体となって運営している。

答え

1 ○ 木造住宅等の耐震診断は、概ね、一般人が「誰でもできるわが家の耐震診断」を行った後に、技術者が「一般診断法」又は「精密診断法」による診断を実施する流れとなる。

2 ○ 第1次診断法は、比較的耐震壁が多く配された建築物の耐震性能を簡略的に評価することを目的とした診断法である。

3 ○ 地震保険は、民間のみでは対応できない事態も想定されることから、政府と損害保険会社が一体となって運営している。

建物の耐震改修

STEP 1 全体を知る

1. 耐震改修とは

耐震改修法では、「耐震改修とは、地震に対する安全性の向上を目的として、増築、改築、修繕、模様替若しくは一部の除却又は敷地の整備をすることをいう。」と定義している（耐震改修法2条2項）。

2. 特定既存耐震不適格建築物とは

特定既存耐震不適格建築物とは、多くの人が集まる、学校、病院、百貨店、事務所、老人ホームその他多数の者が利用する政令で定める建築物のうち政令で定める規模以上のものであって、現行の耐震規定に適合しないものをいう（耐震改修法14条、5条3項1号）。**賃貸住宅**（共同住宅に限る。）は、階数3以上かつ床面積の合計**1,000m²**以上のものであって、現行の耐震規定に適合していないもの（不明の場合は昭和56年5月31日以前に新築工事に着手している場合）がこれに含まれる（同法施行令6条2項3号）。

3. 特定既存耐震不適格建築物の所有者の努力義務

特定既存耐震不適格建築物の**所有者**は、当該特定既存耐震不適格建築物について耐震診断を行い、その結果、地震に対する安全性の向上を図る必要があると認められるときは、当該特定既存耐震不適格建築物について耐震改修を行うよう**努めなければならない**（耐震改修法14条柱書）。

4. 特定既存耐震不適格建築物に係る指導・助言等

所管行政庁は、特定既存耐震不適格建築物の耐震診断及び耐震改修の適確な実施を確保するため必要があると認めるときは、特定既存耐震不適格建築物の**所有者**に対し、特定既存耐震不適格建築物の耐震診断及び耐震改修について必要な指導及び助言をすることができる（耐震改修法15条）。

5. 要安全確認計画記載建築物の耐震診断の義務

要安全確認計画記載建築物の**所有者**は、耐震診断を行い、その結果を、耐震改修促進計画に記載された期限までに、所管行政庁に**報告しなければならない**（耐震改修法7条）。

6. 耐震改修の方法（木造（軽量鉄骨造））

木造（軽量鉄骨造）の耐震性を高めるための方法として以下のものがある。

表1　木造（軽量鉄骨造）の耐震改修の方法

①既存の基礎に鉄筋コンクリート造の基礎を抱合わせ（一体化）補強する。
②基礎と土台、柱と梁を金物で緊結する。
③壁や開口部を構造用パネルや筋交いで補強する。
④吹き抜け部分が広く、柱が少ない場合には、床材を補強し、床の四隅を火打ち梁（注）で補強する。
⑤制振装置（ダンパー）を設置する。

（注）火打ち梁とは、床の四隅に三角形を形成するように架ける横架材のこと。地震による柱や梁のねじれを防ぐ機能がある。

7. 耐震改修の方法（鉄筋コンクリート造）

鉄筋コンクリート造の耐震性を高めるための方法として以下のものがある。

Day 46

表2　鉄筋コンクリート造の耐震改修の方法

①建物の外側にバットレス（控壁）を設ける。
②鉄骨ブレース（筋交い）によって柱・梁を補強する。
③柱を鋼板や炭素繊維シートを巻いて補強する。
④柱に取り付く腰壁や袖壁と柱の間に耐震スリット（隙間）を設ける。（注）

（注）耐震スリット（隙間）を設ける意味は、地震の揺れに対して、腰壁や袖壁が柱に密着していると、地震の
　　　際に柱の一部に過大な力が加わり、せん断破壊の原因となるため、これを防止することにある。

8. 耐震構造・制振（震）構造・免震構造

　建物の地震対策の構造は、耐震構造・制振構造・免震構造の3つに分類される
るが、地震力による建物（構造躯体）のダメージは、耐震構造が最も大きく、免
震構造が最も小さい。

　耐震構造とは、建物の強度や粘り強さで地震に耐える構造をいい、木造では、
筋交いをバランスよく配置したり、接合部の抜けを防止するため金物で固定す
るなどの方法により耐震構造とするのが一般的（原則）である。

　鉄筋コンクリート造等では、鉄骨ブレース（筋交い）を設置したり、柱に炭素
繊維シートや鉄板を巻くなどの方法がとられる。

　制振構造は、建物の骨組み等に制振装置（ダンパー）を設けて建物に入った地
震力を吸収する構造である。地震の揺れ自体は建物に伝わるが、建物の骨組み
等に設けられたダンパーが揺れを吸収（揺れを70％〜80％に低減）する。また、強
風に対しても効果がある。

　制振構造の工事費は、耐震構造の工事費より高いが、免震構造の工事費より
安価である。

　免震構造は、基礎と建物の間に積層ゴム等（ゴムと鋼板を交互に重ねた円柱状のもの）
で作られた免震装置を設けて、地震の揺れが可能な限り直接建物に伝わりにく
くする（揺れを30％〜50％に低減）構造である。

　免震構造は、積層ゴム等の上部が地震時に水平にスライド（変形）するため、
積層ゴム等の周囲にスライド（変形）するためのスペース（クリアランス）が必要
となり、床下にデッドスペースが生じる。スペース（クリアランス）上の問題が

あることから、文化財としての建築物など耐震構造や制振構造にすることができない場合を除き、新築時に採用されるケースが多い。

STEP 2　要点をつかむ

①特定既存耐震不適格建築物の所有者は、耐震診断を行い、耐震改修を行うよう**努めなければならない**（努力義務）。
②建物の地震対策の構造は、**耐震構造・制振構造・免震構造**の3つに分類される。

STEP 3　問題に挑戦

□ **1**　現行の耐震規定に適合しない賃貸住宅（共同住宅に限る。）で、階数3以上かつ床面積の合計1,000m²以上のものの所有者は、耐震改修を行わなければならない。

□ **2**　建物の地震対策の構造は、耐震構造・制振構造・免震構造のうち、地震力の建物（構造躯体）に与えるダメージは、耐震構造が最も大きく、免震構造が最も小さい。

（答え）

1　×　現行の耐震規定に適合しない賃貸住宅（共同住宅に限る。）で、階数3以上かつ床面積の合計1,000m²以上のもの（特定既存耐震不適格建築物）の所有者は、耐震改修を行うよう**努めなければならない**。**努力義務**である。

2　○　地震力によるダメージは、**耐震構造**が最も高く、**免震構造**が最も低い。

建築基準法①
（維持保全）

1. 維持保全の努力義務

　建築物の維持保全が適切に行われなければ、人の生命・健康等を害するおそれがあることから、建築基準法は、「建築物の**所有者**、**管理者又は占有者**は、その建築物の敷地、構造及び建築設備を常時適法な状態にするように**努めなければならない**」（建基法8条1項）とし、建築物の維持について**努力義務**を課している。

2. 定期報告制度とは

　建築基準法は、安全上、防火上又は衛生上特に重要であるものとして政令で定める一定の規模の建築物・特定行政庁が指定する**特定建築物**・一定の**建築設備**の所有者（所有者と管理者が異なる場合においては、管理者。以下「所有者等」という。）に対し、建築物の敷地、構造及び建築設備について、定期に、一定の資格を有する者に調査又は検査をさせ、特定行政庁に報告することを義務づけている（建築基準法12条1項、3項）。これを定期報告制度という。

　なお、**集合賃貸住宅**は、一般には、地階あるいは地上3階以上にその用途に供する部分が**200m²**を超えて存在する建築物（施行令16条、法別表第一）、又はその用途に供する部分の床面積の合計が**300m²**以上の建築物が定期報告の対象となるが、地方自治体によって基準が異なる。

3. 調査・検査の対象と資格者等

定期報告制度における調査・検査の対象は以下のようになる。

表1　定期報告制度における調査・検査の対象

特定建築物（注1）	① 敷地及び地盤（敷地内の通路、擁壁の状況など） ② 建築物の外部（外壁の劣化の状況など） ③ 屋上及び屋根（屋上周りの劣化の状況など） ④ 建築物の内部（防火区画や、床、天井の状況など） ⑤ 避難施設等（避難施設、非常用設備の状況など）
昇降機等（注2）	① エレベーター ② エスカレーター ③ 小荷物専用昇降機 ④ 遊戯施設等
防火設備（随時閉鎖または作動するものに限る）	① 防火扉 ② 防火シャッター ③ 耐火クロススクリーン ④ ドレンチャー等
建築設備	① 換気設備（排気風量の測定など） ② 排煙設備（作動確認、風量測定など） ③ 非常用の照明装置（点灯の確認など） ④ 給水設備及び排水設備（受水タンクの点検など）

（出典：東京都都市整備局HPより作成）

（注1）共同住宅の住戸内は調査・報告対象から除かれる。
（注2）一戸建て住宅や共同住宅の住戸内のホームエレベーターは、検査・報告対象から除かれる。

定期報告制度における調査・検査の対象と資格者等を整理すると次のようになる。

表2　定期報告制度における調査・検査の対象と資格者等

調査・検査の対象	資格者	調査・検査期間
特定建築物等定期調査	1級建築士・2級建築士・特定建築物調査員	おおむね6月～3年（注2）
昇降機等（注1）定期検査	1級建築士・2級建築士・昇降機等検査員	おおむね6月～1年（注2）
防火設備定期検査	1級建築士・2級建築士・防火設備検査員	
建築設備定期検査	1級建築士・2級建築士・建築設備検査員	

（注1）昇降機等には遊戯施設が含まれる。
（注2）報告の時期は、建基法施行規則では、上記の間隔において、特定行政庁が定める時期とされている（施行規則5条1項、6条1項）が、東京都その他の多くの自治体では、特定建築物等定期調査については「3年ごと」、特定建築物等定期調査以外については、「毎年」（東京都では遊戯施設については6か月ごと）とされている。

　なお、定期報告は、新築又は改築の場合、**検査済証**の交付を受けた直後の時期においては、不要とされている（建基法施行規則5条1項かっこ書、6条1項かっこ書）。

STEP 2　要点をつかむ

①建築物の**所有者**、**管理者**又は**占有者**は、その建築物の敷地、構造及び建築設備を常時適法な状態にする**努力義務**を負う。

②建築基準法は、安全上、防火上又は衛生上特に重要であるものとして政令で定める一定の規模の建築物・特定行政庁が指定する**特定建築物**・一定の**建築設備**の所有者等に対し、建築物の敷地、構造及び建築設備について、定期に、一定の資格を有する者に調査又は検査をさせ、特定行政庁に報告することを義務づけている。

③一定規模以上の集合賃貸住宅は、定期報告の対象となる。

□ **1** 建築物の所有者、管理者又は占有者は、その建築物の敷地、構造及び建築設備を常時適法な状態にしなければならない。

□ **2** 定期報告の対象となる建築物及び建築設備の所有者等は、1級建築士又は2級建築士に特定建築物等定期調査その他の建築設備の定期検査をさせることができる。

□ **3** Aが一定規模以上の集合賃貸住宅を新築した場合、検査済証の交付を受けた直後であっても、建築物の敷地、構造及び建築設備について、一定の資格を有する者に調査又は検査をさせ、特定行政庁に報告しなければならない。

(答え)

1 × 建築物の**所有者**、**管理者**又は**占有者**は、その建築物の敷地、構造及び建築設備を常時適法な状態にする**ように努めなければならない**(建基法8条1項)。努力義務である。

2 ○ 1級建築士・2級建築士は、特定建築物等定期調査その他の建築設備の定期検査のすべてを行うことができるので、定期報告の対象となる建築物及び建築設備の所有者等は、1級建築士又は2級建築士にこれらの定期調査・定期検査をさせることができる。

3 × 一定規模以上の集合賃貸住宅は、定期報告の対象となるが、**検査済証の交付を受けた直後の時期においては、定期報告は不要とされている**(施行規則5条1項かっこ書、6条1項かっこ書)。

建築基準法②
（採光・換気）

全体を知る

1. 居室の採光に関する規定

居室とは、居住、執務、作業、集会、娯楽その他これらに類する目的のために継続的に使用する室をいう（建基法2条4号）。居室は、住宅に限らず、継続的に使用する空間であることから、自然光の生命・健康に与える影響を考慮し、建築基準法は、居室の採光に関する規定を置いている。

表1　居室の採光に関する規定

①住宅の居室（居住のための居室）には、採光のための窓その他の開口部を設け、その採光に有効な部分の面積は、その居室の床面積に対して、5分の1から10分の1までの間において居室の種類に応じ政令で定める割合（住宅は7分の1）以上としなければならない（建基法28条1項本文）。
②ふすま、障子その他随時開放することができるもので仕切られた二室は、一室とみなす（建基法28条4項）。

住宅以外の建築物であっても、学校、病院、診療所、寄宿舎、下宿等で居室を有する場合には採光に関する規定が適用される（ただし、採光に有効な部分の面積が住宅とは異なる）。しかし、事務所や店舗など「用途上やむを得ない居室」については、採光に関する規定は適用されない（建基法28条1項ただし書、建設省住指発第153号 平成7年5月25日）。

2. 居室の換気に関する規定

居室の換気についても、採光の場合と同様の規定を置いている。

①居室には換気のための窓その他の開口部を設け、その換気に有効な部分の面積は、その居室の床面積に対して、**20分の1**以上としなければならない。ただし、政令で定める技術的基準に従って換気設備を設けた場合においては、この限りでない（建基法28条2項）。

②ふすま、障子その他随時開放することができるもので仕切られた二室は、一室とみなす（建基法28条4項）。

3. 換気方式

換気方式には、自然換気と機械換気がある。

自然換気は、給気口と排気口の気圧差、温度差による対流など自然条件によって換気する設備であり、機械を使用しない。

図1　自然排気

一方、機械換気は、換気扇などの機械を使用して換気する設備であり、機械換気は、次の3種類に分類される。

表2　機械換気の3分類

第1種換気	給気機で給気し、排気機で**排気**する。給気・排気ともに機械で行うので安定した換気が可能であり、結露防止が必須となる電気室や機械室などに採用される。
第2種換気	給気機で給気し、排気口で**自然排気**する。清浄な空気が必要とされる製造工場などに採用される（フィルターを通して清浄な空気が供給される）。
第3種換気	給気口で自然給気し、排気機で排気する。室内を負圧にして水蒸気や臭気が室外に漏れないよう、浴室やトイレなどに採用される。

図2　機械換気

4. 換気設備

　換気設備には、給気ファン、排気ファン、給排気ダクト、ルーフファン、排気塔、設備用換気扇等がある。

STEP 2　要点をつかむ

①住宅の居室（居住のための居室）には、採光のための窓その他の開口部を設け、その採光に有効な部分の面積は、その居室の床面積に対して、**7分の1以上**としなければならない。

②居室には、政令で定める技術的基準に従って換気設備を設けた場合を除き、換気のための窓その他の開口部を設け、その換気に有効な部分の面積は、その居室の床面積に対して、**20分の1以上**としなければならない。

③換気方式には、自然換気と機械換気があり、機械換気は、さらに、第1種換気、第2種換気、第3種換気に分類される。

STEP 3　問題に挑戦

- □ **1**　住宅の居室（居住のための居室）には、採光のための窓その他の開口部を設け、その採光に有効な部分の面積は、その居室の床面積に対して、20分の1以上としなければならない。
- □ **2**　居室には、原則として、換気のための窓その他の開口部で一定比率のものを設けなければならないが、その場合、ふすま、障子その他随時開放することができるもので仕切られた二室は、一室とみなされる。
- □ **3**　機械換気のうち、第1種換気は、給気機で給気し、排気口で自然排気する方式である。

（答え）

1　×　住宅の居室（居住のための居室）には、採光のための窓その他の開口部を設け、その採光に有効な部分の面積は、その居室の床面積に対して、「**7分の1以上**」としなければならない（建基法28条1項本文）。「20分の1以上」は、居室の換気のために設ける開口部面積の割合である。

2　○　居室には、原則として、換気のための窓その他の開口部を設け、その換気に有効な部分の面積は、その居室の床面積に対して、20分の1以上としなければならない。その場合、ふすま、障子その他随時開放することができるもので仕切られた二室は、一室とみなされる（建基法28条2項、4項）。

3　×　第2種換気に関する記述である。第1種換気は、給気機で**給気**し、排気機で**排気**する方式である。

建築基準法③
（石綿・シックハウス）

1. アスベストとは

　アスベストとは、天然の鉱石に含まれる繊維のことで、石綿ともいわれる。
　アスベスト粉じんが肺細胞に取り込まれると、肺がんや中皮腫、肺線維症（じん肺）の原因になるといわれている。

2. アスベスト（石綿）に関する建築基準法上の規制

　建築物は、石綿その他の物質の建築材料からの飛散又は発散による衛生上の支障がないよう、次に掲げる基準に適合するものとしなければならない（建基法28条の2、施行令20条の4、20条の5）。

表1　アスベスト（石綿）に関する建築基準法上の規制

①建築材料に石綿を添加しないこと（建築現場で建築材料に石綿を添加してはいけないということ）。
②石綿等をあらかじめ添加した建築材料（石綿等を飛散又は発散させるおそれがないものとして国土交通大臣が定めたもの又は国土交通大臣の認定を受けたものを除く。）を使用しないこと。（注）

（注）石綿等を飛散又は発散させるおそれがないものとして国土交通大臣が定めるものは、吹付け石綿及び吹付けロックウールで石綿の含有量が重量の0.1%を超えるもの以外のものと定められており（平成18年9月29日国土交通省告示1172号）、吹付けロックウールで石綿の含有量が重量の0.1%以下のものは、例外的に使用することができる。

　もっとも、アスベスト（石綿）が規制される以前にアスベストを含む建築材料や仕上塗材が使用された建築物も多数存在することから、厚生労働省では、

石綿を飛散させない撤去方法や**仮設養生**（アスベストの飛散による周辺の作業者へのばく露を防ぐため、作業場をシート等で囲い込むこと）などについて技術上の指針を示し、大気汚染防止法令上の取扱い等について周知徹底を図るとともに、石綿飛散漏洩防止対策のマニュアルを作成している（「建築物等の解体等の作業及び労働者が石綿にばく露するおそれがある建築物等における業務での労働者の石綿ばく露防止に関する技術上の指針」（平成26年3月31日付技術上の指針公示第21号）、「石綿含有建築用仕上塗材の除去等作業における大気汚染防止法令上の取扱い等について」（厚生労働省労働基準局基安化発0531第1号平成29年5月31日、「石綿飛散漏洩防止対策徹底マニュアル」）。

3. シックハウス症候群とは

　シックハウス症候群とは、建材・家具等から発散するホルムアルデヒドや揮発性有機化合物（VOC）等によって、目の痛み、頭痛、吐き気など様々な症状が引き起こされることをいう。

4. 居室を有する建築物の建築材料に関する技術的基準

　建築基準法は、石綿等以外の物質でその居室内において衛生上の支障を生ずるおそれがあるものとして、**クロルピリホス**（白蟻駆除剤に含まれる）と**ホルムアルデヒド**（合板や壁紙などの接着剤に含まれる）を定め、居室を有する建築物の建築材料及び換気設備について政令で定める技術的基準に適合することを義務づけている（建基法28条の2第3号）。

表2　居室を有する建築物の建築材料に関する技術的基準

①クロルピリホス
a）建築材料にクロルピリホスを添加しないこと（施行令20条の6第1号）
b）クロルピリホスをあらかじめ添加した建築材料（添加したときから長期間経過していることその他の理由によりクロルピリホスを発散させるおそれがないものとして国土交通大臣が定めたものを除く。）を使用しないこと（同2号）。
②ホルムアルデヒド
a）1時間当たりの発散量により、建築材料を第一種・第二種・第三種ホルムアルデヒド発散建築材料、規制対象外の4つに区分し、第一種・第二種・第三種ホルムアルデヒド発散建築材料については、居室の内装仕上材としての使用面積を禁止又は制限する（施行令20条の7）。
b）居室には、内装の仕上げ等にホルムアルデヒド発散建築材料を使用しない場合でも、原則として、一定の技術的基準に適合する24時間換気設備を設置しなければならない（施行令20条の8）。（注）

（注）住宅など一般の居室にあっては換気回数0.5回／h以上（1時間に居室の半分以上を換気できる）、それ以外（廊下・トイレ）にあっては換気回数0.3回／h以上の能力を有する換気設備とされている（建基法施行令20条の8第1項1号イ）。24時間換気設備の設置義務は、平成15年7月1日以降に着工された建築物に適用される。

STEP 2　要点をつかむ

①石綿等をあらかじめ添加した建築材料の使用は、原則として禁止されるが、吹付けロックウールで石綿の含有量が重量の0.1%以下のものは、例外的に使用することができる。

②シックハウス症候群の原因は、建材・家具等から発散する**ホルムアルデヒド**や揮発性有機化合物（VOC）等である。

③平成15年7月1日以降に着工された建築物の居室には、原則として、一定の技術的基準に適合する24時間換気設備を設置しなければならない。

STEP 3 問題に挑戦

□ **1** 建築材料に石綿を添加すること及び石綿等をあらかじめ添加した建築材料を使用することは、石綿の含有量にかかわらず、すべて禁止されている。

□ **2** 居室を有する建築物の建築材料にクロルピリホスを添加することは、禁止されている。

□ **3** 居室には、内装の仕上げ等にホルムアルデヒド発散建築材料を使用する場合に限り、一定の技術的基準に適合する24時間換気設備を設置しなければならない。

Day 47

答え

1 × 建築材料に石綿を添加することは禁止されており、石綿等をあらかじめ添加した建築材料を使用することも、原則として禁止されている。ただし、石綿等をあらかじめ添加した建築材料の使用については、一部例外が認められている。

2 ○ 居室を有する建築物の建築材料にクロルピリホスを添加することは、禁止されている（施行令20条の6第1号）。

3 × 居室には、内装の仕上げ等にホルムアルデヒド発散建築材料を使用しない場合でも、原則として、一定の技術的基準に適合する24時間換気設備を設置しなければならない（施行令20条の8）。

建築基準法④

（避難施設等）

STEP 1　全体を知る

1. 避難施設とは

　避難施設とは、火災時に建物から安全に避難するための施設をいう。建築基準法は、避難施設として、廊下、避難階段、非常用照明装置、非常用進入口などに関する規定を置いている。

2. 廊下の幅

　共同住宅で住戸の床面積の合計が100m²を超える階において、廊下の幅は、片側廊下の場合には1.2m以上、両側廊下の場合には1.6m以上としなければならない（施行令119条）。

3. 直通階段と歩行距離

　共同住宅において、避難階又は地上に通ずる直通階段は、居室の各部分からの歩行距離が、①主要構造部が準耐火構造又は不燃材料で造られている場合には50m以下、②①以外の場合（準耐火構造又は不燃材料より燃えやすい場合）には、30m以下になるように設けなければならない（施行令120条1項）。

4. 二以上の直通階段が必要な場合

　一定規模以上の共同住宅において、避難階以外の階が以下に該当する場合、その階から避難階又は地上に通ずる二以上の直通階段を設けなければならない

（施行令121条1項5号、6号）。

表1　二以上の直通階段が必要な場合

①共同住宅で、その階における居室の床面積の合計が100m²（主要構造部が準耐火構造又は不燃材料で造られている場合は200m²）を超える場合（施行令121条1項5号、2項）。
②共同住宅で、6階以上の階（居室の面積を問わない）（注）

（注）居室の床面積の合計が100m²（主要構造部が準耐火構造又は不燃材料で造られている場合は200m²）以下、かつ、避難上有効なバルコニーを設ける場合には、屋外避難階段又は特別避難階段（屋内に設ける避難階段で、排煙設備のある付室を設けたもの又はバルコニーを経由して階段室に入ることができるもの）である直通階段を1つ設置すれば足りる。

5. 階段の幅

階段の幅は、直上階の居室の床面積の合計が200m²を超える階については120cm以上、その他の階については75cm以上とされている（施行令23条1項）。

屋外階段の幅は、3の直通階段にあっては90cm以上が必要とされる（施行令23条1項ただし書）。

6. 非常用照明装置

共同住宅の居室、階数が3以上で延べ面積が500m²を超える建築物の居室から地上に通ずる廊下、階段その他の通路（直接外気に開放された通路を除く）には、非常用の照明装置を設けなければならない（施行令126条の4）。この非常用の照明装置は、停電した場合に自動的に点灯し、かつ、避難するまでの間に一定の照度を確保できるバッテリー内蔵のものでなければならない（施行令126条の5）。

7. 非常用進入口

建築物の高さ31m以下の部分にある3階以上の階には、非常用の進入口を設けなければならない（施行令126条の6柱書本文）。

ただし、以下の場合には、非常用進入口を設ける必要はない（同ただし書2号）。

表2 非常用進入口を設ける必要がない場合

①非常用昇降機を設置している場合
②非常用進入口に代わる窓その他の開口部として以下のものを壁面の長さ10m以内ごとに設置している場合（進入を妨げる構造を有しないものに限る）
a）直径1m以上の円が内接することができる開口部
b）幅75cm以上、高さ1.2m以上の開口部

STEP 2 要点をつかむ

①建築基準法は、避難施設として、廊下、避難階段、非常用照明装置、非常用進入口などに関する規定を置いている。

②共同住宅の廊下は、片側廊下の場合と両側廊下の場合で確保しなければならない幅が異なる。

③共同住宅において、居室の床面積の合計や階数によって、二以上の直通階段が必要となる場合がある。

STEP **3**　問題に挑戦

- □ **1**　共同住宅で住戸の床面積の合計が$100m^2$を超える階において、廊下の幅は、片側廊下の場合には、1.6m以上としなければならない。
- □ **2**　共同住宅で、その階における居室の床面積の合計が$100m^2$（主要構造部が準耐火構造又は不燃材料で造られている場合は$200m^2$）を超える場合、その階から避難階又は地上に通ずる二以上の直通階段を設けなければならない。
- □ **3**　建築物の高さ31m以下の部分にある3階以上の階には、原則として、非常用の進入口を設けなければならない。

（答え）

1　×　共同住宅で住戸の床面積の合計が$100m^2$を超える階において、廊下の幅は、片側廊下の場合には「1.2m以上」、両側廊下の場合には1.6m以上としなければならない（施行令119条）。

2　○　共同住宅で、その階における居室の床面積の合計が$100m^2$（主要構造部が準耐火構造又は不燃材料で造られている場合は$200m^2$）を超える場合、その階から避難階又は地上に通ずる二以上の直通階段を設けなければならない（施行令121条1項5号、2項）。

3　○　建築物の高さ31m以下の部分にある3階以上の階には、原則として、非常用の進入口を設けなければならない（施行令126条の6柱書本文）。ただし、①非常用昇降機を設置している場合、②非常用進入口に代わる窓その他の開口部を設置している場合（進入を妨げる構造を有しないものに限る）には、非常用の進入口を設ける必要がない（施行令126条の6ただし書2号）。

建築基準法⑤（その他）

STEP 1 　全体を知る

1. 居室の天井高

居室の天井の高さは、**2.1m以上**でなければならない（施行令21条1項）。この天井の高さは、室の床面から測り、一室で天井の高さの異なる部分がある場合においては、その**平均**の高さによらなければならない（同2項）。

なお、住宅の小屋裏部分を利用して設ける**物置**（いわゆるロフト）については、物置等の天井の高さが1.4m以下で、かつ、その階の床面積の**2分の1以下**であるときは、階とはみなされず、居室として利用することはできない（平成12年6月1日建設省住指発第682号）。

2. 防火区画

防火区画とは、火災時に建物から安全に避難できるようにするとともに、火災の規模をできる限り限定することにより周囲への危険防止を図るため、床・壁・防火設備によって防火上有効に区画することをいう。

防火区画の種類は、①面積の区画（面積区画）、②11階以上の高層建築物の区画（高層区画）、③火災時の煙突効果を防止するための区画（竪穴区画）、④建築物内に異なる用途がある場合における各用途間の区画（異種用途区画）の4つに分類される。

例えば、主要構造部を耐火構造又は準耐火構造とした建築物は、原則として、床面積1,500m² 以内ごとに、1時間準耐火基準に適合する準耐火構造の床若し

くは壁又は特定防火設備で区画しなければならない（面積区画。施行令112条1項本文）。なお、特定防火設備とは、加熱開始後1時間当該加熱面以外の面に火炎を出さないものとして、国土交通大臣が定めた構造方法を用いるもの又は国土交通大臣の認定を受けたものをいい、厚さが0.5mm以上の鉄板を張った防火戸、鉄板の厚さが1.5mm以上の防火戸又は防火ダンパーなどの構造が定められている（平成12年5月25日 建設省告示第1369号）。

3. 界壁

　界壁とは、集合住宅において各住戸を隔てる壁をいう。

　共同住宅の各戸の界壁は、**遮音**と**防火**の観点から規定されている。

表1　界壁の遮音と防火

①遮音に関して
　共同住宅の各戸の界壁は、隣接する住戸からの日常生活に伴い生ずる音を衛生上支障がないように低減するために、小屋裏又は天井裏に達するものとしなければならない。ただし、**天井**の構造を、界壁と同等の**遮音性能**を有するものにしたときは、小屋裏又は天井裏に達するものとする**必要はない**（建基法30条）。
②防火に関して
　共同住宅の各戸の界壁は、準耐火構造とし、小屋裏又は天井裏に達するものとしなければならない。ただし、**200m²以内の防火区画**で自動スプリンクラー設備等が設置されている場合、又は天井の全部が**強化天井**である場合には、小屋裏又は天井裏に達するものとする**必要はない**（施行令114条1項、112条4項）。

図1　界壁の遮音と防火

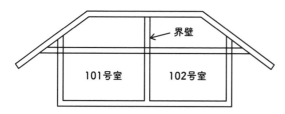

①住宅の小屋裏部分を利用して設ける**物置**（いわゆる**ロフト**）は、居室として利用することはできない。

②防火区画の種類は、①面積の区画（面積区画）、②11階以上の高層建築物の区画（高層区画）、③火災時の煙突効果を防止するための区画（竪穴区画）、④建築物内に異なる用途がある場合における各用途間の区画（異種用途区画）の4つに分類される。

③共同住宅の各戸の界壁は、**遮音**と**防火**の観点から規定されている。

STEP 3 問題に挑戦

☐ **1** 居室の天井の高さが 室で異なる部分がある場合においては、天井の高さは、その最も低い部分が2.1m以上でなければならない。

☐ **2** 主要構造部を耐火構造又は準耐火構造とした建築物は、原則として、床面積1,000m²以内ごとに、1時間準耐火基準に適合する準耐火構造の床若しくは壁又は特定防火設備で区画しなければならない。

☐ **3** 共同住宅の各戸の界壁は、隣接する住戸からの日常生活に伴い生ずる音を衛生上支障がないように低減するために、必ず小屋裏又は天井裏に達するものとしなければならない。

答え

1 × 居室の天井の高さは、2.1m以上でなければならない（施行令21条1項）。一室で天井の高さの異なる部分がある場合においては、その「平均の高さ」によらなければならない（同2項）。

2 × 主要構造部を耐火構造又は準耐火構造とした建築物は、原則として、床面積「1,500m²以内」ごとに、1時間準耐火基準に適合する準耐火構造の床若しくは壁又は特定防火設備で区画しなければならない（面積区画。施行令112条1項本文）。

3 × 共同住宅の各戸の界壁は、隣接する住戸からの日常生活に伴い生ずる音を衛生上支障がないように低減するために、原則として、小屋裏又は天井裏に達するものとしなければならないが、天井の構造を、界壁と同等の遮音性能を有するものにしたときは、小屋裏又は天井裏に達するものとする必要はない（建基法30条）。

給水設備

LESSON 97 Day49-1

STEP 1　全体を知る

1. 給水設備とは

　給水設備とは、飲用・洗面、洗濯・便器の洗浄等に必要な水（上水又は雑用水）の供給のための機器・配管・水栓等をいう。

2. 給水方式

　各住戸までの給水方式には、以下のものがある。

表1　各住戸までの給水方式

	方　式	内　容
水道直結方式	直結直圧方式	水道本管から給水管を直接つなぎ、加圧することなしに、水道本管の圧力を利用して、受水槽を経ずに直接給水する。 　適用建物としては、水道本管の給水圧力で足りる低層建物に限られる。
	直結増圧方式	水道本管の圧力と増圧ポンプを利用して、受水槽を設けずに給水する。 　適応建物としては、中規模程度のマンションまで可能である。

受水槽方式	高置(高架)水槽方式 (重力方式)	水道本管からいったん受水槽に貯水し、揚水ポンプで屋上などに設置した高置水槽に揚水し、重力を使って給水する(停電時、断水時でも一定時間給水が可能)。 大規模建物に可能であり、給水が最も安定した方式である。 この重力方式の他に高置水槽までを増圧直結給水方式とする方式もある。
	圧力タンク方式	水道本管からいったん受水槽に貯水し、その後に密封したタンク内の圧力を感知してポンプを作動させて給水する。 適応建物としては、高置水槽が置けない建物で、小規模マンションなどに向いている。
	加圧給水方式 (ポンプ直送方式・タンクレスブースター方式)	水道本管からいったん受水槽に貯水し、ポンプの運転だけで直接給水する。 最近のマンションでは採用するケースが多い。

3. 住戸内の配管方式

住戸内の配管方式には以下のものがある。

表2　住戸内の配管方式

先分岐 （さきぶんき） 方式	（工法） 給水管、給湯管はそれぞれ独立しているが、それぞれの給水管や給湯管から、分岐する部材を使って各水栓（流し、洗面所、トイレなど）まで枝分かれして配管する方式（水道本管から敷地内に引き込むための引込管を配管するイメージ）。 （特徴） 継ぎ目が多く、同時に複数の水栓を使用すると、水圧が下がることがある。
さや管 ヘッダー 方式	（工法） 各水栓に分岐する起点となる給水・給湯用ごとにヘッダーを設け、ヘッダーからタコ足状に独立して、各水栓までガイドとなる樹脂製のさや管と樹脂製の内管（架橋ポリエチレン管など）を配管する方式。 （特徴） 各水栓まで独立して配管できるので、施工性が高く、配管の改修が容易であり、改修時に日常生活への影響がほとんどない。同時に複数の水栓を使用しても水圧の変動が少ない。

4. 水道の種類

水道法の規制を受ける水道には以下のものがある。

表3 水道法の規制を受ける水道

専用水道	簡易専用水道
①寄宿舎、社宅、療養所等における自家用の水道その他水道事業（注1）の用に供する水道以外の水道であって、次のいずれかに該当するもの（水道法3条6項本文、施行令1条2項） a）100人を超える者にその居住に必要な水を供給するもの b）1日の最大給水量が20m³を超えるもの ②ただし、他の水道から供給を受ける水のみを水源とし、かつ、次の基準以下である水道を除く（水道法3条6項ただし書、施行令1条） a）口径25mm以上の導管の全長が1,500m b）水槽の有効容量の合計が100m³	①水道事業の用に供する水道及び専用水道以外の水道であって、水道事業の用に供する水道から供給を受ける水のみを水源とするもの（水道法3条7項） ②ただし、水道事業の用に供する水道から水の供給を受けるために設けられる水槽の有効容量の合計が10m³以下のもの（注2）を除く（水道法3条7項ただし書、施行令2条）

（注1）水道事業とは、一般の需要に応じて、水道により水を供給する事業をいう。ただし、給水人口が100人以下である水道によるものを除く（水道法3条2項）。

（注2）水槽の有効容量の合計が10m³以下のものを「小規模貯水槽水道」といい、水道法の規制は受けないが、簡易専用水道に準じて条例や要綱により規制や指導を受ける。

STEP 2　要点をつかむ

①給水方式には、水道直結方式と受水槽方式がある。

②住戸内の配管方式には、先分岐方式とさや管ヘッダー方式がある。

③水道法の規制を受ける水道には、専用水道と簡易専用水道がある。

STEP 3　問題に挑戦

- [ ] **1** 直結直圧方式は、水道本管の圧力と増圧ポンプを利用して、受水槽を設けずに給水する方式である。
- [ ] **2** 加圧給水方式は、水道本管からいったん受水槽に貯水し、ポンプの運転だけで直接給水する方式である。
- [ ] **3** さや管ヘッダー方式は、同時に複数の水栓を使用することによる水圧の変動が大きいという欠点がある。

（答え）

1 × 「**直結増圧方式**」に関する記述である。「**直結直圧方式**」は、水道本管から給水管を直接つなぎ、加圧することなしに、水道本管の圧力を利用して、受水槽を経ずに直接給水する方式である。

2 ○ 加圧給水方式は、水道本管からいったん受水槽に貯水し、ポンプの運転だけで直接給水する方式であり、ポンプ直送方式・タンクレスブースター方式ともいう。

3 × さや管ヘッダー方式は、ヘッダーからタコ足状に独立して、各水栓までガイドとなる樹脂製のさや管と樹脂製の内管（架橋ポリエチレン管など）を配管する方式であり、同時に複数の水栓を使用しても水圧の変動が少ない。

給湯設備

全体を知る

1. 給湯設備とは

給湯設備とは、給湯器、貯湯タンク、配管、弁など給湯するための設備をいう。

2. 給湯方式

給湯方式は、大別すると以下のように分類される。

表1 給湯方式の分類

局所給湯式	電気温水器や壁掛けガス湯沸器などを設置して、各住戸、各室ごとに給湯器を設け、返湯管を設けずに（一配管方式）流し、浴室、洗面所などに配管して給湯する方式。最近は、エネルギー効率が高いヒートポンプ式給湯器（エコキュート）、家庭用燃料電池（エネファーム）の設置も多く見られる。
飲用給湯式	給湯が必要な箇所に個別に給湯機器を設置する方式。給湯機器に直接湯栓を付けるか、短い配管で湯栓に接続して使用する。タンクが満水しない開放型と、満水する密閉型がある。密閉型はタンク内の圧力により、タンクより上部への給水が可能であり、流しの下部に給湯機器を設置する。
中央給湯式 （セントラル給湯式）	マンションや商業ビルの機械室又は屋上に大型の給湯ボイラーや貯湯タンクなどを設置して配管をすることにより各住戸・各フロアに給湯する方式。配管が長くなり、湯温が変化しやすいので、常時、湯を循環させるための返湯管や循環ポンプを設けて（二管式配管）、湯を循環させる。1棟の建物を超えた地域熱供給（熱暖房）地区では、熱交換器による給湯事例も見られる。

3. 給湯器の種類

給湯器の種類は、ガス給湯器と電気給湯器に分類される。

表2　給湯器の種類

ガス給湯器	瞬間式	（内容）湯栓を開くことにより自動的にガス（バーナー）に点火して給湯し、湯栓を閉めることにより消火する方式。 （長所）導入コストが安い、省エネ効果が高い（給湯時のみガスを燃焼させる）、湯切れしない、水圧が高い（水道と同じ圧力）、給湯器がコンパクト。 （短所）ガス代が高い（エネルギー事情に左右される）、給湯器の寿命がやや短い（10年程度）、屋内設置の場合、換気が必要。
	貯湯式	（内容）設定した温度で貯湯し、給湯する方式。タンク内の温度センサー（サーモスタット）により、湯温が設定温度より下がると自動点火し、設定温度に達すると自動消火する方式。 （長所）温度変化が少ない、構造上、減圧弁による減圧が必要となるため、低水圧でも利用できる。 （短所）構造上、貯湯タンクに減圧弁を使用するため水圧が弱い。ガス代が高い（エネルギー事情に左右される）、屋内設置の場合、換気が必要。
	バランス釜	（内容）給湯器が浴槽の横に設けられ、吸排気口が屋外に開放されているもの。BF釜（balanced flue）ともいう。 （長所）導入コストが安い、追い炊きが可能、電池着火タイプもあり、停電時に使用できる。 （短所）浴室のスペース上、浴槽が狭くなる。冬場は、冷たい外気を取り込むため冷めやすい。ガス代が高い（エネルギー事情に左右される）。水圧が弱い。

表3　電気給湯器の種類

電気給湯器	電気温水器	（内容）貯湯タンクとヒーターが一体となったものであり、料金の安い深夜電力を利用する。 （長所）料金の安い深夜電力を利用して温水するので、ランニングコストが安い。空気を汚さない、騒音がしない、寿命が長い（約20年）など。 （短所）ガス給湯器に比べ導入コストが高い、1日に使用する分を貯湯するため設置スペースが大きくなる。湯切れの可能性、長時間の貯湯による水質悪化、水圧が弱いなど。
	ヒートポンプ給湯器 （エコキュート）	（内容）大気から熱を吸収した冷媒（CO_2）を圧縮し、さらに高めた温度を利用してお湯を沸かす機器。 （長所）料金の安い深夜電力を利用してお湯を沸かすので、ランニングコストが安い、エネルギー効率が高い、省エネルギー、空気を汚さない。 （短所）導入コストが高い、夜間に運転音がする、電気温水器と同様、設置スペースが大きくなる、湯切れの可能性、電気温水器より寿命が短い（約10～15年）など。
	家庭用燃料電池 （エネファーム）	（内容）都市ガスやプロパンガスから水素を取り出し、大気中の酸素と化学反応させて発電し、同時に発生する熱を利用してお湯を沸かす機器。水を分解する逆の仕組み。 （長所）ガス給湯器のようにガスを燃焼させないので、空気を汚さないクリーンな発電、給湯システム。 （短所）導入コストが高い、設置スペースが大きくなる、湯切れの可能性、電気温水器より寿命が短い（約10～15年）など。

STEP 2　要点をつかむ

①給湯方式は、大別すると、**局所給湯式**、**飲用給湯式**、**中央給湯式**（セントラル給湯式）に分類される。

②ガス給湯器の種類には、**瞬間式**、**貯湯式**、**バランス釜**がある。

③電気給湯器には、電気温水器、**ヒートポンプ給湯器**（エコキュート）、**家庭用燃料電池**（エネファーム）を利用した給湯器がある。

STEP 3　問題に挑戦

- ☐ **1**　中央給湯式（セントラル給湯式）には、1棟の建物を超えた地域熱供給（熱暖房）地区における給湯事例も見られる。
- ☐ **2**　ガス給湯器の瞬間式は、導入コストが安く、給湯器がコンパクトであるため、設置スペースが狭い住宅でも設置できるという長所がある。
- ☐ **3**　電気温水器は、ガス給湯器に比べ、導入コストやランニングコストと安いという長所がある反面、湯切れの可能性、長時間の貯湯による水質悪化という短所がある。

（答え）

1　○　**中央給湯式**（セントラル給湯式）は、マンションや商業ビルの機械室又は屋上に大型の給湯ボイラーや貯湯タンクなどを設置して配管をすることにより各住戸・各フロアに給湯する方式であるが、1棟の建物を超えた地域熱供給（熱暖房）地区における給湯事例も見られる。

2　○　ガス給湯器の瞬間式は、導入コストが安い、省エネ効果が高い（給湯時のみガスを燃焼させる）、湯切れしない、水圧が高い（水道と同じ圧力）、給湯器がコンパクトという長所がある。

3　×　電気温水器は、ガス給湯器に比べ、導入コストが「高い」。なお、ヒートポンプ給湯器（エコキュート）や**家庭用燃料電池**（エネファーム）に比べると、導入コストは低い。

排水・通気設備

全体を知る

1. 排水設備

　排水設備には、流し台、洗面台、浴槽などのからの排水を流す**雑排水管**、トイレからの汚水を流す**汚水管**、雑排水管・汚水管に設けるこれらの雑排水、汚水を一時的に貯留する雑排水槽、汚水槽、虫・小動物・臭気の侵入を防ぐトラップなどがある。

2. 排水トラップの仕組み

　排水トラップは、トラップ内に水を封じることにより、虫・小動物・臭気の侵入を防ぐための排水設備である。

　排水トラップは、トラップ内の水の深さ（「封水深」という）が浅ければ蒸発したり、排水とともに流れてしまい、封水の機能が失われる。このことを「**破封**」（又は「破水」）という。逆に、封水深が深ければ沈殿物がトラップ内に溜まりやすく、自浄作用がなくなる。そこで、封水深は、**50mm以上100mm以下**が必要とされている。

　破封の原因には、以下のものがある。

表1　破封の原因

破封の原因	内容
誘導サイホン作用 （吸出し作用）	他の器具の排水で生ずる管内の負圧により、トラップ封水が吸引され封水が失われる。

毛（細）管現象	トラップのあふれ部に毛髪・糸くずなどがからまり垂れ下がった状態になった場合に、毛（細）管作用で徐々に封水が破られる。
自己サイホン作用	水が一度に大量に排水される時、トラップ内に空気がない状態となり、封水も一緒に排水されてしまう。
はね出し作用	排水立て管付近などで、水が瞬間的に満水状態で落下してくると管内空気圧力が瞬間的に上昇し器具側に噴出し、封水が破られる。
蒸発作用	長期間器具が使用されないで放置されていると、トラップ封水は自然に蒸発し空になり、排水管内の臭気が室内に充満する。

3. 排水トラップの種類

排水トラップは、サイホン式と非サイホン式に分類される。

4. 二重トラップの禁止

二重トラップとは、トイレや洗面台などの衛生設備と排水枝管の接続部に加えて、その排水枝管の途中にもトラップを取り付けることをいう。二重トラップは、排水の流れを阻害するので禁止されている。

表2 排水トラップの種類

サイホン式	Sトラップ	（形状）S字形のトラップで、洗面台、手洗い台などに使用されている（配管は鉛直方向に床を通す＝床排水）。 （特徴）自己サイホン作用が起きやすい（大量の水を一気に流すと、トラップ内の封水も排水と一緒に流れる）。
	Uトラップ	（形状）U字形をしたトラップで主に横走管に設置する。 （特徴）Uトラップは、排水が横向きに流れるので、サイホン作用が弱く、SトラップやPトラップに比べ沈殿物が溜まりやすい。
	Pトラップ	（形状）P字形をしたトラップで、洗面台、手洗い台などに使用されている（配管は水平方向に壁の排水口に接続＝壁排水）。 （特徴）自己サイホン作用が弱く、通気管を接続することにより、封水が安定する。

| 非サイホン式（隔壁トラップ） | ドラムトラップ | （形状）トラップ部分が円筒状で、トラップに流れた排水のうち一定の高さを超えたものが流れる仕組み。流し台などに使用される。
（特徴）サイホン式の管トラップより封水の量が多いため封水は安定するが、沈殿物が溜まりやすい。 |
| | わんトラップ（ベルトラップ） | （形状）円筒状のトラップ内に、お椀型の部品（可動部分）を逆さに置き、トラップに流れた排水のうち一定の高さを超えたものが流れる仕組み。流し台など床排水に使用される。
（特徴）封水深の浅いものが多く、封水の安定度が低い。お椀型の部品が外れるとトラップの機能が失われる。 |

5. 通気設備（通気管）

通気管は、排水管内の圧力と大気圧との差によって排水トラップが破封するのを防止するために設けられる。通気方式は、以下のものがある。

表3　通気方式

| 伸頂通気方式 | 排水立て管の最上部から上方に延長した通気管で屋上又は最上階から大気に開放する方式。開口部には虫や小動物の侵入防止のためのネットを張る。 |
| 通気立て管方式 | 最下層より低い位置から通気立て管を排水立て管に接続して立ち上げ、伸頂通気管に接続又は通気立て管を直接屋上又は最上階から大気に開放する方式。排水立て管に併行して通気立て管を設けるため二管式ともいう。 |

6. 通気設備（特殊継手システム）

特殊継手は、排水を管壁に沿って旋回させることによって排水の**流下速度を抑え**、管の中心に**通気を確保**する機能を持つため、特殊継手システムを採用した建物では、通気立て管を設ける必要がない。特殊継手システムは、排水横枝管に接続する器具数の少ないマンションやホテルでの採用例が多い。

STEP 2　要点をつかむ

①排水設備には、雑排水管・汚水管・トラップなどがある。

②排水トラップは、トラップ内に水を封じることにより、虫・小動物・臭気の侵入を防ぐための排水設備である。

③通気管は、排水管内の圧力と大気圧との差によって排水トラップが破封するのを防止するために設けられる。

STEP 3　問題に挑戦

☐ **1**　排水トラップは、封水がなくならないように、封水深を100mm〜150mmにする必要がある。

☐ **2**　破封の原因の一つとして、トラップのあふれ部に毛髪・糸くずなどがからまり垂れ下がった状態になる場合に水が破られる、毛(細)管現象を挙げることができる。

☐ **3**　ドラムトラップは、サイホン式トラップに分類される。

（答え）

1　✕　封水深が浅ければ蒸発したり、排水とともに流れてしまい、封水深が深ければ沈殿物がトラップ内に溜まりやすく、自浄作用がなくなるので、封水深は、50mm以上100mm以下が必要とされている。

2　〇　破封の原因の一つとして、毛(細)管現象を挙げることができる。

3　✕　ドラムトラップは、非サイホン式トラップ（隔壁トラップ）に分類される。

電気設備

1. 電気設備とは

　電気設備とは、設備機器を動かしたり制御したりする電気の供給と配線設備である。

2. 供給電圧・契約電力

　戸建住宅、集合住宅、工場などに供給される電気（供給電圧）は、電力会社との契約（契約電力）によって異なり、低圧、高圧、特別高圧に分類される。

表1　供給電圧・契約電力

区分		契約電力	供給電圧	借室電気室等
低圧引込み	従量電灯	50kW未満、50kW以上（注）	100V又は200V	50kW以上の場合は必要（注）
	低圧電力	50kW未満、50kW以上（注）	100V又は200V	50kW以上の場合は必要（注）
高圧引込み		50kW以上2,000kW未満	6,000V	必要
特別高圧引込み		2,000kW以上	20,000V・60,000V・140,000V	必要

（注）「50kW以上」とは、従量電灯と低圧電力とあわせて契約する場合で、合計50kW以上となるときを意味する。

3. 配線方式

低圧引込みの場合、電力会社の電柱に設置されている変圧器（トランス）を介して、建物の受変電盤に配線される。

一般住宅への配線方式には、単相2線式（100Vのみ対応）、単相3線式（100Vと200Vに対応）がある。

一般的な照明器具は、単相2線式で足りるが、電磁誘導加熱式調理器（IHクッキングヒーター）など大容量の電気が必要な電気機器（200V対応機器）を使用する場合、単相3線式にする必要がある。

配線方式には、他に、三相3線式（200V）もある。なお、単相と三相の違いは、波形の違い（単相は波形が1つ、三相は波形が3つ）であり、単相は、一般住宅やそれほど電気を必要としない建物に適しており、三相は、より多くの電気を必要とする大型マンション、大規模商業施設、工場などに適している。

図1　単相3線式・単相2線式

単相3線式では、上又は下の電圧線と、真ん中の中性線を使用すれば100V、上下の電圧線のみを使用すれば200Vを利用できる。

図2　三相3線式は200Vにのみ対応

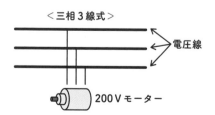

4. 借室電気室等

　低圧引込みで契約電力が50kW以上の場合や高圧電圧引込み・特別高圧電圧引込みの場合には、敷地内又は建物に変圧器室（借室電気室）等の設置が必要となる。

　その場合、低圧引込みでは、単相3線式（100Vと200Vに対応）にするのが望ましく、高圧引込みでは、構内や屋上にキュービクル（高圧受変電設備）を設置して、単相3線式により各住戸に電気を供給する。また、共用の動力負荷には、三相3線式（200V）により電気を供給する。

　なお、高圧電圧・特別高圧電圧の変圧器室（借室電気室）等は、「自家用電気工作物」となり、主任技術者の選任が必要とされる（電気事業法43条2項）。

5. ブレーカー

　ブレーカーとは、一定量以上の電流が流れた場合や漏電などがあった場合に、回路を自動的に遮断する装置をいう。

　ブレーカーの種類には、契約した電流以上の電流が流れた場合に作動する「**アンペアブレーカー**」（設置していない電力会社もある）。漏電があった場合に安全のために作動する「**漏電ブレーカー**」（ELB：Earth Leakage Breaker）、地震発生時に設定値以上の揺れを検知した場合に、火災防止のために作動する「**感震ブレーカー**」（分電盤内蔵型・分電盤後付型）がある。

STEP 2　要点をつかむ

①戸建住宅、集合住宅、工場などに供給される電気（供給電圧）は、電力会社との契約（契約電力）によって異なり、低圧、高圧、特別高圧に分類される。

②電気の供給を受ける場合、低圧引込みで契約電力が50kW以上の場合や高圧電圧引込み・特別高圧電圧引込みは、変圧器室（借室電気室）等の設置が必要となる。

③ブレーカーの種類には、アンペアブレーカー、漏電ブレーカー、感震ブレーカーがある。

STEP 3　問題に挑戦

□ **1**　各住戸に電力を供給する配線方式のうち、単相3線式は、電磁誘導加熱式調理器など200V対応機器を使用する場合に必要となる。

□ **2**　契約電力が50kW以上2,000kW未満で供給電圧が6,000Vの場合には、敷地内又は建物に変圧器室（借室電気室）等の設置する必要はない。

□ **3**　感震ブレーカーとは、地震発生時に設定値以上の揺れを検知した場合に、火災防止のために作動するブレーカーであり、分電盤内蔵型と分電盤後付型がある。

答え

1　○　一般的な照明器具は、単相2線式（100Vのみ対応）で足りるが、電磁誘導加熱式調理器など大容量の電気が必要な電気機器（200V対応機器）を使用する場合、単相3線式にする必要がある。

2　×　契約電力が50kW以上2,000kW未満で供給電圧が6,000Vの場合、高圧引込みとなり、変圧器室（借室電気室）等の設置が必要となる。

3　○　地震発生時に設定値以上の揺れを検知した場合に、火災防止のために作動する感震ブレーカーには、分電盤内蔵型と分電盤後付型がある。

昇降機設備・ガス設備

STEP 1 　全体を知る

1. エレベーターの分類

　エレベーターは、駆動方式による分類をすると、「油圧式」と「ロープ式」に分類される。

表1　エレベーターの分類

油圧式	（構造）直接式と間接式がある。 　直接式は、油圧シリンダー内のプランジャー（ピストンのように往復運動する部品）に「かご」を直結し、油圧によって「かご」を昇降させる。 　間接式は、プランジャーに「かご」を直結するのではなく、プランジャーの往復運動を綱車を介し、ワイヤーロープによって「かご」を昇降させる。 （用途）主に低層用に使用されている。
ロープ式	（構造）機械室ありと機械室なし（マシーンルームレス）のタイプがある。 　機械室ありタイプは、屋上等の機械室（塔屋）に設置した巻上機によって、「かご」と「おもり」をつるべ式に吊したワイヤーロープを巻き上げて「かご」を昇降させる。 　機械室なしタイプは、エレベーターシャフト内（昇降路内）にコンパクトな巻上機を設置するものであり、仕組みは機械室ありと同じである。 （用途）ビルやマンションで広く採用されている。機械室なしタイプは、屋上等に機械室（塔屋）を設ける必要がないので、建築基準法の高さ制限との関係で有利となり、近年、多くなっている。

2. エレベーターの保守契約の方式

保守契約の方式には、フルメンテナンス契約とPOG（PARTS OIL GREASE）契約がある。

表2　エレベーターの保守契約の方式

フルメンテナンス契約	（概要）部品取替えから大規模修繕までを含んでいる。 （長所）消耗部品の部品代、交換・調整費用が保守料金に含まれるので、マンションでは、年度予算の立案・管理が容易である。 （短所）保守料金が割高に設定されている、かご内装の改装は契約に含まれないため別途料金が発生する、天災・故意による損壊等の修理費は別料金となる。
POG契約	（概要）定期検査及び定期点検などでの消耗品の交換などはするがそれ以外の部品取替えや修理は別途料金となるもの。 （長所）保守料金が低めに設定されている、定期点検の内容は、フルメンテナンス契約に劣らない、発注者のコスト意識が高くなる。 （短所）消耗品以外の部品や修理に費用が発生し、その都度見積もり・確認が必要となるので迅速性に欠ける、経年劣化により費用が増加する。

3. 昇降機等設備の定期報告制度

昇降機設備の定期報告制度については、LESSON92で見たとおりである。ただし、**ホームエレベーター**（かごが住戸内のみを昇降するもの）や労働安全衛生法施行令12条1項6号に規定する積載荷重1トン以上のエレベーターは、建築基準法に基づく定期報告が不要とされている（平成28年1月21日 国土交通省告示第240号）。なお、労働安全衛生法施行令12条1項6号に規定する積載荷重1トン以上のエレベーターは、同法に基づく年1回定期の「性能検査」を受けなければならない（労働安全衛生法41条2項）。

4. 都市ガス・液化石油ガス（LPガス）

一般住宅や集合住宅に供給されるガスは、都市ガスと液化石油ガス（LPガス）に分類される。

表2　都市ガスと液化石油ガス（LPガス）

都市ガス	（成分）メタンを主成分とする。 （特徴）本来は無色・無臭であるが、ガス漏れがあった場合に気づけるように、ガスに臭いが付けてある。マイナス162℃以下で液体となり、体積は気体時の600分の1となる。 （供給方法）ガス導管で各住戸に供給される。ほとんどの都市ガスは空気より軽いので、ガス警報機器は、天井面の下方30cm以内に設置する。
液化石油ガス（LPガス）	（成分）プロパン・ブタンを主成分とする。 （特徴）本来は無色・無臭であるが、ガス漏れがあった場合に気づけるように、ガスに臭いが付けてある。マイナス42℃以下で液体となり、体積は気体時の250分の1となる。 （供給方法）LPガスボンベで配送される。LPガスは空気より重いので、ガス警報機器は、床面上方30cm以内に設置する。

5. ガス管

　従前は、屋外の埋設管は鋳鉄管、屋内の配管は白ガス管（亜鉛メッキ鋼管）が使用されていたが、近年は、耐久性を考慮し、屋外の埋設管は、腐食や劣化に強いポリエチレン管・ポリエチレン被覆鋼管、屋内の埋設管は塩化ビニル被覆鋼管が多く使用されている。

6. マイコンメーター

　マイコンメーターは、マイクロコンピューターを内蔵したガス使用量を計量するための機器であり、ガス使用量の計量だけでなく、ガスの異常放出や地震等の異常を感知して、自動的にガスの供給を遮断する機能を備えている。

STEP 2 要点をつかむ

①エレベーターは、駆動方式による分類をすると、油圧式とロープ式に分類される。

②エレベーターの保守契約の方式には、**フルメンテナンス契約**と**POG契約**がある。

③一般住宅や集合住宅に供給されるガスは、都市ガスと液化石油ガス（LPガス）に分類される。

STEP 3 問題に挑戦

- □ **1** ロープ式エレベーターには、屋上等に機械室（塔屋）を設ける機械室ありタイプと機械室なしタイプがある。

- □ **2** エレベーターの保守契約のうち、POG契約は、年度予算の立案・管理が容易であるという長所がある反面、保守料金が割高に設定されているという短所がある。

- □ **3** ほとんどの都市ガスは空気より重いので、ガス警報機器は、床面上方30cm以内に設置する。

(答え)

1 ○ ロープ式エレベーターには、屋上等に機械室（塔屋）を設ける機械室ありタイプと機械室なしタイプ（マシーンルームレスのタイプ）がある。

2 × フルメンテナンス契約に関する記述である。POG契約は、保守料金が「低めに設定」されているという長所がある反面、消耗品以外の部品や修理に費用が発生し、その都度見積もり・確認が必要となるので迅速性に欠ける、経年劣化により費用が増加するなどの短所がある。

3 × ほとんどの都市ガスは空気より「軽い」ので、ガス警報機器は、「天井面の下方30cm以内」に設置する。

LESSON 102

Day 51-2

消防用設備の種類

1. 消防用設備等の設置義務

　消防用設備等は、①消防の用に供する設備、②消防用水、③消火活動上必要な施設の3つに分類される。

　共同住宅は、消防法上、防火対象物のうちの「**非特定防火対象物**」に該当し、消防用設備等を設置する必要がある（消防法17条1項）。

　共同住宅における消防用設備は、建物に火災が発生したときに、①火災の感知、報知、連絡、通報、消火、避難及び誘導が安全かつ迅速にできること、②消防隊の活動を支援することを目的として設置される。

2. 共同住宅に設置が義務づけられている消防用設備等

　共同住宅に設置が義務づけられている消防用設備等には以下のものがある。

表1　共同住宅に設置が義務づけられている消防用設備

消火設備	①消火器及び簡易消火用具（延べ面積150m²以上は、20m以内ごと）（施行令10条1項2号、施行規則6条6項） ②屋内消火栓設備（耐火建築物では、延べ面積2,100m²以上）（施行令11条） ③スプリンクラー設備（11階以上の階）（施行令12条1項12号） ④動力消防ポンプ設備（施行令20条）
警報設備	①自動火災報知設備（延べ面積500m²以上）（施行令21条） ②非常警報設備（非常ベル、自動式サイレン、放送設備）（収容人員が50人以上）（施行令24条2項2号）

避難設備	①すべり台、避難はしご、救助袋、緩降機、避難橋その他の避難器具（2階以上の階で、収容人員30人以上）（施行令25条1項2号） ②誘導灯及び誘導標識（11階以上の部分）（施行令26条1項1号・2号）
消防用水	防火水槽又はこれに代わる貯水池その他の用水（施行令7条5項）
消火活動上必要な施設	排煙設備、連結散水設備、連結送水管（階数7以上の建物又は階数5以上の建物で延べ面積6,000m²以上のものは、3階以上の階に50m以内ごと）、非常コンセント設備（階数11以上の建物は、11階以上の階に50m以内ごと）及び無線通信補助設備（施行令29条1項1号・2号、2項1号イ、29条の2）

3. 特定共同住宅等における緩和措置（特例）

　一定の要件を満たす共同住宅（特定共同住宅等）については、「通常用いる消防用設備等」に代えて必要とされる防火安全性能を有する消防の用に供する設備等を用いることができるとされている（消防法施行令29条の4）。具体的には、「通常用いる消防用設備等」に代えて用いることができるものとして、「住宅用消火器及び消火器具」「共同住宅用スプリンクラー設備」「共同住宅用自動火災報知設備」「共同住宅用非常警報設備」「共同住宅用連結送水管」「共同住宅用非常コンセント設備」が定められている（特定共同住宅等における必要とされる防火安全性能を有する消防の用に供する設備等に関する省令）。

4. 共同住宅用非常警報装置・共同住宅用火災報知設備

　以下の要件に該当する共同住宅は、所定の位置に、共同住宅用非常警報装置に加えて、共同住宅用火災報知設備の設置が義務づけられる。

表2　共同住宅用非常警報装置及び共同住宅用火災報知設備の設置義務

二方向避難・開放型	地階を除く階数が5以下の部分ですべての住戸等の共用部分に面する開口部が4m²以下の共同住宅
二方向避難型又は開放型	地階を除く階数が2以下ですべての住戸等の共用部分に面する開口部が4m²以下の共同住宅

　建築延べ面積が500m²未満で自動火災報知設備のつかない共同住宅（消防法

施行令21条1項4号）は、住宅用防災機器（住宅用火災警報器）の設置が義務づけられる（消防法9条の2第1項）。なお、複合用途建物では、住宅部分だけに設置すれば足りる（同かっこ書き）。

5. 消火器の種類

消火器は、火災の種類（燃焼物質の種類）ごとに、**適応火災表示**がなされている。

表3　消火器の火災の種類ごとの適応火災表示

火災の種類	内容	マークの色
A火災（普通火災）	木材、紙、繊維などが燃える火災	白
B火災（油火災）	石油類その他の油類などが燃える火災	黄
C火災（電気火災）	電気機器、電気設備などの火災	青

消火器には、火災の種類に応じて、「普通火災」「油火災」「電気火災」などの文字表示がなされていたが、2022年1月より、新規格の絵表示に変更されて、旧規格の消火器は設置することができなくなった。なお、蓄圧式の消火器で製造から10年経過したものは、耐圧性能点検が義務づけられている（平成22年消防庁告示第24号）。

6. 自動火災報知設備の種類

自動火災報知設備は、一般に火災報知器（受信機）と感知器がセットになっている。感知器のタイプには、主に**熱感知器**と**煙感知器**がある。

表4　自動火災報知設備の種類

熱感知器	①定温式スポット型は、センサー部分が65℃又は75℃などの設定温度より上昇したときに作動する。 ②差動式スポット型は、センサーの周囲の温度の上昇率が一定の数値以上になったときに作動する。
煙感知器	①イオン式スポット型は、イオン電流が煙で遮断されたときに作動する。 ②光電式スポット型は、煙の微粒子によって受光部に光が反射したときに作動する。

STEP 2　要点をつかむ

①消防用設備等は、①消防の用に供する設備、②消防用水、③消火活動上必要な施設の3つに分類される。

②消火器は火災の種類（燃焼物質の種類）ごとに**適応火災表示**がなされている。

③自動火災報知設備は、一般に火災報知器（受信機）と感知器がセットになっており、感知器のタイプには、**熱感知器**と**煙感知器**がある。

STEP 3　問題に挑戦

- □ **1** 共同住宅は、消防法上、防火対象物のうちの「特定防火対象物」に該当し、消防用設備等を設置する必要がある。
- □ **2** 一定の要件を満たす共同住宅（特定共同住宅等）については、「通常用いる消防用設備等」に代えて必要とされる防火安全性能を有する消防の用に供する設備等を用いることができる。
- □ **3** 熱感知器の定温式スポット型は、センサーの周囲の温度の上昇率が一定の数値以上になったときに作動する。

答え

1　×　共同住宅は、消防法上、防火対象物のうちの「非特定防火対象物」に該当し、消防用設備等を設置する必要がある（消防法17条1項）。

2　○　一定の要件を満たす共同住宅（特定共同住宅等）については、「通常用いる消防用設備等」に代えて必要とされる防火安全性能を有する消防の用に供する設備等を用いることができる（消防法施行令29条の4）。

3　×　「差動式スポット型」に関する記述である。「定温式スポット型」は、センサー部分が設定温度より上昇したときに作動する。

防火管理

1. 防火管理者の設置義務

　多数の者が出入し、勤務し、又は居住する一定規模以上の防火対象物では、管理権原者（賃貸住宅にあっては所有者である賃貸人）は、一定の資格を有する者のうちから防火管理者を定め、消防計画の作成、防火管理上必要な業務を行わせなければならない（消防法8条1項）。防火管理者の資格には**甲種防火管理者**と**乙種防火管理者**があり、共同住宅（非特定防火対象物）の場合、以下のようになる（施行令3条）。

表1　共同住宅の収容人員・延べ面積による防火管理者の資格

収容人員・延べ面積	資格
①収容人員50人以上かつ500m²以上	甲種防火対象物（甲種防火管理者）
②収容人員50人以上かつ500m²未満	乙種防火対象物（甲種又は乙種防火管理者）

　共同住宅（非特定防火対象物）で、収容人員50人未満のものは、防火管理者の選任が不要とされている（消防法8条1項、施行令1条の2第3項1号ハ）

　なお、管理権原者が防火管理者を選任した場合でも、管理権原者は、防火管理責任を免責されるわけではない。

2. 防火管理者の業務

防火管理者は、防火対象物について、次の業務を行う（消防法8条1項）。

表2　防火管理者の業務

①消防計画の作成
②当該消防計画に基づく消火、通報及び避難の訓練の実施
③消防の用に供する設備、消防用水又は消火活動上必要な施設の点検及び整備、火気の使用又は取扱いに関する監督
④避難又は防火上必要な構造及び設備の維持管理並びに収容人員の管理
⑤その他防火管理上必要な業務

3. 消防計画の内容

防火管理者の行う業務のうち、特に重要なものは**消防計画**の作成であり、消防計画には、次の事項を定めなければならない（施行規則3条1項1号）。

表3　消防計画の内容

①自衛消防の組織に関すること。
②防火対象物についての火災予防上の自主検査に関すること。
③消防用設備等の点検及び整備に関すること。
④避難通路、避難口、安全区画、防煙区画その他の避難施設の維持管理及びその案内に関すること。
⑤防火壁、内装その他の防火上の構造の維持管理に関すること。
⑥定員の遵守その他収容人員の適正化に関すること。
⑦防火管理上必要な教育に関すること。
⑧消火、通報及び避難の訓練その他防火管理上必要な訓練の定期的な実施に関すること。
⑨火災、地震その他の災害が発生した場合における消火活動、通報連絡及び避難誘導に関すること。
⑩防火管理についての消防機関との連絡に関すること。
⑪増築、改築、移転、修繕又は模様替えの工事中の防火対象物における防火管理者又はその補助者の立会いその他火気の使用又は取扱いの監督に関すること。
⑫上記のほか、防火対象物における防火管理に関し必要な事項

4. 防火管理者の委託

　共同住宅その他総務省令で定める防火対象物では、管理的又は監督的な地位にある者のいずれもが遠隔の地に勤務していることその他の事由により防火管理上必要な業務を適切に遂行することができない場合に限り、例外的に防火管理者の業務を外部に委託することができる（施行令3条2項、施行規則2条の2、3条2項）。

STEP 2　要点をつかむ

①多数の者が出入し、勤務し、又は居住する一定規模以上の防火対象物では、管理権原者は、一定の資格を有する者のうちから防火管理者を定めなければならない。

②防火管理者は、防火対象物について、**消防計画**の作成その他の業務を行う。

③共同住宅その他総務省令で定める防火対象物では、管理的又は監督的な地位にある者のいずれも防火管理上必要な業務を適切に遂行することができない場合に限り、例外的に防火管理者の業務を外部に委託することができる。

STEP 3　問題に挑戦

☐ **1** 収容人員50人以上の共同住宅の防火管理者は、延べ面積にかかわらず甲種防火管理者でなければならない。

☐ **2** 避難の訓練の実施は、防火管理者の業務に含まれていない。

☐ **3** 共同住宅等で防火管理者を選任する場合において、外部に防火管理上必要な業務を適切に遂行することができる者がいるときは、防火管理者の業務をその者に委託することができる。

答え

1 ×　収容人員50人以上かつ「延べ面積500m²以上」の共同住宅の防火管理者は**甲種防火管理者**でなければならないが、「延べ面積500m²未満」の場合には、**乙種防火対象物**に該当するので、「**乙種防火管理者**」で足りる（施行令3条）。

2 ×　消防計画に基づく消火、通報及び「**避難の訓練の実施**」は、防火管理者の業務に含まれている（消防法8条1項）。

3 ×　共同住宅等で、例外的に防火管理者の業務を外部に委託することができるのは、管理的又は監督的な地位にある者のいずれもが遠隔の地に勤務していることその他の事由により防火管理上必要な業務を適切に遂行することができない場合に限られる（施行令3条2項、施行規則2条の2、3条2項）。外部に防火管理上必要な業務を適切に遂行することができる者がいるという理由で、外部に委託できるのではない。

建物の計画修繕

1. 計画修繕の目的

　建物は、入居者が使用しない部分であっても、時間が経過すると、物理的・化学的要因によって劣化するものである。中・長期的に見れば、計画修繕を行うことは、賃借人に対して好印象を与え、入居率が上がることによって賃貸経営の収支上プラスに繋がる。

　安定した賃貸経営を行うためには、建物の計画修繕が不可欠であることから、管理業者には、建物の計画修繕の重要性を賃貸人に理解してもらい、計画修繕を提案していく姿勢が求められる。

2. 長期修繕計画の策定

　長期修繕計画を着実に実施していくためには、資金の裏付けが必要であり、長期修繕計画を策定して維持管理コストを試算し、その費用を賃貸経営の中に見込まなければならない。

3. 長期修繕計画の計画期間・修繕周期

　長期修繕計画の対象期間は、最も修繕周期の長いものを念頭に置き、一般的には30年程度とされるが、数年に一度（2、3年に一度）、修繕計画の内容を見直すことで適切な修繕時期を確定する必要がある。

　「長期修繕計画作成ガイドライン及び同コメント（国土交通省）」においても、

長期修繕計画の計画期間は、30年以上で設定するとしている。

　なお、建物の部位によって、標準的な修繕周期は以下のように異なる。

表1　建物の部位による標準的な修繕周期

部位・工事項目	修繕周期
屋根防水改修工事	露出12〜　押さえ18年〜
外壁塗装工事	12〜18年
バルコニー等防水改修工事	12〜18年
シーリング改修工事	8〜16年
鉄部改修・塗装工事	4〜6年（雨掛かり部分は4年）
金物類改修工事	使用頻度・損耗による
アルミ部改修工事	24〜36年
舗装改修工事	24〜36年
外溝工作物補修・取替え工事	24〜36年
屋外排水設備取替え工事	24〜36年

（出典：令和4年度版「賃貸不動産管理の知識と実務」）

4. 長期修繕計画の実施

　修繕計画の実施に基づいた計画修繕の実施に当たっては、計画された修繕部位を点検、調査した上で、状況を把握することが重要である。また、修繕工事は、日常生活の中で行われる工事であるため、騒音や振動により入居者等に迷惑をかける問題があり、配慮しなければならない。

5. 修繕資金の積立

　前述したように、長期修繕計画を着実に実施していくためには資金の裏付けが必要であるが、長期修繕計画によって修繕費とその支払時期が明確になるこ

とから、将来に備えて資金の積立てが必要となる。

6. 修繕履歴情報

　建物が長期にわたり必要な機能を維持して、収益性を保持するためには、日常の点検管理と計画的な修繕が必要不可欠であり、見えない部分も含めて修繕の必要性を判断し、修繕計画を立案することが必要となる。また、建物の履歴情報を蓄積し、利用することには、以下のメリットがある。

表2　履歴情報を蓄積・利用するメリット

①建物の維持保全に必要な費用の無駄を省くことができ、長期にわたる**維持管理コストの削減**が可能となる。
②建物の正確な情報によって、**合理的なリフォーム**の実現が可能となる。
③賃貸借締結時に正確な履歴情報が提供されることによって、契約締結後のトラブル防止に繋がり、**透明性が確保された賃貸借関係**の実現が可能となる。
④賃貸物件を売却又は購入するときに、正確な履歴情報によって客観的で透明性の高い価格評価が可能となる。
⑤正確な履歴情報を利用することにより、災害が発生した際の**復旧**に**迅速**かつ適切な**対応**が可能となる。
⑥建材や設備などに不具合があった場合の**更新工事**の際、**品番指定**を迅速に行うことができる。

7. 履歴情報の帰属・保管

　建物の履歴情報は、建物に付随するものであるので、建物の所有者に帰属するものであるが、履歴情報の利用の実効性を確保するためには、所有者から管理委託を受けている管理受託者が保管し、必要に応じて利用することが考えられる。

STEP 2　要点をつかむ

❶安定した賃貸経営を行うためには、建物の**計画修繕**が不可欠である。
❷長期修繕計画を着実に実施していくためには、資金の裏付けが必要であ

り、長期修繕計画を策定して維持管理コストを試算し、その費用を賃貸経営の中に見込まなければならない。

③長期修繕計画の対象期間は、最も修繕周期の長いものを念頭に置き、一般的には30年程度とされるが、数年に一度、修繕計画の内容を見直すことで適切な修繕時期を確定する必要がある。

STEP 3 問題に挑戦

- □ **1** 長期修繕計画の対象期間は、最も修繕周期の長いものを念頭に置き、30年程度としておけばよく、修繕計画の内容を見直す必要はない。

- □ **2** 計画修繕の実施に当たっては、計画された修繕部位を点検、調査した上で、状況を把握することが重要であり、騒音や振動の問題に配慮する必要がある。

- □ **3** 建物の履歴情報を蓄積し、利用することのメリットとして、長期にわたる維持管理コストの削減が可能となることが挙げられる。

（答え）

1 × 長期修繕計画の対象期間は、最も修繕周期の長いものを念頭に置き、一般的には30年程度とされるが、数年に一度（2、3年に一度）、修繕計画の内容を見直すことで適切な修繕時期を確定する必要がある。

2 ○ 計画修繕の実施に当たっては、計画された修繕部位を点検、調査した上で、状況を把握することが重要であり、修繕工事は、日常生活の中で行われる工事であるため、騒音や振動により入居者等に迷惑をかける問題があり、配慮しなければならない。

3 ○ 建物の履歴情報を蓄積し、利用することのメリットとして、建物の維持保全に必要な費用の無駄を省くことができ、長期にわたる維持管理コストの削減が可能になることが挙げられる。

Chapter

5

その他の法令等

本章では、賃貸住宅管理業者の管理受託契約を履行する際に必要となる法律の知識（個人情報保護法・住宅宿泊事業法など）、火災保険などの保険、消費税などの税の知識、相続に関する知識について学習する。

個人情報保護法の用語の意味

LESSON 105 Day 53-1

1. 個人情報保護法の遵守

　賃貸住宅管理業者及びサブリース業者は、個人情報保護法上の個人情報取扱事業者に該当するため、「個人情報取扱事業者の義務等」を負う（16条2項、17条～40条）。

　このLESSONでは、個人情報保護法で用いられる用語の意味について確認する。

2. 個人情報

　「**生存する個人に関する情報**」であって、以下のいずれかに該当するものをいう（2条1項）。

表1　個人情報

①当該情報に含まれる氏名、生年月日その他の記述等により「**特定の個人を識別することができるもの**」（他の情報と容易に照合することができ、それにより特定の個人を識別することができることとなるものを含む。）
②**個人識別符号**（旅券の番号・基礎年金番号・マイナンバー・運転免許証の番号など）が含まれるもの

3. 要配慮個人情報

　本人の人種、信条、社会的身分、病歴、犯罪の経歴、犯罪により害を被った事実その他本人に対する不当な差別、偏見その他の不利益が生じないようにその取扱いに特に配慮を要するものとして政令で定める記述等が含まれる個人情報をいう (2条3項)。いわゆる「センシティブ情報」のことである。

　要配慮個人情報とされると、その取得や**第三者提供**には、原則として**本人の同意**が必要であり、個人データに関して認められている**オプトアウト** (次のLESSONで解説) による**第三者提供**は認められない。また、要配慮個人情報が含まれる個人データの漏えい等が発生し又は発生したおそれがある事態が生じた場合には、**個人情報保護委員会**に報告しなければならない。

4. 個人情報データベース等

　個人情報を含む情報の集合物であって、以下のものをいう (16条1項)。

表2　個人情報データベース等

①特定の個人情報を電子計算機を用いて検索することができるように体系的に構成したもの
②①のほか、特定の個人情報を容易に検索することができるように体系的に構成したものとして政令で定めるもの (紙ベースのもの)

5. 個人情報取扱事業者

　個人情報データベース等を**事業の用に供している者**をいう (16条2項)。

　したがって、取り扱う個人情報の数を問わない。また、自社で個人情報データベース等を構築していなくても、**指定流通機構** (レインズ) にアクセスできる事業者は、個人情報取扱事業者に該当することになる。

6. 個人データ

個人情報データベース等を構成する個人情報をいう (16条3項)。

7. 保有個人データ

個人情報取扱事業者が、開示、内容の訂正、追加又は削除、利用の停止、消去及び第三者への提供の停止を行うことのできる権限を有する個人データであって、その存否が明らかになることにより公益その他の利益が害されるものとして政令で定めるもの以外のものをいう (16条4項)。

STEP 2 　要点をつかむ

①**死者**に関する情報は、個人情報ではない。

②運転免許証やマイナンバーのような符号も、**個人識別符号**として、個人情報に該当する。

③要配慮個人情報とされると、その取得や**第三者提供**には、原則として**本人の同意**が必要であり、個人データに関して認められている**オプトアウト**による**第三者提供**は認められない。

④自社で個人情報データベース等を構築していなくても、**指定流通機構**（レインズ）にアクセスできる事業者は、個人情報取扱事業者に該当する。

STEP 3 　問題に挑戦

☐ **1** 5,000人以下の個人情報しか取り扱わない中小企業・小規模事業者に対しては、個人情報保護法は適用されない。

☐ **2** 番号、記号や符号は、その情報だけで特定の個人を識別できる場合であっても、個人情報に該当しない。

☐ **3** 賃貸住宅管理業者が、入居の申込みに際し、人種の記載をさせる場合、

その記載は、要配慮個人情報として取り扱わなければならない。

(答え)

1 ×　個人情報データベース等を**事業の用**に供している者であれば、個人情報取扱事業者として個人情報保護法が適用される。この場合において取り扱う個人情報の数を問わない。

2 ×　番号、記号や符号でも、その情報が**個人識別符号**に該当する場合は、個人情報に該当する。

3 ○　「人種」は要配慮個人情報に該当する。

合格のモト3

　本試験問題では、個人情報の人数について「5,000人以下」という表現が使われることがあるが、これは、現在の個人情報保護法の改正前は、「保有する個人情報の数の合計が過去6か月のいずれの日においても5,000件を超えない」小規模事業者については、個人情報取扱事業者から除外されていたためである。この小規模事業者の除外の規定は廃止されているため、5,000人以下の個人情報を取り扱う者も個人情報保護法が適用されるようになっている。

個人情報取扱事業者の義務等

1. 個人情報に対する義務

表1 個人情報に対する義務

利用目的の特定と制限	①個人情報を取り扱うに当たっては、利用目的をできる限り特定しなければならない（17条1項）。 ②利用目的を変更する場合には、変更前の利用目的と関連性を有すると合理的に認められる範囲を超えて行ってはならない（17条2項）。 ③利用目的を変更した場合は、変更された利用目的について、本人に通知し、又は公表しなければならない（21条3項）。 ④法令に基づく場合などを除き、あらかじめ本人の同意を得ないで、特定された利用目的の達成に必要な範囲を超えて、個人情報を取り扱ってはならない（18条1項）。
不適正な利用の禁止	違法又は不当な行為を助長し、又は誘発するおそれがある方法により個人情報を利用してはならない（19条）。
適正な取得	①偽りその他不正の手段により個人情報を取得してはならない（20条1項）。 ②法令に基づく場合などを除くほか、あらかじめ本人の同意を得ないで、要配慮個人情報を取得してはならない（20条2項）。

取得に際しての利用目的等の通知	①個人情報を取得した場合は、あらかじめその利用目的を**公表している**場合を除き、速やかに、その利用目的を、本人に**通知**し、又は**公表**しなければならない（21条1項）。 ②個人情報取扱事業者は、①にかかわらず、本人との間で契約を締結することに伴って契約書その他の書面・電磁的記録に記載された当該本人の個人情報を取得する場合その他本人から直接書面に記載された当該本人の個人情報を取得する場合は、あらかじめ、本人に対し、その利用目的を**明示**しなければならない。ただし、人の生命、身体又は財産の保護のために緊急に必要がある場合は、**明示する必要はない**（21条2項）。

2. 個人データに対する義務

表2　個人データに対する義務

データ内容の正確性の確保等	利用目的の達成に必要な範囲内において、個人データを正確かつ最新の内容に保つとともに、利用する必要がなくなったときは、当該個人データを遅滞なく消去するよう**努めなければならない**（22条）。
安全管理措置	その取り扱う個人データの漏えい、滅失又は毀損の防止その他の個人データの安全管理のために必要かつ適切な措置を講じなければならない（23条）。
監督	①その従業者に個人データを取り扱わせるに当たっては、当該個人データの安全管理が図られるよう、当該従業者に対する必要かつ適切な監督を行わなければならない（24条）。 ②個人データの取扱いの全部又は一部を委託する場合は、その取扱いを委託された個人データの安全管理が図られるよう、委託を受けた者に対する必要かつ適切な監督を行わなければならない（25条）。
漏えい等の報告等	その取り扱う個人データの漏えい、滅失、毀損その他の個人データの安全の確保に係る事態であって個人の権利利益を害するおそれが大きいもの（a）要配慮個人情報・b）不正に利用されることにより財産的被害が生じるおそれがある・c）不正の目的をもって行われたおそれがある・d）個人データに係る本人の数が1,000人を超える漏えい等）が生じたときは、当該事態が生じた旨を**個人情報保護委員会**に報告しなければならない（26条、規則7条）。

第三者提供の制限	①法令に基づく場合などを除くほか、あらかじめ**本人の同意を得ない**で、個人データを第三者に提供してはならない（27条1項）。 ②第三者に提供される個人データ（要配慮個人情報を除く）について、本人の求めに応じて当該本人が識別される個人データの第三者への提供を停止することとしている場合であって、第三者への提供方法や本人の求めを受け付ける方法などの一定の事項について、あらかじめ、本人に**通知**し、又は本人が**容易に知り得る状態**に置くとともに、**個人情報保護委員会**に届け出たときは、①にかかわらず、当該個人データを第三者に提供することができる（27条2項）。
第三者提供に係る記録の作成等	①個人データを第三者に提供したときは、当該個人データを提供した年月日、当該第三者の氏名又は名称その他の事項に関する記録を作成しなければならない（29条1項本文）。 ②①の記録を、当該記録を作成した日から一定期間保存しなければならない（29条2項）。

3. 保有個人データに対する義務

　保有個人データに関して、その利用目的や開示請求に応じる手続等について、本人の**知り得る状態**に置かなければならず（32条1項）、本人から、当該本人が識別される保有個人データの利用目的の**通知**を求められたときは、原則として本人に対し、遅滞なく、これを**通知**しなければならない（32条2項）。

　本人は、当該本人が識別される保有個人データについて開示請求ができ（33条）、その内容が事実でないときは、内容の訂正・追加・削除を請求できる（34条）。さらに、一定の場合には、当該保有個人データの利用の停止又は消去（利用停止等）を請求することができる（35条）。

STEP 2 　要点をつかむ

①個人情報取扱事業者は、本人との間で契約を締結することに伴って契約書その他の書面・電磁的記録に記載された当該本人の個人情報を取得する場合には、人の生命、身体又は財産の保護のために緊急に必要がある場合を除き、**あらかじめ**、本人に対し、その利用目的を**明示**しなければ

ならない。

②個人情報取扱事業者は、要配慮個人情報や個人データに係る本人の数が1,000人を超える漏えい等が生じたときは当該事態が生じた旨を個人情報保護委員会に報告しなければならない。

STEP 3 問題に挑戦

☐ **1** 個人情報取扱事業者は、あらかじめ利用目的を公表していれば、個人情報を取得した場合に、その利用目的を本人に口頭又は書面等で直接に通知する必要はない。

☐ **2** 個人情報取扱事業者は、個人データを利用する必要がなくなったときは、当該個人データを遅滞なく消去しなければならない。

☐ **3** 個人情報取扱事業者は、いかなる場合でも、あらかじめ本人の同意を得ないで、個人データを第三者に提供してはならない。

(答え)

1 ○ 個人情報取扱事業者は、個人情報を取得した場合において、「あらかじめその利用目的を**公表している場合**」には、その利用目的を、本人に**通知**し、又は**公表**する必要はない。

2 × 個人情報取扱事業者は、個人データを利用する必要がなくなったときは、当該個人データを遅滞なく消去するように「**努めなければならない**」。

3 × 個人情報取扱事業者は、「**法令に基づく場合などを除くほか**」、あらかじめ**本人の同意**を得ないで、個人データを第三者に提供してはならない。

消費者契約法

1. 消費者契約法の目的

　消費者契約法は、「消費者」と「事業者」との間の情報の質及び量並びに交渉力の格差に鑑み、①事業者の一定の行為により消費者が**誤認**し、又は**困惑**した場合等について契約の申込み又はその承諾の意思表示を**取り消す**ことができることとするとともに、②事業者の損害賠償の責任を免除する条項その他の消費者の利益を不当に害することとなる条項の全部又は一部を**無効**とするほか、③消費者の被害の発生又は拡大を防止するため**適格消費者団体**が事業者等に対し**差止請求**をすることができることとすることにより、消費者の利益の擁護を図り、もって国民生活の安定向上と国民経済の健全な発展に寄与することを目的とする（1条）。

2. 消費者・事業者・消費者契約

　「消費者」とは、個人（事業として又は事業のために契約の当事者となる場合におけるものを除く。）をいう（2条1項）。

　「事業者」とは、法人その他の団体及び事業として又は事業のために契約の当事者となる場合における個人をいう（アパートの賃貸人や投資向けのマンションの賃貸人も事業者である。2条2項）。

「消費者契約」とは、消費者と事業者との間で締結される契約をいう。

　したがって、事業目的ではなく、もっぱら**居住**目的で物件を借りる個人の賃

借人は消費者である。

3. 取消し

　消費者は、事業者が消費者契約の締結について勧誘をするに際し、次の事由によって、当該消費者契約の申込み又はその承諾の意思表示をしたときは、これを取り消すことができる（4条）。なお、この取消事由に該当する行為は、契約の締結について**媒介**を委託された者や、事業者の**代理人**が行った場合も含まれる（5条）。

表1　消費者契約の取消しができる場合（主なもの）

①消費者に対して重要事項について事実と異なることを告げたことにより、当該告げられた内容が事実であるとの誤認をした場合（1項1号）
②消費者に対してある重要事項又は当該重要事項に関連する事項について当該消費者の利益となる旨を告げ、かつ、当該重要事項について当該消費者の不利益となる事実を故意又は重大な過失によって告げなかったことにより、当該事実が存在しないとの誤認をした場合（2項本文）

4. 消費者が支払う損害賠償額を予定する条項等の無効

　消費者契約の解除に伴う損害賠償の額を予定し、又は違約金を定める条項であって、これらを合算した額が、当該条項において設定された解除の事由、時期等の区分に応じ、当該消費者契約と同種の消費者契約の解除に伴い当該事業者に生ずべき**平均的**な損害の額を超えるものは、当該を**超える部分**について無効となる（9条1号）。

　消費者契約に基づき支払うべき金銭の全部又は一部を消費者が支払期日までに支払わない場合における損害賠償の額を予定し、又は違約金を定める条項であって、これらを合算した額が、支払期日の翌日からその支払をする日までの期間について、その日数に応じ、当該支払期日に支払うべき額から当該支払期日に支払うべき額のうち既に支払われた額を控除した額に**年14.6％**の割合を乗じて計算した額を超えるものは、当該超える部分について無効となる（同2

号）。

5. 消費者の利益を一方的に害する条項の無効

消費者の不作為をもって当該消費者が新たな消費者契約の申込み又はその承諾の意思表示をしたものとみなす条項その他の法令中の公の秩序に関しない規定の適用による場合に比して消費者の権利を制限し又は消費者の義務を加重する消費者契約の条項であって、民法に規定する**信義則**に反して消費者の利益を**一方的に害する**ものは、無効となる（10条）。

6. 適格消費者団体

適格消費者団体とは、不特定かつ多数の消費者の利益のためにこの法律の規定による**差止請求権**を行使するのに必要な適格性を有する法人である消費者団体として**内閣総理大臣**の認定を受けた者をいう（2条4項）。

STEP 2　要点をつかむ

①事業目的ではなく、もっぱら**居住目的**で物件を借りる個人の賃借人は消費者である。

②消費者に対してある重要事項に関連する事項について当該消費者の利益となる旨を告げ、かつ、当該重要事項について当該消費者の不利益となる事実を故意又は重大な過失によって告げなかったことにより、当該**事実が存在しないとの誤認**をしたことによって、当該消費者契約の申込み又はその承諾の意思表示をしたときは、これを取り消すことができる。

③法令中の公の秩序に関しない規定の適用による場合に比して消費者の権利を制限し又は消費者の義務を加重する消費者契約の条項であって、民法に規定する**信義則**に反して消費者の利益を**一方的に害する**ものは、無効となる。

□ **1** 消費者契約法上の「消費者契約」とは、個人と事業者との間で締結される全ての契約をいう。

□ **2** 消費者は、事業者が消費者契約の締結について勧誘をするに際し、当該消費者に対して重要事項について事実と異なることを告げることにより、当該告げられた内容が事実であるとの誤認をし、それによって当該消費者契約の申込み又はその承諾の意思表示をしたときは、これを取り消すことができる。

□ **3** 法令中の公の秩序に関しない規定の適用による場合に比して消費者の権利を制限する消費者契約の条項であって、民法に規定する信義則に反して消費者の利益を一方的に害するものは、無効となる。

答え

1 × 「消費者契約」とは、消費者と事業者との間で締結される契約をいう。消費者には、**事業**として又は**事業のために**契約の当事者となる場合における**個人**は除かれる。

2 ○ 本肢の場合、消費者は、消費者契約の申込み又はその承諾の意思表示を取り消すことができる。

3 ○ 法令中の公の秩序に関しない規定の適用による場合に比して消費者の権利を制限し又は消費者の義務を加重する消費者契約の条項であって、民法に規定する**信義則**に反して消費者の利益を**一方的**に**害する**ものは、無効となる。

住宅宿泊事業法

STEP 1 全体を知る

1. 住宅宿泊事業法の目的

住宅宿泊事業法は、我が国における観光旅客の宿泊をめぐる状況に鑑み、①「住宅宿泊事業」を営む者に係る**届出**制度並びに②「住宅宿泊管理業」を営む者及び「住宅宿泊仲介業」を営む者に係る**登録**制度を設ける等の措置を講ずること等を目的とする（1条）。

2. 住宅宿泊事業者

「住宅宿泊事業」とは、旅館業法に規定する営業者以外の者が宿泊料を受けて住宅に人を宿泊させる事業であって、人を宿泊させる日数が1年間で180日を超えないものをいう（2条3項）。

住宅宿泊事業には、「家主居住型」と「家主不在型」の2タイプがある。

表1　住宅宿泊事業の2タイプ

家主居住型	ホームステイ型であり、宿泊者が滞在している間に家主（届出者）が届出住宅にいるものをいう。
家主不在型	宿泊者が滞在している間に家主（届出者）が不在となるものをいう。

住宅宿泊事業を行おうとする者は、**都道府県知事等への届出**が必要である（法3条1項）。

3. 住宅宿泊事業者の義務

　住宅宿泊事業者は以下①〜⑧の義務を負う。ただし、住宅宿泊管理業者に管理業務を委託すれば、①〜⑥の義務を免れることができる（法11条2項）。

表2　住宅宿泊事業者の義務

①宿泊者の衛生の確保義務（法5条）
②宿泊者の安全の確保義務（法6条）
③外国人観光旅客である宿泊者の快適性及び利便性の確保義務（法7条）
④宿泊者名簿の備付け・提出義務（法8条）
⑤周辺地域の生活環境への悪影響の防止に関し必要な事項の説明義務（法9条）
⑥苦情等への対応（法10条）
⑦標識の掲示義務（法13条）
⑧都道府県知事への報告義務（14条）

4. 住宅宿泊管理業者

　「住宅宿泊管理業」とは、住宅宿泊事業者から委託を受けて、報酬を得て、住宅宿泊管理業務を行う事業をいい、「住宅宿泊管理業者」とは、**国土交通大臣**の登録を受けて住宅宿泊管理業を営む者をいう（法2条6項・7項、22条1項）。

　なお、登録を受ける場合、登録拒否事由に該当する者は、登録を受けることができない（法25条1項）。この登録拒否事由は、賃貸住宅管理業者の登録拒否事由に類似している。

5. 住宅宿泊管理業務の委託

　住宅宿泊事業者は、①②のいずれかに該当するときは、届出住宅に係る住宅宿泊管理業務を「ひとつ」の住宅宿泊管理業者に委託しなければならない（法11条1項、規則9条）。

表3 住宅宿泊管理業者に委託しなければならない場合

①届出住宅の居室の数が5を超えるとき
②「狭義の家主不在型」(注)の場合

(注)「狭義の家主不在型」とは、例外的に、住宅宿泊事業者が自己の生活の本拠として使用する住宅と届
　　出住宅との距離その他の事情を勘案し、住宅宿泊管理業務を住宅宿泊管理業者に委託しなくてもその
　　適切な実施に支障を生ずるおそれがないと認められるなどの例外的なケースを除いた「家主不在型」の
　　ことをいう。

6. 住宅宿泊管理業者の義務

　住宅宿泊管理業者には、委託を受けた3. ①〜⑥の義務の他に、以下の義務
が課される。

表4 住宅宿泊管理業者の義務

①管理受託契約の締結前の書面(電磁的方法)の交付義務(法33条)
②管理受託契約の締結時の書面(電磁的方法)の交付義務(法34条)
③**全部再委託の禁止**(法35条)
④信義を旨とし、誠実にその業務を行う義務(29条)
⑤**名義貸しの禁止**(法30条)
⑥**誇大広告等の禁止**(法31条)
⑦**不当な勧誘等の禁止**(法32条)
⑧証明書の携帯・請求があったときの提示義務(法37条)
⑨帳簿の備付け・保存義務(法38条)
⑩標識の掲示義務(法39条)
⑪住宅宿泊事業者への定期報告(報告対象期間・業務の実施状況・届出住宅の維持保全の状況・
　周辺地域の苦情の発生状況)(法40条)

STEP 2 要点をつかむ

①住宅宿泊事業を行おうとする者は「**都道府県知事等への届出**」をする必要があり、住宅宿泊管理業者になろうとする者は「**国土交通大臣の登録**」を受ける必要がある。

②住宅宿泊事業者は、届出住宅の居室の数が5を超えるときは、届出住宅に係る住宅宿泊管理業務を「ひとつ」の住宅宿泊管理業者に委託しなければならない。

③住宅宿泊事業者の義務のうち、**標識の掲示義務**（法13条）と**都道府県知事への報告義務**（14条）は、住宅宿泊管理業者に委託することができない。

STEP 3 問題に挑戦

- ☐ 1 住宅宿泊管理業を行うためには、都道府県知事の登録を受けなければならない。
- ☐ 2 住宅宿泊事業者は、狭義の家主不在型の住宅宿泊事業については、住宅宿泊管理業務を住宅宿泊管理業者に委託しなければならない。
- ☐ 3 住宅宿泊管理業者は、住宅宿泊事業者から委託された住宅宿泊管理業務の全部を他の者に対し、再委託することができる。

（答え）

1 × 住宅宿泊管理業を行うためには、「**国土交通大臣**」の登録を受けなければならない。

2 ○ 住宅宿泊事業者は、①届出住宅の居室の数が5を超えるとき、②「**狭義の家主不在型**」の場合は、住宅宿泊管理業務を住宅宿泊管理業者に委託しなければならない。

3 × 住宅宿泊管理業務の**全部再委託**は禁止されている。

消費生活用製品安全法・住宅セーフティネット法

STEP 1 　全体を知る

1. 消費生活用製品安全法の目的

　消費生活用製品（一般消費者の生活の用に供される製品）による一般消費者の生命又は身体に対する危害の防止を図るため、特定製品の製造及び販売を規制するとともに、「**特定保守製品**」の適切な保守を促進し、併せて製品事故に関する情報の収集及び提供等の措置を講じ、もって一般消費者の利益を保護することを目的とする（法1条）。

2. 特定保守製品

　「特定保守製品」とは、消費生活用製品のうち、長期間の使用に伴い生ずる劣化（経年劣化）により安全上支障が生じ、一般消費者の生命又は身体に対して特に重大な危害を及ぼすおそれが多いと認められる製品であって、使用状況等からみてその適切な保守を促進することが適当なものとして政令で定めるもの（石油給湯器、石油ふろがま）をいう（消安法2条4項、施行令3条、別表第3）。

3. 長期使用製品安全点検制度

　メーカーは、重大事故発生率の高い特定保守製品（石油給湯器、石油ふろがま）について、製造や使用開始から一定期間経過後に、製品の**所有者**に点検を求め（点検や修理に応じる義務がある）、重大事故やリコール情報についても通知することとされている。

4. 長期使用製品安全表示制度

重大事故発生率は高くないものの、長期にわたり使用される、扇風機、**エアコン**、**換気扇**、電気洗濯機、テレビ（ブラウン管テレビに限る）の5品目について、製造年月日、設計上の標準使用期間、経年劣化についての注意喚起などが表示事項とされている。

5. 住宅セーフティネット法の目的

住宅セーフティネット法（正式名称は「住宅確保要配慮者に対する賃貸住宅の供給の促進に関する法律」）は、高齢者、子育て世帯、被災者、障害者、**低額所得者**等の「住宅確保要配慮者」に対する賃貸住宅の供給を促進するための法律である（法1条、2条1項）。

6. 住宅確保要配慮者円滑入居賃貸住宅事業の登録

住宅確保要配慮者円滑入居賃貸住宅事業を行う者は、住宅確保要配慮者円滑入居賃貸住宅事業に係る賃貸住宅（以下「住宅確保要配慮者円滑入居賃貸住宅」という。）を構成する**建築物**ごとに、**都道府県知事**の登録を受けることができる（法8条）。

登録を受けるためには、賃貸住宅の**床面積**、規模、構造及び設備が、国土交通省令で定める基準に適合していなければならない（法10条）。

この登録の基準は、賃貸住宅供給促進計画を定めることによって、強化・緩和をすることが可能である。

登録を受けた事業者（賃貸人）は、住宅確保要配慮者であることを理由として、入居を拒んではならない（法17条）。ただし、**登録申請時**に、入居を受け入れることとする住宅確保要配慮者の範囲を定めた場合には、入居者をその範囲に限定することは可能である（法17条かっこ書、9条1項6号）。

登録住宅の改良については、**住宅金融支援機構**の融資を受けることができる（法19条）。

登録を受けた事業者（賃貸人）は、バリアフリー等の改修費に対し、**国や地方公共団体**等による経済的支援を受けることができる。

7. 住宅確保要配慮者居住支援法人制度

都道府県知事は、住宅確保要配慮者の居住の支援を行うNPO法人等を、その申請により、住宅確保要配慮者居住支援法人（以下「支援法人」という。）として指定することができる（法40条）。

支援法人は、登録事業者からの要請に基づき、登録住宅入居者の家賃債務の保証を行うほか、情報の提供、相談その他の援助を行う（法42条）。

8. 住宅扶養費等の代理納付の推進

登録を受けた一定の賃貸人は、生活保護法に基づく生活保護の受給者である被保護入居者が家賃の請求に応じないなどの場合、その旨を保護の実施機関（福祉事務所）に**通知**することができる。**通知**を受けた実施機関は、当該住宅扶助費等の代理納付を行うかどうかを判断するための事実確認のための措置を講ずる。

9. 家賃債務保証業者登録制度

家賃債務保証業を営む者は、国土交通大臣の登録を受けることができる（家賃債務保証業者登録規程3条）。なお、登録は**任意**であって、**登録**しなくても家賃債務保証業を営むことは可能である。

適正に家賃債務保証を行う者（登録業者、住宅確保要配慮者居住支援法人など）は、**住宅金融支援機構**による家賃債務保証保険を受けることができる（法20条2項、規則19条）。

STEP 2 要点をつかむ

①消費生活用製品安全法に規定する「特定保守製品」は、「**石油給湯器**」・「**石油ふろがま**」である。

②住宅確保要配慮者円滑入居賃貸住宅事業を行う者は、住宅確保要配慮者円滑入居賃貸住宅を構成する**建築物**ごとに、**都道府県知事**の登録を受け

ることができる。

③②の登録を受けるためには、賃貸住宅の**床面積**、規模、構造及び設備が、国土交通省令で定める基準に適合していなければならない。

STEP 3 問題に挑戦

□ **1** 住宅確保要配慮者に対する賃貸住宅の供給の促進に関する法律に基づき、住宅確保要配慮者の入居を拒まない賃貸住宅として登録を受けるためには、国土交通省令で定める登録基準に適合していなければならない。

□ **2** 住宅確保要配慮者に対する賃貸住宅の供給の促進に関する法律に基づき登録された賃貸住宅は、あらゆる住宅確保要配慮者の入居を常に拒まない賃貸住宅である。

□ **3** 住宅確保要配慮者に対する賃貸住宅の供給の促進に関する法律に基づき登録された賃貸住宅の貸主は、バリアフリー等の改修費に対し、国や地方公共団体等による経済的支援を受けることができる。

答え

1 ○ 住宅確保要配慮者円滑入居賃貸住宅を構成する建築物の都道府県知事の登録を受けるためには、賃貸住宅の床面積、規模、構造及び設備が、国土交通省令で定める基準に適合していなければならない。

2 × 原則として、住宅確保要配慮者であることを理由として、入居を拒んではならないが、**登録申請時**に、入居を受け入れることとする住宅確保要配慮者の範囲を定めた場合には、入居者をその範囲に限定することは可能である。

3 ○ 住宅確保要配慮者円滑入居賃貸住宅を構成する建築物の登録を受けた事業者は、バリアフリー等の改修費に対し、**国**や**地方公共団体**等による経済的支援を受けることができる。

不動産登記制度と土地の価格

STEP 1　全体を知る

1. 登記記録

　登記記録とは、表示に関する登記又は権利に関する登記について、一筆の土地又は一個の建物ごとに作成される電磁的記録をいう（不登法2条5号）。

2. 登記記録の記録事項

　登記記録は、表題部と権利部に分かれ（不登法2条7号・8号）、表題部には「表示に関する登記」がなされ、権利部には「権利に関する登記」がなされる。権利部はさらに「甲区（所有権の登記）」と「乙区（所有権以外の登記）」に分かれる。

表1　登記記録

表題部 （表示に関する登記） （注1）	土地や建物の物理的状態を記録する部分 ・土地の場合は、地番・地目（田、宅地など）・地積（㎡で表示）など ・建物の場合は、家屋番号・種類（居宅・店舗など）・構造・床面積（㎡で表示。各階ごとに壁その他の区画の中心線（区分建物の場合は、内側線）で囲まれた水平投影面積により計算する）など	
権利部 （権利に関する登記）	甲区	所有権に関する事項を記録する部分 ・所有権の保存登記（注2）、所有権の移転登記、所有権に関する仮登記、所有権の仮差押や差押の登記、買戻の特約の登記など
	乙区	所有権以外の権利に関する事項を登記する部分 ・登記できる権利のうち、所有権以外の権利に関する登記 （例：賃借権・抵当権・配偶者居住権など）

（注1）　表示に関する登記のうち、当該不動産について表題部に最初にされる登記を「表題登記」という（不登法2条20号）。

（注2）　未登記の不動産について、初めてする権利に関する登記をするときの登記を所有権の保存登記という（不登法74条）。

3. 変更の登記、抹消の登記、主登記・付記登記

表2　変更の登記、抹消の登記、主登記・付記登記

変更の登記	登記後に登記と実体関係の一部の間に不一致が生じた場合に、これを訂正する登記であり、住所・氏名に変更が生じた場合の登記名義人の表示の変更の登記などが該当する。
抹消の登記	実体関係が欠けている場合に登記を消滅させるためにする登記であり、売買契約が無効な場合や取り消された場合にする所有権移転登記の抹消登記などが該当する。
主登記・付記登記	すでになされている権利の登記を「主登記」（独立登記）といい、既にされた権利に関する登記と一体のものとして公示する必要があるものを「付記登記」という（不登法4条2項）。付記登記としてなされるものとして、登記名義人の表示の変更の登記や所有権以外の権利の移転登記がある。

4. 登記事項証明書・登記事項要約書

登記記録を確認できる仕組みとして、登記事項証明書と登記事項要約書がある。

表3　登記事項証明書・登記事項要約書

登記事項証明書	登記事項証明書とは、登記記録に記録されている事項の「全部又は一部を証明」した書面をいう。
登記事項要約書	登記事項要約書とは、登記記録に記録されている事項の「概要を記載」した書面をいう。

5. 土地の価格の決め方

土地の価格の決め方は、以下の4種類がある。

表4　土地の価格の決め方

公示価格	①土地鑑定委員会が決定する。 ②一般の土地取引の指標、公共事業に要する土地の取得価格の算定等に用いる。 ③毎年1月1日時点の価格を3月に公表。
標準価格 （基準地価格）	①都道府県知事が決定する。 ②国土利用計画法に基づく土地取引の規制等のために用いる。 ③毎年7月1日時点の価格を9月に公表。
路線価 （相続税路線価）	①国税庁（国税局長）が決定する。 ②相続税・贈与税の課税を行う際の宅地の評価のために用いられる。 ③毎年1月1日時点の価格を7月に公表する。 ④公示価格の80％程度。
固定資産税評価額	①市町村長が決定する。 ②固定資産税を課税するために対象となる固定資産の評価のために用いられる。 ③基準年度の初日に属する年の前年の毎年1月1日時点での価格であり、3年ごとに評価替えが行われる。 ④公示価格の70％程度。

STEP 2　要点をつかむ

①登記記録は、表題部 (表示に関する登記) と権利部 (権利に関する登記) に分かれ、権利部はさらに「甲区 (所有権の登記)」と「乙区 (所有権以外の登記)」に分かれる。

②未登記の不動産について、初めてする権利に関する登記をするときの登記を所有権の保存登記という。

③毎年1月1日時点の価格が公表されるのが「公示価格」「路線価」。毎年7月1日時点の価格が公表されるのが「標準価格 (基準地価格)」。

STEP 3　問題に挑戦

□ **1**　未登記の不動産について、初めてする権利に関する登記をするときの登記を所有権の移転の登記という。

□ **2**　標準価格 (基準地価格) は、国土利用計画法による土地取引規制の価格審査を行うなどの目的で都道府県知事が決定し、毎年1月1日時点の価格が公表される。

□ **3**　路線価は、相続税等の課税における宅地の評価を行うために設定される価格で、国税庁が決定し、毎年7月1日時点の価格が公表される。

(答え)

1　×　未登記の不動産について、初めてする権利に関する登記をするときの登記を「所有権の保存登記」という。

2　×　基準地の価格は、「毎年7月1日」時点の価格が公表される。

3　×　路線価は、「毎年1月1日」時点の価格が公表される。

不動産の証券化と
プロパティマネジメント

STEP 1　全体を知る

1. 不動産の証券化とAM・PM

　不動産証券化とは、不動産の「**権利を証券に結びつける**」ことを前提にして、不動産投資と不動産事業の管理運営をマネジメントする仕組みである。

　今日の不動産事業は、業務が細分化し、高度で専門的な知識・経験・能力が必要になってきている。

　そこで、不動産証券化においては、業務を細分化して分離し、それぞれを専門的な業務として別々に行う**アンバンドリング**（unbundling）が行われるようになった。

　そして、賃貸管理の分野では、資金運用の計画・実施を行うアセットマネジメント（AM）と実際の賃貸管理・運営を行うプロパティマネジメント（PM）の**アンバンドリング**が一般化している。

表1　AMとPM

アセットマネジメント（AM）	資金運用の計画・実施を行う。
プロパティマネジメント（PM）	実際の賃貸管理・運営を行う。

2. アセットマネジメント（AM）

アセットマネジメント（AM）は、投資家から委託を受けて、総合的な資産運用の計画を策定し、実行する業務である。具体的には、投資を決定・実行し、借主管理、建物管理、会計処理等について、プロパティマネジメント会社からの報告を受けて投資の状況を把握する業務である。

アセットマネジメント業務を行う専門家をアセットマネージャーといい、アセットマネージャーはプロパティマネジメント会社を選定する。

そして、プロパティマネジメント会社は、アセットマネージャーから委託を受け、その指示の下にプロパティマネジメントを行う。

3. プロパティマネジメント（PM）

プロパティマネジメント（PM）は、実際の賃貸管理・運営を行う業務であるが、プロパティマネジメントもまたアセットマネージャーを通じて、投資家から委託を受けて投資家のために行われる業務である。

プロパティマネジメントにおいては、賃貸管理を投資家のために行うという点から、報告業務、調査・提案業務、所有者の交代に伴う業務が重要となる。

表2　プロパティマネジメントの報告業務等

報告業務	プロパティマネジメントにおいては、賃料等を徴収し、預託金を受領し、必要な経費を支出し、アセットマネージャーとの間で経理処理を行い、これらを取りまとめて**報告書**を作成する。
調査・提案業務	①投資家の投資判断に資することが求められるため、プロパティマネジメント会社は、自らの業務に合理性があることについて、投資家に対し説明責任を果たすための**客観的な根拠**を常に準備しておかなければならない。 ②提案業務には、賃借人の維持を意味する**テナントリテンション**（tenantretention）に関する内容が含まれる。 ③現存する建物の価値を維持することに加え、さらに管理の質を高め、長期的な観点から建物の価値を高める**改修**を行うことについて積極的な計画、提案を行わなければならない。
所有者の交代に伴う業務	所有者の交代に際し、旧所有者から新所有者に貸主の地位が円滑に引き継がれるように尽力することは、重要なプロパティマネジメント業務である。

　なお、プロパティマネジメントの業務には、中・長期的な改修・修繕の計画を策定して実施する**コンストラクションマネジメント**（CM）も取り入れられはじめている。

STEP 2　要点をつかむ

①プロパティマネジメントが実際の**賃貸管理・運営**を行うことであるのに対して、アセットマネジメントは、**資金運用**の**計画・実施**を行うことである。

②プロパティマネジメントにおいては、報告業務、調査・提案業務、所有者の交代に伴う業務は、**投資家**のために重要性が高い。

③プロパティマネジメントの業務には、中・長期的な改修・修繕の計画を策定して実施する**コンストラクションマネジメント**（CM）も取り入れられはじめている。

- □ **1** プロパティマネジメントにおいては、現存する建物の価値を維持すればよく、長期的な観点から建物の価値を高める改修を行う提案は必要とされていない。
- □ **2** 可能な限り既存の借主が退出しないように引き留め、維持しておくことは、プロパティマネジメント会社の責務となる。
- □ **3** 所有者の交代に際し、旧所有者から新所有者に貸主の地位が円滑に引き継がれるように尽力することは、重要なプロパティマネジメント業務である。

(答え)

1 × 　プロパティマネジメントにおいては、現存する建物の価値を維持することに加え、さらに管理の質を高め、長期的な観点から建物の価値を高める**改修**を行うことについて積極的な**計画**、**提案**を行わなければならない。

2 ○ 　プロパティマネジメントにおける提案業務には、賃借人の維持を意味する**テナントリテンション**（tenantretention）に関する内容が含まれる。

3 ○ 　所有者の交代に伴う業務は、重要なプロパティマネジメント業務である。

相続人の範囲・順位・相続分

STEP 1 　全体を知る

1. 相続とは

　相続とは、相続人が、死亡した人（被相続人）の財産に属した**一切の権利義務**を承継することを意味する（民法896条本文）。

　例えば、Aが死亡してBが相続人となった場合には、Bは、Aが所有していた預金や不動産といった「積極財産」はもちろん、Aの借金など「消極財産」までも承継することになる。

　ただし、被相続人の「**一身専属権**」は、相続の対象とはならない。

　一身専属権とは、被相続人に属した「身元保証債務」や、「扶養・保護を受ける権利」などの被相続人個人の人格や身分と密接な関係を有する権利である。

2. 相続人

　相続人となり得るのは、被相続人の配偶者、子、直系尊属、兄弟姉妹であり、常に相続人となる配偶者を除き、相続人には順位が付されている。

　具体的に、被相続人の**子**が第1順位、父母など**直系尊属**が第2順位、**兄弟姉妹**が第3順位であり、先順位者がいる場合には、後順位者は相続人とならない（890条、887条1項、889条1項）。

　例えば、被相続人Aに配偶者と子がいる場合には、父母と兄弟姉妹は、相続人とはなれない。

　なお、出生前の「**胎児**」も、相続については既に生まれたものとみなされ、

出生を停止条件として子としての相続分が認められる（886条）。

3. 代襲相続

被相続人の子が、相続の開始以前に死亡していたときなど一定の場合には、その者の子、つまり「被相続人の孫」が、これを代襲して相続人となる（代襲相続人。887条2項）。以下の①～③の事由が、子の代襲原因となる。

表1　子の代襲原因

①相続の開始以前に**死亡**したとき ②相続人の**欠格事由**に該当したとき ③**廃除**によって相続権を失ったとき（兄弟姉妹以外の相続人）

②について、次のいずれかの事由に該当する者は、相続人となることができない（891条）。

表2　相続人の欠格事由

・故意に被相続人又は相続について先順位もしくは同順位にある者を死亡するに至らせ、又は至らせようとしたために、刑に処せられた者 ・被相続人の殺害されたことを知って、これを告発せず、又は告訴しなかった者 ・詐欺又は強迫によって、被相続人が相続に関する遺言をし、撤回し、取り消し、又は変更することを妨げた者 ・詐欺又は強迫によって、被相続人に相続に関する遺言をさせ、撤回させ、取り消させ、又は変更させた者 ・相続に関する被相続人の遺言書を偽造し、変造し、破棄し、又は隠匿した者

②とは一定の事由が生じたことにより当然に相続権を失うことを意味するのに対し、③とは相続開始前に、被相続人が、その意思表示により推定相続人の相続権を剥奪することを意味する。

4. 法定相続分

相続人が数人いる場合、つまり「共同相続」の場合の相続分は、次のように

規定されている（法定相続分。900条）。

表3　法定相続分

相続順	相続人	法定相続分
常に	配偶者	子も相続人となるときは2分の1、直系尊属も相続人となるときは3分の2、兄弟姉妹も相続人となるときは4分の3
第1位	子	上記配偶者も相続人となるときは2分の1。子が数人あるときは平等に分ける。
第2位	直系尊属	上記配偶者も相続人となるときは3分の1。直系尊属が数人あるときは平等に分ける。
第3位	兄弟姉妹	上記配偶者も相続人となるときは4分の1。兄弟姉妹が数人あるときは平等に分けるが、父母の一方のみを同じくする兄弟姉妹の相続分は、父母の双方を同じくする兄弟姉妹の相続分の2分の1。

STEP 2　要点をつかむ

①配偶者は常に相続人となり、被相続人の子が第1順位（2分の1）、父母など直系尊属が第2順位（3分の1）、兄弟姉妹が第3順位（4分の1）であり、先順位者がいる場合には、後順位者は相続人とならない。

②代襲原因は、①死亡、②欠格事由に該当及び③廃除。相続の放棄は代襲原因ではない。

③相続欠格は、一定の事由が生じたことにより当然に相続権を失うのに対し、推定相続人の廃除は、相続開始前に、被相続人が、その意思表示により推定相続人の相続権を剥奪すること。

STEP 3 問題に挑戦

□ **1** 被相続人Aに配偶者B、子C、母D、兄Eがいる場合、相続人となるのは、B、C及びDである。

□ **2** 相続に関する被相続人の遺言書を偽造した者がいる場合、被相続人は、その推定相続人の廃除を家庭裁判所に請求することができる。

□ **3** 被相続人Aに、配偶者B、子C・D・Eがいる場合、Eの法定相続分は、6分の1である。

（答え）

1 ×　第1順位である子Cがいる場合は、第2順位の母D及び第3順位の兄Eは相続人とはなれない。

2 ×　相続に関する被相続人の遺言書を偽造することは、欠格事由であり、当該相続人は、当然に相続権を失う。

3 ○　Eの法定相続分については、子の相続分は2分の1であり、それをC・D・Eで分けるため、2分の1×3分の1＝6分の1となる。

相続財産、相続の承認・放棄

STEP 1　全体を知る

1. 承継される相続財産

相続人は、被相続人の一身専属権を除き、相続開始の時から、被相続人の財産に属した一切の権利義務（積極財産・消極財産）を承継する（896条）。

被相続人の一身に専属したものとして、相続の対象にならないものとして以下のようなものがある。

表1　相続の対象にならないもの

・代理における本人・代理人の地位（民法111条1項1号・2号）
・委任契約における委任者・受任者の地位（653条1号）
・使用貸借契約上の借主の権利（597条3項）
・配偶者居住権、配偶者短期居住権（1036条、1041条、597条3項）
・**公営住宅**を使用する権利（承継するためには事業主体の承認が必要。最判平2・10・18）
・高齢者すまい法の終身建物賃貸借における賃借権（同法52条）

なお、賃貸借契約における賃借人の保証債務は相続の対象となりえるが、個人根保証契約では、保証人の死亡が元本確定事由に該当するため、保証人の死亡時における債務に限られ、その後に発生した債務は相続の対象とはならない（民法465条の4第1項3号）。

2. 相続の単純承認

　相続を承認するか、放棄するかについては、相続人の意思によって選択することができる。

　まず、相続の単純承認がある。これは、相続開始後、相続人が後述する「**相続の放棄**」も「**限定承認**」もせず、無限に被相続人の権利義務を承継することを意味する（920条）。

　相続の単純承認をするのに、特別の手続その他の方式を必要としない。

　また、次の場合には、相続人が単純承認したものと**みなされる**（法定単純承認。921条）。

表2　法定単純承認

・相続人が相続財産の全部又は一部を処分したとき。ただし、保存行為及び民法602条に定める期間を超えない賃貸（土地については原則5年、建物については3年の短期賃貸借）をすることは、この限りでない。 ・相続人が自己のために相続開始があったことを知った時から3か月以内に限定承認又は相続の放棄をしなかったとき。 ・相続人が、限定承認又は相続の放棄をした後であっても、相続財産の全部もしくは一部を隠匿し、私にこれを消費し、又は悪意でこれを相続財産の目録中に記載しなかったとき。ただし、その相続人が相続の放棄をしたことによって相続人となった者が相続の承認をした後は、この限りでない。

3. 相続の放棄

　相続の放棄とは、被相続人の権利義務の一切を承継しないことであり、相続の放棄をした者は、その相続に関しては、**初めから相続人とならなかったもの**とみなされる（939条）。

　相続を放棄するには、一定の手続が必要となり、具体的に、相続の放棄をしようとする者は、自己のために相続開始があったことを**知った時から3か月以内**に、その旨を家庭裁判所に申述しなければならない（938条、915条1項）。

　なお、相続の放棄は、共同相続人がいる場合でも、各相続人の判断でするこ

とができる。

4. 限定承認

　限定承認とは、相続人が、相続によって得た財産の限度においてのみ、被相続人の債務及び遺贈を弁済し、残余があれば相続するという限定的な相続の承認方法である（922条）。

　例えば、被相続人Aが死亡して1,000万円の財産を残したものの、負債がいくらあるか不明であるとする。この場合、Aの相続人Bが限定承認をしたときは、Aの負債が2,000万円あっても、Bは1,000万円の範囲で弁済すれば足り、反対にAの負債が500万円しかなければ、これを弁済した残余となる500万円をBは相続することができる。

　相続の限定承認は、相続人が数人あるときは、共同相続人の**全員が共同して**のみこれをすることができる（923条）。

　また、限定承認をしようとするときは、自己のために相続開始があったことを**知った時から3か月以内**に、相続財産の目録を作成して家庭裁判所に提出し、限定承認をする旨を申述しなければならない（924条）。

STEP 2 　要点をつかむ

①被相続人の一身専属権は、相続の対象にならない

②相続人が自己のために相続開始があったことを**知った時から3か月以内**に限定承認又は相続の放棄をしなかったときは、単純承認をしたものとみなす。

③相続の限定承認は、相続人が数人あるときは、共同相続人の**全員が共同**してのみこれをすることができる。

□ **1**　貸主が地方公共団体の場合で、賃貸住宅が公営住宅（公営住宅法2条2号）であるときに、借主が死亡しても、相続人が公営住宅を使用するためには事業主体の承認が必要となり、その相続人は当然に使用権を相続によって承継することにはならない。

□ **2**　相続人が自己のために相続開始があったことを知った時から3か月以内に限定承認又は相続の放棄をしなかったときは、単純承認をしたものと推定する。

□ **3**　相続の放棄は、共同相続人がいる場合でも、各相続人の判断ですることができる。

（答え）

1　○　**公営住宅**における使用する権利は、その相続人に当然には承継されない。

2　×　相続人が自己のために相続開始があったことを**知った時から3か月以内**に限定承認又は相続の放棄をしなかったときは、単純承認をしたものと「**みなす**」。

3　○　相続の放棄は、共同相続人がいる場合でも、各相続人の判断ですることができる。

遺言・遺留分

1. 遺言の方式

　遺言とは、生前に自身の死亡後の法律関係を定めておくことを意味する。遺言は、民法が定める方式に従わなければ、することができない（960条）。

　遺言の方式には、普通方式と特別方式があり、普通方式としては、「自筆証書遺言、公正証書遺言、秘密証書遺言」の3種類がある。

表1　遺言の方式

普通方式	自筆証書遺言、公正証書遺言、秘密証書遺言
特別方式	死亡危急者の遺言、伝染病隔離者の遺言、在船者の遺言、船舶遭難者の遺言

　なお、未成年者であっても、15歳に達した者は、単独で遺言をすることができる（961条）。

2. 自筆証書遺言

　自筆証書遺言とは、「本人のみで作成できる遺言」である。自筆証書によって遺言をするには、遺言者が、その**全文**、**日付及び氏名**を自書し、これに押印しなければならない（968条1項）。なお、968条1項にかかわらず、自筆証書にこれと一体のものとして相続財産の全部又は一部の**目録**を添付する場合には、

その**目録**については、自書することを要しない。この場合において、遺言者は、その**目録の毎葉**（自書によらない記載がその両面にある場合にあっては、その両面）に署名し、印を押さなければならない（968条2項）。

そして、自筆証書（上記の目録を含む。）中の加除その他の変更は、遺言者が、その場所を指示し、これを変更した旨を付記して特にこれに署名し、かつ、その変更の場所に印を押さなければ、その効力を生じない（968条3項）。

3. 公正証書遺言

公正証書遺言とは、「公証人が関与する遺言」である。公正証書によって遺言をする場合、証人2人以上の立会いの下、遺言者が、遺言の趣旨（内容）を公証人に口授する。そして、公証人が遺言者の口授を筆記し、これを遺言者及び証人に読み聞かせ、又は閲覧させ、遺言者及び証人が筆記の正確なことを承認した後、各自がこれに署名・押印し、さらに公証人も、公正証書遺言である旨を付記して署名・押印する（969条）。

なお、「**未成年者**」「遺言者の推定相続人及び受遺者並びにこれらの配偶者及び直系血族」、「公証人の配偶者、4親等内の親族、書記及び使用人」は、遺言の証人又は立会人になることができない（974条）。

4. 秘密証書遺言

秘密証書遺言とは、「自身が作成した遺言について、その存在は明らかにしておくものの、その**内容は秘密**にしておく遺言」である。

具体的に、遺言者は、その作成した遺言証書に署名・押印し、これに封をして証書に用いた印章で封印する。そして、これを公証人及び証人2人以上の前に提出して自己の遺言書である旨並びに筆者の氏名・住所を申述し、これに対し、公証人が、その証書を提出した日付と遺言者の申述を封紙に記載した後、遺言者及び証人と共にこれに署名・押印する（970条）。

なお、秘密証書遺言としての方式を満たさなくとも、自筆証書遺言の方式を具備しているときは、自筆証書遺言として有効とされる（971条）。

5．遺言の効力と検認

遺言は、遺言者の死亡の時からその効力を生じるが、遺言に**停止条件**を付した場合において、その条件が遺言者の死亡後に成就したときは、遺言は、**条件が成就した時からその効力を生じる**（985条2項）。

公正証書遺言を除き、遺言書の保管者は、相続の開始を知った後、遅滞なく、これを家庭裁判所に提出して、その検認を請求しなければならない。遺言書の保管者がない場合において、相続人が遺言書を発見した後も、同様である（1004条1項、2項）。

6．遺言の撤回

遺言者は、いつでも、遺言の方式に従って、その遺言の全部又は一部を撤回することができる（1022条）。

遺言者が、前の遺言が後の遺言と抵触するときは、その抵触する部分については、後の遺言で前の遺言を撤回したものと**みなす**（1023条1項）。遺言が遺言後の生前処分その他の法律行為と抵触する場合については、その抵触する部分につき遺言を撤回したものと**みなす**（1023条2項）。

7．遺留分

遺留分とは、被相続人の近親者の生活利益の保障等をはかるため、被相続人の贈与や遺贈によって処分（侵害）することができない一定の財産の割合のことを言う。

遺留分を侵害する財産処分行為が行われた場合には、遺留分を有する相続人（遺留分権利者）は、遺留分侵害額に相当する金銭の支払いを請求することができる（遺留分侵害額請求権。1046条1項）。

遺留分を有する相続人は、相続権のある配偶者、子及び直系尊属であり、相続財産に対する次の割合が遺留分となる（総体的遺留分。1042条1項各号）。なお、**兄弟姉妹に遺留分はない**（1042条1項柱書）。

表2　遺留分権利者とその割合

直系尊属のみが相続人である場合	被相続人の財産の3分の1
上記以外の場合	被相続人の財産の2分の1

　そして、相続人が数人ある場合には、上記に定める割合は、これらに法定相続分・代襲相続人の相続分の規定により算定したその各自の相続分を乗じた割合とする（個別的遺留分。1042条2項）。

STEP 2　要点をつかむ

①遺言の普通方式として、「**自筆証書遺言、公正証書遺言、秘密証書遺言**」の3種類がある。

②未成年者であっても、**15歳に達した者**は、単独で遺言をすることができる。

③直系尊属のみが相続人である場合以外の総体的遺留分は被相続人の財産の2分の1であり、**兄弟姉妹**には遺留分がない。

STEP 3　問題に挑戦

☐ **1**　公正証書によって遺言をするには、少なくとも1人の証人の立会いがなければならない。

☐ **2**　成年に達した者でなければ遺言をすることができない。

☐ **3**　被相続人の兄弟姉妹は、被相続人の相続において遺留分を有しない。

答え

1　×　「証人2人以上」の立会いがなければならない。

2　×　15歳に達した者は、遺言をすることができる。

3　○　被相続人の**兄弟姉妹**は、遺留分を有しない。

配偶者居住権

全体を知る

1. 配偶者居住権の意味

配偶者居住権とは、被相続人の配偶者が、被相続人の財産に属した建物に相続開始の時に居住していた場合において、一定の要件を満たすことにより、その居住していた建物の全部について**無償**で**使用及び収益**をする権利である（1028条1項柱書本文）。ただし、被相続人が相続開始の時に居住建物を**配偶者以外の者と共有**していた場合には、その共有者を保護するために配偶者居住権を取得しない（1028条1項柱書ただし書）。

2. 配偶者居住権を取得するための要件

配偶者居住権が認められる上記の一定の要件とは、以下になる（1028条1項1号・2号）。

表1　配偶者居住権が認められる一定の要件

①遺産の分割によって配偶者居住権を取得するものとされたとき。
②配偶者居住権が遺贈の目的とされたとき。

なお、居住建物が配偶者の財産に属することとなった場合であっても、**他の者がその共有持分を有するときは、配偶者居住権は、消滅しない**（1028条2項）。

3. 審判による配偶者居住権

　遺産の分割の請求を受けた家庭裁判所は、次に掲げる場合に限り、配偶者が配偶者居住権を取得する旨を定めることができる（1029条）。

表2　配偶者居住権を取得する旨を定めることができる場合

①共同相続人間に配偶者が配偶者居住権を取得することについて合意が成立しているとき。
②配偶者が家庭裁判所に対して配偶者居住権の取得を希望する旨を申し出た場合において、居住建物の所有者の受ける不利益の程度を考慮してもなお配偶者の生活を維持するために特に必要があると認めるとき（①に掲げる場合を除く。）。

4. 配偶者居住権の存続期間とその登記

　配偶者居住権の存続期間は、配偶者の**終身**の間とされる（1030条本文）。ただし、遺産の分割の協議若しくは遺言に別段の定めがあるとき、又は家庭裁判所が遺産の分割の審判において別段の定めをしたときは、その定めるところによる（1030条ただし書）。

　居住建物の所有者は、配偶者（配偶者居住権を取得した配偶者に限る）に対し、配偶者居住権の設定の**登記**を備えさせる義務を負う（1031条1項）。なお、当該申請は、配偶者居住権の権利者と建物の所有者が共同して行うこととされている（不動産登記法60条）。

5. 配偶者による使用及び収益

　配偶者は、従前の用法に従い、**善良な管理者の注意**をもって、居住建物の使用及び収益をしなければならないが、従前居住の用に供していなかった部分について、これを居住の用に供することは可能である（1032条1項）。

　また、配偶者居住権は、**譲渡**することができず、配偶者は、居住建物の所有者の**承諾**を得なければ、居住建物の改築若しくは増築をし、又は第三者に居住建物の使用若しくは収益をさせることができない（1032条2項・3項）。

配偶者が上記に違反した場合において、居住建物の所有者が相当の期間を定めてその是正の催告をし、その期間内に是正がされないときは、居住建物の所有者は、当該配偶者に対する意思表示によって配偶者居住権を消滅させることができる（1032条4項）。

6. 居住建物の修繕等

配偶者は、居住建物の使用及び収益に必要な修繕をすることができる（1033条1項）。

一方、居住建物の修繕が必要である場合において、配偶者が相当の期間内に必要な修繕をしないときは、居住建物の所有者は、その修繕をすることができる（1033条2項）。

居住建物が修繕を要するとき（配偶者が自らその修繕をするときを除く。）、又は居住建物について権利を主張する者があるときは、配偶者は、居住建物の所有者に対し、遅滞なくその旨を通知しなければならない。ただし、居住建物の所有者が既にこれを知っているときは、通知をする必要はない（1033条3項）。

配偶者は、居住建物の通常の必要費を負担する（1034条1項）。例えば、修繕費や建物や敷地の固定資産税である。

7. 居住建物の返還

配偶者は、配偶者居住権が消滅したときは、居住建物の返還をしなければならない。ただし、配偶者が居住建物について共有持分を有する場合は、居住建物の所有者は、配偶者居住権が消滅したことを理由としては、居住建物の返還を求めることができない（1035条1項）。

8. 配偶者短期居住権

配偶者が、被相続人の財産に属した建物に、相続開始の時に無償で居住していた場合には、配偶者居住権のような遺産分割や遺贈によることなく、一定の要件を満たすことにより、相続開始時に当然に配偶者短期居住権を有する（1037条1項）。

配偶者短期居住権は、居住建物を無償で使用する権利（債権）で、最低6か月間はその権利が保障される。

STEP 2　要点をつかむ

①被相続人が相続開始の時に居住建物を**配偶者以外の者**と共有していた場合には、配偶者は配偶者居住権を取得しない。
②配偶者居住権の存続期間は、配偶者の**終身**の間とされる。
③配偶者居住権は、**譲渡**することができない。

STEP 3　問題に挑戦

☐ **1**　配偶者居住権を取得した配偶者は、その配偶者居住権を譲渡することができる。

☐ **2**　配偶者居住権を取得した配偶者は、居住建物の使用及び収益に必要な修繕をすることができる。

☐ **3**　遺贈により配偶者が配偶者居住権を取得した後、遺産分割により配偶者及び相続人が居住建物の共有持分をそれぞれ有するに至った場合は、その配偶者居住権は消滅する。

(答え)

1　×　配偶者居住権を取得した配偶者は、その配偶者居住権を**譲渡**することはできない。

2　○　配偶者居住権を取得した配偶者は、居住建物の使用及び収益に必要な修繕をすることができる。

3　×　居住建物が配偶者の財産に属することとなった場合であっても、**他の者**がその共有持分を有するときは、配偶者居住権は、消滅しない。

保険

全体を知る

1. 保険の意義

　保険とは、将来起こるかもしれない危険（事故）に対して備える**相互扶助の精神**から生まれた助け合いの制度である。

　保険は、賃貸不動産経営において、火災又は地震等による損害のリスクを軽減・分散するための重要な手段といえる。

2. 保険商品の分類

　保険商品は、保険業法上以下の「第一分野」「第二分野」「第三分野」に分類される。

表1　保険商品の分類

第一分野（生命保険）	人の生存又は死亡について一定の保険金を支払う（終身保険、定期保険、養老保険など）。
第二分野（損害保険）	偶然の事故により生じた損害に対し、一定の保険金を支払う（火災保険、地震保険、賠償責任保険、自動車保険など）。
第三分野（傷害保険、医療保険など）	第一分野と第二分野の中間に位置する保険（傷害保険、医療保険、がん保険など）。

3. 火災保険

「第二分野」の火災保険は、火災の他、落雷、破裂・爆発による損害も補償の対象とする。

4. 地震保険

「第二分野」の地震保険は、地震、噴火、津波による損害を補償の対象とするが、特定の損害保険契約（火災保険）に附帯して契約する（地震保険単独の加入はできない）。

地震保険の保険金額は、主契約の火災保険の30％〜50％の範囲内で、居住用建物は5,000万円、生活用動産（家財）は1,000万円が限度とされている。

5. 賃貸不動産経営と保険商品

賃貸不動産経営において最も活用される損害保険は、保険業法上、「第二分野」であり、火災保険や地震保険をよく熟知すべきである。

これらの保険商品は、保険会社によって様々であり、保険について理解をし、関係者にアドバイスをすることができるようにしておくことは、賃貸住宅管理に係る支援業務の一つでもある。

6. 借家人賠償責任保険

賃貸住宅に入居する賃借人が加入する保険には、賃貸人に損害を賠償するための保険として、借家人賠償責任保険がある。

これは、火災・爆発・水ぬれ等の不測かつ突発的な事故によって賃貸人（転貸人を含む）に対する法律上の損害賠償責任を負った場合に、賠償金等を補償するものである。

Day 58

①保険とは、将来起こるかもしれない危険（事故）に対して備える**相互扶助の精神**から生まれた助け合いの制度である。

②保険商品は、保険業法上、「**第一分野**」「**第二分野**」「**第三分野**」に分類される。

③地震保険は、特定の損害保険契約（火災保険）に**附帯**して契約するものであり、**単独の加入**はできない。

④賃貸不動産経営において最も活用される**損害保険**は、保険業法上、「**第二分野**」である。

⑤借家人賠償責任保険は、火災・爆発・水ぬれ等の不測かつ突発的な事故によって賃貸人（転貸人を含む）に対する法律上の損害賠償責任を負った場合に、賠償金等を補償するものである。

☐ **1** 賃貸不動産経営において最も活用される損害保険は、保険業法上、第一分野に分類される。

☐ **2** 地震保険は、地震、噴火又はこれらによる津波を原因とする建物や家財の損害を補償する保険であり、単独での加入もできる。

☐ **3** 借家人賠償責任保険は、火災・爆発・水ぬれ等の不測かつ突発的な事故によって、賃貸人に対する法律上の損害賠償責任を負った場合の賠償金等を補償するものであるが、転貸人は当該保険の対象とはならない。

☐ **4** 保険について貸主や借主に適切なアドバイスができるようにしておくことは、賃貸住宅管理に係る支援業務の一つである。

答え

1 ✕ 賃貸不動産経営において最も活用される**損害**保険は、保険業法上、「**第**

「二分野」に分類される。

2 ✕ 地震保険は、地震、噴火又はこれらによる津波を原因とする建物や家財の損害を補償する保険であるが、特定の損害保険契約（火災保険）に附帯して加入するものとされており、**単独での加入**はできない。

3 ✕ 借家人賠償責任保険は、火災・爆発・水ぬれ等の不測かつ突発的な事故によって、賃貸人（「転貸人」を含む。）に対する法律上の損害賠償責任を負った場合の賠償金等を補償するものである。

4 ◯ 保険について貸主や借主に適切なアドバイスができるようにしておくことは、賃貸住宅管理に係る支援業務の一つである。

賃貸不動産経営における所得の計算

STEP 1 全体を知る

1. 個人の賃貸不動産経営に関する所得計算の概要

　不動産を所有する個人が、当該不動産の有効活用をする内容として、不動産の保有に伴う税金の軽減や相続税対策などが挙げられるが、保有する不動産を賃貸することにより賃料収入を得て財産の増加を図ることも有効活用の内容の一つである。

　ここでは、保有する不動産を賃貸することにより、財産の増加を図る際の、税務について確認することとする。

2. 所得税の不動産所得の計算方法

　個人の不動産の賃貸に伴う所得（原則として**不動産所得**）は、次の計算式によって計算する。

　不動産所得の金額＝不動産の収入金額－必要経費

　不動産の収入金額には、次のものがあり、賃貸借契約などでその1月1日～12月31日の間に受領すべき金額として確定した金額である（未収の場合も含める。）。

表1　不動産の収入金額

①賃料、地代、権利金、礼金、更新料
②敷金、保証金などの名目で、退去時に**返還しないもの**
③共益費（電気代、水道代、掃除代など）

左記の収入金額の計上時期は、以下のようになる。

表2　収入金額の計上時期

①契約や慣習などにより支払日が定められている場合は、その定められた支払日
②支払日が定められていない場合は、実際に支払を受けた日
　　ただし、請求があったときに支払うべきものと定められているものは、**請求の日**
③権利金や礼金は、貸し付ける資産の引渡しを必要とするものは**引渡しのあった日**、引渡しを必要としないものについては、契約の**効力発生の日**
④返還を要しない敷金や保証金などは、**返還を要しないことが確定したとき**

3. 不動産所得の必要経費

不動産の賃貸に伴う所得（不動産所得）の、必要経費として認められるもの、また、認められないものとして、以下がある。

表3　不動産所得の必要経費

必要経費として認められる	事業税、消費税（税込経理による場合に限る）、土地建物に係る固定資産税・都市計画税、収入印紙、損害保険料（掛け捨てのもの）、修繕費（資本的支出に該当するものを除く）、不動産会社への管理手数料、管理組合への管理費、入居者募集のための広告宣伝費、税理士報酬で賃貸経営にかかるもの、弁護士報酬、減価償却費、立退料、共用部分の水道光熱費、土地の購入・建物の建築の借入金の金利（事業共用後のもの）、その他清掃料、消耗品費など
必要経費として認められない	所得税、**住民税**、借入金の元本返済部分、家事費（事業に関連しない支出→自宅にかかわる経費など）、**自宅**に係る固定資産税・都市計画税

4. 減価償却費

減価償却費は、時間の経過とともに価値が減少する固定資産の取得費用を耐用年数に応じて配分し、毎期の費用として計上するものであり、毎期の収益を正確に表すためのものである。

表4　減価償却費

減価償却資産	建物、建物附属設備、構築物、機械装置、車両、器具備品等
非減価償却資産	土地、上記資産のうち、事業用に供しない部分（自己居住用、自己利用の部分）

　個人所得税では、取得価額が**10万円未満の減価償却資産**については、**全額**をその業務の用に供した年分の必要経費とする。なお、法人では**任意**である。

　次に、不動産賃貸業では、減価償却の方法として以下がある。

表5　減価償却の方法

定額法 （取得価格×償却率）	法定耐用年数の間、毎年同じ額を償却していく方法。 平成10年4月1日以後に取得した「建物」、平成28年4月1日以後に取得した「建物附属設備」「構築物」は、定額法のみが認められる（※）。
定率法 （期首帳簿価格×償却率）	法定耐用年数の間、毎年一定率を償却していく方法

　個人事業主の場合、原則として**定額法**により計算する（届出をすることにより、（※）を除き定率法に変更することも可能）。

5. 青色申告

　一定の要件を満たし、税務署の青色申告が承認されると以下のような特典を受けることができる。

表6　青色申告で受けられる特典

①不動産所得から10万円の控除することができる。
②事業的規模で不動産貸付を行っている場合には、青色申告者と同一生計の専従者に支払った給与について対価として適正な金額について、必要経費として認められる。
③不動産所得の赤字により、純損失が生じた場合に、その損失額を翌年以後3年間にわたり、各年度の所得から差し引くことができる。

STEP 2 要点をつかむ

①不動産所得の金額の計算上、必要経費として**消費税**（税込で経理処理をしている場合）・**事業税**は認められるが、**所得税**と**住民税**は認められない。

②個人所得税では、取得価額が**10万円未満**の減価償却資産については、全額をその業務の用に供した年分の必要経費とする。

③個人事業主の場合、減価償却の方法は、原則として**定額法**により計算する（届出をすることにより、一定の場合を除き定率法に変更することも可能）。

STEP 3 問題に挑戦

- □ **1** 不動産所得の計算において、入居者の滞納による未収賃料については、貸主は収入金額に含めなくてよい。

- □ **2** 所得税、住民税及び事業税は、いずれも不動産所得の計算上、必要経費に含めることができない。

- □ **3** 不動産所得の計算において、個人の場合、減価償却の方法は定率法を原則とする。

（答え）

1 × 不動産の収入金額は、賃貸借契約などで1月1日〜12月31日の間に受領すべき金額として確定した金額であり、**未収**の場合も含める。

2 × **所得税及び住民税**は不動産所得の計算上、必要経費に含めることができないが、**事業税**は、必要経費に含めることができる。

3 × 個人事業主の場合、原則として**定額法**により計算する。

消費税・所得税

1. 個人の賃貸不動産経営に関する税金の種類

個人の賃貸不動産経営に関する税金には以下のものがある。

表1　個人の賃貸不動産経営に関する税金

取引に係る税	消費税	課税事業者が行った対価を得て行われる不動産の貸付け・譲渡や役務提供に対して課される国税。
	所得税	不動産を賃貸した場合に不動産所得が生じる国税。
	住民税	所得税法上の所得をもとに算定される地方税。
	印紙税	不動産の売買契約書や建物の請負契約書などに課される国税。
	登録免許税	不動産の登記を行う際に、課される国税。
保有に係る税	固定資産税	毎年1月1日時点で所有する土地・建物などに課される地方税。
	都市計画税	毎年1月1日時点で市街化区域内にある土地・建物に課される地方税。
事業承継に伴う税	相続税	被相続人の遺産を相続した相続人に課される国税。
	贈与税	贈与により財産を受け取った者に課される国税。

2. 消費税

賃貸不動産の所有者の消費税の課税方法は以下のようになる。

表2　賃貸不動産の所有者の消費税の課税方法

課税対象となる売上高(「課税売上※1」)に係る消費税－「課税仕入※2」に係る消費税
＝納税額

※1「課税売上」には、**住宅以外**(事務所、店舗等)の貸付けによる賃料、駐車場収入等が含まれる。
　一方、「非課税売上」として、**住宅・土地**の貸付けによる賃料・地代(貸付期間が1か月未満の住宅・土地の貸付けは課税売上)・保証金・敷金、土地等の譲渡収入がある(消費税法6条、別表第一号、13号、施行令8条、16号の2)。
※2「課税仕入」には、**建物**の購入代金・建築請負代金・仲介手数料・ローンの事務手数料・水道光熱費・修繕費等の営業経費等が含まれる。
　一方、「非課税仕入」として、**土地**等の購入代金・ローンの金利・火災保険料がある。

3. 所得税 (確定申告)

個人が不動産を賃貸すると、不動産所得が発生し、不動産所得は、他の所得と合算した上で、**確定申告**をする。

サラリーマン等の給与所得者は、その属する会社の年末調整によって税額が確定するが、不動産所得がある場合には、**確定申告**をする必要がある。

確定申告は、その年の所得に対して、翌年の**2月16日**から**3月15日**までの間に、納税をする者の住所地を管轄する税務署に申告し、振替納税を除き、納税期限は**3月15日**とされる。

所得税の税率は、**5％**から**45％**の超過累進税率である。

4. 住民税

住民税は、所得税法上の所得をもとに市町村が税額を計算し納税者に通知する。

納税は、納税者自ら納付書で納付する普通徴収と納税者の給与から天引きする特別徴収があり、普通徴収は一括納付か年4回の納税かを選択できる。

住民税の税率は、一律10％の比例税率である。

5. 法人の不動産賃貸経営

　法人が行う不動産賃貸経営の場合は、法人税と法人住民税が課される。法人税と法人住民税の実効税率は30％前後とされている。

STEP 2　　要点をつかむ

①賃貸不動産の所有者の消費税の課税仕入には、仲介手数料が含まれるが、火災保険料は含まれない。

②**建物**の購入代金は消費税が課されるが、**土地**の購入代金には課されない。

③所得税の税率は、**5％**から**45％**の超過累進税率であるが、住民税の税率は、一律**10％**の比例税率である。

STEP 3 問題に挑戦

☐ **1** 不動産取引では、仲介手数料の支払については消費税が課されるが、建物や土地の購入代金については消費税が課されない。

☐ **2** 不動産取引では、店舗の賃料については消費税が課されるが、貸付期間が1か月以上の住宅の賃料については消費税が課されない。

☐ **3** サラリーマン等給与所得者は会社の年末調整により税額が確定するので、通常は確定申告をする必要はないが、不動産所得がある場合には、確定申告により計算・納付をしなければならない。

（答え）

1 × 不動産取引では、「**建物の購入代金**」及び仲介手数料の支払については消費税が課されるが、**土地**の購入代金については消費税が課されない。

2 ○ 住宅の貸付けによる賃料は、原則として消費税が課されないが、例外として、貸付期間が**1か月未満**の場合は消費税が課される。

3 ○ サラリーマン等の給与所得者は、その属する会社の年末調整によって税額が確定するが、不動産所得がある場合には、**確定申告**をする必要がある。

固定資産税・都市計画税

STEP 1　全体を知る

1. 固定資産税・都市計画税の概要

　固定資産税・都市計画税は、毎年1月1日時点における土地・建物などの所有者（都市計画税は市街化区域内にある土地・建物の所有者）に対して課される地方税（市町村税）である。

表1　固定資産税・都市計画税の算出方法

・固定資産税の税額は、課税標準額×1.4％（標準税率）で算出する。
・都市計画税の税額は、課税標準額×0.3％（最高）で算出する。

　上記の課税標準額は、固定資産税課税台帳に登録されている**固定資産税評価額**である。
　以下では、税額控除・課税標準の特例について解説する。

2. 新築住宅に係る税額控除の特例

　一定の要件に該当する新築住宅については、固定資産税の税額を控除する特例が適用される（都市計画税では原則としてこの特例はない）。

表2　固定資産税の税額を控除する特例が適用される新築住宅

建物の構造	控除の期間・内容
①3階建て以上の耐火構造・準耐火構造住宅	新築後5年間、固定資産税額が2分の1となる
②上記以外の一般の新築住宅	新築後3年間、固定資産税額が2分の1となる

　建物の床面積50m^2（戸建以外の貸家住宅は40m^2）以上280m^{2}以下で、居住用部分の割合が2分の1以上が適用要件とされている。

　住宅部分の床面積が120m^{2}を超える場合は、120m^{2}を限度として特例が適用される。

　認定長期優良住宅は、①については新築後「7年間」、②については新築後「5年間」となる。

　なお、上記の特例は、マイホーム・セカンドハウス・居住用賃貸マンションなどが対象となる。

3. 住宅用地の課税標準の特例

　一定の要件に該当する住宅用地は、固定資産税の課税標準の特例が適用される。

表3　固定資産税の課税標準の特例が適用される住宅用地

①小規模住宅用地（200m^{2}以下）	課税標準×6分の1
②一般の住宅用地（200m^{2}を超える部分）	課税標準×3分の1

　都市計画税については、上記①は「課税標準×3分の1」、②は「課税標準×3分の2」となる。

　なお、上記の特例は、マイホーム・セカンドハウス・居住用賃貸マンションなどが対象となる。

4. 固定資産税・都市計画税の納付

　固定資産税は、市区町村から送付される納税通知書により、一括払い又は年4回の分納により行う。

　都市計画税は、固定資産税と一括して納付する。

STEP 2　要点をつかむ

①固定資産税・都市計画税は、毎年1月1日時点における土地・建物などの所有者（都市計画税は市街化区域内にある土地・建物の所有者）に対して課される地方税（市町村税）である。

②固定資産税における新築住宅に係る税額控除の特例は、都市計画税では原則としてない。

③小規模住宅用地の課税標準の特例は、固定資産税の場合は課税標準×6分の1であるが、都市計画税の場合は課税標準×3分の1である。

□ **1** 固定資産税は、毎年1月1日現在の土地・建物などの所有者に対して課される地方税である。

□ **2** 都市計画税は、毎年1月1日時点の市街化区域内にある土地・建物などの所有者に対して課される地方税であり、固定資産税と一括して納付する。

□ **3** 固定資産税は、住宅用地について課税標準の軽減措置が講じられているが、都市計画税では、このような軽減措置は講じられていない。

（答え）

1 ○ 固定資産税は、毎年1月1日現在の土地・建物などの所有者に対して課される地方税（市町村税）である。

2 ○ 都市計画税は、毎年1月1日時点の市街化区域内にある土地・建物などの所有者に対して課される地方税（市町村税）であり、固定資産税と一括して納付する。

3 × 固定資産税も都市計画税も、住宅用地について課税標準の軽減措置が講じられている。

相続税・贈与税

1. 相続税の概要

相続税は、被相続人から各相続人等が相続や遺贈などにより取得した「財産」に対して課される国税である。

相続税の計算においては、まず、相続や遺贈によって取得した財産（遺産総額）の価額と、相続時精算課税の適用を受ける財産の価額を合計し、そこから債務、葬式費用、非課税財産を差し引いて、遺産額を算出する。

この遺産額に相続開始前3年以内の暦年課税に係る贈与財産の価額を加算して、正味の遺産額を算出し、基礎控除額（3,000万円＋（600万円×法定相続人の数））を差し引いて、課税遺産総額を算出する。

この課税遺産総額に累進課税である税率10〜55％を乗じて相続税の総額を算出する。

次に課税遺産総額を法定相続分どおりに取得したものと仮定して、それに税率を適用して各法定相続人別に税額を計算する。

2. 土地と建物の評価

財産の評価は、相続税の算出の際に非常に重要な要素である。

表1　土地・建物・貸家の評価額

土地	原則：路線価。路線価の定めがない場合は、固定資産税評価額に一定の割合を乗じ、公示価格の8割の水準にする。
建物	固定資産税評価額と同額。一般に建築価格の5〜7割前後。
貸家	家屋の固定資産税評価額に借家権割合と賃貸割合を乗じた価格をその家屋の固定資産税評価額から控除して評価する。建築価格の約4〜5割程度になることが多い。

3. 小規模宅地等の特例

小規模宅地等の課税価格計算上の特例は、相続財産に被相続人又は被相続人と同一生計親族の居住用・事業用になっていた宅地等がある場合に、一定の要件を満たすことにより、その評価額を一定面積まで一定割合減額できる制度である。

表2　小規模宅地等の特例

①特定「居住用」宅地等	適用対象面積が330m²まで、80％を減額可能。
②特定「事業用」宅地等	適用対象面積が400m²まで、80％を減額可能。
③「貸付事業用」宅地等	適用対象面積が200m²まで、50％を減額可能。

4. 贈与税の概要

贈与税は、1月1日から12月31日までの1年間に贈与によりもらった財産について課される国税である。

贈与税は、贈与によりもらった財産から110万円（基礎控除）を差し引き、その残りの金額に税率（10〜55％）を乗じて税額を計算する。

5．相続時精算課税制度

　贈与については、上記の基礎控除（暦年課税）のほかに、相続時精算課税制度もある。

　相続時精算課税制度は、原則として60歳以上の父母または祖父母などから、18歳以上の子または孫などに対し、財産を贈与した場合において選択できる贈与税の制度である。

　この場合の贈与税の額は、贈与財産の価額の合計額から、複数年にわたり利用できる特別控除額（限度額：2,500万円）を控除した後の金額に、一律20％の税率を乗じて算出することができる。

　なお、相続時精算課税制度を選択した場合、暦年課税に変更することはできない。

STEP 2　要点をつかむ

①相続税の基礎控除額は、3,000万円＋（600万円×法定相続人の数）である。

②小規模宅地等についての相続税の課税価格の特例は、特定「**居住用**」宅地等及び特定「**事業用**」宅地等は、一定の対象面積まで80％を減額可能。「**貸付事業用**」宅地等は、一定の対象面積まで50％を減額可能。

③贈与税は、暦年課税の場合、1年間（1月1日から12月31日まで）に贈与によりもらった財産から110万円（基礎控除）を差し引き、その残りの金額に税率（10〜55％）を乗じて税額を計算する。

STEP 3 問題に挑戦

□ **1** 法定相続人が配偶者と子2人の場合の遺産に係る基礎控除額は、「3,000万円 + 600万円 × 3人 = 4,800万円」となる。

□ **2** 被相続人と同一生計親族が居住していた自宅の敷地に小規模宅地等の特例を適用する場合には、200m² までの部分について評価額を50%減額することができる。

□ **3** 相続時精算課税制度を選択した場合には、選択した時から5年が経過した年以降は、暦年課税へ変更することができる。

答え

1 ○ 相続税の基礎控除額は、3,000万円 + (600万円×法定相続人の数) であり、本肢は正しい。

2 × 特定「**居住用**」宅地等は、適用対象面積が「**330m²**」まで、「**80%**」を減額することができる。

3 × 相続時精算課税制度を選択した場合、暦年課税に変更することはできない。

索引

さ

ま

著者
竹原 健（たけはら けん）

賃貸不動産経営管理士・マンション管理士・行政書士
25年以上にわたり、行政書士試験、宅地建物取引士資格試験、マンション管理士試験、管理業務主任者試験などの国家試験をはじめ、各種検定試験の講師を務める。

監修
スタディング

短期間で合格した人の勉強法を徹底的に研究することで開発したオンライン講座。従来の資格講座とは違い、忙しい方でも効率的に勉強ができるように、独自の学習システムでスキマ時間を活かした学習に最適化されている。
累計合格者数1万人突破で急成長中。
https://studying.jp/

ブックデザイン　MOAI（岩永香穂）
イラスト　　　　朝野ペコ
DTP　　　　　　株式会社明昌堂

不動産教科書
1回25分2か月で合格! 賃貸不動産経営管理士

2023年2月20日　初版第1刷発行

著者　　　竹原 健
監修　　　スタディング
発行人　　佐々木 幹夫
発行所　　株式会社 翔泳社（https://www.shoeisha.co.jp）
印刷　　　昭和情報プロセス株式会社
製本　　　株式会社 国宝社

ISBN978-4-7981-7737-3
Printed in Japan